朱正昌 主编

齐鲁商贾传统

魏晋隋唐宋元卷

谭景玉 著

齐鲁书社

本书为山东省东方文化研究基地重大项目
(项目批号：03ALJ01)最终成果

总　序

朱正昌

近些年来,各地都非常注重对地域商人群体及其文化的研究和宣传,明清以来名声显赫的徽商、晋商自不待言,甚至对闽商、粤商、浙商都有不少研究论著或文艺作品问世。传统地域商人群体及其文化之所以受到重视,是各地为了发掘他们所依托的地域文化对当地经济发展的重要推动作用,以期能够为当地经济的持续发展找到文化支持和精神动力。与徽商、晋商等地域商人群体所依托的地域文化相比,齐鲁商贾所依托的齐鲁文化对经济发展的影响既深远且广泛。言其深远,是指齐鲁文化源远流长,在先秦时期就达到了极为发达的程度,出现了子贡、范蠡等早期齐鲁商贾的杰出代表,其影响直至于今天;言其广泛,是指齐鲁文化从秦汉以后由一种地域文化发展成为中国传统思想文化的核心和主干[①],其影响不再仅仅限于齐鲁一隅,而是广及于中华大地,甚至全世界。成为"儒商",即在商业活动中将儒家思想和商贾精神结合起来,以

① 参见安作璋、王志民主编《齐鲁文化通史》总序,中华书局 2004 年版,第 13 页;孟祥才、胡新生《齐鲁思想文化史·先秦秦汉卷》,山东大学出版社 2002 年版。

求实现“义以生利”[①]，一直是中华文化影响下的商人孜孜不倦的高层次追求。“儒商”一语就充分证明了诞生于齐鲁大地的儒家文化对经济发展既深远且广泛的影响。对于齐鲁商贾的研究和宣传，近年来虽有不小进展，对其依托的齐鲁文化与经济发展的关系却关注不够。充分发掘齐鲁文化发展史上有利于经济发展的积极因素，对于寻求山东经济强省建设的文化动力，提高齐鲁商贾群体的声誉和推动山东企业文化建设等都具有重要意义。选择“齐鲁商贾传统”这样一个课题进行研究就是我们为此所做的努力和尝试。

首先对“齐鲁商贾传统”做一解释。齐、鲁是先秦时期位于今山东地区的两个主要的诸侯国的名称，后世习惯以“齐鲁”来指代山东。我们这里使用“齐鲁”，不只是对地域或空间的界定，也指代齐文化和鲁文化两种风格迥异的文化传统。商贾，中国素有“行商坐贾”之说，“商之为言商也。商其远近，度其有亡，通四方之物，故谓之商也。贾之为言固也。固其有用之物，以待民来，以求其利者也。行曰商，止曰贾”[②]，可知其本意是指根据经营方式划分的不同类别的商人，后世往往用来指代整个商人群体。我们在这里既用以指代商人这个社会群体，也用以指代所有的商业贸易活动，由此后文的论述不仅仅包括专职商人及其活动，也涉及从事商贸活动的农民、出售自己的劳动产品的手工业者，甚至还包括经营典当及高利贷者。传统，是指人类创造的不同形态的特质经由历史凝聚而沿传着、流变着的诸文化因素构成的有机系统，包括人的心态、伦理道德、宗教信仰、思维、审美及风俗习惯、礼仪制

① 《左传·成公二年》。
② 《白虎通义·商贾》。

度、行为模式等。① 所谓“齐鲁商贾传统”，就是齐鲁商贾在长期的商业贸易活动中形成并延续下来的诸种文化因素及齐鲁文化发展过程中产生的与商业贸易、商人、财富等相关的诸种文化因素组成的系统。

概括而言，齐鲁商贾传统的研究主要包括以下两方面的内容：

一是齐鲁商贾传统形成和发展的环境。这里的环境既包括自然地理环境，也包括社会文化环境。

首先看齐鲁商贾传统形成和发展的自然地理环境。齐鲁大地位于北温带季风气候区，既有辽阔的陆地，又有漫长的海岸线，泰沂山脉横踞其中，河流湖泊纵横交错，土地广阔肥沃，地貌多种多样，矿产资源丰富，自古以来就为人们发展农、林、牧、副、渔和工商各业提供了优良的自然环境。西汉司马迁在《史记·货殖列传》中叙述各地商业文化传统时就是从自然地理环境入手的，如他论述齐地和鲁地的商业文化传统称：

> 齐带山海，膏壤千里，宜桑麻，人民多文彩布帛鱼盐。临菑亦海岱之间一都会也。其俗宽缓阔达而足智，好议论，地重，难动摇，怯于众斗，勇于持刺，故多劫人者，大国之风也。其中具五民。而邹、鲁滨洙、泗，犹有周公遗风，俗好儒，备于礼，故其民龊龊。颇有桑麻之业，无林泽之饶。地小人众，俭啬，畏罪远邪。

接下来再看齐鲁商贾传统形成和发展的社会文化环境，其组成要素比较多，主要包括：1. 不同历史时期商品经济的发展水平。这决定着齐鲁商贾传统内涵的丰富与深刻程度。魏晋南北朝时期

---

① 参见张立文《传统学引论：中国传统文化的多维反思》，中国人民大学出版社1989年版，第5页。

北方地区的商品经济受到战乱等的很大影响,发展水平较低,市场上的经营活动主要是个体农民将剩余农产品和副业产品运到市场上出售,致使这一时期的商业经营技巧及商业思想较多的是围绕着个体农民与市场的关系展开。到了明清时期,随着商品经济的逐渐繁盛,商贾传统的内涵已经非常丰富,达到了中国传统社会中商业文化的最高水平。2. 国家关于商品经济的制度、政策和法令。这对于齐鲁商贾传统的发展具有导向性作用。齐国的工商业传统就是在其建立者姜太公的"通商工之业,便鱼盐之利"[①]的国策下产生并发展的。宋代酒业经营中实行买扑制,即允许民户向官府缴纳固定的钱物,获得某些酒坊场务的经营权,熙宁年间又实行了类似于现代投标法的实封投状制,都极大地刺激了齐鲁商人的竞争意识。3. 不同历史阶段齐鲁文化的发展演变。齐鲁商贾传统的发展不仅受限于各个历史时期商品经济的发展水平,也深受当时齐鲁文化发展的影响,可以说它主要是在二者共同作用下形成并发展的。春秋战国时期的齐鲁文化中兵学的成就非常突出,姜太公、司马穰苴、孙武、吴起、孙膑和田单等都是兵学史上不可忽略的人物,其著作《六韬》、《司马法》、《孙子兵法》和《孙膑兵法》亦都是久享声誉的兵学经典。商场如战场。以上述著作为代表的军事思想无疑是子贡、范蠡等齐鲁商人杰出的经营策略形成的重要文化给养。齐地自古以来就有深厚的巫卜传统,到魏晋南北朝时期依旧兴盛,并与商业经营和各种求利活动结合在一起,使各种求利巫术成为魏晋南北朝时齐鲁商贾传统的重要组成部分。4. 不同时期社会风气和风俗习惯的变化。从明代中期开始,山东运河地区出现了一股"逐末"趋利之风。在以山东运河区域为地域背景的小说

① 《史记》卷三二《齐太公世家》。

《金瓶梅》中，西门庆和应伯爵等十人结拜为兄弟，大伙一致推西门庆居长，“西门庆道：‘这还是叙齿，应二哥大如我，是应二哥居长。’伯爵伸着舌头道：‘爷可不折杀小人罢了！如今年时，只好叙些财势，那里好叙齿？’”①这就是对当时重商逐利风气的生动反映。再如，峄县在弘治、正德以前，“人情简朴，务稼穑”，到嘉靖、万历年间已变得“民弃本业，好浮游”②。博平县在明中后期“务本者消，逐末者日盛”③。这股重商逐利之风一直到清代都很盛行，逐渐成了当地的一种“传统”。一个地区的社会风气和风俗习惯对人们的消费心理有很大影响。它们构成了商业活动的社会心理环境。商人如果不对某一地区的社会心理环境加以考察和把握，了解该处民众的喜好和禁忌，商业经营活动在该地区就很难成功。5. 商业观念或商业思想的发展。商业观念或商业思想是在商品经济发展基础上产生的人们对于商业和商品流通的各种认识，其中既包括政治家、思想家等对商业、商人在社会经济中的地位和作用及商品流通规律的认识和其关于商业政策的各种建议和主张，也包括商人阶层对自身及所从事的事业的地位和作用的认识与态度。社会各阶层的义利观、消费观、财富观等也是商业思想的重要内容。这些思想观念既是商贾传统的重要内容，也是商贾传统发展的重要文化土壤。历史上山东地区的商业思想有其特色。古代国家关于工商业的基本理论“轻重论”就是齐文化的产物，并对后世山东的政治家影响巨大，三国时诸葛亮和宋代山东许多政治家的商业思想就深受“轻重论”的影响，唐代的刘晏则对传统的轻重论有很大发展。贾思勰、王祯等山东农学家虽然都强调以农为本，但其不仅不

① 《金瓶梅》第一回《西门热结十兄弟　武二郎冷遇亲哥嫂》。
② 《古今图书集成·方舆汇编·职方典》卷二三〇《兖州府风俗考》。
③ 万历《东昌府志》卷二《地理志·风俗》。

排斥商业,反而将商业或市场视为实现其富民主张的途径,在传统的农商关系思想史上写下了独特的一笔。①

二是商业活动的主体即商人阶层在商业经营过程中形成的各种具有特色的文化现象,大致包括商人的经营文化、日常生活、社会活动和精神世界等四个方面。

首先是商人的经营文化。探讨商人的经营文化,要从其来源、资本积累方式和过程、经营行业、涉足地域及交易方式等谈起。一旦以农民、普通士人、官员等身份投身商海,不仅面临着人生道路的转折,还面临着如何筹集资本、选择何种行业及到何处经营等一系列经商的基本问题,最终反映出的就是商人在经营方面的眼光。商人在长期的商业经营实践中,会逐渐摸索到商业流通和市场运行的一些基本规律,积累一些行之有效的管理经验和营销技巧,最终形成一套关于商品、流通和市场等元素的完整的经营策略。

其次是商人的日常生活。探究商人阶层日常生活的特点及其与商业经营活动的关系,无疑是商贾传统研究应当关注的内容之一。最能反映商人阶层特征的日常生活就是他们从事的商贸经营活动。商人往往需要呕心沥血地筹划,不顾辛劳,多方奔波,历经坎坷和艰辛,最终才可能获得预期的利益。衣食住行是任何人生存都要面对的,商人亦不例外,但商人阶层有相对较好的经济条件,其在衣食住行上往往追求奢侈与享受,即使是小商人在这些方面的消费水平也要超过普通民众。在解决温饱后,商人还往往追求精神享受和文化娱乐。家庭是人生活于其中的最小社会单位,剖析商人的家庭结构,了解其婚姻生活、财产及家庭伦理等,对于

① 此处关于商业观念或商业思想的论述,参见姜生等《鲁商文化史·引言》,山东人民出版社2010年版,第4~5页。

研究商贾传统亦是十分必要的。

再次是商人的社会活动。商人的社会活动包括其人际交往、结成社团组织和对社会公共事务的参与等。商人的人际交往主要是指其在经营活动中与顾客、同行及其他利益相关者的交往。这种交往的目的仍是为了更好地开展商贸活动或获得更多的利润，传统社会中有许多商人为了能"借着衙门中势力"，就想方设法与官员结交。商人为交流信息、协调竞争和加强团结，会结成各种社团组织，如以业缘关系结成的行会、商会或同业公会，以地缘关系组织的会馆或商帮等。由于商人阶层有较强的经济实力，为了凸显自己的存在和增强自己的社会影响，他们会参与社会救济、兴办教育、修桥铺路和兴建寺庙等社会公共事务。

最后是商人的精神世界。商人的精神世界涉及的内容较广，如：宗教信仰，即商人在商业经营活动中对超自然和超社会力量的崇拜，主要是对财神和行业神的信仰，目的主要是获得更多利润；还会祈求神灵保佑自己出行平安，最终目的仍是获利。商业观念，即商人对自己所从事的职业的态度和认识，如商业的目的是什么、经商获得利润是否正当、自己的社会地位和声誉如何、经商是否值得子孙继承和发扬等。商业精神，即对财富的渴望与追求，也包含等价交换的商业原则和按照财富多寡评价事物的价值准则。[①] 商人的义利观、价值观、财富观、社会责任感、伦理观念等亦是商人精神世界研究应当关注的内容。

齐鲁商贾传统的发展离不开齐鲁文化的滋润与供养。它实际上又成为齐鲁文化的一个组成部分。研究齐鲁商贾传统，实际上就

① 参见王德敏、庄春波《齐文化与中国传统文化》，《齐文化丛书》第20册，齐鲁书社1997年版，第127页。

是要发掘齐鲁文化中有利于经济发展的积极因素。其实，在整个齐鲁文化中这样的积极因素很多，下文通过几个例子具体加以说明。

一是齐文化与鲁文化的交融和延续对塑造当代齐鲁商贾精神的意义。

齐、鲁两国由于文化渊源、自然环境、历史传统和治国方针的差异，使齐文化与鲁文化在文化价值观念上呈现出较大的差异。大致说来，齐地"负海舄卤，少五谷而人民寡"①，不宜发展农业，故齐自建国始，就实行"通商工之业，便鱼盐之利"②的政策。齐以工商立国的方针使"利"在齐人心中有十分重要的地位。鲁国地处内陆，地貌以平原为主，宜于农业，在"尊尊亲亲"的以礼治国的方针下，原本就重稼穑、尚耕织的周人传统在鲁地得以发扬，形成了男耕女织的以农业为主的经济传统。与之相适应，人们形成了崇尚礼节的风俗，"不学礼，无以立"③。正是以上区别，使齐地和鲁地的民风产生了很大差异：一方面是功利型的齐人。他们积极逐利，爱慕虚荣，追求铺张奢侈，善言辩，多智谋，正如《汉书·地理志》所言：

> 太公以齐地负海舄卤，少五谷而人民寡，乃劝以女工之业，通鱼盐之利，而人物辐凑……其俗弥侈，织作冰纨绮绣纯丽之物，号为冠带衣履天下。
>
> 初太公治齐，修道术，尊贤智，赏有功，故至今其土多好经术，矜功名，舒缓阔达而足智。其失夸奢朋党，言与行缪，虚诈不情，急之则离散，缓之则放纵。

一方面是道德型的鲁人。他们崇儒好学，遵守礼法，淳厚朴实，崇尚节俭，正如《史记·货殖列传》所言：

① 《汉书》卷二八下《地理志下》。
② 《史记》卷三二《齐太公世家》。
③ 《论语·季氏》。

邹、鲁滨洙、泗，犹有周公遗风，俗好儒，备于礼，故其民龊龊。颇有桑麻之业，无林泽之饶。地小人众，俭啬，畏罪远邪。

秦始皇统一六国后，齐、鲁都被纳入了始皇帝的统治之下。作为秦基本国策之一的重农抑商之策开始广泛推行，“上农除末”的主张甚至被刻到了琅琊台（在今山东青岛市黄岛区）上。很明显，重视工商业的齐人是秦这一政策整顿和改造的重点。西汉武帝时奉行“独尊儒术”的国策，重本抑末的正统经济思想也在西汉后期形成，由此农耕和儒家本位主义正式确立，一个从经济上，一个从思想上，犹如一把双刃剑，开始大规模地修剪齐人性格中的非正统性，“易青齐为邹鲁”①，齐、鲁文化在国家政权力量的推动下开始了融合的漫长历程。② 至隋朝建立后，齐人性格已发生了很大改变，由“功利型”变成了“道德型”，齐、鲁民风趋于一致。《隋书·地理志》称齐地风俗“在汉之时，俗弥侈泰，织作冰纨绮绣纯丽之物……大抵数郡风俗，与古不殊，男子多务农桑，崇尚学业，其归于俭约，则颇变旧风。东莱人尤朴鲁，故特少文义”；兖州一带“兼得邹、鲁、齐、卫之交，旧传太公唐叔之教，亦有周孔遗风。今此数郡（按：指东郡、东平、济北、武阳、平原等），其人尚多好儒学，性质直怀义，有古之风烈矣”；鲁郡、琅琊等徐州一带的诸郡“皆得齐、鲁之所尚。莫不贱商贾，务稼穑，尊儒慕学，得洙泗之俗焉”。然而民风是长期积累起来的较为稳固的文化现象，不是朝夕形成的，也不是朝夕可以更易的。直到北宋，齐州一带仍旧“俗凶悍，轻为盗劫屠贩”③。曾巩就称：“齐故为文学之国，然亦以朋比夸诈见于习

① 乾隆《威海卫志》卷一《风俗》。
② 参见刘德增《解读山东人》，中国文联出版社 2006 年版，第 112 ~ 133 页。
③ 李之仪《范忠宣公行状》，载范纯仁《范忠宣公文集》卷一九。

俗。”[①]近代以来，胶东地区的崛起与繁荣，似乎使我们又看到了当初齐人商业精神的复活。

总之，齐文化与鲁文化的交融虽然使齐、鲁民风趋于一致，都转向了道德型，但齐人的逐利意识、多智谋或“夸诈”等并未消磨殆尽，而是潜藏在人们的血脉和灵魂中，一旦有了合适的土壤，仍会破土而出。有人将义和利对立起来，认为山东人因重义轻利而不适合经商。这种认识并不妥当。“义”实即商业伦理，“利”即商业精神。今天若能继承和发扬齐文化重利与鲁文化重义的传统，将两者有机结合在一起，使商人既坚持商业伦理观念，又充满逐利精神，既敦厚诚信，又具备商战所需的智谋，这岂不正是我们所呼唤的具有现代商业精神的商人吗？

二是热情好客习俗的继承对齐鲁商贾经营文化的影响。

待客热情可以增强顾客的购买欲，和气生财已是商家的共识。山东地区一直有热情好客的传统。孔子“有朋自远方来，不亦乐乎”[②]和“四海之内，皆兄弟也”[③]两句名言充分反映了这一传统的悠久。据唐代《贞观政要》卷一载，贞观年间“入山东村落，行客经过者，必厚加供待，或发时有赠遗”。此处“山东”虽是指包括今天的山东在内的太行山以东的广大地区，但并非这一广大地区的民众都能热情待客。唐文宗开成年间来华的日本僧人圆仁在其《入唐求法巡礼行记》一书中记录了自己从登州经山东、河北、山西等地到长安的旅程，对所经地区的待客习俗有详细记述，相比之下，山东民众待客是最为热情的。这一传统历宋元明清而未衰，一直延续到今天。下面这个流传于山东地区的民间故事就充分说明了这一点：

① 《曾巩集》卷一三《齐州杂诗序》。
② 《论语·学而》。
③ 《论语·颜渊》。

一个外地人路过本乡，碰上大雪天气。向一位老者请问什么地方能找到旅馆，老者摇头不答。那人又向老者求宿，老者说："你张口就找旅馆，俺当你嫌恶俺家里肮脏，容不得你这个贵客呢！"老者把客人安置在客房里，脸色冷冷的往里院去了，客人不敢再兴求食之想。就饿着肚子睡了。一会儿，老者转来，一看客人上了床，勃然大怒，骂道："你怎的这么看不起人？当俺一顿饭也管不起你？"客人举眼一看，竟然摆下好几样菜肴，有酒有肉。大雪数日不停，老者天天酒肉招待。①

老者话虽难听，热情待客之意却发自内心。

三是讲究信用传统的发扬对齐鲁商贾经营伦理的影响。

有人认为山东人是道德型、情感型的人，其文化缺乏具备法治内涵的现代"契约"精神②，就是说山东人不注重使用契约。这种认识实际上是夸大了契约的作用。契约最终还是要靠人来执行的，即使签订了契约，不守合同的商业欺诈行为仍层出不穷，由此还是要求人们要讲信用。讲究信用的道德约束是建立社会信用体系的基础，契约或法律等只是制度保障。齐鲁文化中就有讲究信用的传统。首先来看两个例子，一个是把"与朋友交而不信"当成每天都必须自我反省的重要事情之一、对小孩都坚守承诺的曾子：

曾子之妻之市，其子随之而泣。其母曰："女还，顾反为女杀彘。"妻适市来，曾子欲捕彘杀之。妻止之曰："特与婴儿戏耳。"曾子曰："婴儿非与戏也。婴儿非有知也，待父母而学者也，听父母之教。今子欺之，是教子欺也。母欺子，子而不信

① 杨念慈《故乡的民性》，载邓九平主编《中国文化名人谈故乡》下册，大众文艺出版社2000年版，第500～501页。

② 参见张西庭、张炯《山东人还缺什么》，黄河出版社2006年版，第225页。

其母,非以成教也。"遂烹彘也。[①]

另一个是为信守承诺而丢掉了性命的鲁国人尾生高:

尾生与女子期于梁下,女子不来,水至不去,抱梁柱而死。[②]

先秦齐鲁诸子对"信"亦多有论述,如孔子曰"人而无信,不知其可也"[③],对言而无信者持坚决否定的态度,强调"言必信,行必果"[④];孟子把"朋友有信"提到"五伦"之一的高度;墨子称"言不信者行不果","行不信者名必秏"[⑤]。这一传统在山东地区一直十分盛行。宋金之际章丘人王京家中有一橘园,收购其橘者预付了1/3货款,后来橘因霜而凋落,他"遽以所入归其人"[⑥]。道光《重修胶州志》卷一五记该处商人"交易皆一言为券,无悔改者"。近代烟台泰生东染料庄的创办者牟平人张颜山常说:"讲信用能把死买卖做活,不讲信用能把活买卖做死,信用是买卖人的第一生命。"[⑦]我们今天只有发扬齐鲁文化中讲究信用的传统,将其与契约精神结合起来,才能构建出符合现代市场经济要求的商业信用体系。

总之,通过对齐鲁商贾传统的研究,发掘齐鲁文化中有利于经济发展的积极因素,以求为推动山东经济持续发展,提高当代齐鲁商人群体的声誉,培育符合时代需要的齐鲁商贾精神尽一份力,既是我们今天研究齐鲁商贾传统的意义和价值所在,也是我们的深切期待!

---

① 《韩非子·外储说左上》。

② 《庄子·盗跖》。

③ 《论语·为政》。

④ 《论语·子路》。

⑤ 《墨子·修身》。

⑥ 刘敏中《中庵先生刘文简公文集》卷九《济南王氏先德碑铭》。

⑦ 张绪谱《张颜山和泰生东染料庄》,载山东省政协文史资料委员会编《山东工商经济史料集萃》第3辑,山东人民出版社1989年版,第16页。

目　录

第一章　齐风余韵:魏晋南北朝时期的齐鲁商贾传统

在魏晋南北朝时期山东商品经济曲折、缓慢发展和这一地区仍保留着的浓重的齐文化色彩双重因素的作用下,齐鲁商贾传统呈现出独特的面貌,大致表现在以下几个方面:第一,在魏晋南北朝时期的商人群体中,有为数不少的官员,其凭借政治特权牟取商业利润。农民亦是当时商人群体的重要组成部分,其与市场有密切的联系。这一时期的山东民风处于"功利型"向"道德型"的转变之中,因此当时的商业观念和商业思想等才呈现出一些既相互对立又密切联系的现象,如贾思勰的商业思想就处于农本和求利的矛盾之中。第二,在山东地区齐文化色彩仍比较浓重的文化环境下,山东人对财富的追求与齐地的巫卜传统相结合,出现了不少利用巫卜预测市场行情变化和追求财富的方术。第三,受当时齐文化氛围和精神的影响,山东地区涌现出的许多杰出人物的商业思想都颇具特色。如诸葛亮对管子商业思想的继承和实践,农学家贾思勰利用市场让农民致富及其商业经营策略等方面的主张。本章即首先论述魏晋南北朝时期齐鲁商贾传统的经济和文化环境,然后探讨当时的齐鲁商贾群体及其经营技巧,最后论述山东人的财富观及商业思想。

第一节　魏晋南北朝时期齐鲁商贾传统的经济和文化环境

魏晋南北朝时期,因社会动荡而处于极度困境中的商品经济与山东地区保留下来的以重视功利为特征的齐文化因素共同构成了这一时期齐鲁商贾传统发展的主要社会环境。

一、魏晋南北朝时期山东商品经济的发展①

魏晋南北朝时期是中国历史上社会大动荡的时期,连绵不断的战火时常给人民带来不幸和灾难,无休止的战争一次又一次地对经济造成严重破坏,但在两次战争的间隔时期,社会局势相对安定的情况下,经济又能得到恢复和发展。一般来说,在北方地区相对稳定和社会经济逐步好转的曹魏、西晋,十六国时期的后赵、前秦以及北魏孝文帝改制后的各个历史阶段,山东地区的商品经济都有所发展;而在晋末永嘉之乱,淝水之战后前秦政权瓦解,北魏分裂为东、西魏以及北齐、北周相争的年代里,山东地区的商品经济遭受了严重破坏。总之,魏晋南北朝时期山东的社会经济并未被破坏到难以恢复的程度,商业复苏的生机亦未被斫丧殆尽,而是在重重阻碍下艰难发展,并经历了一个曲折的过程。

(一)魏晋南北朝时期的山东农业及农产品的商品化

魏晋南北朝时期的动荡局势和连绵不断的战火使农业面临的

① 本节关于魏晋南北朝时期山东商品经济发展的论述,主要参考陈冬生、王赛时主编的《山东经济史·古代卷》(济南出版社1998年版)和赵凯球、马新的《山东通史·魏晋南北朝卷》(山东人民出版社1994年版)写成。

威胁尤为严重。在各方争战中,进攻的一方不免烧杀抢掠,夺去农民手中的余粮;而防守一方则坚壁清野,毁弃时已待收的庄稼。战争使得大片农田荒芜,无数财富化为灰烬。然而就在这种社会动荡之中,山东人民仍在数经抛荒的土地上坚持着农业生产,辛勤耕作,使农业生产维持并发展下去。

曹魏时,政府就广兴屯垦,招集流亡无业的农民入屯耕作,官方为之出具耕牛,并贷给种子和生活物资。胡质都督青徐,在山东境内"广农积谷,有兼年之储,置东征台,且佃且守。又通渠诸郡,利舟楫"①。山东的农业生产渐渐恢复了以往的景气。随着农业的短暂复苏,曹魏时的屯田生产到西晋时已开始向自耕农生产过渡,耕牛和田产也逐渐通过某种形式转移到农民手中。西晋咸宁四年(278),杜预向朝廷提议,把兖州的万余头官牛分卖给当地百姓,鼓励农民恢复生产,变荒地为农田。② 由于多少获得了一些土地和耕牛,有了一定的生产资料,农民的劳动积极性大为提高,西晋时期山东的农业遂得到初步振兴。

西晋末年的永嘉之乱后,山东农业生产又陷入了停顿状态,多方势力争夺山东,再次给刚刚振兴的经济造成了严重破坏。西晋在山东残存的地方官"征求不已"③,不遗余力地搜刮百姓,竭泽而渔,使得农业生产难有回生之力。外族军事势力多次攻入山东,践踏了大批农田。如后赵与前燕相互争战,后赵极力搜刮粮食,其大将曹伏"将青州之众戍海岛,运谷三百万斛以给之;又以船三百艘运谷三十万斛诣高句丽"④,山东的民力和财力为之一空。东晋咸

① 《三国志》卷二七《胡质传》。
② 参见《晋书》卷二六《食货志》。
③ 《资治通鉴》卷八六。
④ 《资治通鉴》卷九六。

康六年(340),石虎准备大举攻燕,下令青州等地之民五丁取三,四丁取二,农业劳动力顿时被抽走一半。如此不断,山东的劳动力和农产物资都被后赵征调一空。当时,“民至鬻子以供军须,犹不能给,自经于道树者相望”,再加上地方“公侯、牧宰竞营私利,百姓失业愁困”①,山东农业生产被逼到了崩溃的边缘,经济形势极为严峻。

东晋隆安四年(400),鲜卑人慕容德在广固(今山东青州)建都称帝,建立南燕。南燕政权最初立足山东之时,对农业生产格外重视,大力恢复受损的农业经济,并实施了一系列优惠政策,“务在遵养,矜迁萌之失土,假长复而不役”②,同时严禁官吏勒索农民。这样,山东的农业生产在很短时间内就得到了恢复。南燕政权为促进自耕农数量的扩充,增加农业劳动力,开始大规模地清查户口,刊正租赋,把隐漏的民户和财富收归国有,当时“巡郡县隐实,得荫户五万八千”③。由此一来,南燕时山东的农业生产力得到了一定程度的解放,经济形势更见好转。

义熙五年(409),东晋进攻南燕。南燕臣僚曾提议用坚壁清野、焚毁农田的方式阻挡晋军前进,具体做法是“各命守宰,依险自固,校其资储之外,余悉焚荡,芟除粟苗,使敌无所资。坚壁清野,以待其衅”④。当时的南燕主慕容超考虑到农民的实际利益,没有采纳这个方案,山东的农业生产又一次逃脱了战火的厄运。后来,东晋平定南燕,占领山东,农业经济未遭太大破坏,东晋地方官在南燕经营的基础上,进一步鼓励发展农业生产。

① 《资治通鉴》卷九七。
② 《晋书》卷一二七《慕容德载记》。
③ 《晋书》卷一二七《慕容德载记》。
④ 《晋书》卷一二八《慕容超载记》。

刘宋统治山东时期，一些开明的地方官不失农时地劝课农桑，大力发展农业生产。如申恬出镇历城（今山东济南）时，“齐地连岁兴兵，百姓凋弊，恬初防卫边境，劝课农桑，二三年间，遂皆优实”①。由于面临着北魏入侵山东的威胁，所以在山东农业区内，刘宋政权千方百计地扩大农业生产，储备战略物资。短短几十年间，山东农业经济发展迅猛，使得刘宋与北魏在山东的争战持续了很长时间。

由于山东人民长期艰苦的劳动，尽管战乱不止，动荡难安，但山东地区仍然维系了国民赖以生存的农业经济，积累了较多的农产品和社会财富，达到了相对富裕的程度，这在全国范围内首屈一指。因此，魏晋南北朝时期的军阀势力无不把丰饶的山东视为必得之地。东晋隆安年间，潘聪劝慕容德进军山东时就说：“青齐沃壤，号曰‘东秦’，土方二千，户余十万，四塞之固，负海之饶。”②刘宋元嘉初年，垣护之劝到彦之退守青州时也说：“青州丰穰，济漕流通，士马饱逸，威力无损。”③北魏军队进攻山东，首先要夺取的就是城邑粮仓。北魏皇兴元年（467），慕容白曜攻克肥城，获粟 30 万斛；攻下垣苗（今山东长清西南）城后，再获粟 10 余万斛，“由是军粮充足”。仅仅攻下山东的两个小城邑，数万大军口粮就充足了。慕容白曜以此为保障，围战刘宋主力达两三年之久，由此可见山东城邑仓廪余粮之丰硕。慕容白曜最后攻克东阳城（今山东青州东），“获仓粟八十五万斛，米三千斛，弓九千张，箭十八万八千，刀二万二千四百，甲胄各三千三百，铜五千斤，钱十五万”④。此时的东阳城已被围三年，与外隔绝，死战之后，犹存 4 万余人，尚能保存

① 《宋书》卷六五《申恬传》。
② 《晋书》卷一二七《慕容德载记》。
③ 《宋书》卷五〇《垣护之传》。
④ 《魏书》卷五〇《慕容白曜传》。

下如此雄厚的粮储和战略物资，这充分说明，刘宋统治下的山东地区在近60年的时间里，农业生产有了高度发展，山东人民在自己的家园里积累了丰厚的物资。

魏晋南北朝时期的山东地区地力条件十分优厚，土质肥腴，易植五谷。《宋书·何承天传》称："泰山以南，南至下邳，左沭右沂，田良野沃。"泰山以北的青齐地域也是农耕遍野，种植茂密，一片兴旺景象。

山东地区的农业以粮食种植为主，包括小麦、大麦、燕麦、大豆、绿豆、小米、黍米、水稻等，品种较为丰富，其中尤以麦、豆为大宗作物，种植范围相当广泛。从《晋书·五行志》所记载的山东地区作物的受灾情况来看，各州郡的农作物主要都是麦和豆。《水经注》卷二四记出莱芜谷"有平丘，面山傍水，土人悉以种麦"。

山东地区在大力发展粮食生产的同时，还不失时机地开展了多种经营，形成了以谷物为主、多种经济作物为辅的农业生产结构，其中蔬菜、林木、香料的生产能力都相当可观。

蔬菜在山东地区商品的构成中占有很大的比重。据《齐民要术》记载，山东出产的蔬菜有多个品种，其中包括茄子、冬瓜、胡瓜、瓠、芋、葵菜、蔓菁（芜菁）、菘、芦菔、蒜、泽蒜、葱、韭、芸苔、芥菜、胡荽、姜、芹菜、苜蓿等常用蔬菜。这些蔬菜一部分供生产者自己消费，还有一部分作为商品出售，进入城镇商品市场。《齐民要术》卷首《杂说》就着重指出了经营蔬菜对农民经济生产的重要性："如去城郭近，务须多种瓜、菜、茄子等，且得供家，有馀出卖。"

魏晋南北朝时山东地区的林业也有很大发展。首先，经济林木种植比较多。北魏均田制规定："诸初受田者，男夫一人给田二十亩，课莳余，种桑五十树，枣五株，榆三根。非桑之土，夫给一亩，依法课莳榆、枣。奴各依良。限三年种毕，不毕，夺其不毕之地。于桑榆地分杂莳余果及多种桑榆者不禁。”[①]这对于经济林木的种植具有重要的推动作用。据《齐民要术》记载，经济林木主要有桑、柘、榆、白杨、槐、柳、楸、梧等，其中以桑树的经济价值最高。山东乡村农户历来有普遍栽植桑树的传统，到这时依然旺盛。《齐民要术·种桑、柘》篇称：“谚曰：‘鲁桑百，丰绵帛。’言其桑好，功省用多。”在时人心目中，鲁桑丰收，就预示着衣着不愁，可见山东植桑业的重要地位。林木除被用做柴薪外，更多的是作为木材或家庭副业的材料出售。如榆树，既可卖荚、叶，又可当椽子卖，一根十文，还可镟作独乐及盏，“一个三文”，十年之后的木材还可做成魁、碗、瓶、榼等器皿，“一碗七文，一魁二十，瓶、榼各直一百文”，十五年后的榆可以做成车毂和蒲桃瓨，“瓨一口，直三百。车毂一具，直绢三匹”[②]。其次，果树占有较大比例。当时，山东地区栽培的果树主要有枣、梨、樱桃、杏、桃、柰、栗、柿、榛、安石榴、林檎等品种，产量极为可观。有些果品不但产量大，而且品质优良，甚至居全国同类产品之首。如枣就是山东著名的特产，丰年可作果品佳味，荒年可代粮食充饥，故栽培者不计其数。《齐民要术·种枣》篇记载：“青州有乐氏枣，丰肌细核，多膏肥美，为天下第一……齐郡西安、广饶二县所有名枣即是也。”西安县治位于今山东临朐西南十里，广饶县治位于今山东寿光北，都是当时青州的属地。《本草纲目》卷二九引陶弘景称枣“青州出者形大而核细，多膏甚甜”。《齐民要术·种枣》篇引《广志》称东郡谷城（今山东东阿一带）产的紫枣长达二寸。山东地区的梨也很著名。曹操任兖州牧时上书说：“山阳

① 《魏书》卷一一〇《食货志》。

② 北魏·贾思勰《齐民要术·种榆、白杨第四十六》。

郡有美梨。谨上……甘梨二箱，樗枣二箱。”①山阳郡(治今山东巨野南)不仅出产的梨好，出产的樗(柿)和枣品质也很高，否则曹操也不会将其作为贡品进献给朝廷。《齐民要术·插梨》篇引《广志》称山阳巨野和齐国临淄都是重要的梨产区。朐山梨也是山东名产。左思《齐都赋》中有“果则朐山之梨”②的说法，由此可知此朐山应位于今山东境内。

在油料作物中，山东地区主要种植胡麻。胡麻即芝麻。《齐民要术·胡麻》篇记载：“张骞外国得胡麻，今俗人呼为‘乌麻’者，非也。按今世有白胡麻、八棱胡麻。白者油多，人可以为饭……胡麻宜白地种。二、三月为上时，四月上旬为中时，五月上旬为下时。月半前种者，实多而成；月半后种者，少子而多秕。”胡麻从汉代时移植到中国，到北朝时已普遍种于山东地区。从《齐民要术》的有关记载可以看到，山东人民对胡麻的种植与管理已总结出不少宝贵经验。当时山东出产的胡麻，既充当油料，也直接用作食物。

在发展经济作物的同时，山东人民还不断地从外地引进良种，提高本地经济作物的质量。花椒就是当时新引进的一种经济作物。《齐民要术·种椒》篇记载：“今青州有蜀椒种，本商人居椒为业，见椒中黑实，乃遂生意种之。凡种数千枚，止有一根生。数岁之后，便结子，实芬芳，香、形、色与蜀椒不殊，气势微弱耳。遂分布栽移，略遍州境也。”这些经济作物的优选引进与广泛培植大大提高了山东农产品的竞争力。

魏晋南北朝时期，山东的水利资源还相当丰富，除去漫长的海岸线外，内地也是湖泊河溪纵横交错，现在的许多平地良田，当时

① 《曹操集》卷一《兖州牧上书》，中华书局1959年版，第23页。

② 宋·李昉等《太平御览》卷九六九引。

还都是一片泽国。巨野泽“湖泽广大，南通洙、泗，北连青、齐”[①]，“青州北有河、济，又多陂泽”[②]，渔业资源相当丰富。沿海地区的渔业生产自不必说，“青州资鱼盐之货”[③]。内地的渔业也比较发达。兖州与豫州一带水泽很多，百姓“以水为困”，但可“恃鱼菜螺蚌”为生，“尽得水产之饶”[④]。鲁郡卞县（治今山东泗水东）的陶墟有一个漏泽，泽西有一座小山，小山旁有三个石洞，“广圆三四尺，穴有通否，水有盈漏，漏则数夕之中，倾陂竭泽矣。左右民居，识其将漏，预以木为曲洑，约障穴口，鱼鳖暴鳞，不可胜载矣”[⑤]，当地人由此可获得大量水产品。贾思勰在《齐民要术》中大力提倡人工养鱼，尤其是鲤鱼。当时已有不少鱼贩，国家也开始对鱼征税。《三国志》卷二七《王昶传》注引《任嘏别传》称乐安博昌（今山东博兴）人任嘏“家贫卖鱼，会官税鱼，鱼贵数倍”。养鱼还可附带种莼、藕、莲子、芡、菱等，同样可以获利。

魏晋南北朝时期是中国历史上一个农耕文明和游牧文明相互融合的时期，北方大量的游牧民族进入中原。这些游牧民族入主中原建立政权后，用强权推行畜牧业，使北方的畜牧业在国民经济中的比重大大增加。山东先后经历了羯、鲜卑和氐族的统治，畜牧业随之有了很大发展。西晋时清河郡（今山东临清东）、渤海郡（今河北南皮北）一带养羊业发达，“大贾牂羊，取之清渤”[⑥]。另“东齐羝羊”也很有名。[⑦] 西晋济阴单父（今山东单县）人郤诜母亲生病，

① 《宋书》卷六四《何承天传》。
② 《宋书》卷五〇《垣护之传》。
③ 《南史》卷七〇《王洪范传》。
④ 《晋书》卷二六《食货志》。
⑤ 北魏·郦道元《水经注》卷二五。
⑥ 《晋书》卷五一《束皙传》。
⑦ 参见宋·李昉等《太平御览》卷五九八《契券》。

"苦无车,及亡,不欲车载柩,家贫无以市马,乃于所住堂北壁外假葬,开户,朝夕拜哭。养鸡种蒜,竭其方术。丧过三年,得马八匹,舆柩至家,负土成坟"①。郤诜通过悉心养鸡和种蒜,即发展家禽养殖和经济作物种植,经过三年即可买马八匹,不仅反映了当时一般农民可通过家庭副业致富,也说明当地存在相当规模的牲畜交易。《魏书》卷一九《孙诞传》称孙诞"除齐州刺史。在州贪暴,大为人患,牛马骡驴,无不逼夺",可知齐州一带民众饲养的牲畜主要是牛、马、骡、驴。贾思勰《齐民要术》中对牛、马、驴、骡、猪、鸡、鹅、鸭的饲养也有较详细的论述,表明当时包括山东在内的黄河流域的家庭饲养技术已日臻成熟。② 陵县孟家庙一座北齐墓曾出土了数件陶狗、陶羊、陶猪,令人感兴趣的是,一只陶狗作趴伏状,腹部有三只小狗在吃奶,还有一只作盘卧状的陶羊,胸前有一小羊;③济南东八里洼北朝墓中也出土了一件正给六只小猪哺乳的陶猪(图1-1),这都可反映当时山东地区家畜饲养业中对家畜繁殖的重视。

图1-1　济南东八里洼北朝墓出土的子母猪(采自谢治秀主编《辉煌三十年:山东考古成就巡礼》,科学出版社2008年版)

(二)魏晋南北朝时期山东的手工业

魏晋南北朝时期,连续不断的战乱给手工业生产以极大破坏,

① 《晋书》卷五二《郤诜传》。

② 详请参见王利华主编《中国农业通史·魏晋南北朝卷》,中国农业出版社2009年版,第51~58页。

③ 参见李开岭、谢龙堂《陵县孟家庙北齐墓》,载李开岭、马长军主编《德州考古文集》,百花洲文艺出版社2000年版,第235~237页。

手工业者经常失去经营操作的条件;同时,敌对政权的掳掠以及本地工匠的大量外逃使得山东手工业的实力大损;手工业产品的市场日趋萎缩,手工业生产不太景气。即使在这种极为艰难的环境下,山东的手工业者仍然以顽强的毅力坚持生产,使山东地区的手工业在纺织、制盐、造船、矿冶和陶瓷等方面得以缓慢发展,其他如造纸等手工业也有一定程度的发展。

1. 纺织业

山东地区的蚕桑业与麻的种植相当发达,为纺织业发展提供了坚实的基础。魏晋南北朝时期,山东地区的丝织业与麻织业一直保持着全国领先地位。何晏曾赞美清河(今山东临清东北)的缣为魏时名产。西晋临邑(今山东东阿)进贡的物品中"多绛绫,是其所珍"①;《水经注》卷五称东阿县"出佳缯缣";左思的《魏都赋》也称"绵纩房子,缣总清河",可见魏晋时山东地区的丝织业在国内负有盛名。北魏为加强山东地区绫罗等纺织品的生产,曾多方搜括工匠,使之注籍为官方织户,"魏初禁网疏阔,民户隐匿漏脱者多。东州既平,绫罗户民乐葵因是请采漏户,供为纶绵。自后逃户占为细茧罗縠者非一"②。据《周书·武帝纪》,山东出产的丝织品有绵绸、丝布、圆绫、纱、绢、绡等品种,其中的精品要按定额上缴朝廷。北齐时,并州开府仓曹参军祖珽就曾用山东课输的"大文绫并连珠孔雀罗等百余匹"③赌博为戏。北魏户调制度规定:"所调各随其土所出。其司、冀、雍、华、定、相、泰、洛、豫、怀、兖、陕、徐、青、齐、济、南豫、东兖、东徐十九州,贡绵绢及丝。"④十九州中有冀、相、兖、

① 宋·李昉等《太平御览》卷八一六引《晋咸康起居注》。
② 《魏书》卷九四《仇洛齐传》。
③ 《北齐书》卷三九《祖珽传》。
④ 《魏书》卷一一〇《食货志》。

徐、青、齐、济、东兖、东徐等九州各辖今山东一部，可见这时的纺织业生产几乎遍及山东全省。北朝时，山东的绫罗户、织锦户都很有名气，其中“齐纨”、“阿缟”等丝织物誉满天下。齐纨是青州生产的丝织品，阿缟是东阿县的丝织特产。《水经注》卷五就记载东阿县“出佳缯缣”，即所谓“阿缟之衣也”。山东地区出产的大纹绫、连珠孔雀罗和阿缟都代表了当时山东丝织品的高超工艺水平。

除官府手工业作坊外，分散于千家万户的农民家庭丝织业及一些官僚贵族和富商大户家中的丝织业也很发达。家在兖州的北齐官僚毕义云“私藏工匠，家有十余机织锦”①。

山东的麻织业也相当发达。棉花传入以前，麻是人们衣服的重要原材料。据《齐民要术》记载，当时山东地区广泛种植麻，并且掌握了获取麻纤维的操作技术，同时对雌雄两种麻的不同性能和用途辨认得非常清楚。一些地方的麻田面积相当广阔。北周末年，于仲文在徐州金乡（今山东金乡）与敌作战，“设伏于麻田中”②。据《魏书·食货志》，北魏时以麻布充税的州县有49处，在山东境内的就有光州（今山东莱州）、青州北海郡之胶东县（今山东潍坊东）、平昌郡之东武县（今山东诸城）、平昌县（今山东诸城西北）、高密郡之昌安县（今山东安丘东南）、高密县（今山东高密西南）、夷安县（今山东高密）、黔陬县（今山东高密南）、东徐州东莞郡之莒县（今山东莒县）、诸县（今山东诸城西南）、东莞县（今山东沂水东北）、徐州北济阴郡之离狐县（今山东单县）等12处，根据北魏“所调各随其土所出”的制度，可知这些地方的麻布业比较发达，也能说明当时山东地区麻布业的发达。

---

① 《北齐书》卷四七《毕义云传》。

② 《隋书》卷六〇《于仲文传》。

2. 制盐业

山东地区海岸线长，海水中含盐量高，这就为山东沿海的煮盐业提供了优越条件。魏晋南北朝时期，山东先后为“石赵、慕容、苻秦、元魏所据”，盐业生产衰退，“不逮往古”[①]，但煮盐始终是山东手工业生产中的一个重要项目，也是当时地方财政的一项大宗收入，受到统治者的高度重视。

三国时，徐干在《齐都赋》中描述了齐地的产盐情况：“若其大利，则海滨博者，溲盐是钟。皓皓乎若白雪之积，鄂鄂乎若景阿之崇。”[②]西晋时推行盐业官营，禁止私家煮盐。北魏统一北方后，盐业政策几经收缩和弛放，时间大致各半。[③] 直到东魏时，国家开始加强对煮盐业的控制，即把东部沿海四州海盐的生产、销售权全部收归官营，由官府垄断。凡产盐地区均设盐官，监督盐户生产，盐由政府统购统销。《魏书·食货志》记载：“自迁邺后（按：高欢于534年拥立元善见为帝，迁都邺城，是为东魏），于沧、瀛、幽、青四州之境，傍海煮盐。沧州置灶一千四百八十四，瀛州置灶四百五十二，幽州置灶一百八十，青州置灶五百四十六，又于邯郸置灶四，计终岁合收盐二十万九千七百二斛四升。”《隋书·食货志》则称东魏天平元年（534）“于沧、瀛、幽、青四州之境，傍海置盐官，以煮盐，每岁收钱”。正是由于国家完全掌握了食盐的生产加工，大大缓解了国家财政上的压力，“军国所资，得以周赡矣”[④]。在上述产盐地中，青州盐灶设置以及盐产量仅次于沧州，为北方的第二大产盐地区。东魏沧州跨今河北、山东两省，其所辖的乐陵郡就在今山东境

① 参见曾仰丰《中国盐政史》，商务印书馆1937年版，第67页。
② 唐·虞世南《北堂书钞》卷一四六。
③ 参见齐涛《汉唐盐政史》，山东大学出版社1994年版，第122～127页。
④ 《魏书》卷一一〇《食货志》。

内,故沧州的1484处盐灶肯定有一部分在今山东境内。到了武定年间,"右仆射崔暹奏请海沂煮盐,有利军国。文襄以问(崔)昂。昂曰:'亦既官煮,须断人灶,官力虽多,不及人广。请准关市,薄为灶税,私馆官给,彼此有宜。'朝廷从之"①,可知沂州(治今山东临沂西)也是重要的海盐产区。《水经注》卷二六称平度"县有土山,胶水北历土山注于海。海南,土山以北悉盐坑,相承修煮不辍",可知平度一带也出产不少海盐。

除海盐外,山东的池盐生产也有发展。南燕时,"置盐官于乌常泽,以广军国之用"②。乌常泽在今山东临淄附近,既然设有盐官,产量肯定不低。北齐时,池盐生产可能有了更大发展。据《齐故假黄钺太师太尉公兰陵忠武王碑》记载,天统三年(567),高肃"除使持节、都督青州诸军事、青州刺史(阙十一字)大□□□□□□□□则秋望□□咸池素鹾,则夏成凝雪,水陆□商,其利百倍……公五年还朝,授瀛洲□原郡干,又除尚书令"③。虽然此处有缺文,但从上下文大致可推知文中所言乃是青州境内池盐生产的发展。

总之,山东煮盐业在北朝经济中占有相当重要的地位,同时也是山东手工业经济向国家提供财政收入的主要组成部分。煮盐业的兴旺,无论从国家财政角度还是从地方经济利益方面,都可谓举足轻重。

3. 造船业

山东地区有着很长的海岸线,内地也是河道纵横,湖泊星布,

---

① 《北史》卷三二《崔昂传》。

② 《晋书》卷一二七《慕容德载记》。

③ 《齐故假黄钺太师太尉公兰陵忠武王碑》,载韩理洲等辑校编年《全北齐北周文补遗》,三秦出版社2008年版,第50页。虽该书多方参校,但所录文字还有不完善之处。马忠理的《北齐兰陵王高肃墓及碑文述略》(《中原文物》1988年第2期)一文可对其某些文字进行补正,本书即参见马忠理文对引文有所改动。

水上交通十分发达，山东沿海及濒临河流、湖泊之地素以捕鱼作业和运输贸易著称。魏晋南北朝时期，不仅沿海各地的造船业是山东优势手工业，而且内河造船业与修船业也发展起来。沿黄河、济水、沂水、潍水诸河流以及东平湖、巨野湖等泽区，都出现了造船基地。魏明帝时，讨伐辽东公孙渊，下令青、兖等四州大造海船。据《晋书·蔡谟传》，后赵时，石季龙凭借山东的造船实力，"于青州造船数百，掠缘海诸县"，形成了一股强大的海军势力。后来，后赵准备从山东跨海赴辽东攻击前燕慕容氏，"令青州造船千艘，以谋击燕"，同时调集青州沿海的运粮船，"以船三百艘运谷三十万斛诣高句丽"①，对前燕政权形成两面夹击。仅从青州成千上百的造船量就可以看出当时山东的造船业规模宏大，且技术先进，是北方的造船业基地之一。

4. *矿冶业*

山东地区有着丰富的矿产资源，为矿冶业发展提供了良好的条件。魏晋南北朝时期，山东各地的矿冶开采大都被官府所垄断，一直保持着较强的生产能力。南燕时曾在商山（在今山东桓台西南）立冶采铜，并专门设置了铜官令。北魏以山东为基地，与南朝争战，需要大量的矿冶产品赶制兵器，所以其在山东境内凡有铁的地方都设立了铁官，大规模地采矿、冶炼、铸造兵器和其他铁器。《魏书·太祖纪》称天赐元年（404），"置山东诸冶，发州郡徒谪造兵甲"。南燕时，"立冶于商山……以广军国之用"②。山东成为北魏出产兵器物资的主要基地。山东地区矿冶及铸造能力都很强，许多城镇中都储备有大量的铁器。北魏攻克青州东阳城后，获得

① 《资治通鉴》卷九六。
② 《晋书》卷一二七《慕容德载记》。

了“箭十八万八千，刀二万二千四百，甲胄各三千三百”和“铜五千斤”[①]。刘宋攻克北魏重镇碻磝(在今山东茌平)后，获得了北魏贮存在这里的部分物资，其中有“铁三万斤，大小铁器九千余口，余器仗杂物称此”[②]。

除兵器铸造外，各种矿冶产品还被用来铸造农具和钱币。北魏孝文帝时，崔鉴为东徐州(治今山东沂水)刺史，“于州内冶铜以为农具，兵民获利”[③]。北魏太和年间，崔挺为光州(今山东莱州)刺史，“先是，州内少铁，器用皆求之他境，挺表复铁官，公私有赖”[④]。《魏书·食货志》记崔亮奏云：“南青州苑烛山、齐州商山并是往昔铜官，旧迹见在。谨按铸钱方兴，用铜处广，既有冶利，并宜开铸。”

除官营冶铁、冶铜业等有所发展外，民营矿冶业也有了不小的发展，尤其是豪强大族强霸矿区，聚众冶炼，规模不容忽视，《魏书·辛馥传》就记载山东“长白山连接三齐，瑕丘数州之界，多有盗贼……又诸州豪右，在山鼓铸，奸党多依之，又得密造兵仗”，为此地方官曾请求朝廷用武力“破罢诸冶”，取消这些民间豪强经营的矿冶场所。据《魏书·食货志》，北魏政府采纳前述崔亮的建议后，在南青州(今山东沂水)苑烛山和齐州(今山东济南)商山开矿铸钱，结果导致“自后所行之钱，民多私铸”，由此也可见民营矿冶业的发展程度。

5. 陶瓷业

魏晋南北朝时在陶瓷业方面最值得称道的，一是江南地区的

---

① 《魏书》卷五〇《慕容白曜传》。

② 《宋书》卷九五《索虏传》。

③ 《魏书》卷四九《崔鉴传》。

④ 《魏书》卷五七《崔挺传》。

青瓷生产发展比较快，二是北方的青瓷生产开始形成了规模。[1] 山东地区目前可以确定为北朝时期的瓷窑遗址有淄博寨里窑和枣庄中陈郝窑。两座瓷窑虽相隔数百公里，但瓷器的艺术风格非常相近，反映了早期青瓷烧制工艺的一致性。

图1－2　淄川龙泉镇和庄村出土的北朝青釉莲花尊
（采自张连利等编《山东淄博文物精粹》，山东画报出版社2002年版）

东魏、北齐的山东制瓷业，主要烧制碗、罐、高足盘、尊等日常生活器物，多数器物造型厚重圆浑，胎质粗糙，有气孔和黑色斑点。釉色均为青褐色或青黄色，釉质厚薄不均，釉面斑驳，光洁度较差。[2] 当时山东瓷窑的产品之所以以这种质量一般的瓷器为主，与其生产目的有关，即其主要是为了满足普通百姓日常生活的需要，保证产品销路。当然，考古发现中也有一些造型优美、釉色较好、装饰美观的瓷器，代表了北朝晚期山东地区制瓷工艺的水准。1982年，在淄川和庄的一座北朝晚期墓葬中出土了一件形体高大的青釉莲花尊（图1－2），其口径13.1厘米，底径16厘米，高59厘米，胎厚1.4厘米。平唇，喇叭口，长径，椭圆腹，圈足底较高。全器施青釉，薄而均匀，釉色青中泛黄，光亮晶润。胎骨坚致，口部和颈部饰8道阴线弦纹，肩部饰一周粗绳纹，下有4弧形系，系之间饰4组模印宝相花

① 参见魏明孔《中国手工业经济通史·魏晋南北朝隋唐五代卷》，福建人民出版社2004年版，第131页。

② 参见黄松《齐鲁文化》，辽宁教育出版社1991年版，第240页。

纹,每组3朵,一大两小。腹上部饰堆塑的一周21个覆莲瓣纹,莲瓣凸起平肥,瓣头尖向外微卷。腹中部饰两周忍冬花图案,上周21组,下周10组。腹下部饰一组双层仰莲瓣纹,每层各11瓣合成一周,腹以下收缩为向外微侈的圈足,足外堆塑一周11瓣莲覆。整个装饰华丽精美,体现出高超的艺术水平。据考察,它就是淄川寨里窑的产品。①

6. 酿酒业②

贾思勰《齐民要术》一书记载了北方各地的酿酒方法,其中也着重记载了山东境内普遍流行的黍米酒和粟米酒。黍米酒造价昂贵,多为豪门富户酿造,而粟米酒价廉物美,寻常人家即可饮用。对于这两种酒的酿造过程,《齐民要术·笨曲并酒》篇有详实的阐述:

> 黍米酎法:亦以正月作,七月熟……(米)净淘,弱炊再馏黍,摊冷。以曲末于瓮中和之,挼令调均,擘破块,著瓮中。盆合,泥封。五月暂开,悉同穄酎法。芬香美酽。
>
> 粟米酒法:……粟米皆得作酒,然青谷米最佳。治曲、淘米,必须细、净。……四酘毕,四七二十八日,酒熟……气味香美,不减黍米酒。贫薄之家,所宜用之,黍米贵而难得故也。

从贾思勰所述可以看出,米酒的酿造注重治曲和选米,讲究卫生清洁,并使用连续下料的方法,即所谓"酘",以增厚酒力,促使发酵。北魏时期的山东酒已具有相当高的酿造工艺。

北朝时期,山东已出现了一些名酒,最著名的是齐州一带的"昆仑觞"和"碧筒杯"。唐段成式的《酉阳杂俎·前集》卷七称:

---

① 参见淄博市博物馆、淄川区文化局《淄博和庄北朝墓葬出土青釉莲花瓷尊》,载《文物》1984年第12期。

② 本小节参见王赛时的《古代山东酿酒述略》(《中国烹饪研究》1997年第2期)写成。

魏贾琳家累千金,博学善著作。有苍头善别水,常令乘小艇于黄河中,以瓠匏接河源水,一日不过七八升,经宿,器中色赤如绛,以酿酒,名昆仑觞。酒之芳味,世中所绝,曾以三十斛上魏庄帝。

历城北有使君林,魏正始中,郑公慤三伏之际,每率宾僚避暑于此。取大莲叶置砚格上,盛酒三升,以簪刺叶,令与柄通,屈茎上轮菌如象鼻,传吸之,名为碧筒杯。历下敩之,言酒味杂莲气,香冷胜于水。

昆仑觞的超绝在于对酿酒水质的鉴选,而碧筒杯则是采用独特的饮吸方式。

除以上手工行业外,山东其他的一些手工业在魏晋南北朝时也有发展。如造纸业就有不小的进步,当时人们谈及纸张,往往以胶东所产为美,所以徐陵在《玉台新咏序》中说:"五色花笺,河北、胶东之纸"。贾思勰《齐民要术·种谷楮》篇中也称如果农家能够用自己的谷楮自行造纸,"其利又多",也表明造纸很可能已成为当时山东农家的重要副业之一。再如东阿的阿胶业已有相当程度的发展。《水经注》卷五就称东阿县"大城北门内西侧,皋上有大井,其巨若轮,深六七丈,岁尝煮胶,以贡天府。《本草》所谓阿胶也。故世俗有阿井之名。"

(三)魏晋南北朝时期的山东商业

1. 魏晋南北朝时期的山东交通①

魏晋南北朝时期,山东地区的交通以陆路和海路为主,内河运

① 本节参考黄棣侯主编《山东公路史》第1册,人民交通出版社1989年版,第22~24页;中国公路交通史编审委员会编《中国古代道路交通史》,人民交通出版社1994年版,第147~148页;赵凯球、马新《山东通史·魏晋南北朝卷》,山东人民出版社1994年版,第171~175页。

输也有所发展。

就陆路来说，这一时期由于战乱的影响，汉代以来的道路连年遭到破坏，新道路的开辟比较少见，但总体上，山东的东西大道及各州郡之间的道路是基本畅通的。

汉献帝建安九年（204），曹操以邺城（今河北临漳县邺镇）为陪都，邺城向外辐射的道路交通随之发展起来，其中有两条线路经过山东。从邺城东北行，经斥丘（今河北成安）、列人（今河北肥乡）、巨鹿（今河北平乡）、清河（今山东临清北）、平原（今山东平原南）至历城（今山东济南）。从邺城东南行，经元城（今河北大名东）、今南乐、清丰、濮阳入山东，经兖州（今山东金乡东北）、徐州（今山东郯城）达彭城（今江苏徐州）。

西晋时，山东东西大道的中段发生了一些变化，临淄作为东西大道上的交通要冲的地位不复存在，逐渐被新起的广固城（今山东青州西南）和益都取代。西晋以前，这条道路是从旧章丘县城，经青阳店、浒山泊、邹平县城、礼参店和旧长山县城，一路向东直趋临淄。西晋永嘉末年，刘聪部将曹嶷筑广固城，取代了临淄的地位。这条道路开始从长山转向东南，经过姜家铺、固悬、房镇、石村，渡郑黄沟到达张店，然后从张店转向正东，经金岭镇、辛店、淄河店，南向广固城。

前秦占据山东地区后，对道路建设十分重视。《晋书·苻坚载记上》称："自长安至于诸州，皆夹路树槐柳，二十里一亭，四十里一驿，旅行者取给于途，工商贸贩于道。"北魏太和十九年（495），孝文帝巡视山东一带，"有司奏请治道，帝曰：'粗修桥梁，通舆马便止，不须去草刬令平也。'凡所修造，不得已而为之，不为不急之事损民力也"①，可见当时道路之简陋。不过在北朝时，山东东西大道还是

① 《魏书》卷七《高祖纪下》。

畅通的。济州(治今山东茌平)刺史高季式与光州(今山东莱州)刺史李元忠交好,一天夜里,突然忆及朋友,立刻命人"开城门,令左右乘驿持一壶酒往光州劝元忠"①。一时兴起,就叫人乘马持酒,经过遥远的驿道送到光州,反映了当时东西大道的畅通。

海上交通方面,主要集中在登、莱沿海与胶州湾一带。当时由山东半岛出发,北可到辽东、朝鲜半岛,南可到江东甚至更远,东可到日本。这三条航线在当时利用率都比较高。曹魏景初二年(238),司马懿征伐辽东,"屯粮于黄县,造大人城,船从此出"②,大人城在今山东龙口东北,是当时魏国水军的基地。景初三年(239),"以辽东东沓县吏民渡海居齐郡界,以故纵城为新沓县以居徙民";次年,"以辽东汶、北丰县民流徙渡海,规齐郡之西安、临菑、昌国县界为新汶、南丰县,以居流民"③。东晋初年,东莱太守鞠彭"与乡里千余家浮海……至辽东"④。以上史实表明山东与辽东之间的海上交通比较畅通。晋僧法显到天竺取经,返回时在"长山郡牢山南岸"登陆。高句丽的使节在十六国南燕时,曾两次渡海直达山东。后赵时,多次横渡渤海运输兵力和物资进攻前燕,促进了渤海湾的交通,"事实上,渤海海域的海上交通网络已形成"⑤。有学者认为,魏晋南北朝时中国的海外交通口岸主要有四:一为广州,二为龙编,三为梁陈之梁安郡,四为胶州一带⑥,由此可见山东在当时海外交通中的地位。

---

① 《北齐书》卷二一《高季式传》。

② 光绪《增修登州府志》卷二二《海运》。

③ 《三国志》卷四《三少帝纪》。

④ 《资治通鉴》卷九一。

⑤ 《山东航运史》编委会编《山东航运史》,人民交通出版社 1993 年版,第 37 页。

⑥ 参见汤用彤《汉魏两晋南北朝佛教史》(增订本),昆仑出版社 2006 年版,第 333 页。

内河交通方面,泗水水道比较易于通航。东晋太和四年(369),桓温率众五万北伐前燕。“军次湖陆,攻慕容暐将慕容忠,获之,进次金乡。时亢旱,水道不通,乃凿巨野三百余里以通舟运,自清水入河……遂至枋头”①。古湖陆在今山东鱼台东南,古泗水东岸;古金乡地当今山东金乡县北,古菏水北岸。桓温的进军路线是从泗口沿泗水北上,经湖陆到金乡,但金乡以南的菏水不通,他只好通过凿渠引巨野泽湖水进入清水(济水下游水道状况良好,不再浑浊,因此被称为清水)而达黄河。桓温枋头之役后,南方北进基本上沿泗水水道。如东晋义熙十二年(416),刘裕以“王仲德督前锋诸军,开巨野入河”②。义熙十三年,刘裕“将水军自淮、泗入清河”,继而“引军入河”③。以后北魏控制淮北,这条水路也为北魏所利用,孝文帝幸徐州,“泛泗入河,溯流还洛。军次碻磝”④,走的即此水道。

2. 魏晋南北朝时期的山东城市与商业

魏晋南北朝时期,城市与商业发展的一个比较突出的特点就是城市的军事化与商业发展的曲折性。

三国上承东汉以来自然经济不断加强的影响,再加连年战乱,民不聊生,城市与商业遭到极大破坏。一些比较重要的城市都是以军事据点的面目出现,许多县城被屠后,“鸡犬亦尽,墟邑无复行人”⑤。曹魏初年,有人指出:“今大魏奄有十州之地,而承丧乱之弊,计其户口不如往昔一州之民。”⑥举境皆然,今山东地区也不例

① 《晋书》卷九八《桓温传》。
② 《资治通鉴》卷一一七。
③ 《资治通鉴》卷一一八。
④ 《魏书》卷七九《成淹传》。
⑤ 《三国志》卷一〇《荀彧传》注引《曹瞒传》。
⑥ 《三国志》卷一六《杜恕传》。

外。东汉后期,临淄、任城、高唐、定陶等地还都比较繁盛,如“高唐为齐名都,衣冠无不游行市里”①,此时纷纷凋零。

曹操统一北方后,开始注重经济发展。曹丕即位后下令减税,指出“关津所以通商旅,池苑所以御灾荒,设禁重税,非所以便民;其除池籞之禁,轻关津之税,皆复什一”②。关税税率降低有利于贩运贸易的发展和各地区之间的经济交流。山东又地处曹魏内地,在相当一个时期内无兵火之祸,因此城市与商业得到一定的恢复。青州治所临淄城、清河郡治所清河城(今山东临清北)、济阴郡治所定陶城以及北海平寿城(今山东潍坊西南)、琅邪开阳城(今山东临沂北)等都初具规模。清河的缣和东莱、乐安的鱼盐都成为山东地区重要的输出商品。城市仍和汉代一样实行里市分设的封闭式的城市制度,里中的居室、市中的店肆都设在各区围墙之内。各住宅区四面都有出入的总门。除总门外,各家不得当街破墙辟门。

西晋时,山东的城市与商业在过去曹魏的基础上继续缓慢发展,乐陵(今山东惠民东)、平原(今山东平原南)、清河、临淄、高苑(今山东桓台西)、莒县、郯县(今山东郯城)、开阳、东莞(今山东沂水北)等城规模较大,商业也比较活跃。司马氏代魏以前,已是“都邑之内,游食滋多,巧伎末业,服饰奢丽,富人兼美,犹有魏之遗弊,染化日浅,靡财害谷,动复万计”③。入晋以后,商业的发展仍集中于城市,“都有专市之贾,邑有倾世之商,商贾富乎公室”④,各地都有资本雄厚的商人在活动。在城市中,交易仍在特定的场所“市”内进行,其房舍店肆都由官府置备,设有市官管理。

① 《三国志》卷一三《华歆传》。
② 《三国志》卷二《文帝纪》注引《魏书》。
③ 《晋书》卷三八《齐王攸传》。
④ 西晋·傅玄《检商贾》,载《全晋文》卷四七。

东晋十六国时期，战争和割据使山东地区的城市和商业遭到极大破坏，也直接导致了某些城市的兴废。广固城（今山东青州西北）就是一例。西晋永嘉五年（311），刘聪部将青州刺史曹嶷占据齐鲁诸郡后，“以临淄城大，地平难守，乃于城东南四十里尧山之阳筑广固城”①，作为青州治所。该城位于今青州城西北，北依尧王山，西临北阳河，南北长 800 米，东西宽 600 米，内有小城，新城“四周绝涧，阻水深隍”②，有险可守，遂命名为广固。该城的建立和选址、布局具有明显的军事据点色彩。后来的割据者段龛、辟闾浑等相继沿用。南燕慕容德占据青齐地区后，更把广固定为国都，不仅其人口达到数万甚至十数万，而且由单城变成了重城结构，两城之间为郭。③ 据研究，至少其东郭是一个比较繁盛的商业区。④ 此城建成后，在十六国时期一跃而成为山东地区的政治和军事中心，地位十分重要。但到义熙六年（410）东晋刘裕攻破广固、灭掉南燕之后，广固城也被平毁，另筑东阳城（今山东青州）为治所。

南北朝时，山东地区最初处在南朝宋的统治下，经过宋初 30 年大致安定的时间，许多城市和商业有所恢复。但元嘉末年，宋魏之间的大战再次导致了城市和商业的衰退。魏军大举南下，兖、青、徐、豫等州首当其冲，“所过郡县，赤地无余”⑤，造成了极大的破坏。

北魏统一北方占有山东后，这一地区的城市与商业又逐渐恢复。到北朝末年，尽管城市的坊里格局未有根本改变，城市的军事据

① 康熙《临淄县志》卷一《沿革》。

② 北魏·郦道元《水经注》卷二六。

③ 参见李嘎《青州城市历史地理初步研究》，载《历史地理》第 24 辑，上海人民出版社 2010 年版，第 179 页。

④ 参见李森《南燕广固城的调查与研究》，载《潍坊教育学院学报》1996 年第 2 期。

⑤ 《资治通鉴》卷一二六。

点色彩依然突出，但整个山东地区的城市和商业毕竟有了较大的发展。具体而言，北朝时山东城市和商业的发展有以下三个特点：

第一，较大城市的数量迅速增多，城市市场比较繁荣。以所辖城乡人户计，郡内过万户的郡城在西晋时山东只有9处，到北朝后期发展为18处左右，有乐陵、平原、泰山（今山东泰安东南）、鲁县（今山东曲阜）、高平（今山东邹城西南）、无盐（今山东东平东）、临淄、平寿（今山东潍坊南）、济南、太原（今山东长清西）、掖县、长广（今山东平度）、东牟（今山东蓬莱南）、平昌（今山东潍坊南）、兰陵、左城（今山东定陶西）、东阳（今山东青州）和兖州等。城市商业也较为繁荣。北魏时，“有司又请于水运之次，随便置仓，乃于小平、石门、白马津、漳涯、黑水、济州、陈郡、大梁凡八所，各立邸阁，每军国有须，应机漕引”①。济州治今山东茌平西南，辖境包括今河南范县和山东聊城、东阿、肥城、阳谷、高唐等县市间地，由于其水路交通便利，国家在此设立了储存货物的设施邸阁，既作为市场交易的必要设施，又是地区物资调拨和转运的中转站。② 北齐东阳城已有南郭③，当时青州刺史临淮王娄定远建南阳寺于此，据《司空公青州刺史临淮王像碑》，该寺“左通阛阓”④。阛阓就是市肆，可知当时东阳城南郭已是商业繁华之地。⑤ 各地市场上除奢侈品与高

① 《魏书》卷一一〇《食货志》。

② 参见张捷《南北朝“市”的研究》，华东师范大学硕士学位论文，2006年，第44页。

③ 《南齐书》卷二八《刘善明传》称青州“州治东阳城，（刘）善明家在郭内”。刘善明宅后为龙兴寺址。龙兴寺故址位于今青州城区南部，可知刘善明之宅在青州南郭。《魏书》卷八〇《侯渊传》和《宋书》卷八八《沈文秀传》也有关于青州南郭的记载。参见宿白《青州城考略：青州城与龙兴寺之一》，载《文物》1999年第8期。

④ 清·王昶辑《金石萃编》卷三五。

⑤ 参见宿白《青州城考略：青州城与龙兴寺之一》，载《文物》1999年第8期。

级消费品外，绢布等普通民众的日常生活必需品也很丰富，《北齐书》卷二九《郑述祖传》记其任光州（今山东莱州）刺史时“有人入市盗布”。市上的绢价从北魏初年的每匹千钱降到二三百钱。城市市场上农副产品的品种和数量也很丰富。贾思勰的《齐民要术》在谈到农副产品的销售时，往往强调“地须近市”、“近州郡都邑有市之处”、“近市良田”和“近市负郭田”等，也可推知当时城市中的市场比较繁荣。由于北魏对手工业者控制的放松，在山东等地的大小城邑中也聚居着各行各业的手工业户，自产自销，亦工亦商，以其产品供应着城市居民的需求。

第二，商业的官办色彩较为浓厚。北魏虽然实行了一些有利于商业发展的政策，如放松对手工业户和商户的控制、统一度量衡等，但官府与官员又较多地参与到了商业经营中去，如实施专卖制度、官僚经商等，这些在山东地区表现得也十分突出。山东饶盐铁之利，盐铁专卖时山东必定首当其冲。在山东经商的官员也是不绝于史，如：西兖州刺史郑羲“政以贿成。性又啬吝，民有礼饷者，皆不与杯酒脔肉”。他多所受纳，“西门受羊酒，东门酤卖之”①。北齐青州刺史卢文伟“经纪生资，常若不足”②。北齐齐州刺史崔季舒在天保年间“坐遣人渡淮互市”③。官员经商，虽在一定程度上推动了整个社会商业的发展，但从总体和根本上看，它极大地遏制了民间商业的发展，导致商业畸形发展，因此其所带来的消极影响必然远远超过其积极作用。

第三，对外贸易有了一定发展。长期以来，在中国与外部世界的经济交往中，山东主要是以商品原产地的身份出现。大量华丽

① 《魏书》卷五六《郑羲传》。
② 《北齐书》卷二二《卢文伟传》。
③ 《北齐书》卷三九《崔季舒传》。

的山东丝织品通过长安源源不断地运往西方。北朝时，尤其是在北周、北齐对峙的局面下，长安作为对外贸易的口岸已不可能为北齐所用，因而山东地区开始直接从事对外贸易，主要是丝绸贸易。

青州是当时山东最大的丝绸产地。从该地一座北齐墓出土的石刻画像以及其近郊石窟中的胡服供养人造像等资料看，当时到青州的胡商很多。他们在那里设店列铺，贩卖转运，有的已长期定居。青州地区的丝绸商人也不辞劳苦，将大量的本地丝织品运销西方。1971 年，在青州傅家的一座北齐墓中出土了若干画像石，其中一块上刻有《商旅驮运图》（图 1－3），图中有一位深目高鼻的短发"胡"人正牵着一头骆驼行进，骆驼背上驮着丝织品，还悬挂着考究的水囊。还有一块《商谈图》，表现了外商前来进行直接贸易的情形。图像描绘了一位远道而来的胡商正谦恭地向中土商人诉说着什么。大概这是一次以物易物的交易，图中的这位胡商让仆从或翻译捧着一份地中海的特产——红珊瑚。那位翘着腿、高高在上，浑身散发着"胡"味的中土商人似乎并没有为此动心。他傲然地坐在那里，神色自若，像是在思考着对方珊瑚的价值，表现了胸有城府、老谋深算的派头。石刻画中还有一幅《象戏图》也很有特色，图中的人物正与一头幼象接近，幼象身负白莲方座，低头嗅着什么，远处山谷中的佛塔隐约可见。画中的人物与《商谈图》中的

图 1－3　青州傅家北齐墓出土的线刻《商旅驼运图》（采自《文物》1985 年第 10 期）

中土商人相似，这可能是那位中土商人的远行记录，表明墓主人是一位常来往于丝绸之路上的行商，他不仅在青州向外商卖出丝绢，而且自己也曾翻越葱岭，远行到印度河流域的佛教国度。①

图1-4　青州龙兴寺出土的北齐石雕卢舍那法界人中像右肩部的胡人像（采自谢治秀主编《山东重大考古新发现》，山东文化音像出版社2003年版）

近几年来，有学者否认青州傅家画像石中《商旅驮运图》和《商谈图》反映商业贸易的性质，而是认为它们与当时来华的粟特人有关，展现的是当时胡人（粟特人）的丧葬仪式。② 我们并不否认其中可能蕴含的胡人宗教文化的内涵，但无论如何，其均可作为南北朝时青州对外商业贸易发展的重要证据，原因如下：

首先，青州傅家画像石的出土可反映当时青州一带已有较多胡人，他们甚至已经融入到当地社会之中。这一点还可从1996年发现的青州龙兴寺窖藏佛教造像中得到证明。龙兴寺出土的一尊北齐卢舍那佛右肩部界格之空缘内有三位胡人的画像（图1-4），其对称一侧也有两位

① 以上参见叶帆《从北齐画像看古代山东丝绸外贸》，载《走向世界》1988年第3期；夏名采《益都北齐石室墓线刻画像》，载《文物》1985年第10期；夏名采《青州傅家北齐刻线画像补遗》，载《文物》2001年第5期。

② 参见郑岩《魏晋南北朝壁画墓研究》，文物出版社2002年版，第236~276页；姜伯勤《青州傅家北齐画像石祆教图像的象征意义》，载其《中国祆教艺术史研究》，三联书店2004年版，第63~76页。

胡人的形象。正是由于胡人经常往来,并已融入当时青州的社会生活,为人们所熟悉,才能出现在佛陀的袈裟和画像石上。[①]

其次,胡人尤其是粟特人的一个重要特征就是善于经商,《旧唐书·康国传》就称其"利之所在,无所不到"。粟特人的东迁主要就是商业上的原因,其商人本性使其一直以商业民族的形象活跃在中国中古社会当中。[②] 他们在丝绸之路上的一些便于贸易和居住的地点留居下来,建立自己的聚落,一部分人留下来,另一部分人继续东行,去开拓新的经商地点,建立新的聚落。[③] 青州是当时最重要的丝绸出产地之一,正是由此吸引了大量的粟特人来此进行商业贸易。

再次,探讨傅家画像石的民族和宗教文化内涵与认识其反映的商贸场景并不是对立的。对此,一些学者为我们作了很好的示范。荣新江在讨论北朝隋唐粟特聚落的内部形态时曾论及其出行和经商,仍旧引用了傅家画像石,并称"益都石棺床上的'商旅驮运图',则是明显的一幅丝路商旅图","粟特商人所牵骆驼的驮载物,往往是东西方商品的缩影,益都北齐石棺床是这些驮载物的早期描写"[④]。张庆捷在探讨北朝隋唐时的胡商图时引用了傅家画像石,认为其是"难得的贸易商谈画面"[⑤]。他们对傅家画像石作为

① 参见夏名采《青州龙兴寺佛教造像窖藏》,三联书店2004年版,第142~146页。

② 参见荣新江《北朝隋唐粟特人之迁徙及其聚落》,载其《中古中国与外来文明》,三联书店2001年版,第109页。

③ 参见荣新江《从撒马尔干到长安:中古时期粟特人的迁徙与入居》,载荣新江、张志清主编《从撒马尔干到长安:粟特人在中国的文化遗迹》,北京图书馆出版社2004年版,第3页。

④ 参见荣新江《北朝隋唐粟特聚落的内部形态》,载其《中古中国与外来文明》,三联书店2001年版,第147~148页。

⑤ 参见张庆捷《北朝隋唐的胡商俑、胡商图与胡商文书》,载荣新江、李孝聪主编《中外关系史:新史料与新问题》,科学出版社2004年版,第189页。

粟特人石棺床的性质均有清楚认识,但都未否定其作为商贸图的性质。

综上所述,通过青州北齐傅家画像石及其他史料,可知南北朝时的青州已有较多胡人来此贸易。他们的兴贩贸易成为当时山东商业发展的重要表现。

二、"易青齐为邹鲁":魏晋南北朝时期山东民风的演变①

山东地区是先秦时期齐国和鲁国的所在地,人们也习惯于用"齐鲁"代指山东。周灭商以后,为了有效地控制广大的疆土,实行分封政策,有大功于周室的太公吕尚被封于齐,都营丘(今山东临淄);周公长子伯禽就封于鲁,都曲阜。在秦统一以前的800多年间,齐国和鲁国都是影响极大的东方大国。两国虽为近邻,关系密切,但由于文化渊源、自然环境、历史传统和治国方针的差异,使齐文化与鲁文化呈现出较大的差异。大致说来,主要有以下几个方面:

第一,在人才观念上,齐国"尊贤尚功",就是任人唯贤,崇尚功业,不计亲疏、出身、地位甚至国别,只要有能力,能为国家做事,就可得到奖赏和任用;鲁国"尊尊亲亲",就是用人唯亲,崇尚尊贵,即只以是否尊贵为条件,将亲疏、出身、地位视为是否可用的标准。

第二,在文化价值观念上,齐国重利,鲁国重礼。齐地"负海舄卤,少五谷而人民寡"②,不宜发展农业,故齐自建国始,就实行"通商工之业,便鱼盐之利"③的政策。齐以工商立国的方针使"利"在

① 本节参见刘德增《山东人》,山东人民出版社1997年版,第142~164页。
② 《汉书》卷二八下《地理志下》。
③ 《史记》卷三二《齐太公世家》。

齐人心中有十分重要的地位。鲁国地处内陆，以平原为主，地理环境宜于农业，在“尊尊亲亲”的以礼治国的方针下，原本就重稼穑、尚耕织的周人传统在鲁地得以发扬，形成了以农业为主的经济传统。与之相适应，人们形成了崇尚礼节的风俗，“不学礼，无以立”①。

第三，在民众的宗教信仰上，齐地和鲁地差别也很大。齐地民众的宗教信仰多种多样，丰富多彩，既有动植物崇拜、大地河川山岳崇拜、日月星辰和天象崇拜，也有图腾崇拜、英雄崇拜、八神崇拜和天神地祇崇拜，而且方士文化发达，各种前兆信仰、占卜及巫术十分盛行。文献记载的齐人占卜事项有卜葬、卜婚、卜宴期、卜战事等，还有梦占和相术。见于记载的巫术则有祈寿、祈福、祈雨等祈求术，禳病、禳恶鸟、禳彗星等禳除术和各种诅咒术。② 相比之下，鲁地民众的宗教信仰较多的是礼制下对天、地、先祖的祭祀，方术巫卜的色彩较为淡薄。

正是由于以上区别，使齐地和鲁地的民风产生了很大差异：一是功利型的齐人，正如《汉书·地理志》所言：

> 太公以齐地负海舄卤，少五谷而人民寡，乃劝以女工之业，通鱼盐之利，而人物辐凑。后十四世，桓公用管仲，设轻重以富国，合诸侯成伯功，身在陪臣而取三归。故其俗弥侈，织作冰纨绮绣纯丽之物，号为冠带衣履天下。初，太公治齐，修道术，尊贤智，赏有功，故至今其土多好经术，矜功名，舒缓阔达而足智。其失夸奢朋党，言与行缪，虚诈不情，急之则离散，缓之则放纵。

① 《论语·季氏》。

② 参见郑杰文《齐宗教研究》，《齐文化丛书》第17册，齐鲁书社1997年版，第285～428页。

一是道德型的鲁人,正如《史记·货殖列传》所言:

邹、鲁滨洙、泗,犹有周公遗风,俗好儒,备于礼,故其民龊龊。颇有桑麻之业,无林泽之饶。地小人众,俭啬,畏罪远邪。

后来,鲁人的性格有所变化,“及其衰,好贾趋利,甚于周人”①。《史记·货殖列传》记:

鲁人俗俭啬,而曹邴氏尤甚,以铁冶起,富至巨万。然家自父兄子孙约,俯有拾,仰有取,贳贷行贾遍郡国。邹、鲁以其故多去文学而趋利者,以曹邴氏也。

《汉书·地理志》称:

今去圣久远,周公遗化销微,孔氏庠序衰坏。地狭民众,颇有桑麻之业,亡林泽之饶。俗俭啬爱财,趋商贾,好訾毁,多巧伪,丧祭之礼文备实寡,然其好学犹愈于它俗。

虽然鲁人也开始经商逐利,超过了“周人”,但比起齐人来,恐怕还有不小的差距。

秦始皇统一六国后,齐鲁地区被纳入了始皇帝的统治之下。他在这里不仅实行了郡县制度,而且开始广泛推行作为秦基本国策之一的重农抑商之策,“上农除末”的主张甚至被刻到了琅邪台(在今山东青岛市黄岛区)上。很明显,重视工商业的齐人是秦这一政策整顿和改造的重点。然而风俗和民众性格是长期积累起来的较为稳固的文化现象,不是朝夕形成的,也不是朝夕可以更易的。秦二世而亡,十几年的时间不可能将齐地风俗革易殆尽。西汉建立之初,又奉行黄老之策,无为而治,齐地风俗不可能有大的更易。汉武帝时开始奉行“独尊儒术”的国策,重本抑末的正统经

① 《史记》卷一二九《货殖列传》。

济思想也在西汉后期形成，由此农耕和儒家本位主义正式确立，一个从经济上，一个从思想上，犹如一把双刃剑，开始大规模地修剪齐鲁人性格中的非正统性。同样由于风俗与民众性格的稳固性，这种“修剪”注定是一个漫长的历程。

在秦始皇将“上农除末”的训条刻于琅邪台的二三百年后，即西汉宣帝时，龚遂在渤海地区见到的仍然是热衷商贾的齐人，“见齐俗奢侈，好末技，不田作”①。直到东汉时，齐地奢侈风俗依旧。1967 年，山东诸城前凉台村出土的一块“庖厨图”画像石仍然形象地展示了齐人的奢侈②。齐人的性格和风俗尚未完全改变，黄巾大起义就敲响了东汉王朝的丧钟，中国大地从此陷入了割据混战的局面，山东地区先后处于曹魏、西晋、后赵、前燕、前秦、后燕、南燕、东晋、刘宋、北魏、东魏、北齐、北周等政权的统治下。这种走马灯似的频频改朝换代和众多游牧民族的统治大大削弱了中央集权王朝对齐人的性格再造，量变一直在进行着，齐人性格中的非正统性因素一直在被磨蚀着。如韩裔于北齐天统元年(565)出任青州刺史。当时青州“地有十二之险，俗承五家之法，车击毂于途，人摩肩于市，斗鸡走狗，弹筝蹹鞠，自成千邑，奸伪丛生”，仍保留着浓重的齐风。韩裔“降灵纯粹，禀质冲和，行合礼仪，动中规矩”，非常注意使自己的言行举止合乎礼仪法度。他到任后，“将弘一变，申之五礼。民忻时雨，吏惧严霜。惟体握芝兰，门承旧业。盛范传于乡曲，清徽播于朝野”③。韩裔以身做则，将自己遵循的日常行为规范推行于地方社会，通过推行正统礼制，对民众的日常行为加以规范

① 《汉书》卷八九《龚遂传》。

② 参见任日新《山东诸城汉墓画像石》，载《文物》1981 年第 10 期。

③ 《齐故特进韩公之墓志》，载毛远明校注《汉魏六朝碑刻校注》第 9 册，线装书局 2008 年版，第 256 页。

引导,使青州地区的民风逐渐向着“正统”的方向发展。

隋朝建立后,专制主义的中央集权再度空前强化,入唐后,这种强化有增无减,在重农抑商和儒学的双重作用下,齐人和鲁人的性格终于一起转向了道德型,《隋书·地理志》称齐地风俗“在汉之时,俗弥侈泰,织作冰纨绮绣纯丽之物……大抵数郡风俗,与古不殊,男子多务农桑,崇尚学业,其归于俭约,则颇变旧风。东莱人尤朴鲁,故特少文义”;兖州一带“兼得邹、鲁、齐、卫之交。旧传太公唐叔之教,亦有周孔遗风。今此数郡(按:指东郡、东平、济北、武阳、平原等),其人尚多好儒学,性质直怀义,有古之风烈矣”;鲁郡、琅邪等徐州一带的诸郡“皆得齐、鲁之所尚。莫不贱商贾,务稼穑,尊儒慕学,得洙泗之俗焉”。

由以上叙述可知,到隋代,齐人性格已经发生了很大改变,从“功利型”转向“道德型”,由追逐功利变成了重农抑商,齐地和鲁地风俗逐渐趋于一致,也就是都认同了鲁人的性格模式,故有“易青齐为邹鲁”①之说。齐地风俗和民众性格的这一转化主要是在魏晋南北朝时期完成的。魏晋南北朝时期山东地区的风俗正处在功利型向道德型的转变过程中。这一点还可以从人们对青州一带民风评价的巨大差异上得到证明。前述《隋书·地理志》就指出青齐地区民风已经由“功利型”向“道德型”转变,《晋书·刘毅传》也称青州一带“履境海岱,而参风齐鲁,故人俗务本,而世敦德让”。文化传统作为世世代代逐渐形成的价值观念、思维方式和风俗习惯,具有极强的稳定性,不是轻易能够改变的。齐地风俗和民众的性格同样如此。《汉书·地理志》所称的齐人“虚诈”的特点在北魏时仍有表现。由于当时有人认为“六齐沃壤,三崄虚诈”,而“移风

① 乾隆《威海卫志》卷一《风俗》。

适道,事属贤明"[1],故而选派"颇有干用"、"所居以强济称"[2]的平北将军杨钧任齐州刺史,从而使"沥下汶上,望清光以依迟;济北胶东,挹玄波而沆瀁"[3],由此也可知齐人的性格一直在被磨蚀与整顿着。

对于魏晋南北朝时齐地风俗和民众性格的延续性,我们还可以从以下三个方面加以说明。

第一,青州一带民众的功利性。北魏杨衒之《洛阳伽蓝记》卷二记载的下面这个故事就说明当时青齐人仍有很强的功利性:

> 太傅李延实者,庄帝舅也。永安年中,除青州刺史。临去奉辞,帝谓实曰:"怀砖之俗,世号难治。舅宜好用心,副朝廷所委。"实答曰:"臣年迫桑榆,气同朝露,人间稍远,日近松邱,臣已久乞闲退。陛下渭阳兴念,宠及老臣,使夜行罪人,裁锦万里,敬奉明敕,不敢失坠。"时黄门侍郎杨宽在帝侧,不晓怀砖之义,私问舍人温子昇。子昇曰:"闻至尊兄彭城王作青州刺史,问其宾客从至青州者云:'齐土之民,风俗浅薄,虚论高谈,专在荣利。太守初欲入境,皆怀砖叩首以美其意。及其代下还家,以砖击之。'言其向背速于反掌。是以京师谣语曰:'狱中无系囚,舍内无青州,假令家道恶,肠中不怀愁。'怀砖之义起在于此也。"

新任地方官上任,青州民众叩首迎接,一副讨好献媚的样子,怀里

① 《魏故使持节侍中司空公都督雍州诸军事车骑大将军雍州刺史临贞县开国伯杨公(钧)墓志铭》,载吴钢主编《全唐文补遗(千唐志斋新藏专辑)》,三秦出版社2006年版,第440页。

② 《魏书》卷五八《杨钧传》。

③ 《魏故使持节侍中司空公都督雍州诸军事车骑大将军雍州刺史临贞县开国伯杨公(钧)墓志铭》,载吴钢主编《全唐文补遗(千唐志斋新藏专辑)》,三秦出版社2006年版,第440页。

却揣着一块砖头，等其任满离职时，就掏出怀里的砖头掷他。“怀砖”的典故体现了齐人性格中利欲熏心、反复无常的“功利型”的一面。再如该书卷二记：

颍川荀济，风流名士，高鉴妙识，独出当世。清河崔叔仁称齐士大夫。曰：“齐人外矫仁义，内怀鄙吝，轻同羽毛，利等锥刀。好驰虚誉，阿附成名。威势所在，侧肩竞入，求其荣利，甜然浓泗。譬于四方，慕势最甚。”号齐士子为慕势诸郎。临淄官徒布在京邑，闻怀砖慕势，咸共耻之。唯崔孝忠一人不以为意。问其故，孝忠曰：“营丘风俗，太公余化；稷下儒林，礼义所出。今虽凌迟，足为天下模楷。荀济人非许、郭，不识东家，虽复莠言自口，未宜荣辱也。”

在荀济眼中，齐人只是对外矫讲仁义，内心却怀有鄙吝之念，轻视仁义同于羽毛，争夺财利等于锥刀，爱好空誉，喜欢依附权势求得荣华和财利，与其他地区相比，齐国人慕势最厉害。

对于齐人之慕势，还可通过当时一些士人的政治作风[1]加以说明。如清河东武城（今山东武城）人崔亮：

外虽方正，内亦承候时情，宣传左右。郭神安颇被世宗识遇，以弟托亮，亮引为御史……转侍中、太常卿，寻迁左光禄大夫、尚书右仆射。时刘腾擅权，亮托妻刘氏，倾身事之，故频年之中名位隆赫，有识者讥之。[2]

再如东清河鄃（治今山东淄川东南）人崔光：

宽和慈善，不逆于物，进退沉浮，自得而已。常慕胡广、黄

① 以下关于北魏青齐士风的叙述，参见魏斌《北魏末年的青齐士风》，载武汉大学中国三至九世纪研究所编《魏晋南北朝隋唐史资料》第22辑，武汉大学文科学报编辑部2005年版，第42~46页。

② 《魏书》卷六六《崔亮传》。

琼之为人,故为气概者所不重。始领军于忠以光旧德,甚信重焉,每事筹决,光亦倾身事之。元叉于光亦深宗敬。及郭祚、裴植见杀,清河王怿遇祸,光随时俯仰,竟不匡救,于是天下讥之……光初为黄门,则让宋弁;为中书监,让汝南王悦;为太常,让刘芳;为少傅,让元晖、穆绍、甄琛;为国子祭酒,让清河王怿、任城王澄;为车骑、仪同,让江阳王继,又让灵太后父胡国珍。皆顾望时情,议者以为矫饰。①

崔亮因倾身于权幸郭神安和刘腾而受到时人的讥讽。崔光同样如此,由于"顾望时情",倾身于权幸于忠、元叉等人,"随时俯仰",受到舆论的批评。再如徙居北海之剧县(治今山东寿光南)的高聪:

本勃海蓨人。曾祖轨,随慕容德徙青州,因居北海之剧县……赵修嬖幸,聪深朋附……修之任势,聪倾身事之,及修之死,言必毁恶。茹皓之宠,聪又媚附,每相招命,言笑携抚,公私托仗,无所不至。每称皓才识明敏,非赵修之俦。乃因皓启请青州镇下治中公廨,以为私宅,又乞水田数十顷,皆被遂许。及皓见戮,聪以为死之晚也。其薄于情义,类皆如此。②

高聪先后"朋附"、"媚附"于宠臣赵修和茹皓,极尽谗媚之能事,然而一旦赵修和茹皓失势,他则迅速转变立场,"言必毁恶","以为死之晚也"。这种"薄于情义"的做法,与《洛阳伽蓝记》中对青齐士风的描述如出一辙,是一个"慕势最甚"、"向背速于反掌"的典型。这样的人还有乐安博昌(治今山东寿光)人徐纥:

家世寒微……世宗初,除中书舍人。谄附赵修,迁通直散骑侍郎……(后)入洛,饰貌事(元)叉,大得叉意。及叉父继

① 《魏书》卷六七《崔光传》。
② 《魏书》卷六八《高聪传》。

西镇潼关，以纥为从事中郎……又曲事郑俨，是以特被信任……性浮动，慕权利，外似謇正，内实谄谀。时豪胜己，必相陵驾；书生贫士，矫意礼之。其诡态若此，有识鄙薄焉。[①]

通过以上论述，我们可知魏晋南北朝时期齐人受"太公余化"之影响，仍然表现出很强的功利性。上文对青齐地区社会风气的描述带有强烈的否定和鄙薄之意，但趋利恰恰是商贾传统的突出表现。

第二，当时山东的一些杰出人物身上反映出浓厚的齐文化气质。如诸葛亮身上就显示出浓重的齐地人文风格，在政治思想、经济思想和军事思想等多个方面都表现出强烈的齐文化色彩。[②] 贾思勰虽然是一位杰出的农学家，但其十分重视商业贸易，主张农民通过市场和商品交换致富，反映了他对"利"的重视，也是齐文化影响的重要体现。

第三，受齐地巫卜传统的影响，魏晋南北朝时山东地区广泛流行各种求利巫术，这在《齐民要术》中有较多的记载，后文详述。

第二节　魏晋南北朝时期的齐鲁商人及其经营

一、魏晋南北朝时期的齐鲁商人

中国古代商人从来源上讲，主要有以下几类：一是由农民转化而成的中小商贩；二是经营性地主；三是参与经商的官僚。

对于由农民转化而成的中小商贩，由于相关史料较少，难以做

① 《魏书》卷九三《徐纥传》。

② 参见赵蕴《诸葛亮的齐地人文风格》，载王汝涛等主编《金秋阳都论诸葛：全国第八次诸葛亮研讨会论文选》，军事科学出版社 1995 年版，第 121～128 页。

出详细论述，但从贾思勰的《齐民要术》一书中所记载的农副产品被广泛投入市场的情况推测，由农民转化成的中小商人应不在少数。如《齐民要术·种红蓝花、栀子》篇所反映的情况就是针对“单夫只妇”，即小农家庭而言的，一年可种两季，“二月末三月初种也”，到“五月子熟”，即可收获一次，然后再在“五月种晚花”，到“七月中摘，深色鲜明，耐久不黦，胜春种者”，就这样，一夫一妇只要在“负郭良田种一顷者，岁收绢三百匹。一顷收子二百斛，与麻子同价，既任车脂，亦堪为烛，即是直头成米”。即使仅靠一夫一妇之力在摘花时难以完成，也只要临时雇人即可。

由农民转化而来的中小商贩不仅仅经营土地出产的物品，还经营一些家庭手工业产品。他们的经营区域也不限于本乡本土，而是不断扩大。如北海剧(今山东寿光南)人王猛“少贫贱，以鬻畚为业。尝货畚于洛阳”[①]。有时为了获得更多的利润，他们往往不辞辛劳和麻烦。王猛在洛阳卖畚时，“有一人贵买其畚，而云无直，自言家去此无远，可随我取直。猛利其贵而从之，行不觉远，忽至深山，见一父老，须发皓然，踞胡床而坐，左右十许人，有一人引猛进拜之……乃十倍偿畚直，遣人送之。猛既出，顾视，乃嵩高山也”[②]。洛阳到嵩山100多里，王猛竟能不辞辛苦地随同顾客前往取钱，可见其作为商人的敬业精神。

魏晋南北朝时期山东地区的商业经营方式也有很大发展。民间商人之间的合资经营已很常见，否则当时山东地区的算书中也不会出现商人连财合本经营后如何分割利润的问题。如《张丘建算经》[③]卷下记：

① 《晋书》卷一一四《王猛载记》。
② 《晋书》卷一一四《王猛载记》。
③ 关于《张丘建算经》的情况，后文还有论述，可参见。

今有甲持钱二十，乙持钱五十，丙持钱四十，丁持钱三十，戊持钱六十。凡五人合本治生，得利二万五千六百三十五。欲以本钱多少分之，问各人得几何？

该算经不仅给出了答案，还分析了解题之“术”，即解决问题的方法。再如该书卷下还举了如下一道例题：

今有甲、乙、丙三人共出一千八百钱，买车一量，欲与亲知乘之，为亲不取。还卖得钱一千五百。各以本钱多少分之，甲得五百八十三钱三分钱之一，乙得五百钱，丙得四百一十六钱三分钱之二。问本出钱各几何？

由上可以推知在当时数人合本从事某种商业活动的事例在日常实际生活中非常普遍，由此《张丘建算经》中才专门探讨这类数学问题，以满足实际商品经济生活的需要。

魏晋南北朝时期齐鲁商人的专业化程度也很高。《齐民要术种椒》篇记载：“今青州有蜀椒种，本商人居椒为业，见椒中黑实，乃遂生意种之。凡种数千枚，止有一根生。数岁之后，便结子，实芳芬，香、形、色与蜀椒不殊，气势微弱耳。遂分布栽移，略遍州境也。”这位青州商人就是以专门经营当时新引进的花椒为业，他不仅从事花椒的贩运销售，还直接进行栽培生产，已经认识到集商品生产与商品流通于一身会带来更为丰厚的利润。

魏晋南北朝时期商业的一个重要特征就是商人队伍开始发生变化。秦汉时期商人基本上作为一个独立的社会阶层而存在，到这一时期发展为官僚、地主、商人三位一体。秦汉时期国家对商人和商业活动进行严格限制，使汉代的商人基本上是一个独立的社会阶层。但从三国时期开始，国家对商人打击的力度大为减弱，商人干预国家政事、官僚从事商业活动等开始抬头。曹魏“诸典农各部吏民，末作治生，以要利入”①。到西晋，不仅官吏与商业结合，官僚经商现象大量出现，而且地主、小生产者和无地的农民也纷纷经商，使商业几乎渗透到社会的各个阶层。西晋灭亡以后，十六国北朝各代官僚经商现象愈演愈烈。《魏书·食货志》说：“高宗时，牧守之官，颇为货利。”《魏书·肃宗纪》说北魏孝明帝正光年间牧守们“第宅丰侈，店肆商贩”。东晋南朝时，官僚经商可以说比以往任何时候都要活跃，“风俗转薄，公侯之尊，莫不殖园圃之田，而收市井之利，渐冉相放，莫以为耻”②。南齐郁林王萧昭业甚至说：“今日见作天王，便是大罪，左右主帅，动见拘执，不如作市边屠酤富儿百倍矣。”③他不仅亲自经商，而且对商人生活十分向往。王公贵族、地方长吏从事商业活动的更比比皆是。④

魏晋南北朝时期全国的情况如上所述，山东地区也不例外，官僚经商非常普遍。其中最为典型的是王戎。他集官僚、地主、商人三重身份于一体。据《世说新语·俭啬》记载：

> 王戎有好李，卖之，恐人得其种，恒钻其核。
>
> 司徒王戎，既贵且富，区宅僮牧，膏田水碓之属，洛下无比。契疏鞅掌，每与夫人烛下散筹算计。

《晋书·王戎传》称：

> （王戎）性好兴利，广收八方园田水碓，周遍天下。积实聚钱，不知纪极，每自执牙筹，昼夜算计，恒若不足。

晋人王隐的《晋书》也称：

---

① 《三国志》卷一二《司马芝传》。

② 《晋书》卷五六《江统传》。

③ 《南齐书》卷四《郁林王纪》。

④ 以上关于魏晋南北朝时商人队伍变化的论述，参见朱和平《试论魏晋南北朝商业的特征》，载《郑州大学学报（社会科学版）》2000年第5期。

(王)戎好营生,广收八方园田,水碓周遍天下。聚敛积实,不知纪极。翁妪二人,常以象牙筹昼夜算计,远及田牧。[1]

王戎积聚财物,连他自己也不知道要到什么程度才满足,“恒若不足”,家中券契账簿非常繁多,常常与夫人用牙筹昼夜算计。王戎既经营土地,又从事商业。每年收获后,就高价出售自己品种优良的农产品,获利后再购买庄田。这样以农支商,商又投农,相互结合,很快就得以发家致富。在传统社会经济状况下,王戎的这套经营策略还是很有效的。

除王戎外,其他经商的官僚还有不少,如:

三国时东郡发干(今山东冠县东)人潘璋是吴国名将,任至平北将军、襄阳太守,是军事将领经商的典型。他“性博荡嗜酒”,早年“居贫,好赊酤,债家至门,辄言后豪富相还”。每逢战争间隙,他就“立军市,他军所无,皆仰取足”[2],通过军市进行贸易,使自己的部队得到充足的供应。

东晋东莱掖(今山东莱州)人刘胤任至江州刺史后,“矜豪日甚,纵酒耽乐,不恤政事,大殖财货,商贩百万”。随着官位升高,他整天不理政事,一心一意利用自己的任职处为基地,从事贩运,财产多达百万。苏峻之乱后“朝廷空罄,百官无禄,惟资江州运漕。而胤商旅继路,以私废公”[3]。

东晋、南朝宋时任至御史中丞的东海郯(今山东郯城)人何承天曾利用权势向下属高价推销物品,“卖茭四百七十束与官属,求贵价”[4],后因人揭发而被免职。

---

① 清·汤球辑、杨朝明校补《九家旧晋书辑本》,中州古籍出版社1991年版,第234页。
② 《三国志》卷五五《潘璋传》。
③ 《晋书》卷八一《刘胤传》。
④ 《宋书》卷六四《何承天传》。

南齐时，多任青州刺史都“资鱼盐之货，或强借百姓麦地以种红花，多与部下交易，以祈利益”①，这些刺史不仅利用任职之便，参与盐业的经营，还“与部下交易”，实际就是利用权势谋求私利。

北魏太和年间任西兖州（今山东鄄城南）刺史的郑羲“政以贿成”，“西门受羊酒，东门酤卖之”②。贪财受贿的郑羲在西门接受贿赂，然后拿到东门卖掉，做的是无本万利的生意。

北魏清河东武城（今山东武城）人张僧晧出身望族，“历涉群书，工于谈说，有名于当世”。熙平初年，征为谏议大夫。正光五年（524），以国子博士征之。孝昌二年（526），征为散骑侍郎。他都没有应征，“世号为征君焉。好营产业，孜孜不已，藏镪巨万，他资亦称是”③。

北齐僧官济州（治今山东茌平西南）沙门统道研“资产巨富，在郡多有出息，常得郡县为征”④。这说明北齐时山东地区寺院经济的势力已发展到惊人的程度，道研不仅拥有大量的资产，而且大放高利贷，连郡县官吏都得替他讨债。

北齐青州刺史卢文伟“经纪生资，常若不足，致财积聚”⑤。他与王戎有些类似，总是苦于自己的财产不足。

北齐齐州刺史崔季舒在天保年间“坐遣人渡淮互市”⑥。崔季舒甚至因为与南朝贸易而犯罪，很可能是利用自己的特权贩运了被禁止的物资。

总之，官僚经商虽然与民间商人的商业活动有相同之处，但由

① 《南史》卷七○《王洪范传》。
② 《魏书》卷五六《郑羲传》。
③ 《魏书》卷七六《张僧晧传》。
④ 《北齐书》卷四六《苏琼传》。
⑤ 《北齐书》卷二二《卢文伟传》。
⑥ 《北齐书》卷三九《崔季舒传》。

于经商的官僚在身份上具有官僚和商人双重性质，所以他们的经商凸显了特权政治下权力与利益的交融。这一时期，这些官僚的商业活动不再仅仅是囿于商品的流通领域，而是兼具商品生产者和商品流通者的身份，如上述何承天推销给下属的茭很可能是自己生产的，南齐多任青州刺史也强行征用百姓土地生产红花。换言之，他们的商业活动是从商品生产入手的，正是由于官僚们直接组织了商品的生产，所以他们对这一生产过程于流通所带来的便利条件和更加丰厚的利润有深刻的体会和认识，从而总结出了这种集生产过程与流通过程于一体的经济实体的商业原则，这从《齐民要术》中可以得到反映。该书《种谷楮》篇云："指地卖者，省功而利少。煮剥卖皮者，虽劳而利大"，"自能造纸，其利又多"。《种胡荽》篇云："一亩收十石，都邑粜卖，石堪一匹绢"。《养羊》篇说买卖羊"用二万钱为羊本，必岁收千口"。事实上，《齐民要术》的作者贾思勰自称其曾经有羊200头，从事过放养羊的活动，且他出身于北魏时青州的士族，官至北魏高阳太守，可以说他的这些论述是这一时期官僚从事商品生产和销售的经验之谈。[①]

二、魏晋南北朝时期齐鲁商人的经营技巧

魏晋南北朝时期齐鲁商人的经营技巧也有很大发展，反映了他们在商业经营意识方面的进步，主要体现在以下几个方面[②]：

---

① 以上关于官僚集商品生产和销售于一体的论述，参见朱和平《北朝时期官僚经商的历史考察》，载《湘潭大学社会科学学报》2001年第3期。

② 现存关于魏晋南北朝时期齐鲁商人的史料不多，我们在论述齐鲁商人的经营技巧时，使用了某些反映山东籍士大夫阶层商业经营意识的史料。这些史料虽非直接与商人有关，但当时众多官僚投身商海，商人意识对士大夫阶层的行为和意识有广泛、深入的影响（参见赵伯陶《智谋与艰辛：中国历代商人透视》，农村读物出版社1992年版，第23页），故其也能反映当时齐鲁商人的经营技巧。

1. 借助名人效应,创造商机

《晋书·王导传》称:

(王)导善于因事,虽无日用之益,而岁计有余。时帑藏空竭,库中惟有练数千端,鬻之不售,而国用不给。导患之,乃与朝贤俱制练布单衣,于是士人翕然竞服之,练遂踊贵。乃令主者出卖,端至一金。

东晋建立初期,国家财政十分困难,国库里只有几千匹白绢。为了筹集经费解决朝廷燃眉之急,出身琅琊王氏的丞相王导(图1-5)想卖掉那些白绢,但白绢在市场上并不畅销,价格也低,即使全部卖出去,也换不了多少钱。为推销这批白绢,善于理财的王导经过苦心思索与设计,终于想出了一个销售白绢的办法。他命人从国库中取出几匹白绢,为朝中几位德高望重的贤臣,每人用白绢做一件衣服穿起来。朝野上下看到朝中贤臣都穿着白绢衣服,以为这是时尚,便竞相仿效,纷纷抢购白绢制做衣服。大家都穿白绢衣服,市场上的白绢自然是供不应求,价格也大幅度上涨。这样一来,朝廷库存的几千匹白绢被尽数以高价抛售,获得了一大笔财政收入,从而暂时解决了东晋王朝的财政困难。

图1-5 王导像(采自华人德主编《中国历代人物图像集》,上海古籍出版社2004年版)

人们在消费时有一种从众心理,喜欢跟时髦。以服装为例,其式样、颜色和质地每年都要翻新。只要有人(尤其是名人)率先穿出一件别致的新服装,那么其很快就会流行。王导就是利用了人们的消费心理,利用名人的广告宣传效应,为本来滞销的商品创造出了市场机会。

《晋书·王羲之传》称:

(王羲之)尝在蕺山见一老姥,持六角竹扇卖之。羲之书其扇,各为五字。姥初有愠色。因谓姥曰:"但言是王右军书,以求百钱邪。"姥如其言,人竞买之。他日,姥又持扇来,羲之笑而不答。

临沂人王羲之在蕺山遇见一位老妇在卖用竹蔑编成的六角竹扇,由于当地百姓普遍贫穷,加上竹扇很简陋,没有什么装饰,引不起过人们的购买兴趣,扇子虽然非常便宜,但也无人问津,看样子是卖不出去了。老妇满面愁容,十分着急。王羲之看到这种情形,很同情那位老妇,于是就找来笔墨在每把扇面上龙飞凤舞地写了五个字。老妇不识字,觉得他写得潦草,很不高兴。王羲之安慰她说:"别急。你只要告诉买扇子的人,说上面是王右军写的字就行了。"老妇半信半疑,但还是按照王羲之的话做了。人们一看真是王右军的书法,都抢着买。竹扇马上就卖完了。王羲之在这里也是利用了"其书为世所重"①的特点,借助自己的书法为老妇的竹扇创造了商机,使本来几乎无人问津的竹扇变成了畅销货。(图1-6)

2. 注重市场信息的预测

在古代社会,交通条件和通讯手段都相对落后,对外地市场信息尤其是物价的变化很难及时掌握,但商人并未被动、盲目地接受物价变化的信息,而是采用占卜的手段来预测市场行情。

贾思勰《齐民要术·杂说》中就引用了《师旷占》中的一些关于市场物价预测的内容,来教导百姓或商人如何预测市场信息。

① 《晋书》卷八〇《王羲之传》。

图1-6 宋梁楷绘《右军书扇图》局部（采自[日]内藤湖南著、栾殿武译《中国绘画史》，中华书局2008年版）

需要说明的是，学术界普遍认为《齐民要术》反映的是北朝黄河中下游地区的农业科学技术，山东地区当然包括在内。贾思勰是齐郡益都人，他虽然到过很多地方，对各地的农业生产都有了解，但其一生的主要活动范围仍是青齐地区，其所担任太守的高阳地区也是青州属郡①，所以《齐民要术》书中反映的更多是青齐地区的情况，这从贾思勰在书中多用青齐地区的农业技术状况与外地做比较也可看出，如：

《耕田》篇崔寔《政论》条下附注云："今自济州以西，犹用长辕犁、两脚耧。长辕耕平地尚可，于山涧之间则不任用，且回转至难，费力，未若齐人蔚犁之柔便也。两脚耧，种垄概，亦不如一脚耧之得中也。"

《种枣》篇首附注云："青州有乐氏枣，丰肌细核，多膏肥美，为

① 参见张熙惟《贾思勰与〈齐民要术〉》，山东文艺出版社2004年版，第23页。

天下第一。父老相传云：'乐毅破齐时，从燕赍来所种也。'齐郡西安、广饶二县所有名枣即是也。"

《种椒》篇首附注云："今青州有蜀椒种，本商人居椒为业，见椒中黑实，乃遂生意种之。凡种数千枚，止有一根生。数岁之后，便结子，实芬芳，香、形、色与蜀椒不殊，气势微弱耳。遂分布栽移，略遍州境也。"

《养牛、马、驴、骡》篇《家政法》条注云："四月青草，与茭豆不殊，齐俗不收，所失大也。"

《黄衣、黄蒸及糵》篇"作黄衣法"云："齐人喜当风飏去黄衣，此大谬。"

通过以上例证，可以看出贾思勰对青齐地区的状况甚是熟悉，并在书中作了大量记载，换句话说，《齐民要术》中的记载大多符合北朝时山东地区的状况。由此，《齐民要术》中引用《师旷占》来教人们预测市场行情，可说明《师旷占》在当时山东地区已有比较广泛的应用。

师旷是春秋时晋国著名的音乐家。他是一个盲人，听觉非常敏锐，精于音律而颇涉占候之术，能通过音乐的诸构成因素，对与之相关的外界事物的变化给予一定的判断。《汉书·艺文志》小说家类有《师旷六篇》，"见《春秋》，其言浅薄，本与此同，似因托之"。阴阳家类又谓"《师旷》八篇"；《后汉书·方术列传》注称师旷之书为"占灾异之书也。今书《七志》有《师旷》六篇"。《后汉书·苏竟传》"猥以《师旷杂事》轻自眩惑"注称"《师旷杂事》，杂占之书也"。总之，两汉时期的师旷之书就是托名师旷所著的一些占卜吉凶的书，内容庞杂，其中也包含一些对商品价格等市场信息的预测，如《齐民要术·杂说》所引：

《师旷占》五谷贵贱法："常以十月朔日，占春粜贵贱：风从东来，春贱；逆此者，贵。以四月朔占秋粜：风从南来、西来者，秋皆贱；逆此者，贵。以正月朔占夏粜：风从南来、东来者，皆贱；逆此者，贵。”

以上是根据朔望月或干支月的风向、阴、雨等天气的变化来预测第二年粮价的变化。这更多的是根据经验积累，将月亮的朔望和当天的气候条件联系起来预测来年收成甚至粮价变动，并不一定可靠。再如《齐民要术·杂说》所引：

《师旷占》五谷曰：“正月甲戌日，大风东来折树者，稻熟。甲寅日，大风西北来者贵。庚寅日，风从西、北来者，皆贵。二月甲戌日，风从南来者，稻熟。乙卯日，稻上场，不雨晴明，不熟。四月四日雨，稻熟；日月珥，天下喜。十五日、十六日雨，晚稻善；日月蚀。”①

《师旷占》五谷早晚曰：“粟米常以九月为本；若贵贱不时，以最贱所之月为本。粟以秋得本，贵在来夏；以冬得本，贵在来秋。此收谷远近之期也，早晚以其时差之。粟米春夏贵去年秋冬什七，到夏复贵秋冬什九者，是阳道之极也，急粜之勿留，留则太贱也。”

以上预测似乎没有多少迷信色彩，完全是古代人靠经验积累做出的对市场物价变化趋势的预测，当有较高的可信度和科学性。再如：

黄帝问师旷曰：“欲知牛马贵贱？”“秋葵下有小葵生，牛贵；大葵不虫，牛马贱。”②

① 据缪启愉研究，此段文字中“稻上场”有窜误，“日月蚀”句未全，应有脱文。参见缪启愉校释《齐民要术校释》，农业出版社1982年版，第172页。

② 《齐民要术·杂说》。参校《艺文类聚》卷八二、《太平御览》卷九七九，据上两书，此段亦为《师旷占》文字。参见缪启愉校释《齐民要术校释》，农业出版社1982年版，第172页。

以上是根据植物和物候的变化来预测牲畜价格的变化，或许有一定科学性。《师旷占》一书早已失传，清人洪颐煊有辑本，其书中预测市场信息的内容还不止《齐民要术》所引的几条，再如：

常以正月一日讫十二日以占十二月，以日易月，每岁黄气，其岁为差，岁从西来、西南来，皆为谷贵；从东，即谷贱。

正月七日，风从西北来，起荆地弱来，人民变讼，六畜贵，谷亦贵，过度岁不善。

以上分别是在特定日期观察岁星的移动和风向的变化进行占卜，预测未来的人事和收成以及市场物价的变动趋势。

当然，魏晋南北朝时的市场信息预测不仅仅依靠《师旷占》一书，《齐民要术·杂说》还引用了《越绝书》中越王问范蠡的一段：

越王又问曰："寡人已闻阴阳之事，谷之贵贱，可得闻乎？"答曰："阳主贵，阴主贱。故当寒不寒，谷暴贵；当温不温，谷暴贱。……"

这里是根据气候的变化，如"当寒不寒"、"当温不温"等特殊气候现象预测农业收成，从而预测市场粮价的变化。这还是有一定科学道理的。

总之，魏晋南北朝时期的农民和商人以自然物候变化来预测市场行情的变化，虽有一定的道理，但更多的是限于当时落后的交通和通讯条件下的无奈之举，其中充满了对瞬息万变的市场行情的关注，是当时商人经营谋略和经营意识的一大进步，反映了商人对"利"的追求。

3. 商业信息的保密

《世说新语·俭啬》称：

王戎有好李，卖之，恐人得其种，恒钻其核。

王戎家的李子品种好，每年仅靠卖李子就有不错的收入，但王戎非常担心买他李子的人得到其李子种，培育出同类的李子树，以至于将来影响自己的生意，所以每次出卖李子前，都要将李子核钻破，使其不能发芽，防止别人种出同一品种的李子。这个故事在《世说新语》中是作为吝啬的典型之一来处理的，但若从商业经营的眼光来看，丝毫无可非议。王戎的这一行为就是有意识地对自己的专利品牌的保护，是对自己商业秘密的保护，以确保自己产品的市场竞争力。通过这一事例，可反映出魏晋南北朝时期齐鲁商人的商业保密意识。这虽然与中国传统的价值观念相冲突，但在1700多年前的西晋，这种对商业机密和专利品牌的保护意识仍不失超前性，直到今天仍有一定的借鉴意义。

4. 重视产品质量

保证自己产品的质量是确保市场占有率和销路的重要手段。这在魏晋南北朝时山东的陶瓷业生产中有突出表现。

在山东淄博寨里北朝青瓷窑址出土的窑具上刻有铭文，如“静”、“李静”、“侯”、“文经”、“安”等，从内容来看，这些铭文无疑都是人名或姓。这种不在产品上而在窑具上刻铭的情况，说明它不是商品上的商标，而很可能是陶瓷业工人在上面所做的记号，以表示对自己烧制的产品质量负责①，这反映了当时的窑主对产品质量的重视。再如1982年在淄博和庄北朝墓中出土的一件青釉瓷碗内底有三支烧痕，外底墨书一个“谭”字，这也应当是制瓷工匠的姓氏②，其性质也不会是商标，否则不应标在瓷器底部这样不明显的地方。工匠在瓷器上标姓氏为记号，同样也是表示对自己所烧

① 参见山东淄博陶瓷史编写组等《山东淄博寨里北朝青瓷窑址调查纪要》，载文物编辑委员会编《中国古代窑址调查发掘报告集》，文物出版社1984年版，第355～359页。

② 参见淄博市博物馆、淄川区文化局《淄博和庄北朝墓葬出土青釉莲花瓷尊》，载《文物》1984年第12期。

产品的质量负责。

三、魏晋南北朝时期齐鲁商人的求利巫术

与原始社会时期形成的一些古老的巫术相比,求利致富巫术产生得相对较晚。战国以后,空前活跃的商品经济像幽灵一样渗透到社会生活的各个角落,人们追逐利润和发财致富的欲望一下子膨胀起来,偶然致富、侥幸致富等心理也使许多人丧失了以正常方式谋利求富的信念。他们渴望一种既不费力却又能发财的超自然手段,渴望将利的获得变成自己可以随意控制的过程。在这种强烈的逐利欲望的推动下,求利致富巫术被创造出来并得以广泛流传。[①]

吕思勉在分析汉代的精神状态时有一个颇为到位的评价:"若两汉,固仍一鬼神术数之世界也"[②]。与这一社会环境相适应,这一时期求利和致富巫术比较盛行,最有代表性的就是青蚨还钱法的出现,《淮南万毕术》中就说"青蚨还钱"[③]。贾思勰《齐民要术》中所引用的记载求利和致富方术的著作,如《龙鱼河图》、《师旷占》、《杂五行书》、《淮南万毕术》等大都是汉代的作品,也可从一个侧面反映汉代这类求利方术的流行。

魏晋南北朝时期,政权更迭十分频繁,皇族帝室及众多王公贵族随着政权更迭而经历着宦海沉浮。长期的分裂割据及阶级矛盾的激化,使普通百姓不仅要承受不断发生的各政权、民族之间的战争及农民起义等带来的苦痛,也要承受瘟疫和水旱等各种自然灾害的侵袭。在这种环境下,除社稷荣衰、战争胜负、命运穷达为上

① 参见胡新生《中国古代巫术(修订本)》,山东人民出版社 2005 年版,第 439 页。
② 吕思勉《秦汉史》,上海古籍出版社 1983 年版,第 810 页。
③ 宋·李昉等《太平御览》卷九五〇引。

层社会关注外,人生贫富、寿命长短、前途吉凶、祛病消灾等也为社会各阶层所普遍关心,但面对上述问题,人们往往又感到无能为力,于是就把目光转向了人以外的力量。这直接导致了当时包括望气、星占、风角、谶纬、占卜、相术、占梦等方术的兴盛,方术不仅被运用到政治、军事等关乎国家社稷命运的事情上,也被广泛地运用到人们的日常生活中。① 齐地先秦时深厚的方术传统到汉晋时期依旧非常兴盛,这一带活跃着大量民间方士,最为有名的如平原郡(治今山东平原)人管辂②,方术方技被极度神化,青齐地区流传着大量有关方术的神异传说③,表明齐地民众对方术的极度崇信。就是在这样的背景下,求利致富巫术在齐鲁大地得到了充分发展。齐地就有擅长以方术使人致富者。如西晋时的济北卢(治今山东长清西南)人淳于智"能《易》筮,善厌胜之术",上党人鲍瑗"家多丧病贫苦",有人劝他请淳于智卜卦。后淳于智为之卜卦,"卦成,谓瑗曰:'君安宅失宜,故令君困。君舍东北有大桑树,君径至市,入门数十步,当有一人持荆马鞭者,便就买以悬此树,三年当暴得财。'瑗承言诣市,果得马鞭,悬之三年,浚井,得钱数十万,铜铁器复二十余万,于是致赡,疾者亦愈"④。

魏晋南北朝时期的齐鲁商人除用前述占候术来预测市场价格信息变化外,还用各种巫术来祈祷自己能够获利致富。贾思勰《齐民要术》中记载了一些运用巫术的例子,如该书《种桑、柘等》篇引《龙鱼河图》称:

① 参见朱大渭等《魏晋南北朝社会生活史》,中国社会科学出版社 1998 年版,第 306~331 页。

② 管辂的事迹可参见《三国志》卷二九《管辂传》及裴松之注所引《管辂别传》。

③ 参见王青《汉晋时期青州地区的宗教活动与民间传说》,载项楚主编《中国俗文化研究》第 5 辑,巴蜀书社 2009 年版,第 27~34 页。

④ 《晋书》卷九五《淳于智传》。

埋蚕沙于宅亥地，大富，得蚕丝，吉利。以一斛二斗甲子日镇宅，大吉，致财千万。

《龙鱼河图》是汉代的纬书，作者不详，原书已佚，明人孙瑴有辑本。该书内容庞杂，既有玄女助黄帝制服蚩尤及昆仑、天柱、玄洲等事，又详述种种禁忌及趋吉避凶之方法。书中所记埋蚕沙（蚕屎）致富一法是比较常见的致富方术，即将蚕屎埋在住宅的亥位（即西北方位）下即可大富，甲子日用一斛二斗蚕沙镇宅（也指埋于亥方位）可“致财千万”，这主要是利用了同类相感的原理。养蚕是古代社会发家致富的重要途径，对蚕事丰收的渴盼使得古人奉蚕如神。在此文化背景下，蚕沙（即蚕屎）也成了巫术灵物。蚕沙可感应蚕的生长，从而可以多获蚕丝，蚕丝多了自能致富，后来则转化成一般意义上的致富术。[①]

《齐民要术·养猪》篇引《杂五行书》称：

悬腊月猪羊耳著堂梁上，大富。

《杂五行书》各家书目均未著录，原书已佚，从《齐民要术》一书所引其文字来看，内容都是趋吉避凶厌胜之术，与《龙鱼河图》相类，当是汉以后术数家所写的书。[②] 这里猪羊耳朵都是用以获利致富的灵物。它们也是财富的象征，将其悬挂于梁上，表示人们祈灵于这些象征之物。

《齐民要术·养牛、马、驴、骡》篇引《术》曰：

埋牛蹄著宅四角，令人大富。

对于《术》一书，《齐民要术》多次引用，但不知具体为何书，从所引

---

① 参见胡新生《中国古代巫术（修订本）》，山东人民出版社 2005 年版，第 441 ~ 442 页。

② 此据缪启愉考证。参见缪启愉等《齐民要术译注》，上海古籍出版社 2006 年版，第 111 页。

文字看,也是杂采辟邪厌胜等内容而成。此处牛蹄同前述猪羊耳一样,都是祈利之灵物。

通过贾思勰《齐民要术》一书所记诸种求利致富巫术,可窥见南北朝时包括山东在内的黄河流域一带人们对财富的强烈欲望。这些方术原来或许并不被人们广泛采用,或者已广泛流行才被贾思勰记入书中,无论怎样,通过《齐民要术》一书的转述,其必能在原来的基础上进一步流行,不断扩大影响。这也符合贾思勰著书的目的,即为统治者所采用,为广大民众提供谋利求富的手段。

第三节　魏晋南北朝时期山东人的财富观

财富观是商业思想的重要内容,是关于财富的一般本质、源泉、形态、享用和管理的观念体系。什么是财富、财富的来源是什么、如何对待财富,这些问题都是财富观应该解决的问题。需要说明的是,本文探讨的只是魏晋南北朝时期山东人对待财富的态度,借以展现当时山东人的逐利精神以及其对义利关系的处理方式。

从290年晋惠帝即位到589年隋文帝统一全国,在这300年的时间里,中国大地上处于一片动乱、分裂和战争中,这种长期分裂、战乱及其所引起的各种问题必然在经济思想领域有所反映。西晋南阳人鲁褒的《钱神论》正是首先以讽刺、嘲谑的曲笔反映这方面的作品,也是当时货币拜物教的突出反映。

《钱神论》采用游戏、嘲讽式的文笔,虚构了两个人物:一个是有财有势的司空公子,一个是老而穷的老学究綦毋先生。作者借司空公子之口,用钱能通神的大段议论来教训綦毋先生,道出了《钱神论》一文的核心思想。司空公子把一切都集中到一个"钱"字上。"官尊名显,皆钱所致","性命长短,相禄贵贱,皆在乎钱",

因此当时所有的达官贵人和豪家权门无不嗜钱如命,万事靠钱来办。具体来说,《钱神论》的主要观点如下:第一,钱是法力无边、神威齐天的,是人世不可或缺、也不可代替的"神宝";第二,钱是能役使一切人,甚至可以"使鬼"的"神物";第三,钱是人们崇敬、爱慕的"亲人","亲爱如兄,字曰孔方";第四,一切才、德、勇、智,不敌"孔方",只有钱才是判断贤愚善恶的唯一标准;第五,是非曲直,穷达亲疏,一切由钱左右。①

总之,透过《钱神论》的描述,可以看到魏晋南北朝时货币拜物教之深。在当时山东地区,虽然没有出现如《钱神论》那样的作品,但却有通过自己的行为诠释《钱神论》的典型人物,他就是琅邪临沂人王戎。

王戎(234~305),字濬冲,出身琅邪王氏,"竹林七贤"之一。他从相国府属员步入仕途,历任吏部黄门郎、散骑常侍、河东太守、荆州刺史、豫州刺史、侍中、吏部尚书、太子太傅、中书令、尚书右仆射、司徒、尚书令等职。王戎对财富的追求有一个转变的过程。早年的王戎并不贪财。他年轻时生活朴素,平日不修边幅,还不时地以财物接济别人。他父亲王浑去世后,所历九郡士民及门生故吏感恩戴德者,纷纷送来钱物,但王戎一概谢绝。王戎又善谈玄理,俨然超凡脱俗的名士。(图1-7)然而到了晚年,王戎的名士派头荡然无存,对于财物的态度发生了很大变化,变得贪婪无度起来,甚至集敛财与吝啬于一身。《晋书·王戎传》称其"性好兴利,广收八方园田水碓,周遍天下。积实聚钱,不知纪极,每自执牙筹,昼夜算计,恒若不足"。他对钱财的追逐,被天下之人视为是病入膏肓,

① 参见赵靖主编《中国经济思想通史》第2卷,北京大学出版社1995年版,第206~213页。

不可救药了。除了前面提到的其卖李钻核的轶事外,《世说新语·俭啬》还记载了其如下两件事情:

王戎俭吝,其从子婚,与一单衣,后更责之。

王戎女适裴颀,贷钱数万。女归,戎色不说。女遽还钱,乃释然。

图1-7　唐孙位绘《高逸图》中的王戎像
(采自华人德主编《中国历代人物图像集》,上海古籍出版社2004年版)

侄子结婚,王戎仅仅送了一件单衣当作贺礼,事后很快就又要回来了。女婿裴颀虽然是当时名士,但家境清贫,曾向岳父借了不少钱,长时间还不起,每次女儿回娘家,王戎都表现出很不高兴的样子,等到女儿归还了借款,他的脸上立刻露出了笑容。王戎的贪婪已经到了令人不可思议地刻薄无情的地步,商人重利的特性被王戎发展到了极致。更令人不可思议的是,他重视财富甚至超过自己的生命,《晋书·王戎传》称他"在危难之间,亲接锋刃,谈笑自若,未尝有惧容"。

王戎这样的集聚财和吝啬于一身的人在魏晋南北朝时期的山东地区还不是孤例。他们利用手中掌握的政治权力和经济权力,通过各种手段肆意聚敛财富,一些人甚至把敛财当成一种癖好。当他们敛到大量财富后,既不能全部消费掉,也不舍得周济别人,于是就表现得十分吝啬,充分反映了他们对财物的占有欲和屯积欲。再如:

魏孝文帝时的安东将军、西兖州(今山东鄄城南)刺史郑羲"多所受纳,政以贿成。性又啬吝,人有礼饷者,不与杯酒脔肉,而西门受羊酒,东门沽卖之"[①]。郑羲虽然经常接受贿赂,但性贪且吝啬,对于送礼者没有任何礼节性地招待。他在西门受人羊酒,旋即拿到城东门卖掉,这种无本生意也反映了郑羲的商业头脑。

北魏清河东武城(今山东武城)人崔和任至平昌郡(今山东安丘东南)太守,"家巨富,而性吝啬"[②],他将数百斛钱埋在地下。到了春天,他的母亲想吃一种叫堇的蔬菜,但崔和却舍不得出钱去买。崔和的这一行为不符合孝亲的要求,应当说他是一个为利舍义者,反映了他对财富的狂热追求。

北魏清河东武城(今山东武城)人崔光韶"博学强辩,尤好理论,至于人伦名教得失之间,榷而论之,不以一毫假物。家足于财,而性俭吝,衣马弊瘦,食味粗薄",其如此节俭,但其宅内却是"绫绢钱布,匮箧充积。议者讥其矫啬"[③]。

王戎、郑羲、崔和、崔光韶之流虽然对财富有着疯狂的追逐,但又非常吝啬,一派"守财奴"的姿态。魏晋南北朝时期的山东地区另有一些人对财富同样有着疯狂的追逐,同时生活又极尽奢靡,典型代表人物就是王恺。

王恺,字君夫,东海郯县(今山东郯城北)人。他是司马昭的妻弟,历任龙骧将军、领骁骑将军、散骑常侍、射声校尉、后军将军等职。王恺家巨富,性奢侈,与当时有名的富豪石崇以奢靡相夸尚。据《世说新语·汰侈》记载,"王君夫以粭糒澳釜,石季伦用蜡烛作炊。君夫作紫丝布步障碧绫里四十里,石崇作锦步障五十里以敌

① 《北史》卷三五《郑羲传》。
② 《魏书》卷二四《崔和传》。
③ 《魏书》卷六六《崔光韶传》。

之。石以椒为泥，王以赤石脂泥壁”。王恺“以粭糒澳釜”就是以饴糖拌和的饭刷锅，石崇为显示自己更加富有，就用蜡烛当柴烧饭。王恺做了紫色丝绸为面、绿色薄绫为里的步障，长达 40 里；石崇就做了锦缎步障 50 里来和他斗富。石崇用只有皇后住房才用的花椒和泥涂墙壁，王恺就用贵重的药材赤石脂来涂饰墙壁。晋武帝司马炎帮助自己的舅舅王恺，赏赐给他一株二尺来高的珊瑚树。该珊瑚枝条繁茂，世间罕见。王恺拿给石崇炫耀，石崇随手用铁如意将珊瑚砸得粉碎。王恺气急败坏，石崇命人取出自己的珊瑚树，“有三尺四尺，条榦绝世，光彩溢目者六七枚，如恺许比甚众”，至此，王恺才自叹不如。

除王恺外，其他生活极其奢侈者还有：

任恺，字元裦，乐安博昌（今山东博兴东南）人。魏时任中书侍郎、员外散骑常侍等职。入晋以后担任侍中、太子少傅、吏部尚书等职。他“纵酒耽乐，极滋味以自奉养”，“一食万钱，犹云无可下箸处”①。

徐湛之（410～453），字孝源，东海郯（今山东郯城）人。历任刘宋黄门侍郎，秘书监，太子詹事、加侍中，丹阳尹，尚书仆射、领护军将军等职。身为贵戚的徐湛之，家中“产业甚厚”，生活极其奢侈，“室宇园池，贵游莫及。伎乐之妙，冠绝一时。门生千余人，皆三吴富人之子，姿质端妍，衣服鲜丽。每出入行游，涂巷盈满，泥雨日，悉以后车载之”。徐湛之还常与安成公何勖和临汝公孟灵休比富。当时有一首歌谣称“安成食，临汝饰”，而徐湛之“二事之美，兼于何、孟”②，连宋文帝也常常嫌其过于奢侈。

---

① 《晋书》卷四五《任恺传》。

② 《宋书》卷七一《徐湛之传》。

魏晋南北朝时期奢侈之风的盛行，尤其是达官贵人斗富现象频频发生，反映了他们对待财富的不正常心态。

魏晋南北朝时期的山东地区既有以上疯狂逐利者，也有视金钱如粪土者。王衍就是典型代表。

王衍(256～311)，字夷甫，琅邪临沂县人，西晋时期的玄学家。作为琅邪王氏的一员，“八王之乱”前，他历任太子舍人、尚书郎、元城令、中庶子、黄门侍郎、北军中侯、中领军、尚书令等职；“八王之乱”后，历任河南尹、中书令、尚书仆射、尚书令、司空、司徒等职。永嘉四年(310)，被石勒俘虏，后被杀。东晋人孙盛的《晋阳秋》称：“夷甫善施舍，父时有假贷者，皆与焚券，未尝谋货利之事。”他把父亲在世时放贷的文书全部烧毁，平时也是“雅尚玄远”[①]，不谈钱字。他的妻子郭氏是惠帝贾后的亲戚，“藉中宫之势，刚愎贪戾，聚敛无厌”[②]，甚至让婢女到路上去拾粪。王衍“常嫉其妇贪浊，口未尝言‘钱’字”[③]，对郭氏的行为十分不屑，对钱财等身外之物看得很淡。郭氏想试探他一下，趁他熟睡时让人将钱环绕在床边，让他不能走路。他睡醒后见状，就呼唤奴婢道：“举却阿堵物。”意思就是让奴婢把这些东西(阿堵物)拿开。他始终没有说出一个“钱”字，仿佛怕污了他的嘴一样。王衍一生只谈那些高傲的玄理，从不言利。

在整个琅邪王氏家族中，王戎对财富的态度只是特例，王衍的态度更具普遍性，代表着琅邪王氏家族最基本的财富观。他们多把钱财看得很淡，对经营财产不屑一顾。有些拥有祖传产业的人

① 南朝宋·刘义庆《世说新语·规箴第十》。
② 《晋书》卷四三《王衍传》。
③ 南朝宋·刘义庆《世说新语·规箴第十》。

也“未尝目观起一坺土,耘一株苗”[①],信奉的是“耕当问奴,织当访婢”[②]的信条,反之就会被认为有失身份,甚至还有遭受皮肉之苦的危险。王实在南朝梁时曾任新安太守,有从兄因家贫而前来借钱,他便以五十万铜钱相与。从兄见郡中物价便宜,使用钱采办货物,准备运回京师出售赢利,王实听说后,认为他这样做有违于当初“不听于郡及道散用”的劝告,便亲自追赶数十里,追上从兄的货船,“呼从兄上岸盘头,令卒与杖,搏颊乞原,劣得免”[③]。王实之所以如此,可能有其从兄违约的因素,但从兄的违约是因为“密于郡市货,还都求利”,即借钱用于经营才是真正的导火线。由上可知,在琅邪王氏中追逐财利并不能为多数人所接受。

诸如上述轻视财利的事例,在琅邪王氏中还有不少。东晋末年,王韶之家贫而好学,曾饿三日无食充饥,仍苦读不辍。有人问他为什么不设法耕种生财,他回答说:“我常自耕耳。”[④]意即以读书为乐,不肯经营产业。南朝宋时,曾任郎中令的王惠对其兄王鉴的经营聚敛极不以为然,称“何用田为”或“何用食为”[⑤]。王弘是晋司徒王珣长子,兄弟分家时对父亲留下的万贯家业毫不动心,“余旧业悉以委付诸弟”,对父亲借出的财物也“悉燔烧券书,一不收责”[⑥]。总而言之,经济观念淡薄,口不言钱,不屑于经营财利,应是琅邪王氏的一贯家风,是其家族中大多数人的财富观。[⑦]

① 北齐·颜之推《颜氏家训·涉务第十一》。
② 《宋书》卷七七《沈庆之传》。
③ 《南史》卷二三《王实传》。
④ 《南史》卷二四《王韶之传》。
⑤ 《南史》卷二三《王惠传》。
⑥ 《宋书》卷四二《王弘传》。
⑦ 参见王大良《中国古代家族与国家形态:以汉唐时期琅邪王氏为主的研究》,甘肃人民出版社1999年版,第552~553页。

以上都是当时山东人在财富观上比较极端的典型事例。当时在对待财富的态度问题上，占主流的还是一些坚持儒家传统义利观的人。他们在处理义利关系上起了表率的作用，举例如下：

是仪，字子羽，北海营陵（今山东潍坊南）人。三国时吴国大臣，历任忠义校尉、守侍中、偏将军、省尚书事、中执法、尚书仆射、领鲁王傅，封都亭侯、都乡侯等。他为官清廉，生活俭朴，“不治产业，不受施惠，为屋舍财足自容”，“服不精细，食不重膳”①，但却常常接济贫困，家中没有什么积蓄。孙权曾亲临其家，看了他日常的饭食，并亲自品尝了一下，大为感慨，当场就要给他增加俸禄，赐予田宅，都被是仪谢绝。

羊祜（221～278），字叔子，泰山南城（治今山东平邑南）人。西晋名将，历任至尚书右仆射、车骑将军、开府仪同三司，封南城侯，卒赠太傅。他清廉朴素，“立身清俭，被服率素，俸禄所资，皆以赡给九族，赏赐军士”②，家无余财。他为人正直，不谋私利，其子女劝他有所营置，积攒下一些财产，以备老有所依，都被他拒绝。

颜延之（384～456），字延年，琅邪临沂人。他“少孤贫，居负郭，室巷甚陋。好读书，无所不览，文章之美，冠绝当时”，“居身清约，不营财利，布衣蔬食，独酌郊野，当其为适，傍若无人”。他撰有《庭诰》一文，主张“量时发敛，视岁穰俭，省赡以奉己，损散以及人，此用天之善，御生之得也”③。

吴隐之，字处默，东晋濮阳鄄城（今山东鄄城）人。他“弱冠而介立，有清操，虽日晏歠菽，不飨非其粟，儋石无储，不取非其道”④，

① 《三国志》卷六二《是仪传》。

② 《晋书》卷三四《羊祜传》。

③ 《宋书》卷七三《颜延之传》。

④ 《晋书》卷九〇《吴隐之传》。

虽然家贫，但他始终保持清操，不取“非其道”之财物，即不义之财。历任辅国功曹、奉朝请。他的女儿这时要出嫁，谢石知其家中贫寒，嫁女一定会从简，就派人前去帮忙，使者到了以后，正遇见婢女牵着一条狗去卖，此外什么也没有准备。后累迁至晋陵太守，他依旧非常清廉节俭，妻子都是亲自背柴烧饭。入朝为中书侍郎、国子博士、太子右卫率，转散骑常侍，领著作郎，迁右卫将军。虽已身居高位，但将俸禄和赏赐均给与同宗族之人，“冬月无被，尝浣衣，乃披絮，勤苦同于贫庶”①。一个高官竟然到了一旦洗衣服就没衣服替换，只好披一床棉絮的地步。广州是个依山傍海的富裕之地，珍宝很多，如果弄一箱子就“可资数世”。可是那里湿热蒸郁，瘴疫流行，人们大多不愿去那里任职，只有那些穷困潦倒而又急于发财的人才愿到那里做官。几任广州刺史都争相侵吞财物，假公济私，私自经商赚钱。朝廷想革除那里的弊端，于是在东晋安帝隆安年间，派吴隐之为龙骧将军、广州刺史、假节，领平越中郎将。距离广州二十里的一个名叫石门的地方有一泉水，叫“贪泉”。据说人只要喝了贪泉的水就会变得贪得无厌，吴隐之不相信这些，当他到这里时，毫不犹豫地喝了贪泉的水，并作诗明志：

古人云此水，一歃怀千金。
试使夷齐饮，终当不易心。

他以古代的先贤伯夷、叔齐为例，表达了自己虽饮贪泉水，但终不易心的志向。吴隐之到广州上任后，更加注意清正廉洁。他日常的菜肴不过就是蔬菜及干鱼，帷帐、用具和衣服等都交付外库，当时有许多人认为他是故意作假，然而他却始终如一。后来吴隐之回到京城，只有数亩地的小宅院，篱笆与院墙又矮又窄，内外共有

① 《晋书》卷九〇《吴隐之传》。

六间茅屋,连妻子儿女都住得十分拥挤。刘裕赐给他牛车,又要为他修造住宅,都被他谢绝了。后来他升任中领军,清廉俭朴之风不改。每月领到俸禄,只留下口粮,其余分别赈济亲戚和族人,家里靠妻子纺织来补贴家用,经常有困难缺乏的情况,有时两天吃一天的粮食,身上总穿着破旧不堪的衣服,妻子和儿女一点都不能分享其俸禄。义熙八年(412),以年老致仕,"清操不渝",其子孙"常以廉慎为门法"①。

刘善明(432～480),平原(治今山东平原西南)人。元嘉末年,青州一带发生大饥荒,甚至出现了人吃人的惨剧,其以家中积粟救济乡里百姓,"躬食饘粥,开仓以救乡里,多获全济"②,后任南朝宋北海太守、冀州刺史、海陵太守、冠军将军、南东海太守、后军将军、太尉右司马等。他生活俭朴,不好声色,居住的是茅屋,所用床榻几案多不加修饰,死后遗命薄葬,没有任何家产,只有书8000卷。

徐勉,字修仁,东海郯(今山东郯城)人。南朝梁名臣。出身寒门,凭借才能从一低级官吏升到尚书仆射、中卫将军、中书令、光禄大夫等执掌朝政机要或参掌选拔官吏的要职。他"虽居显位,不营产业,家无蓄积"③,俸禄常被分出一部分用来赡养宗族中的贫穷困乏者。他的门人故旧经常劝他或创辟田园,或设立邸店,或用船转运货物,或"令货殖聚敛",以便积聚财富留给子孙后代,都被其拒绝。他说:

人遗子孙以财,我遗之以清白。子孙才也,则自致辎軿;

---

① 《晋书》卷九〇《吴隐之传》。

② 《南齐书》卷二八《刘善明传》。

③ 《梁书》卷二五《徐勉传》。

如其不才,终为他有。[1]

“遗子黄金满籝,不如一经。”详求此言,信非徒语。[2]

徐勉无论是自身,还是在教育子孙方面,他对财富的观点都是有卓越见识的。

北魏时,青齐一带的豪族东平毕氏在兖州有相当强的宗族势力,家有“百口”之众,其中毕众敬“善持家业,犹能督课田产,大致储积”[3]。到北齐时,毕氏“资产宅宇足称富室”,“累世本州刺史,家富于财”,就是这样一个豪强,对于“士之匮乏者,多有拯济”[4]。

魏晋南北朝时期山东经学家对待利的态度也值得重视。他们大都能安贫乐道,不为眼前之利所诱惑,继承了重义轻利的优良传统。如:

王欢,字君厚,乐陵(今山东乐陵南)人。他一心专注于学问,“安贫乐道”,“不营产业,常丐食诵《诗》,虽家无斗储,意怡如也”[5]。后任前燕国子博士、国子祭酒。

徐苗(? ~302),字叔胄,高密淳于(今山东安丘东北)人。自幼家贫,“昼执锄耒,夜则吟诵”。[6] 他不应官府征召,专事教授,成为一代儒宗。

刘兆,字延世,济南东平(今山东东平东北)人。晋武帝时,朝廷曾五辟公府,三征博士,他不为利禄所动,“安贫乐道,潜心著述,不出门庭数十年”[7]。

---

① 《梁书》卷二五《徐勉传》。
② 《梁书》卷二五《徐勉传》。
③ 《北史》卷三九《毕众敬传》。
④ 《北齐书》卷四七《毕义云传》。
⑤ 《晋书》卷九一《王欢传》。
⑥ 《晋书》卷九一《徐苗传》。
⑦ 《晋书》卷九一《刘兆传》。

氾毓，字稚春，济北卢（今山东长清）人。他“少履高操，安贫有志业”①，朝廷多次征召，不为所动。

刘寔（约220～约310），字子真，平原高唐（今山东禹城西南）人，经学家。他年幼时家境贫寒，“卖牛衣以自给”，但非常好学，“自少及老，笃学不倦”②，举孝廉、秀才，均不就。后任西晋的司空、太尉等职。

对于义利关系的处理，甚至还影响到了交友和人们对人道德品质的评价。《世说新语·德行》记载了这样一件事情：

> 管宁、华歆共园中锄菜，见地有片金，管挥锄与瓦石不异，华捉而掷去之。又尝同席读书，有乘轩冕过门者，宁读如故，歆废书出看。宁割席分坐曰：“子非吾友也！”

北海朱虚（今山东临朐东南）人管宁和平原高唐人华歆本来是好朋友，他们后来绝交就是因对物质财富态度相异之故。管宁对财富抱极其轻蔑的态度，而华歆则关心富贵与功名。归根结底，他们的绝交是因为义和利在他们心中占据的地位不同的缘故。

综上所述，魏晋南北朝时期山东人对待财富的态度大致可以分为三类：第一类是对利疯狂追求者，包括获利后俭啬与奢侈者，如王戎和王恺等；第二类是对利不屑一顾者，如王衍和管宁等人；第三类是比较合适地处理义利关系者，如是仪、羊祜等人。前两类人似乎均非普遍现象，他们的行为或许别有原因，如对于王戎的贪婪无度就有人认为这是王戎的韬晦之策。孙盛的《晋阳秋》就称：“戎多殖财贿，常若不足。或谓戎故以此自晦也。”戴逵则评论道：“王戎晦默于危乱之际，获免忧祸，既明且哲，于是在矣。”③对于王

① 《晋书》卷九一《氾毓传》。
② 《晋书》卷四一《刘寔传》。
③ 南朝宋·刘义庆《世说新语·俭啬》刘孝标注引。

衍的行为，王隐的《晋书》评论道："夷甫求富贵得富贵，资财山积，用不能消，安须问钱乎？而世以不问为高，不亦惑乎！"[①]从商贾传统的角度来看，王戎一类人对财富不择手段地疯狂追求更值得注意。这一现象的出现应当是魏晋南北朝时期齐鲁商人的求利精神对社会各阶层侵蚀的产物，反过来，这种精神又会对整个社会风气产生影响，使逐利之风进一步加强。

第四节　魏晋南北朝时期山东的商业思想

一、诸葛亮的商业思想

关于诸葛亮的经济思想，学术界已有不少研究[②]，但很少专门探讨其商业思想。本节就对诸葛亮的商业思想作一专门探讨，并试图讨论《管子》商业思想对诸葛亮的影响，以展示齐鲁商业思想的传承。

（一）诸葛亮的生平

诸葛亮（181～234），字孔明，琅邪阳都（今山东沂南）人。三国时期蜀国大臣，杰出的政治家、军事家。东汉末年，各地牧守连年混战，父母早亡的诸葛亮随叔父诸葛玄往荆州投靠刘表。诸葛亮隐居南阳隆中（今湖北襄樊西）十年，躬耕陇亩，自比管仲、乐毅，专注于治国用兵之道。他以博学多才、远见卓识、胸怀大志而受到人们器重，被称为"卧龙"。汉献帝建安十二年（207），屯兵新野

---

① 南朝宋·刘义庆《世说新语·规箴》刘孝标注引。

② 如刘春香、涂白诚《诸葛亮经济思想探微》，载《许昌师专学报》1994年第4期；余鹏飞《诸葛亮经济思想初探》，载《襄阳师专学报》1987年第1期；余明侠《诸葛亮评传》，南京大学出版社1996年版，第384～428页。

图1－8 现藏于台北故宫博物院的诸葛亮像（采自华人德主编《中国历代人物图像集》，上海古籍出版社2004年版）

（今属河南）的刘备闻其名，三顾茅庐，向诸葛亮求教。诸葛亮赞成刘备的政治主张，又看到他诚恳、谦逊，就把自己长期精心谋划的统一全国的策略向刘备作了详细说明，即著名的隆中对策。对策的主要内容是要刘备东联孙吴，西据荆益，南和夷越，北抗曹操，待机进图中原，为以后的蜀汉制定了总的战略。诸葛亮从此成为刘备的主要辅佐。（图1－8）

建安十三年（208），曹操南征，诸葛亮和江东周瑜、鲁肃共同努力，促成孙权和刘备的联合，取得了赤壁之战的胜利，奠定了三国鼎立的局面。随后，他辅佐刘备夺取荆州四郡，出任军师中郎将。建安十九年（214），他从荆州率军溯江入蜀，帮助刘备包围成都，推翻刘璋统治，夺得益州，迁军师将军。

建安二十六年（221），刘备称帝后，诸葛亮任蜀国丞相、录尚书事，总理军政，显示出杰出的才能。蜀汉章武三年（223），刘备病笃，临终托孤于他。刘禅继位后，他以丞相辅政，又领益州牧，封武乡侯。刘禅暗弱，朝政无论巨细，都取决于诸葛亮。诸葛亮坚持与孙吴的联盟，在平定南中稳固了后方以后，多次出兵北伐，虽苦心筹谋，企图消灭曹魏，恢复汉室，但都因力量相差悬殊而屡遭挫败，未能成功。蜀汉建兴十二年（234），在最后一次北伐中，诸葛亮因积劳成疾，病卒于五丈原（今陕西岐山南）军中，谥忠武侯。著有

《诸葛亮集》二十四篇，十万余言。

（二）诸葛亮的齐文化气质

对于诸葛亮身上表现出来的的齐文化气质，学术界已有较多探讨，试列举如下。

王明在论述齐文化的发展时，认为齐文化在学术流派上主要表现为道家思想，并指出齐道家的特征为：任用贤才，不依氏族宗法情感定亲疏；提倡功利，重视国计民生，不片面鼓吹仁义道德；表现出特殊的军事才能和政治经济谋略。他认为到汉代，齐文化的这一传统继续蔓延，在汉末出现了两个杰出的人物，运用齐文化传统的精神和智慧，在激烈的斗争中取得了局部的统一，奠定了三国鼎立的局面，这两个人就是曹操和诸葛亮。他们两人的为人和品格相距很远，但在生平事业和思想表现上却有几个共同点：精通兵法，各有奇特的军事指挥才能；具有法治思想，善于延揽人才，赏罚分明；曹操有道家神仙的思想，诸葛亮有身处乱世、不求闻达的栖隐山林思想。其中诸葛亮是综合继承并体现齐文化最全面最出色的历史人物。① 这里主要从特殊的军事才能、政治谋略和人生态度等三个方面论述诸葛亮的齐文化气质，其他方面则付诸阙如。

余明侠从诸葛亮幼年时期生活的环境出发对其齐文化气质作了论述。他指出：诸葛亮籍贯琅邪郡阳都县在春秋战国时属于齐国。春秋末年的齐景公就曾说："吾循海而南，放乎琅邪。"②可知该地由于东临大海，是一个航运发达之地。《史记·齐太公世家》称："齐，自泰山属之琅邪，北被于海，膏壤二千里，其民阔达多匿

① 参见王明《再论齐文化的发展》，载《中国哲学史研究》1989 年第 3 期。

② 《后汉书》卷一一一《郡国志三》李贤注。

知，其天性也。”这是司马迁对齐地人开朗豁达的性格和智慧内藏的禀赋所作的评论。诸葛亮自幼生长在这一地区，自然或多或少地会具有世代相袭的齐民遗风，其思想感情和个人气质方面均受到父母之邦的“齐文化”的深刻影响和熏陶。诸葛亮勤于思考，足智善辩，襟怀磊落，坚贞不二，可以说是集中体现了当时齐地的优良文化传统。[①]

赵蕴则从乡土文化对一个人的熏沐与陶冶及在其身上所留下的印痕标记出发，探讨了齐文化给诸葛亮留下的印记，主要有以下几个方面：第一，管晏风格的和谐统一。管仲和晏婴都是齐国历史上的名相，两人所处时代一盛一衰，其风格迥异，但他们共同为齐地士人从政提供了良好的榜样。管仲代表的是一种纵横、舒展自如的政治风度，于制度多所创建、于内政外交采取主动进取精神，振持图强以为霸局；晏婴则代表一种拘谨、俭约力行的政治风度，于政策多所修补，在内政外交上采取谨慎守成的姿态，竭力维持败世颓局。诸葛亮在政治实践上将本为截然两途的管晏风格统一起来，达到了高度的和谐。第二，《管子》一书作为政治思想宝鉴在诸葛亮心目中具有重要地位，其言行事迹中不乏《管子》之影响。他还将《管子》的心术发展为攻心。第三，结合实践从各方面看，大到战役战略的布署、战术阵势的灵活运用，小到军事器械的改造与发明，诸葛亮是个少有的军事全才，这种驳而杂的素质，与齐地军事思想传统、稷下黄老思想传统及齐地发达的工商与教育传统有密切联系。[②]

黄宝先则讨论了管仲与诸葛亮在治国方略上的相似之处，主

① 参见余明侠《诸葛亮评传》，南京大学出版社 1996 年版，第 15 ~ 17 页。

② 参见赵蕴《诸葛亮的齐地人文风格》，载王汝涛等主编《金秋阳都论诸葛：全国第八次诸葛亮研讨会论文选》，军事科学出版社 1995 年版，第 121 ~ 128 页。

要有:政治上重谋略治国,经济上重富国强民,军事上重强兵致胜,外交上尊王室交诸侯。他认为这种相似性源于相同的齐文化背景,两者之间存在一定的渊源关系,诸葛亮继承和发展了管仲的思想。①

孙敬明等则探讨了齐国兵学体系与诸葛亮的军政思想的关系,认为诸葛亮是齐国兵学体系中先秦之后汉代以来时代最早的、最为典型的代表。他不仅生于齐国故地,曾熟读齐国兵书,而且由于齐地浓郁的军事思想氛围对他的影响和遭逢乱世的军政实践,使之在齐国兵学体系中写下了秦汉以来最为精彩的一章。他一生执政治军的经历中贯穿和奉行了齐国的军政思想。②

综上所述,诸葛亮身上有着浓郁的齐文化的气质,但齐文化的特征不仅仅体现在其军事和政治才能等方面,在经济思想上也有极为鲜明的体现,那就是对工商业的重视。诸葛亮早年在隆中时常常"自比于管仲、乐毅"③。他担任蜀国丞相后,曾亲自抄录"《申》、《韩》、《管子》、《六韬》"等书,让刘禅阅读④,由此可知诸葛亮对《管子》的高度重视,反映了其对《管子》思想有深刻的认识。诸葛亮的经济思想也深受齐地经济思想,尤其是《管子》经济思想的影响。他运用《管子》学派的轻重理论,"较盐铁之利",发展禁榷制度,通过发展国家工商业来增强本国的经济实力。下面就对诸葛亮的商业思想作一简述。

---

① 参见黄宝先《管仲与诸葛亮》,载王汝涛等主编《金秋阳都论诸葛:全国第八次诸葛亮研讨会论文选》,军事科学出版社1995年版,第140~148页。

② 参见孙敬明等《齐国兵学体系与诸葛亮的军政思想》,载王汝涛等主编《金秋阳都论诸葛:全国第八次诸葛亮研讨会论文选》,军事科学出版社1995年版,第220~227页。

③ 《三国志》卷三五《诸葛亮传》。

④ 参见《三国志》卷三二《先主传》。

（三）诸葛亮对《管子》商业思想的实践

诸葛亮的商业思想深受《管子》商业思想的影响，在治蜀时亦步亦趋地采用了《管子》的治国之策。具体而言，主要表现在以下几个方面：

第一，“较盐铁之利”。

在男耕女织，自给自足的自然经济占统治地位的传统社会，只有食盐和铁是无法自给自足的生活资料和生产资料，需要通过市场交换获得，而它们恰恰都是齐国的大宗物产，由于社会需求量大，经营它们容易获得巨额利润。当齐桓公询问管仲“何以为国”时，管仲毫不犹豫地回答：“唯官山海为可耳！”“官山海”就是由国家垄断经营山海铁盐之业，以保证国家获得巨大的财政收入。对于食盐，主要是采用寓税于盐价的方法来聚敛财富。《管子·海王》认为盐是人生活的必需品，“十口之家十人食盐，百口之家百人食盐”，只需每升加价若干钱，就使百姓在不知不觉中交了税，不仅不容易产生怨言，还达到了增加财政收入的目。对于铁矿，《管子》主张矿山国有，允许私人开采，国家与之分利，“善者不如与民量其重，计其赢，民得其十（应为‘七’），君得其三”[①]。对于铁器实行严格控制，不允许私人参与铁器流通，国家通过控制铁器流通可获得一笔可观的收入。诸葛亮治蜀，也仿《管子》“官山海”之法，“较盐铁之利”[②]。

巴蜀地区是井盐的主要产地。从战国后期就具有相当规模，到汉代更为发达，在临邛、广都、什邡等县都有盐井。蜀人已经熟练地掌握了煮盐技术，有的地方已能用火井煮盐。东汉时，“郡国

① 《管子·轻重乙》。

② 《三国志》卷四一《王连传》。

罢盐铁之禁，纵民煮铸，入税县官”①，盐铁生产被豪强地主控制。诸葛亮为了抑制豪强地主，恢复了盐铁官营的政策，设立“盐府”为管理机构，选拔勤于职守且善于理财的王连为司盐校尉，并提拔吕乂、杜祺等良臣为其下属，官营盐井由盐官直接管理，民营盐井也由盐官统一调拨销售，盐税酌情分配，“较盐铁之利，利入甚多，有裨国用”②。在王连等人的努力下，蜀国盐利不断增加，为进一步增加盐利，诸葛亮还积极主持开凿新的盐井，将其扩展到巴东地区，以至于左思在《蜀都赋》中称赞蜀汉“家有盐泉之井”，晋常璩的《华阳国志》卷一《巴志》也称巴郡临江县“豪门亦家有盐井”。诸葛亮还推广火井煮盐法，即用天然气煮盐，晋张华《博物志》卷二《异产》载临邛有“火井一所，从广五尺，深二三丈……诸葛丞相往视之，后火转盛热，盆盖井上，煮盐得盐”。晋李兴《祭诸葛丞相文》中称：“千井齐甃，又何秘要！”③

诸葛亮深知盐对于百姓生活的重要性，但也深知不能单纯以提高盐价来增加财赋收入。他采取的措施是降低成本、提高质量，从而使产品畅销以保证赢利。如翼带盐井就生产一种“粒大者方寸”④的优质大粒盐，便于长途运输。清人蒋伯超的《南漘楛语》卷一曾称：“三国时，吴、蜀皆资盐赋。”⑤诸葛亮任用王连治理盐业，即使将他提升为蜀郡太守、兴业将军，仍然“领盐府如故”⑥，对此，蒋伯超详论道：“利权一而信任专，此蜀之所以能立国乎？”⑦盐利

① 《后汉书》卷四《和帝纪》。
② 《三国志》卷四一《王连传》。
③ 《三国志》卷三五《诸葛亮传》裴注引《蜀记》。
④ 北魏·郦道元《水经注》卷三三《江水》。
⑤ 卢弼《三国志集解》卷四一《王连传》注引。
⑥ 《三国志》卷四一《王连传》。
⑦ 卢弼《三国志集解》卷四一《王连传》注引。

已经关系到蜀国能否立国了，可见盐利在蜀汉经济中的重要作用。总之，诸葛亮成功地实行了榷盐政策，没有过分加重百姓负担，却使国库充裕。

蜀国所在地益州的冶铁业自秦汉以来就很有名。西汉时卓氏和程郑都因在临邛经营冶铁业而成巨富。刘备占领益州后，加强了对冶铁业的控制，除设置司盐校尉负责盐铁生产外，还设置了司金中郎将，掌管农器和兵器制造。各种铁器的赋税由司金中郎将统一征收，归入蜀汉国家的正常财政收入之中。为了增加铁税收入，诸葛亮也不断增开新矿，如金牛山矿、崇宁县铁钻山矿、始建县铁山、蒲亭县铁山、仁寿铁山等，并不断改进冶铁技术，采用了先进的淬火法。①

总之，通过“较盐铁之利”，诸葛亮达到了《管子》所主张的“见予之形，不见夺之理”②的目的。

第二，“决敌之资，惟仰锦耳”。

《管子》主张在国与国的贸易中，“可因者因之，乘者乘之，此因天下以制天下”③，就是说要充分发挥自己的经济优势，寻找和利用别国的弱点和困难，以己之长，制敌之短。诸葛亮对《管子》的这一理论有深刻认识。他充分发挥蜀地织锦的市场优势，与吴、魏进行贸易，以求获得充足的“决敌之资”。

蜀锦因产于蜀地而得名，从汉代就已闻名全国。其特点是质地轻软光亮，华丽无比。诸葛亮从商战的角度，认为闻名遐迩的蜀

---

① 参见余鹏飞《三国经济史》，河南大学出版社 1992 年版，第 320 页；朱大渭、梁满仓《武侯春秋》，团结出版社 1998 年版，第 452 页；余明侠《诸葛亮评传》，南京大学出版社 1996 年版，第 402 页。

② 《管子·国蓄》。

③ 《管子·轻重丁》。

锦是创造财富、补充国力的重要战略物资，于是采取了奖励农桑的措施来提高蜀锦质量。诸葛亮主张以耕织为本，他以身作则，亲自在成都郊外双流县家中种桑八百株，在其倡导下，蜀国的蚕桑业非常兴盛。据左思《蜀都赋》，蜀汉时的成都“封域之内……栋宇相望，桑梓接连”，以至于蜀国“圜阓之里，伎巧之家，百室离房，机杼相和”[①]，织锦已成为蜀地普通百姓日常生产的组成部分，甚至出现了专业户，即技巧之家。为加强对蜀锦产销的管理，蜀汉还设置了“锦官”，官营丝织业直接归其管辖；民营丝织业则由其间接管理，产品以赋税方式上缴锦官。

质地优良、光彩绚丽的蜀锦是达官贵人等竞相购买的丝织珍品。由于魏、吴两国没有这样的锦，“江东历代尚未有锦，而成都独称妙。故三国时，魏则布于蜀，而吴亦资西道”[②]。三国时，孙吴所在的江东地区尚没有织锦业，曹魏境内虽有织锦业，但不能满足需要，由此吴、魏两国都向蜀汉大量购买蜀锦。《后汉书·左慈传》反映了曹操派人至蜀购买蜀锦的事实。《太平御览》卷八一五记魏文帝诏书称“前后每得蜀锦”。正是由于蜀锦在吴、魏市场上的畅销和吴、魏生产较少，蜀国才能够奇货可居，从而可以高下其价，使蜀锦成为蜀汉政权的重要财政来源。左思《蜀都赋》称：“贝锦斐成，濯色江波，黄润比筒，籝金所过。”[③]蜀锦可换回大量金钱，连诸葛亮自己也说：“今民贫国虚，决敌之资，惟仰锦耳！”[④]除桑外，诸葛亮还根据蜀国山多平原少的特点，因地制宜地发展柑、橘等经济作物，并设官进行管理，《三国会要·职官下·郡国官》称：“蜀有工

① 《全晋文》卷七四。
② 宋·李昉等《太平御览》卷八一五引《丹阳记》。
③ 《全晋文》卷七四。
④ 宋·李昉等《太平御览》卷八一五引《诸葛亮集》。

官、堰官、柑官、橘官。”

第三，谨身节用的消费思想。

在消费思想上，《管子·侈靡篇》虽然强调了侈靡消费的政策效应和意义，但并没有把它当作指导社会消费行为的基本准则。管子最终的消费思想仍然是崇尚节俭，这种观点在《管子》一书中随处可见。他将节俭看成是治国的正道：

> 明君制宗庙，足以设宾祀，不求其美；为宫室台榭，足以避燥湿寒暑，不求其大；为雕文刻镂，足以辩贵贱，不求其观。故农夫不失其时，百工不失其功，商无废利，民无游日，财无砥墆，故曰：“俭其道乎！”①

管子对奢侈与国家和人民致富的关系也有深刻认识：

> 地辟而国贫者，舟舆饰，台榭广也。赏罚信而兵弱者，轻用众，使民劳也。舟车台榭广，则赋敛厚矣。轻用众，使民劳，则民力竭矣。赋敛厚则下怨上矣。②

> 节饮食，撙衣服，则财用足……强本事，去无用，然后民可使富。③

在消费思想上，诸葛亮也主张节流积蓄，反对奢侈之风。他以身作则，严于律己，带头不增私产，其家仅有“桑八百株，薄田十五顷”④，“蓄财无余，妾无副服”⑤，“随身衣食，悉仰于官，不别治生，以长尺寸。若臣死之日，不使内有余帛，外有赢财”，去世前遗命葬于汉中定军山，要求“因山为坟，冢足容棺，敛以时服，不须器

① 《管子·法法》。
② 《管子·权修》。
③ 《管子·五辅》。
④ 《三国志》卷三五《诸葛亮传》。
⑤ 唐·虞世南《北堂书钞》卷三八。

物”[1]。他主张“躬耕勤苦，谨身节用”，“丰年不奢，凶年不俭，素有蓄积，以储其后”，“作无用之器，聚无益之货，金银璧玉，珠玑翡翠，奇珍异宝，远方所出，此非庶人之所用也。锦绣纂组，绮罗绫縠，玄黄衣帛，此非庶人之所服也。雕文刻镂，伎作之巧，难成之功，妨害农事，辎軿出入，袍裘索襗，此非庶人之所饰也。重门画兽，萧墙数仞，冢墓过度，竭财高尚，此非庶人之所居也”[2]。他在《诫子书》中告诫儿子说：“夫君子之行，静以修身，俭以养德，非澹泊无以明志，非宁静无以致远。”[3]

三国时蜀汉的商业非常活跃，成都更是当时重要的商业都市，据左思《蜀都赋》，成都“金城石郭，兼市中区。既丽且崇，实号成都……市廛所会，万商之渊。列隧百重，罗肆巨千。贿货山积，纤丽星繁。都人士女，袨服靓妆。贾贸墆鬻，舛错纵横。异物崛诡，奇于八方。布有橦华，面有桄榔。邛杖传节于大夏之邑，蒟酱流味于番禺之乡……喧哗鼎沸，则哤聒宇宙；嚣尘张天，则埃壒曜灵”[4]。当时成都市中列肆成行，商品种类很多，巴蜀和南中的土特产都集中到成都市上，市上人群涌动，热闹非凡。蜀地也出现了不少富商巨贾，这些“货殖之家，侯服玉食，婚姻葬送，倾家竭产”[5]，面对这种局面，诸葛亮努力提倡节俭，反对浪费，其目的仍然是着眼于蜀汉财政上的考虑，以增强国力，为蜀汉的政治统治和北伐的军事行动打下牢固的物质基础。

综上所述，诸葛亮商业思想的着眼点都在于蜀汉国力的增长，

① 《三国志》卷三五《诸葛亮传》。
② 《诸葛亮集》卷三《便宜十六策·治人》。
③ 《诸葛亮集》卷一《诫子书》。
④ 《全晋文》卷七四。
⑤ 《三国志》卷三九《董和传》。

他主张发展国家对盐、铁、蜀锦的专营，提倡节俭，反对浪费，虽然在一定程度上会对蜀汉的商业发展有消极影响，但考虑到蜀汉在三国中国土最小，人口最少，经济实力也最弱的实际情况及其面对的严峻军事形势，还是可以理解的。诸葛亮对市场生产和市场物价调节的关系也有深刻认识，值得注意。刘备平定益州后，国家财政一度出现危机，朝中府库空虚，刘巴就向刘备、诸葛亮建议："铸直百钱，平诸物贾，令吏为官市。"①一方面，国家发行大面额货币，实行通货膨胀政策，另一方面，使用超经济强制手段，平抑物价，不许物价上涨。这种由国家专断的大面值货币政策，事实上是对百姓的一种掠夺。刘巴的这一建议被刘备、诸葛亮接受，"数月之间，府库充实"②。刘备、诸葛亮等采纳刘巴的建议，反映出他们对于市场调节已有较深的认识：第一，他们深知钱币之用和钱币政策对于恢复和发展经济的指导意义。第二，他们已经认识到平抑物价对于稳定社会秩序的重要作用。第三，他们已经觉察到官营经济在一定情况下平抑物价的特别作用。第四，他们稳定经济、增殖财富的出发点和手段明显脱离了"重本抑末"的桎梏，不在发展生产，而重在通过活跃、稳定经济流通领域的秩序，从而达到盘剥百姓的目的。③ 通货膨胀必然带来物价上涨，这种上涨即使凭借政权之力控制一时，但不能长久发生效用，最长久有效的办法就是发展生产，使商品数量随着货币增加而增加，因此，诸葛亮特别重视发展生产，除前述诸葛亮特别采取措施发展盐、铁和蜀锦生产外，对农业生产也极为重视④，因与本书主题无关，不再赘述。

---

① 《三国志》卷三九《刘巴传》裴注引《零陵先贤传》。

② 《三国志》卷三九《刘巴传》裴注引《零陵先贤传》。

③ 参见张作耀《刘备传》，人民出版社 2004 年版，第 151 页。

④ 参见余明侠《诸葛亮评传》，南京大学出版社 1996 年版，第 384～428 页。

二、贾思勰的商业思想

(一)贾思勰与《齐民要术》

图1-9　济南泉城广场的贾思勰塑像(采自刘德成等主编《贾思勰志》,山东人民出版社2009年版)

北魏人贾思勰(图1-9)是中国古代杰出的农学家,其《齐民要术》是世界农学史上的名著之一。对于贾思勰的生平,文献中没有详细记载,现根据学术界的钩稽考索①,叙述如下:

贾思勰的生卒年代大约在488~556年之间,是北魏齐郡益都(今属山东寿光)人。他出身藏书颇丰的望族,幼年时就雅好经史,博览群书,具有丰富的学识。在经学研究上,他与同族兄弟贾思伯、贾思同一样,致力于南派经学。

贾思勰曾任北魏的高阳太守。联系魏晋南北朝时期门第等级森严的士族制度,他出任是职当与他的家庭有密切关系,而这种身份又为其广泛交游提供了便利。根据《齐民要术》所述,他熟悉"元仆射"、"皇甫吏部"家的造酒法,尽管"元仆射"、"皇甫吏部"尚不能

① 参见栾调甫《〈齐民要术〉作者考》,载山东省人民政府参事室、山东省文史研究馆编《文史资料》第2辑,1990年;梁家勉《〈齐民要术〉的撰者注者和撰期》,载《华南农业科学》1957年第3期;郭文韬等《贾思勰王祯评传》,南京大学出版社2001年版;刘德成等主编《贾思勰志》,山东人民出版社2009年版。

确知何人，但贾思勰与朝廷显贵有密切来往还是可以肯定的。他与西兖州刺史刘仁之也有很深的的交谊。这表明，贾思勰不仅是一个依靠社会关系出入权贵之门的地方官员，而且还充分利用这些机会为写作《齐民要术》积累资料。

贾思勰一生行迹甚广。根据《齐民要术》所述，除他的原籍青州、任职地高阳郡（治今山东临淄）以外，贾思勰还到过今山东、河南、河北、山西等省的不少地方，如在今山东西北部的济州、齐州，在今山西中南部的并州，在今山西北部的代郡，在今河南淇县境内的朝歌，在今河北井陉境内的井陉，在今北京附近的渔阳以及辽河地区。在528年后，他还到过位于今河北省的冀、定、沧、瀛、殷等州，可能还到过漠北畜牧地区。

贾思勰曾从事农牧业生产，对农业生产有较深的了解，同时，他不论做官还是交游，都注意实地观察，积累资料，正如他在书的序言中所说："采捃经传，爰及歌谣，询之老成，验之行事"，为撰写《齐民要术》做了大量准备。离职家居之时，贾思勰总结毕生经验，写成了《齐民要术》这部农业百科全书式的科学巨著，为后世留下了一笔丰富而珍贵的文化遗产。

《齐民要术》书名中的"齐民"意指平民百姓，"要术"指谋生的方法。该书共分10卷，92篇，约11万余字。卷前有"杂说"一篇，一般认为是后人所加。前5卷记述包括粮食、油料、纤维、染料作物、蔬菜、果树、桑柘（附养蚕）等的栽培技术；第6卷为禽畜和鱼类的养殖；第7~9卷讲农副产品的加工、储藏，包括酿造、腌藏、果品加工、烹饪、饼饵、饮浆、饴糖，旁及煮胶和制笔墨；第10卷以很大篇幅记载了有实用价值的热带、亚热带植物。全书要旨在于提倡奖励农耕，改良土壤，采用合理的耕作制度和方法，强调选种和改良品种以及掌握好天时地利等因素的重要性，不尚空谈，注重实践。在农业生产方面，它总结了按照不同的季节、气候和土壤特性来进行各类作物的布局、栽培和管理的经验；阐述了当时黄河流域的耕作方法、轮作制度、间套及混作措施；主张开辟肥源、栽植绿肥、旱地实行井灌以及采取防治病虫害与霜冻等的技术措施；对植物的驯化、遗传变异与人工选择、杂交和定向培育等也有一定的论述。在果树和材用树木方面，它总结了播种、扦插、压条、分株、嫁接等多种繁殖方法。该书对大家畜的外形鉴定、禽畜的选种、育种和饲养管理，对农副产品加工（特别是酿造）都有论述。书中还重视介绍野生植物和南方植物的利用，第10卷可以说是现存最早的南方植物志。

该书虽然写成于六世纪，但其丰富的科学内容对后世的农业生产有着深远的影响。它最初在民间辗转传录，至北宋天圣年间才由官府刊行并颁发给劝农使者，以指导农业生产。以后官私传抄不绝，版本多至20余种，并广为其他农书、杂著援引。它早在唐末时已传入日本，至今日本还藏有北宋最早刊印的残本。近代以来，世界上已有多种译本出版，并有不少研究此书的著作。

（二）农本与求利：贾思勰思想中的矛盾

对于贾思勰思想中存在着农本和求利的矛盾这一问题，前辈学者多有论述[①]，新见迭出，本书在前辈学者的基础上，对贾思勰经济思想中的这一矛盾作一简述，同时将其置于魏晋南北朝时齐鲁风俗文化演变的背景下加以初步探讨。

中国传统的农学向来以“农本”为其基本思想。所谓“农本”，

---

① 参见李长年《齐民要术研究》，农业出版社1959年版，第24页；缪启愉《齐民要术导读》，巴蜀书社1988年版，第31、32页；缪启愉校释《齐民要术校释》，农业出版社1988年第2版，第468页；赵靖主编《中国经济思想通史》第2卷，北京大学出版社1995年版，第295页；郭文韬等《贾思勰王祯评传》，南京大学出版社2001年版，第74～80页。

就是把农业当做立国之本,认为农业是治理国家的基础,主张尽量发展农业生产,控制和限制工商业发展。贾思勰在《齐民要术》中一再阐发这一观点。

贾思勰指出,农业是衣食之源,是人们赖以生存和发展的最基本条件,对于治国安民具有头等重要的意义。他说:

食者民之本,民者国之本,国者君之本。是故人君上因天时,下尽地利,中用人力,是以群生遂长,五谷蕃殖。①

《齐民要术·自序》中称:

盖神农为耒耜,以利天下;尧命四子,敬授民时;舜命后稷,食为政首;禹制土田,万国作乂;殷周之盛,诗书所述,要在安民,富而教之。

这里的"盖神农为耒耜"、"敬授民时"、"食为政首"等都强调了农业生产的重要性,赞颂了先贤以农业为基础治理国家的业绩。

贾思勰在《齐民要术·自序》中还大量引用了古圣先贤的代表性言论来强调农业的重要性。如其所引《管子》的言论:

一农不耕,民有饥者;一女不织,民有寒者。

仓廪实,知礼节;衣食足,知荣辱。

这是中国古代强调重农最常引用的名言,要求社会成员都应当尽可能地从事农业生产,只有实现了丰衣足食,也就是具备了丰厚的物质基础,高度的精神文明("知荣辱")才能实现。接下来他又引用了晁错、刘陶和陈思王的言论:

圣王在上,而民不冻不饥者,非能耕而食之,织而衣之,为开其资财之道也……夫寒之于衣,不待轻暖;饥之于食,不待甘旨。饥寒至身,不顾廉耻。一日不再食则饥,终岁不制衣则

① 北魏·贾思勰《齐民要术·种谷第三》。

> 寒。夫腹饥不得食，体寒不得衣，慈母不能保其子，君亦安能以有民？……夫珠、玉、金、银，饥不可食，寒不可衣……粟、米、布、帛……一日不得而饥寒至。是故明君贵五谷而贱金玉。
>
> 民可百年无货，不可一朝有饥，故食为至急。
>
> 寒者不贪尺玉而思短褐，饥者不愿千金而美一食。千金、尺玉至贵，而不若一食、短褐之恶者，物时有所急也。

贾思勰不仅引用了先贤的言论，还举例说明。他说："李悝为魏文侯作尽地力之教，国以富强；秦孝公用商君，急耕战之赏，倾夺邻国而雄诸侯。"①

通过以上叙述，可以看出贾思勰的农本思想虽然没有多少新的见解，但其作为一个当时的官员和知识分子，还是从国家宏观经济管理的角度充分强调了农业的基础性地位。为此，他说："舍本逐末，贤哲所非，日富岁贫，饥寒之渐，故商贾之事，阙而不录。"②在这里，贾思勰明确表达了其典型的、传统的重农轻商的思想，但令人费解的是，通过《齐民要术》一书，我们还可发现其中有大量内容反映出贾思勰有着强烈的求利精神。要求利，势必离不开商品交换，要与市场发生密切联系。贾思勰在《齐民要术》的《杂说》、《货殖》等篇以及关于种葵、蔓菁、胡荽等蔬菜和种植桑、柘、杨、槐等树木的篇章中都有农民如何参与市场流通的大量论述。

首先，粮食作物的买卖。

贾思勰主张"食为政本"，强调粮食生产在农业中的中心地位，但其并不主张纯粹的男耕女织、自给自足的自然经济，而主张农民

① 北魏·贾思勰《齐民要术·序》。
② 北魏·贾思勰《齐民要术·序》。

也可将粮食投入市场换取自己需要的物品。《齐民要术·杂说》篇引汉代崔寔《四民月令》称：

二月……可粜粟、黍、大、小豆、麻、麦子等。收薪炭。

三月……可粜黍。买布。

四月……可籴穬及大麦。收弊絮。

五月……霖雨将降，储米谷、薪炭，以备道路陷滞不通……粜大、小豆、胡麻。籴穬、大、小麦。收弊絮及布帛。

七月……粜大、小豆。籴麦。收缣练。

八月……擘绵治絮，制新浣故，及韦履贱好，预买以备冬寒……粜种麦。籴黍。

十月……卖缣帛、弊絮。籴粟、豆、麻子。

十一月……籴粳稻、粟、豆、麻子。

贾思勰最后强调：

凡籴五谷、菜子，皆须初熟日籴，将种时粜，收利必倍。凡冬籴豆、谷，至夏秋初雨潦之时粜之，价亦倍矣。盖自然之数。

由上可以看出，贾思勰在这里论述的绝不是简单的买进卖出，所有的买卖都是有时间、季节限制的，即根据不同时间市场供求关系的变化来进行贱买贵卖。这里不仅有他对自己认同的前人观点的引用，也有他对市场经验的总结。如对于五谷和菜子，在刚收获的时节，市场供应必然相对充足，可以大量购入，而到即将播种时，市场供应很可能出现紧张局面，这时将贱时买进的五谷和菜子等作为种子出售，利润必然丰厚。前述关于弊絮和布帛的买卖也是如此，春夏之交天气转暖，低价收进这些御寒之物，到十月天气转冷时卖出，利润也一定相当可观。

其次，贾思勰在“民以食为天”，“食为至急”的基础上，主张发展农、林、牧、副、渔的综合性经营，并将各种产品广泛投入市场以获利。

贾思勰虽然充分强调粮食生产的基础性地位，但其主张发展的不是单一的粮食种植业，而是农、林、牧、副、渔的综合性多种经营。贾思勰不仅继承了中国自春秋战国以来就注重发展农、林、牧多种经营的优良传统，将耕、桑、树、畜及家庭手工加工业等都写进了其著作中，在篇章结构上勾勒出了农、林、牧、副、渔的多种经营的构思，而且还详细论述了多种经营的重要意义。《齐民要术·序》中就引《仲长子》称："稼穑不修，桑果不茂，畜产不肥，鞭之可也。"《种谷》篇中引用《淮南子》称："上因天时，下尽地利，中用人力，是以群生遂长，五谷蕃殖。教民养育六畜，以时种树，务修田畴，滋殖桑、麻。肥、垸、高、下，各因其宜。丘陵、阪险不生五谷者，树以竹木。春伐枯槁，夏取果、蓏，秋畜蔬、食，冬伐薪、蒸，以为民资。是故生无乏用，死无转尸。"

贾思勰在强调多种经营意义的基础上，还详细论述了将农、林、牧、副、渔的产品投向市场时的各种注意事项，其核心就是为了获得更大的利润。现择其典型论述说明之。

《种葵》篇称："近州郡都邑有市之处，负郭良田三十亩，九月收菜后即耕，至十月半，令得三遍。……十月末，地将冻，漫散子，唯概为佳。……三月初，叶大如钱，逐概处拔大者卖之。一升葵，还得一升米。日日常拔，看稀稠得所乃止。有草拔却，不得用锄。一亩得葵三载，合收米九十车。车准二十斛，为米一千八百石。自四月八日以后，日日剪卖。其剪处，寻以手拌斫劚地令起，水浇，粪覆之。比及剪遍，初者还复，周而复始，日日无穷。至八月社日止，留作秋菜。九月，指地卖，两亩得绢一匹。收讫，即急耕，依去年法，胜作十顷谷田。止须一乘车牛专供此园。"这里强调要选择靠近都市城邑的地方，并安排一辆牛车，专门负责葵的生产、销售等事务，从三月初到九月,“日日常拔”,“日日剪卖”到“指地卖”,半年的时间都可以卖葵,九月收获完毕后即“依去年法”再次种植。年复一年地进行大面积蔬菜生产,显然不是为了家庭自己消费,而主要是为了参与市场流通,为了求利。

《蔓菁》篇称:“近市良田一顷,七月初种之。拟卖者,纯种‘九英’。一顷取叶三十载。正月、二月,卖作蘸菹,三载得一奴。收根依晒法,一顷收二百载。二十载得一婢。一顷收子二百石,输与压油家,三量成米,此为收粟米六百石,亦胜谷田十顷。”作者对蔓菁的种植还加了不少说明,之所以要选择在七月初种,是因为“六月种者,根虽粗大,叶复虫食;七月末种者,叶虽膏润,根复细小”,这样都不能获得最大收益,只有“七月初种,根叶俱得”,这样收益才最大。对于“九英”品种的选择更是出于经济效益的考虑,因为九英“叶根粗大,虽堪举卖”,但“气味不美”,要是种来自己吃,则“须种细根”。蔓菁的叶、根,还有子都可以出售,且利润丰厚。

《种榆、白杨》篇记述种榆树的收益:“地须近市。(卖柴、荚、叶,省功也)……三年春,可将荚、叶卖之。五年之后,便堪作椽。不梜者,即可斫卖(一根十文)。梜者镟作独乐及盏(一个三文)。十年之后,魁、碗、瓶、榼,器皿,无所不任(一碗七文,一魁二十,瓶、榼各直一百文也)。十五年后,中为车毂及蒲桃瓮(瓮一口,直三百。车毂一具,直绢三匹)。其岁岁料简剶治之功,指柴雇人——十束雇一人——无业之人,争来就作。卖柴之利,已自无赀(岁出万束,一束三文,则三十贯;荚叶在外也);况诸器物,其利十倍(于柴十倍,岁收三十万)。斫后复生,不劳更种,所谓一劳永逸。能种一顷,岁收千匹。唯须一人守护、指挥、处分,既无牛、犁、种子、人功之费,不虑水、旱、风、虫之灾,比之谷田,劳逸万倍。男女初生,各与小树二十株,比至嫁娶,悉任车毂。一树三具,一具直绢三匹,成绢一百八十匹:娉财资遣,粗得充事。”贾思勰不仅详细论述了榆树木材的用途,还强调“地须近市”,列举了不同时间榆树的不同用途及其价格,表明其栽植榆树的性质就是商品生产。

《种榆、白杨》篇还记述了种白杨的收益:“三年,中为蚕樀。五年,任为屋椽。十年,堪为栋梁。以蚕樀为率,一根五钱,一亩岁收二万一千六百文(柴及栋梁、椽柱在外)。岁种三十亩,三年九十亩。一年卖三十亩,得钱六十四万八千文。周而复始,永世无穷。比之农夫,劳逸万倍。去山远者,实宜多种。千根以上,所求必备。”

《种红蓝花、栀子》篇记述种红蓝花的收益:“负郭良田种一顷者,岁收绢三百匹。一顷收子二百斛,与麻子同价,既任车脂,亦堪为烛,即是直头成米。”贾思勰还特意比较了种红蓝花与种谷的收益,“二百石米,已当谷田;三百匹绢,超然在外”。

对于畜牧业,贾思勰首先引用陶朱公的观点,“子欲速富,当畜五牸”,认为养马、牛、猪、羊、驴五种牲畜是“速富之术”[①],在《养羊》篇中,他还谈到了收驴马驹、牛犊子、羊羔之法:“常于市上伺候,见含重垂欲生者,辄买取。驹、犊一百五十日,羊羔六十日,皆能自活,不复藉乳。乳母好,堪为种产者,因留之以为种,恶者还卖:不失本价,坐赢驹犊。还更买怀孕者。一岁之中,牛马驴得两番,羊得四倍。羊羔腊月、正月生者,留以作种;余月生者,剩而卖之。用二万钱为羊本,必岁收千口。所留之种,率皆精好,与世间绝殊,不可同日而语之。何必羔犊之饶,又赢毡酪之利矣。羔有死者,皮好作裘褥,肉好作干腊,及作肉酱,味又甚美。”有学者指出,这种到市场上收买农民即将产子的母畜,坐收羔、驹、犊的办法,在现实中大概是有效的,不失为取利的方法,但却是不道德的,是对

① 北魏·贾思勰《齐民要术·养牛、马、驴、骡第五十六》。

贫苦农民的巧取和掠夺。贾思勰把这样的方法推荐给读者，不仅反映了他的求利精神，而且表明了他对利益的追求几乎到了不择手段的地步。①

对于渔业，贾思勰赞成陶朱公“治生之法有五，水畜第一”的主张，他系统地论述了养鱼的利润：

> 以六亩地为池，池中有九洲。求怀子鲤鱼长三尺者二十头，牡鲤鱼长三尺者四头，以二月上庚日内池中，令水无声，鱼必生。……至来年二月，得鲤鱼长一尺者一万五千枚，三尺者四万五千枚，二尺者万枚。枚直五十，得钱一百二十五万。至明年，得长一尺者十万枚，长二尺者五万枚，长三尺者五万枚，长四尺者四万枚。留长二尺者二千枚作种。所余皆货，得钱五百一十五万钱。候至明年，不可胜计也。②

对于家庭副业，贾思勰也有论述。如毡是养羊的副产品，最佳的处理方法是：

> 凡作毡，不须厚大，唯紧薄均调乃佳耳。二年敷卧，小觉垢黑，以九月、十月，卖作靴毡，明年四五月出毡时，更买新者；此为长存，永不穿败。若不数换者，非直垢污，穿穴之后，便无所直，虚成糜费。此不朽之功，岂可同年而语也？③

再次，贾思勰在《齐民要术》中专列《货殖》一篇，讨论发家致富的方法。

贾思勰在《货殖》篇中大量摘录了司马迁《史记·货殖列传》④

① 参见郭文韬等《贾思勰王祯评传》，南京大学出版社2001年版，第74页。

② 北魏·贾思勰《齐民要术·养鱼第六十一》。

③ 北魏·贾思勰《齐民要术·养羊第五十七》。

④ 司马迁最早在《史记》中作《货殖列传》，班固在《汉书》中据以作《货殖传》，故《齐民要术·货殖》篇虽称引自《汉书·货殖传》，实际上引自《史记·货殖列传》。参见缪启愉校释《齐民要术校释》，农业出版社1982年版，第352页。

中有关农产品进入商品流通领域增值的言论及关于商品经营原则、分析资本和利息关系等的内容来表达自己的主张。他对桑弘羊的均输政策也加以称赞，认为这是“益国利民，不朽之术”①。

司马迁写《史记·货殖列传》就是为富商大贾立传，其中比较系统地总结了以陶朱公和白圭为代表的古代商人的经营管理经验和经营特点。司马迁认为这些富商大贾都是贤人、智者，都是凭借自己的经营而致富的。他们在工商业经营上都有丰富的经验，为其立传就是要将其经验保存下来，“令后世得以观择焉”②，使“智者有采焉”③。贾思勰在这里引用的几乎全是关于农、林、牧、副、渔的生产交易的内容。在他看来，致富的途径多种多样，可以养马、牛、羊、鱼等，可以种植枣、栗、橘、楸、漆、竹等，也可以栽桑种麻、种姜等，还可以从事五谷、木材、布帛、猪、牛、羊、铜器、铁器的买卖等。在这里，丝毫看不到贾思勰对商业的轻视否定之意。

贾思勰在《齐民要术》序中还记录了 18 位古人的事迹，其中使末业成为“贫者之资”的有 9 人，可分为三类：一是在他看来制定和推行了较好的商业措施而保护了农民利益者，二是通过商品生产发家致富者，三是引导农民从事一点儿商品生产的地方官。贾思勰对他们的事迹都给予了赞扬，这也可反映贾思勰对商业的态度。④

总之，通过《齐民要术》一书中关于农、林、牧、副、渔各业的产品进入市场流通并获利的论述，可以清楚地看到贾思勰强烈的求

① 北魏·贾思勰《齐民要术·序》。

② 《史记》卷一二九《货殖列传》。

③ 《史记》卷一三〇《太史公自序》。

④ 参见蒋福亚《〈齐民要术〉所见农民和市场的关系》，载《首都师范大学学报》2002 年第 2 期。

利精神。需要说明的是,贾思勰关于通过农业经营来求利的思想,实际上是《管子》思想的进一步发展,是当时农业商品经济成分增加的一种反映,表明了中国的地主经济与西欧阔绰的“消费现成的东西”的典型领主经济有着一定的差异,商品交换对于中国地主制经济来说,并非单单为了享受,更是为了追求交换价值的财富增值。①

对于贾思勰思想中农本与求利的矛盾,学术界有的认为其中商贾买卖的资料是后人补入的;有的认为贾思勰反对的只是专门以经商为业、脱离生产的经济活动,对农家以生产为基础的商业活动并不反对;有的认为贾思勰官僚知识分子和经营地主的双重身份决定了这种矛盾的存在,农本思想是从国家宏观经济管理的角度考虑的,“求利”则是从个体农民经营的角度出发的,二者是一种互补的关系,共同构成了贾思勰的经营思想。② 以上探讨都只是从贾思勰本身出发对这一问题进行讨论,而没有将贾思勰经营思想的矛盾放到更为广阔的齐鲁文化背景下进行考虑。

前文已经论述了魏晋南北朝时期齐鲁文化风俗的演变,这期间齐人逐利的性格正在被改造,但尚未实现从“青齐”到“邹鲁”的完全转变。贾思勰的籍贯是山东寿光,又长期在青齐地区任职,可以说是一个典型的齐人。齐地的风俗民情和齐人的性格在他身上不能不有所体现。贾思勰经营思想中存在的农本和求利思想的矛盾正是这一时期齐人性格的反映,是魏晋南北朝时期齐人逐利性格正在被改造这一过程的反映。

---

① 参见李伯齐等《齐鲁文化通史·魏晋南北朝卷》,中华书局2004年版,第677页。

② 参见郭文韬等《贾思勰王祯评传》,南京大学出版社2001年版,第74~80页。

（三）贾思勰的商业经营思想[①]

由于贾思勰有着强烈的求利思想，所以商业经营技巧势必成为其在《齐民要术》中重点论述的内容。具体来说，主要表现在以下几个方面：

第一，重视市场条件。

《齐民要术》中记述的要出卖的农产品不仅仅是家庭消费的剩余农产品，而且有为专门出卖而生产的产品，如蔬菜、木材、水果、家禽、牲畜等。贾思勰在讲到蔓菁的种植时，要求生产者首先要明确自己的生产目的，并根据生产目的来选择品种。如果为了出卖，就种“九英”，因为这个品种根叶粗大，产量高，容易出卖，价格可能也高，获利多。但是，九英“气味不美”，不好吃，如果只是自己家中吃，“须种细根”[②]。榆树也有不同品种，选择什么品种要根据拟提供的商品种类来确定。如果是为了卖荚、叶或做椽子卖，可种凡榆；如果是为了制作成器物出售，则种荚榆。这表明贾思勰已经能够认识到商品生产必须重视市场条件，最主要的就是要注意看生产的商品是否具有市场，如果没有销路，也就谈不上获利了。

在讨论商品销售问题时，贾思勰已经认识到市场是发展商品生产的必要条件。他特别强调“地须近市”，要在“近州郡都邑有市之处”、“近市良田”、“近市负郭田”、“负郭良田”等地方进行生产。葵、榆荚和榆叶等蔬菜都是市民日常消费量很大的商品，在当时的条件下不易储存，也不宜长途运输，所以这类商品的生产地与销售地要尽量接近。对于榆树等，除了销售榆荚和榆叶方便外，出售木材和相关器物时都可以节省运费，降低成本，从而获得最大收益。

① 本节参考路兆丰《中国古代农书的经济思想》，新华出版社1991年版，第52～55页。

② 北魏·贾思勰《齐民要术·蔓菁第十八》。

第二,关注生产的季节性、延续性与销售收入。

农作物有明显的季节性与生长期,可以分期、分批向市场提供不同商品。冬天种的葵在第二年三月初就可以选择其中的大棵出卖,进入四月则日日剪卖,八月留作秋菜,九月"指地卖",即估计土地上菜的产量,按面积整体出卖。种榆树到第三年春天开始卖荚和叶,五年后可以将其砍伐卖椽子,十年后可作器皿卖,十五年后制成车毂和蒲桃瓮卖。这表明贾思勰已经认识到不同品种作物生长的特点,注意到市场需求问题,并把二者结合起来考察。这样有利于保持经常性收入和获得较多收入。

第三,注重投资效益及经济核算。

一切商品生产活动都是为了增加收入,因此,追求最大效益是投资规划的目标与最重要的原则,按这些原则进行规划,有利于发展生产,最终实现致富的目标。《齐民要术》中对于种柳和养鱼的投资和收入有精确的计算:

> 下田停水之处,不得五谷者,可以种柳。……少枝长疾,三岁成椽。比如余木,虽微脆,亦足堪事。一亩二千一百六十根,三十亩六万四千八百根。根直八钱,合收钱五十一万八千四百文。百树得柴一载,合柴六百四十八载。载直钱一百文,柴合收钱六万四千八百文。都合收钱五十八万三千二百文。岁种三十亩,三年种九十亩;岁卖三十亩,终岁无穷。①
>
> 以六亩地为池,池中有九洲。求怀子鲤鱼长三尺者二十头,牡鲤鱼长三尺者四头,以二月上庚日内池中,令水无声,鱼必生。……至来年二月,得鲤鱼长一尺者一万五千枚,三尺者四万五千枚,二尺者万枚。枚直五十,得钱一百二十五万。至

① 北魏·贾思勰《齐民要术·种槐、柳、楸、梓、梧、柞第五十》。

明年，得长一尺者十万枚，长二尺者五万枚，长三尺者五万枚，长四尺者四万枚。留长二尺者二千枚作种。所余皆货，得钱五百一十五万钱。候至明年，不可胜计也。①

对于农业经济核算，《汜胜之书》就记载了生产瓠的投入、产出与剩余利润的核算，但是成本项目只计算了蚕矢、牛耕、功力，没有计入种子、农具折旧等因素。收入项目也只考虑了货币收入，没有计入副产品实物收入。《齐民要术》继承了《汜胜之书》的经济核算思想，并有所发展。首先，推广应用经济核算于蔬菜、染料、作物、林木、渔、畜等多种生产的经济收入。其次，增加了经济核算的内容，主要有：(1)注意收入的累计、近期收入与远景收入，并突出了蔬菜、林木、染料作物等业收入与谷田收入的比较，如种葵三十亩胜过十顷谷田，种榆"比之谷田，劳逸万倍"②等。(2)重视减少生产成本中的劳动费用开支。《齐民要术》把减少雇佣劳动的货币支出作为增加雇主盈利的重要手段和方法。如榆树生长成材，每年都需要修剪，需要雇人，就可以采用"指柴雇人"的方式，即用临时雇工修整树型，修剪下来的树枝是薪柴，每十捆雇一个无业的人。这是利用廉价劳动力以减少生产成本费用和货币支出。再如采摘红蓝花，每个雇工可获得采摘量的一半，"中半分取"，也可减少劳动费用的开支。(3)把销售费用合理地摊入商品生产成本之中加以核算。如为种葵的菜园要配备"一乘车牛专供此园"，从种植、管理到卖菜，一年没有空闲，充分发挥了人、牛、车各生产要素的作用。从成本项目考察，人、牛、车辆的耗费中有的就属于销售运输费用，也是商品销售成本的内容。(4)注重适度规模经营。为

① 北魏·贾思勰《齐民要术·养鱼第六十一》。
② 北魏·贾思勰《齐民要术·种榆、白杨第四十六》。

取得最佳经济效益，贾思勰从农业经营“顺天时，量地利，则用力少而成功多。任情返道，劳而无获”①的原则出发，主张量力而行。如种一顷花、一顷榆或三十亩葵都有可观的收入，都比种谷获利多，但也不是越多越好，像“单夫只妇”之家，种一顷红蓝花就必须适当配备人力，因为这种花花期短，并且要求在清晨露水未干前采摘，而“一顷花，日须百人摘，以一家手力，十不充一”，必须要使用雇佣劳动力，“驾车地头，每旦当有小儿僮女十百为群，自来分摘，正须平量，中半分取”②，这样“单夫只妇”才能从种花一顷中多获利。

第四，注重农产品的加工增值。

根据《齐民要术》的叙述，种榆已经获利很多，如果将榆木制成各种器物，则“其利十倍”；“种蓝十亩，敌谷田一顷。能自染青者，其利又倍矣”③。这表明贾思勰不仅注意到种榆、种蓝之利，并提倡用榆木制成器物、种蓝“自染青”，或对农产品原料进行加工，或发展家庭副业，从而多获利。《齐民要术》提倡发展农产原料加工业和农业商品经济，用实例指明了发展农产原料加工是发展商品经济、增加积累、加速致富的重要途径。

第五，观察与预测价格变化的规律。

《齐民要术·杂说》篇称：

> 凡籴五谷、菜子，皆须初熟日籴，将种时粜，收利必倍。凡冬籴豆、谷，至夏秋初雨潦之时粜之，价亦倍矣。盖自然之数。

粮食生产是农业生产的主导部门，农业所能提供的产品也以粮食为主。因此，贾思勰在观察农产品价格及其变动时，首先注意粮食的季节性差价及其升降的规律（即“自然之数”），主张在收获季节

① 北魏·贾思勰《齐民要术·种谷第三》。

② 北魏·贾思勰《齐民要术·种红蓝花、栀子第五十二》。

③ 北魏·贾思勰《齐民要术·种蓝第五十三》。

购进五谷、菜子,因为这时粮食刚刚上市,供应充足,价格较低,到了播种时,市场需求量大,价格必然上涨,这时将储存下来的五谷、菜子出售,一定可获大利。贾思勰还观察到收成丰歉必然影响谷物及其他物品的价格,所以说"力田不如逢年,丰者尤宜多粜"①,"虫食杏者麦贵"②,就是要人们抓住价格最便宜时大量买进谷物,到价格高时出售,利用一切可能利用的价格变动追求盈利。这些都表明了贾思勰重视行情变化,并企图探索、预知与掌握行情变化的愿望。

贾思勰对商人在关注市场行情时自身需要具备的素质也有论述。《齐民要术·货殖》篇引用白圭的话说:"趣时若猛兽鸷鸟之发。故曰:吾治生犹伊尹、吕尚之谋,孙吴用兵,商鞅行法是也。"这种认识与当前"商场即战场"的说法不谋而合,都是要求商人经营时要有计谋,不能蛮干,在看准时机后,要当机立断,不能犹豫不决。

三、《张丘建算经》的商业意识

《张丘建算经》,清人修《四库全书》时,避孔丘讳,改"丘"为"邱",后来各版本多因之。作者张丘建,生平事迹无考。关于其籍贯,线索有二:一是该书自序最后题款为"清河张丘建",一是北宋大观时封其为"信成男"。北魏时有两个清河郡:一为司州清河,汉初即设置,郡址在今山东临清县东北;一为齐州清河,亦称东清河,郡址在今山东淄博西南。另北宋时祀封古代著名数学家,有案可查的均按其郡望册封,也就是说张丘建的"信成"封号就是其郡望。

---

① 北魏·贾思勰《齐民要术·杂说第三十》。
② 北魏·贾思勰《齐民要术·大小麦第十》。

信成是汉代清河郡的属县,地点与司州清河相近,由此可确定张丘建是山东人。①

至于《张丘建算经》的成书年代,学术界有不同的观点。一种观点以钱宝琮为代表,认为其编写年代在466～485年之间;②另一种观点认为其成书于431～450年之间,即北魏早期。③ 本书采用后者。

中国传统数学的发展往往与社会经济的发展密切相关,《张丘建算经》也不例外。该书中保存了不少包括商品经济在内的社会经济史料。从张丘建的题款只有地名而没有官衔推测,其生前可能只是一介布衣,活动范围也不会太广,故其中涉及的一些商品经济活动现象可视作魏晋南北朝时山东地区商品经济的例证。

《张丘建算经》中的许多问题是日常商品交换或其他商业活动中需要解决的问题,如生产加工方面:

> 今有绢一匹买紫草三十斤,染绢二丈五尺。今有绢七匹,欲减买紫草,还自染余绢。问减绢、买紫草各几何?④
>
> 今有铁十斤,一经入炉得七斤。今有铁三经入炉,得七十九斤一十一两,问未入炉本铁几何?⑤

市场交易方面:

> 今有丝一斤八两直绢一匹。今持丝一斤,裨钱五十,得绢

---

① 参见刘钝《提出百鸡问题的张丘建》,载许义夫等主编《山东古代科学家》,山东教育出版社1992年版,第200～201页。

② 参见钱宝琮《张邱建算经提要》,载其校点《算经十书》下册,中华书局1963年版,第325～327页。

③ 参见冯立升《张邱建算经的成书年代问题》,载李迪主编《数学史研究文集》第1辑,内蒙古大学出版社等1990年版,第48页。

④ 北魏·张丘建《张丘建算经》卷上。

⑤ 北魏·张丘建《张丘建算经》卷上。

三丈。今有钱一千,问得绢几何?①

今有清酒一斗直粟十斗,醑酒一斗直粟三斗。今持粟三斛,得酒五斗。问清、醑酒各几何?②

今有鸡翁一直钱五,鸡母一直钱三,鸡雏三直钱一。凡百钱买鸡百只,问鸡翁、母、雏各几何?③

商业借贷及赢利分成等方面:

今有甲贷乙绢三匹,约限至不还,匹日息三尺。今过限七日,取绢二匹,偿钱三百。问一匹直钱几何?④

今有人持钱之洛贾,利五二。初返归一万六千,第二返归一万七千,第三返归一万八千,第四返归一万九千,第五返归二万。凡五返归,本利俱尽。问本钱几何?⑤

今有甲持钱二十,乙持钱五十,丙持钱四十,丁持钱三十,戊持钱六十。凡五人合本治生,得利二万五千六百三十五。欲以本钱多少分之,问各人得几何?⑥

学术界认为,《张丘建算经》是《九章算术》之后的一部有突出成就的数学著作,在最大公约数与最小公倍数、等差数列、不定方程等方面超过了《九章算术》的水平⑦,可以说是代表了中国古代数学发展的新高度。而张丘建将这些数学方面的新成果、新方法运用到了日常商品经济生活中,从一个侧面反映了张丘建对商品经济

① 北魏·张丘建《张丘建算经》卷上。
② 北魏·张丘建《张丘建算经》卷中。
③ 北魏·张丘建《张丘建算经》卷下。
④ 北魏·张丘建《张丘建算经》卷上。
⑤ 北魏·张丘建《张丘建算经》卷中。
⑥ 北魏·张丘建《张丘建算经》卷下。
⑦ 参见中外数学简史编写组《中国数学简史》,山东教育出版社 1986 年版,第 189 页。

的重视，这在商品经济发展相对滞缓的北魏前期尤其难能可贵。

四、颜之推的商业思想

图1－10　清罗聘绘颜之推像（采自华人德主编《中国历代人物图像集》，上海古籍出版社2004年版）

颜之推（531～?），字介，琅邪临沂（今山东临沂）人。南北朝时期杰出的思想家、文学家、教育家。（图1－10）梁元帝时，官至散骑侍郎。梁亡后，不愿为西魏臣属，奔北齐，为黄门侍郎。北齐亡后入周，为御史上士。隋文帝时，被太子召为学士。他一生中“三为亡国之人”，经历了南北朝时期的社会大动乱，行踪遍及江南、河北、关中，又去世于南北统一之后的隋朝开皇年间，享年60余岁，经验和阅历都比较丰富。

颜之推亲眼目睹了当时士大夫子弟的无能及士族教育的腐败，主张对教育进行改革，认为只有这样才能为国家培养有用的人才。大约入隋以后，他开始全力进行著述，将自己的亲身见闻及修身、治家、处世、为学等的道理，写成《颜氏家训》一书，以“整齐门内，提撕子孙”①。该书内容驳杂，从琐碎家事，谈及社会人生；从修身治家，讲到音韵、训诂。书中思想并不统一，有时让儿孙信佛，有时则让儿孙读经，但基本方面仍是以儒家正统思想讲说人生经验及立身处世之道。

颜之推的家庭教育思想非常注重实用性。他要求子弟学习以

① 北齐·颜之推《颜氏家训》卷一《序致》。

儒家经典为主,兼及各家之言,即“明六经之指,涉百家之书”,注意实用知识的学习。他认为学习应该以读书为主,但又要注意工农商贾等各种技艺和知识的学习,主张“学贵能行”,反对空谈高论,不务实际。他教育子弟要勤学守行,应世经务,成为一个厚重、勤勉、博学、多能、务实、学以致用的人才。在相关论述中,颜之推也阐发了自己对商业、商人及消费和财富等方面的认识,具体来说,有以下几个方面:

第一,对商业和商人的认识。

颜之推对于商业和商人的认识仍是以传统的本末思想为基础的。他强调要“务本”,认为“生民之本,要当稼穑而食,桑麻以衣”[①],并详细论述说:

> 古人欲知稼穑之艰难,斯盖贵谷务本之道也。夫食为民天,民非食不生矣,三日不粒,父子不能相存。耕种之,茠鉏之,刈穫之,载积之,打拂之,簸扬之,凡几涉手,而入仓廪,安可轻农事而贵末业哉?[②]

颜之推虽然主张重本抑末,强调农业在维护社会安定和促进社会发展方面的重要意义,但他并不因此忽视其他行业的作用。他将农、工、商等各行各业都视为社会的一个组成部分,主张要百业并举,不能偏废其一。他说:

> 人生在世,会当有业:农民则计量耕稼,商贾则讨论货贿,工巧则致精器用,伎艺则沉思法术,武夫则惯习弓马,文士则讲议经书。[③]

颜之推强调了商人在商品流通方面的意义,并将之与读书人(士)、

① 北齐·颜之推《颜氏家训》卷一《治家》。
② 北齐·颜之推《颜氏家训》卷四《涉务》。
③ 北齐·颜之推《颜氏家训》卷三《勉学》。

农民等并列。他还说:“爰及农商工贾,斯役奴隶,钓鱼屠肉,饭牛牧羊,皆有先达,可为师表,博学求之,无不利于事也。”[①]颜之推主张人应从事业发展需要出发,广泛学习,甚至要向包括商人在内的各行各业的人学习,每一行业都有德行学问上可为前辈或先生的人,可以作为学习的榜样。如果不了解和学习某行业的技巧和规矩,即使很简单的事情,也未必能做得恰到好处,以至于当时在邺下流传着这样一句谚语:“博士买驴,书券三纸,未有驴字”[②]。

颜之推对于商人汲汲于利表示出不屑之意,这通过他对当时婚姻论财的批评可以清楚地看到:

> 婚姻素对,靖侯成规。近世嫁娶,遂有卖女纳财,买妇输绢,比量父祖,计较锱铢,责多还少,市井无异。或猥婿在门,或傲妇擅室,贪荣求利,反招羞耻,可不慎欤![③]

颜之推对市井商人“计较锱铢,责多还少”的行为表示出一定的轻视。在面对国家财政困难时,他首先想到的就是征收市税,仍然是出于重农抑商的考虑。北齐武平六年(575)以前,北齐不征市税,但到这时,由于“权幸并进,赐与无限,加之旱蝗,国用转屈”,国家本来是要“料境内六等富人,调令出钱”,时任给事黄门侍郎的颜之推建议“立关市邸店之税”[④],“税关市,舟车、山泽、盐铁、店肆,轻重各有差”[⑤],市税与关税及其他税一起恢复,“以其所入,以供御府声色之费”[⑥]。时经两年,殚尽了人力和物力,北齐政权随之垮台。

---

① 北齐·颜之推《颜氏家训》卷三《勉学》。
② 北齐·颜之推《颜氏家训》卷三《勉学》。
③ 北齐·颜之推《颜氏家训》卷一《治家》。
④ 《隋书》卷二四《食货志》。
⑤ 《北齐书》卷八《后主纪》。
⑥ 《隋书》卷二四《食货志》。

第二,“躬俭节用”、“少欲知足”的消费观。

《大学》称“家齐而后国治,国治而后天下平”,可见“齐家”的重要性。恰当地处理家庭消费是齐家的重要内容,作为古代家训的重要代表作的《颜氏家训》对于家庭消费也有不少论述,核心就是“躬俭节用”,“少欲知足”。

颜之推推崇自给自足的自然经济消费观,他说:

> 生民之本,要当稼穑而食,桑麻以衣。蔬果之畜,园场之所产;鸡豚之善,埘圈之所生。爰及栋宇器械,樵苏脂烛,莫非种殖之物也。至能守其业者,闭门而为生之具以足,但家无盐井耳。①

除了盐井外,颜之推认为一个家庭完全能够自给自足。他还说:“今北土风俗,率能躬俭节用,以赡衣食;江南奢侈,多不逮焉。”②“奢则不孙,俭则固;与其不孙也,宁固。”③

总之,颜之推提倡一种“躬俭节用”的消费方式。他还告诫人们:“宇宙可臻其极,情性不知其穷,唯在少欲知足,为立涯限尔。”④人只有“少欲知足”,才能确保文明、健康的消费方式。他制定了一个家庭消费的标准:

> 人生衣趣以覆寒露,食趣以塞饥乏耳。形骸之内,尚不得奢靡,己身之外,而欲穷骄泰邪?周穆王、秦始皇、汉武帝,富有四海,贵为天子,不知纪极,犹自败累,况士庶乎?常以二十口家,奴婢盛多,不可出二十人,良田十顷,堂室才蔽风雨,车马仅代杖策,蓄财数万,以拟吉凶急速,不啻此者,以义散之;

---

① 北齐·颜之推《颜氏家训》卷一《治家》。
② 北齐·颜之推《颜氏家训》卷一《治家》。
③ 北齐·颜之推《颜氏家训》卷一《治家》。
④ 北齐·颜之推《颜氏家训》卷五《止足》。

不至此者,勿非道求之。[1]

颜之推认为家庭消费要满足于生存需要,对于社会上"饮食运为,恣其所欲"的现象,应该"以礼节之"[2]。这个"礼"就是颜之推的标准,对于一般人家来说,"礼"就是满足基本生存需要。

第三,"施而不奢,俭而不吝"的财富观。

颜之推主张节俭,但不主张做守财奴,而是主张"施而不奢,俭而不吝"的财富观。他说:

> (孔子)云:"如有周公之才之美,使骄且吝,其余不足观也已。"然则可俭而不可吝已。俭者,省约为礼之谓也;吝者,穷急不恤之谓也。今有施则奢,俭则吝;如能施而不奢,俭而不吝。[3]

颜之推认为节俭是合乎礼的做法,而对穷困急难的人也不关照救济,那就是吝啬,是不对的。肯施舍的人容易流于奢侈,能节俭的人容易陷入吝啬,都是治家存在的毛病。如果能做到肯施舍而不奢侈,能节俭而不吝啬,那就可以了。

颜之推特别推崇那些"贵义轻财,少私寡欲,忌盈恶满,赒穷恤贫"的古人,希望人们能效仿他们,做到"积而能散"[4]。他说:"山巨源以蓄积取讥,背多藏厚亡之文也。"[5]就是说,人因贪吝大肆聚敛财富,就违背了老子"多藏厚亡"的古训。颜之推还用具体的事例对此加以说明:

> 邺下有一领军,贪积已甚,家童八百,誓满一千;朝夕每人

① 北齐·颜之推《颜氏家训》卷五《止足》。
② 北齐·颜之推《颜氏家训》卷一《教子》。
③ 北齐·颜之推《颜氏家训》卷一《治家》。
④ 北齐·颜之推《颜氏家训》卷三《勉学》。
⑤ 北齐·颜之推《颜氏家训》卷三《勉学》。

肴膳，以十五钱为率，遇有客旅，更无以兼。后坐事伏法，籍其家产，麻鞋一屋，弊衣数库，其余财宝，不可胜言。[1]

南阳有人，为生奥博，性殊俭吝，冬至后女婿谒之，乃设一铜瓯酒，数脔麞肉；婿恨其单率，一举尽之。主人愕然，俯仰命益，如此者再；退而责其女曰："某郎好酒，故汝常贫。"及其死后，诸子争财，兄遂杀弟。[2]

总之，颜之推的思想属于儒家的传统思想，他虽然意识到了商人及商业的地位和作用，但其商业思想的基础仍然是传统的农本商末论，无论其"立关市邸店之税"的主张，还是"躬俭节用"的消费观在一定程度上都是不利于商品经济发展的。在财富观上，其"贵义轻财"的主张是对儒家义利观的继承，是中国传统商业伦理的精华所在。

① 北齐·颜之推《颜氏家训》卷一《治家》。
② 北齐·颜之推《颜氏家训》卷一《治家》。

第二章　隋唐五代时期齐鲁商贾传统的平缓发展

隋唐五代时期齐鲁商贾传统的发展是在当时商品经济和商业思想发展的经济环境中实现的，同时又深受山东社会文化的影响。这使其表现出明显的时代特征和区域特征，具体表现在：

第一，从隋唐五代时期商品经济在中国商品经济发展史上的地位来看，它是魏晋南北朝时期商品经济萎缩后复兴的开始，虽然在许多方面超过了前代，整个趋势是上升的，但仍受到自然经济和国家政权的重重束缚，不宜估计过高。[①] 从隋唐五代时期山东地区的商品经济在全国的地位来看，相对落后，发展不快，没有显著的变化[②]。以上两个方面决定了隋唐五代时期的齐鲁商贾传统只是较为魏晋南北朝时期有所发展，但隋唐五代时期的齐鲁商人及其经营管理总体上稍嫌平庸，没有涌现出如河东裴明礼、陕西窦乂、长安宋清等那样具有杰出经营才能的卓越商人。

---

① 参见冻国栋《唐代的商品经济与经营管理》，武汉大学出版社 1990 年版，第 93 ~ 104 页。

② 参见吴慧主编《中国商业通史》第 2 卷，中国财政经济出版社 2006 年版，第 44 页。

第二,这一时期山东地区的民风习俗给齐鲁商贾传统打上了深深的烙印,崇尚侠义和待客热诚之风使重信义、轻财利、热诚经营等都成为齐鲁商人的经营规范和优良传统,对于齐鲁商人经营伦理的发展具有重要意义。

第三,商人阶层出于追求财富的目的,其宗教信仰较之其他群体的信仰更显功利色彩。隋唐五代时期齐鲁商人对道教的信仰较多的是出于求财的目的,对佛教的信仰则主要受制于其因果报应观念,对海神等的信仰则是为了保佑自己出海贸易的平安。

第四,商业思想上,在唐前期,由于商品经济和工商业的发展及商业在社会经济生活中地位的提高,支持商业自由发展的主张占据主流;唐中期以后,由于国家财政问题日益突出,传统的轻重论逐渐抬头,曹州人刘晏成为唐代轻重论的重要代表人物,并为传统轻重论的发展作出了重要贡献,其推行的“官商分利”的禁榷制度对后世的工商业政策产生了巨大和深远的影响。

本章即首先从隋唐五代时期山东商品经济的发展和民俗风尚两个方面探讨当时齐鲁商贾传统发展的社会环境,接下来讨论隋唐五代时期齐鲁商人的经营及宗教信仰,最后论述隋唐五代时期山东地区政治家的商业思想。

第一节　隋唐五代时期山东商品经济的发展[①]

隋唐五代时期,山东地区的农业、手工业、商业和交通业等都

① 本节关于隋唐五代时期山东商品经济发展的论述,主要参考陈冬生、王赛时主编的《山东经济史·古代卷》(济南出版社 1998 年版)和高凤林的《山东通史·隋唐五代卷》(山东人民出版社 1994 年版)写成。

有新的发展，在唐前期还出现了极为繁荣的局面，但在发展的过程中也表现出曲折性和不平衡性。曲折性主要表现在：和平、统一时期发展迅速，战乱、分裂时期发展缓慢，甚至遭到破坏。隋文帝统治时，由于全国统一和平局面的出现，加上统治者较好地实行了均田制和减轻赋役等措施，山东地区的社会经济同全国其它地区一样，得到了较快的恢复和发展。隋朝末年，由于隋炀帝的残暴统治和农民起义的发生，山东地区的社会经济遭到严重破坏，直到唐贞观年间还是“自伊、洛以东，暨乎海岱，灌莽巨泽，苍茫千里，人烟断绝，鸡犬不闻，道路萧条”①。唐贞观至开元年间，由于社会稳定，统治者重视经济发展，注意轻徭薄赋，山东经济得到全面恢复，并迅速发展，物价普遍降低，人口也显著增加，到天宝年间，山东人口发展到约120万户，800万人，约占全国总数的16%。山东地区成为全国主要的赋税来源区之一。到唐后期和五代时，山东地区又陷入藩镇长期争战的局面，经济发展的速度有所减缓，但与唐前期相比，社会经济还是有所发展，尤其是商业有较明显发展。不平衡性主要表现在：东部地区仍落后于西部地区。以青州为界，青州以西相对发达，青州以东相对落后。这在人口数量差别方面表现得尤为明显。如天宝时西部的曹州有人口716848，兖州有人口580608，齐州有人口365972，博州有人口408252，德州有人口659855，青州有人口402704；而东部的莱州仅有人口171516，登州仅有人口108900②，在各州中人口最少。二州人口之和也不及西部发达州的一半。

① 《旧唐书》卷七一《魏徵传》。

② 参见翁俊雄《唐朝鼎盛时期政区与人口》，首都师范大学出版社1995年版，第198～199页。

一、隋唐五代时期山东农业的发展及农产品的商品化

隋唐五代时期，除隋末农民起义、安史之乱和唐末五代等个别时期外，山东地区局势相对安定，农业得到了迅猛发展，到处呈现出一派兴旺繁荣的景象。各州县都努力发展农业生产，地无荒田，人无闲惰。如任城（今山东济宁）一带，“耒耜就役，农无游手之夫”①。郓州（治今山东东平西北）“有邹人之风以厚俗，有汶阳之田以富农”②。不少地方官都积极劝民耕桑。约唐高宗时，崔无竞任兖州博城（治今山东泰安东南）县令后，“权豪慑服，僚友肃清。伐棘申威，鞭蒲示惠。农桑日给，迈少卿之带牛”③。唐前期，李仁任淄州高苑县令，“相宜通变，博利丰财”，“劝农桑之业，塞浮惰之源，变斥卤于膏腴，化畋渔于纺绩”④。青州始终是农业发展的先进区域，李少康任青州刺史时，“宣明教化，饬行率先，使刺绣倚市者，悉返耕织。于是贪者廉，善者劝，海滨之俗，变至邹鲁”⑤。

这一时期山东地区农田水利的发展为农业的发展奠定了坚实基础。首先，各地新修了大量水利工程。隋朝时，兖州刺史薛胄在城东沂、泗二水合而南流形成的大泽中修建了“薛公丰兖渠”，以土石为堤坝，迫使水流西走，“陂泽尽为良田”⑥。沂州丞县（今山东

① 唐·李白《李太白全集》卷二八《任城县厅壁记》。

② 唐·王维撰，陈铁民校注《王维集校注》卷一一《送郓州须昌冯少府赴任序》，中华书局1997年版，第1074页。

③ 《唐故奉议郎行兖州博城县令崔君（无竞）墓志铭》，载吴钢主编《全唐文补遗（千唐志斋新藏专辑）》，三秦出版社2006年版，第68页。

④ 《唐李明府德政碑》，载陈尚君辑校《全唐文补编》卷一四六，中华书局2005年版，第1770页。

⑤ 唐·独孤及《唐故睢阳太守赠秘书监李公神道碑铭》，载《全唐文》卷三九〇。

⑥ 《隋书》卷五六《薛胄传》。

枣庄)自贞观年间开始,相继开凿了陂塘13处,蓄水灌田。贞观十年(636),即墨县令仇源于该县东南修筑堤堰,以防淮涉水泛滥,民受其利。长安(701~704)中,北海(治今山东潍坊)县令窦琰于境内开“窦公渠”,引白浪河水灌田,曲经30余里。开元六年(718),莱芜令赵建盛于县西北15里开“普济渠“引水灌田。唐前期在诸城修筑的潍水故堰,蓄水为塘,方20里,灌田万顷。高密夷安泽东西百余里,经修水渠、陂塘后,灌田万顷,民赖其利。其次,治理黄河。经过山东人民的努力,许多黄河险段及泛洪区得到治理,农业生产获得保障。最著名的是济州大堤的兴建。开元十三年(725),裴耀卿出任济州刺史。裴耀卿针对横贯州境的黄河经常泛滥成灾的情况,组织大批民众,对泛区进行彻底治理。据王维《裴仆射济州遗爱碑》记载,当时“天灾流行,河水决溢”,济州一带“高岸崒以云断,平郊豁其地裂。喷薄雷吼,冲融天回。百姓巢居,泉客有其家室;五稼波殄,沼毛荒于畎亩”。裴耀卿在这种困难局面下,“急人之虞”,决心建造护河大堤,几年之间,调集民力,“至则平板榦,具糇粮,揆形略趾,量功命日……然后下密揵,搴长茭,土篑云积,金锤电散。公亲巡而抚之,慰而勉之,千夫毕饭,始就饮食;一人未息,不归蘧庐”。经过努力,济州大堤屹立延伸于黄河之北,护住了济州全境,“成之不日,金堤峨峨,下截重泉,上可方轨”。这项水利工程完工后,济州一带黄河水灾得以控制,原来的一些黄泛区由此改为良田,“北河回其竹箭,东郡郁为桑田”[①]。

隋唐五代时山东的农业仍以粮食种植为主,其中谷、粟、小麦、水稻和豆类等的种植极为普遍。据圆仁的《入唐求法巡礼行记》,

① 唐·王维撰,陈铁民校注《王维集校注》卷九《裴仆射济州遗爱碑》,中华书局1997年版,第777~778页。

东至海滨，西至临清，各州县的农作物中都有谷、小麦和豆类。需要说明的是，这一时期山东的水稻生产有了很大发展。济南附近由于水田增多，“负郭喜（一作“皆”）杭稻，安时歌吉祥”①；辅唐县（今山东安丘）有浯水堰，《三齐记》称其能“灌田数万顷”，到元和时“尚有余堰，而稻田畦畛存焉”②，可见稻的种植比较兴盛。圆仁《入唐求法巡礼行记》卷二称“青州以来诸处，近三四年有蝗虫灾，吃却谷稻”，说明当时青州地区谷子与水稻都是间种并植。

隋唐五代时，山东的粮食产量大幅度提高，不但丰年有余，而且荒年有备。路过山东的游客行旅也能够得到比较便宜甚至免费的餐饮供应。贞观年间，“自山东至于沧海，皆不赍粮，取给于路。入山东村落，行客经过者，必厚加供待，或发时有赠遗。此皆古昔未有也”③。到开元时，山东的粮食价格降至全国最低，百姓富足，路有遗粟。据《新唐书·食货志》，“是时，海内富实，米斗之价钱十三，青、齐间斗才三钱，绢一匹钱二百。道路列肆，具酒食以待行人”。直到开元十三年（725），山东地区仍然保持着全国最低的粮价指数，“青、齐谷斗至五文，自后天下无贵物”④。山东地区的粮食还大量输出，像济州粮产丰足，不但满足自己需要，而且可供应其他地区，史称“一郡之赋，再粒天下”⑤。

这一时期山东地区粮食的商品化有了很大发展。圆仁在《入唐求法巡礼行记》中记载了山东各地的粮食价格，说明各地都已经有了相当规模的粮食市场。如该书卷二记载开成五年（840），山东

① 唐·李邕《登历下古城员外孙新亭》，载《全唐诗》卷一一五。

② 唐·李吉甫《元和郡县图志》卷一二引。

③ 唐·吴兢《贞观政要》卷一。

④ 唐·杜佑《通典》卷七《食货典》。

⑤ 唐·王维撰，陈铁民校注《王维集校注》卷九《裴仆射济州遗爱碑》，中华书局1997年版，第771页。

登州(今蓬莱)的粮价是“粟米一斗三十文,粳米一斗七十文”;莱州的粮价是“粟米一斗五十文,粳米一斗九十文”;北海县的粮价是“米一斗六十文,又小豆一斗三十五文”;禹城县市“粟米一斗卌五文,粳米一斗百文,小豆一斗十五文,面七八十文”。

除粮食种植外,山东地区的林业、畜牧业和渔业生产都有长足进步。

在山东林业中,桑柘的栽培和套植始终占有较大比例。农民在种植粮食作物的同时,无不重视桑柘栽植,农桑二事一直是山东农业结构的主体。唐代山东各地桑柘繁茂,呈现出兴旺景象。这一点从唐人诗歌中可得到充分印证。苏颋说胶州、高密一带“落晖隐桑柘,秋原被花实”[①]。李端称“农桑连紫陌,分野入青州”[②]。李白称单县“秋山入远海,桑柘罗平芜”[③]。岑参称平原境内“鱼盐隘里巷,桑柘盈田畴”[④]。由上可看出,齐鲁大地从东到西到处都是农桑喜人的美丽田园。桑柘种植为养蚕业和丝织业的发展奠定了基础。

果木种植也有扩大的趋势。唐代山东出产的果品以枣、梨、杏、栗、柰为主,其中不乏全国知名的优良品种。

青州枣就享有盛名。沈佺期《夜泊越州逢北使》诗云“饥共噬齐枣,眠共席秦蒲”[⑤],可见齐地出产的枣远销到浙江一带,成为人们随身携带的用来充饥的食品。宋人唐慎微的《证类本草》卷二三还引唐人的话说枣“第一青州”。青州枣远销各地,人们在美食之

① 唐·苏颋《晓济胶川南入密界》,载《全唐诗》卷七三。
② 唐·李端《送陆郎中归田司空幕》,载《全唐诗》卷二八五。
③ 唐·李白《李太白全集》卷二一《登单父陶少府半月台》。
④ 唐·岑参《送颜平原》,载《全唐诗》卷一九八。
⑤ 《全唐诗》卷九五。

余，自然会设法引种这一优良品种。唐释道宣的《续高僧传·慧觉传》记载唐初并州（今山西太原）僧人慧觉，为来世往生西方净土，施造功德，曾“不远千里，青州取枣，于并城开义寺种之，行列千株”。慧觉舍近求远，不种安邑枣而种青州枣，大概就是因为安邑枣不如青州枣，害怕弥勒佛因此嫌其功德未足，不让他往生净土。

据《酉阳杂俎·续集》卷九，“曹州及扬州淮口出夏梨”。青州出产的水梨也很有名气，属于“应天下州县旧贡滋味食馔之物”，每年都要“取于民家”[①]，贡于朝廷。《酉阳杂俎·前集》卷一八记：“济南郡之东南有分流山，山上多杏，大如梨，色黄如橘，土人谓之汉帝杏，亦曰金杏。”这也是山东出产的稀有水果。山东中部地区的葡萄栽植已经形成规模，《酉阳杂俎·前集》卷一八记贝丘（在今山东博兴县南）之南“有蒲萄谷，谷中蒲萄，可就其所食之。或有取归者，即失道，世言王母蒲萄也。天宝中，沙门昙霄因游诸岳，至此谷，得蒲萄食之”。据《朝野佥载》卷三，贞观年间在顿丘县（治今河南清丰西南）发现了一种水果，“味状如柰，又似林檎多汁，异常酸美”，被命名为“朱柰”，德州（治今山东陵县）、贝州（治今河北清河县，其辖境除清河外，还包括山东临清、武城和夏津等）、博州（治今山东聊城）等处“取其枝接，所在丰足”。

山东还是药材的重要产地。农民在从事农桑生产之余，采种一些药材，以补贴家用。唐开元年间，王维任济州司仓参军，写有《济州过赵叟家宴》一诗，其中就称赵叟“荷锄修药圃，散帙曝农书”[②]。据《元和郡县图志》卷一〇，山东许多中药材都被列为重要的土贡物品，其中包括郓州、兖州、淄州和齐州的防风，曹州的葶苈

① 后周太祖《却诸道贡物诏》，载《全唐文》卷一二二。

② 唐·王维撰，陈铁民校注《王维集校注》卷一《济州过赵叟家宴》，中华书局1997年版，第55页。

和蛇床子，青州的红蓝、紫草，登州、莱州和密州的牛黄。《全唐文》卷一二四所载后周太祖的《赐青州敕》称青州所贡的药材还有红花和菜靛麻。宋人所修《证类本草》记载了唐五代时期山东各地出产的优质药材，如卷七引《唐本注》称防风“今出齐州龙山最善，淄州、兖州、青州者亦佳”；卷八引《唐本注》称黄芩出“兖州者大实，亦好”；卷一六引《唐本注》称牛黄“今出莱州、密州、淄州、青州”等地。①

山东地区的畜牧业作为广大农民的家庭副业也有不小进步，甚至出现了一些专业户。《旧唐书·杜伏威传》载：

> 杜伏威，齐州章丘人也。少落拓，不治产业，家贫无以自给，每穿窬为盗。与辅公祏为刎颈之交。公祏姑家以牧羊为业，公祏数攘羊以馈之。

上述齐州章丘辅公祏的姑家就是牧羊专业户，既然是“以牧羊为业”，那么所养之羊不应是自用，而主要是用以投入市场来赢利的。除羊外，养猪的数量也不少，“郓城县有一农家，豢豕十余头，时于陂泽间”②。五代时，“中原无主”，“沂、密之民被乱尤甚，不死于馁，即死于兵”，周世宗击败南唐后，山东地区局势逐渐稳定，密州莒(今山东莒县)人王琏“始去兵即农，厚自封植，僮奴数百指，奔走供事，树桑垦土，衣食以丰，马、牛、豚、羊蕃息蔽野”③，王琏家养的牲畜也相当可观。

山东的水产业和渔业颇为兴旺，其中淡水捕捞及海上捕捞均

① 《证类本草》系宋人唐慎微初修，原名《经史证类备急本草》，后多次补修。对书中所引《唐本注》，据考证，其应是后蜀时据《唐本草》修成的《蜀本草》，故其所记可反映唐五代时的情况。参见尚志钧《〈证类本草〉墨盖下“唐本”、“唐本注”讨论》，载尚志钧等校点《证类本草》附录，华夏出版社 1993 年版，第 39～40 页。

② 宋·李昉等编《太平广记》卷四七九《螽斯》。

③ 宋·王禹偁《小畜集》卷二九《累赠太子洗马王府君墓志铭》。

有较高产量。山东地区遍布着众多的河汉湖泊,淡水鱼蟹的产量相当可观。隋唐时期的山东还出现了狩猎和捕鱼专业户。隋末翟让所部义军就是由“齐济间渔猎之手”①组成,可知齐州、济州一带以渔猎为生者不在少数。《朝野佥载》卷四记“齐州有万顷陂,鱼鳖水族无所不有”。《酉阳杂俎·前集》卷一一称“历城北二里有莲子湖,周环二十里……渔船掩映,罟罾疏布,远望之者,若蛛网浮杯也”,可见济南一带有不少居民用网从事淡水捕捞。兖州东南与沂州交界处有一漏泽,每一两年水就漏一次,“村人闻之日,必具车乘及驴驼,竟拾其鱼鳖,辇载而归”②。长清县的淯沟泊“东西三十里,南北二十五里,水族生焉,数州取给”③,水产品产量较高。《太平广记》卷一三三《陈君棱》称“曹、宋二州西界有大鹤陂,陂左村人……捕鱼为业”。郓州境内水产丰足,“河鲂登俎”④。李白曾热情称赞过汶水流域“汶鱼紫锦鳞”⑤的水产资源。平原出产的河蟹是驰名天下的贡品,“平原郡贡糖蟹,采于河间界,每年生贡……一枚直百金,以毡密束于驿马,驰至京师”⑥。岑参也称赞平原一带“临东溟”,“鱼盐隘里巷”⑦。海产品中,登州和莱州出产的文蛤,密州出产的海蛤也都是每年上贡京师的物品。

① 唐·温大雅撰,李季平等点校《大唐创业起居注》卷二,上海古籍出版社 1983 年版,第 24 页。

② 宋·李昉等编《太平广记》卷三九九《漏泽》。

③ 唐·李吉甫《元和郡县图志》卷一〇。

④ 唐·王维撰,陈铁民校注《王维集校注》卷一一《送郓州须昌冯少府赴任序》,中华书局 1997 年版,第 1074 页。

⑤ 唐·李白《李太白全集》卷一九《酬中都小吏携斗酒双鱼于逆旅见赠》。

⑥ 唐·段成式《酉阳杂俎·前集》卷一七。

⑦ 唐·岑参《送颜平原》,载《全唐诗》卷一九八。

二、隋唐五代时期山东手工业的迅速发展

隋唐五代时山东地区的手工业在不少行业都有长足发展，此处不拟面面俱到，而只是就几个对商品经济发展影响大的行业作一简要叙述。

（一）纺织业

隋唐五代时山东地区的桑蚕业十分兴旺。唐中宗时，尹思贞任青州刺史，鼓励百姓致力农桑，“蚕至岁四熟”[①]。这带动了纺织业的大发展。以家庭手工纺织为主的丝织品生产分布于各地。妇女在家庭纺织业中占有突出的地位。李白称任城“杼轴和鸣，机罕嚬哦之女。物不知化，陶然自春”[②]，织女已是全负荷地从事生产。再如李白“鲁人重织作，机杼鸣帘栊”[③]，杜甫“齐纨鲁缟车班班，男耕女桑不相失”[④]，都描绘了山东人织作时的繁忙场景，反映了盛唐时山东纺织业的繁盛景象。一些地方由于生产规模扩大，还出现了雇人从事丝织品生产的现象，如《太平广记》卷二七一《贺氏》所记兖州贺氏一家，丈夫负担贩卖，妻子到他人家中机织，佣资已相当可观，“其姑已老且病……妇佣织以资之，所得佣直，尽归其姑”。

山东出产的纺织品，即“齐纨鲁缟”闻名全国。唐代就有多首诗篇称颂山东丝织品，如：

鲁缟如白烟，五缣不成束。临行赠贫交，一尺重山岳。[⑤]

鲁缟如玉霜，笔题月支书。[⑥]

---

① 《旧唐书》卷一二八《尹思贞传》。

② 唐·李白《李太白全集》卷二八《任城县厅壁记》。

③ 唐·李白《李太白全集》卷一九《五月东鲁行答汶上君》。

④ 唐·杜甫《忆昔二首》，载《全唐诗》卷二二〇。

⑤ 唐·李白《李太白全集》卷一七《送鲁郡刘长史迁弘农长史》。

⑥ 唐·李白《李太白全集》卷二五《寄远十二首（其十）》。

齐纨鲁缟如霜雪，寥亮高声予所发。[①]

齐纨未是人间贵，一曲菱歌敌万金。[②]

山东纺织业发达，丝织品产量很大，质量也很高，一直是国家纺织品的主要供应地。[③] 据《新唐书·地理志》，山东14州中，贡绫和绢者有9州，贡丝绵者3州，贡赀布者3州，其中青州的仙纹绫、兖州的镜花绫和双距绫、博州的平绸都是有名的上品。《太平广记》卷三〇〇《三卫》就称“天下唯北海绢最佳”。此处的“北海”当为“北海郡”，治所在今山东省青州市。该处所产丝织品质量一直很高。唐代太府寺以精粗为标准把各地的绢分为八等，一等仅有2州，二等有曹州等4州，三等有德州、兖州、贝州、博州等14州，四等有齐州、棣州、郓州等15州，五等有淄州、青州、沂州、密州等14州[④]。山东各地的绢均在五等以上，由此亦可见山东纺织品的质量之高。

山东地区的青州、兖州和郓州的纺织业规模十分宏大，已经形成了纺织中心，其中青州的纺织业实力在山东境内首屈一指，唐人独孤及称赞此地“海岱贡篚，衣履天下”[⑤]。青州纺织业的繁荣也带来了染业和刺绣的兴旺。《太平广记》卷三六《李清》记北海人李清“代传染业……家富于财，素为州里之豪畂”。李少康于唐玄宗时任青州刺史，鉴于“俗尚夸侈”，从事刺绣加工业的人员太多，

① 《维扬空庄四怪联句》，载《全唐诗》卷八六七。

② 唐·张籍《酬朱庆馀》，载《全唐诗》卷三八六。

③ 关于唐代丝织品产地分布，可参见汪篯《隋唐时期丝产地之分布》，载唐长孺等编《汪篯隋唐史论稿》，中国社会科学出版社1981年版，第289～298页；王永兴《试论唐代丝纺织业的地区分布》，载中国社会科学院历史研究所魏晋南北朝隋唐史研究室编《魏晋隋唐史论集》第2辑，中国社会科学出版社1983年版，第269～292页。

④ 参见唐·李吉甫等《唐六典》卷二〇《太府寺》。

⑤ 唐·独孤及《唐故睢阳太守赠秘书监李公神道碑铭》，载《全唐文》卷三九〇。

因而“使刺绣倚市者，悉返耕织”[①]。这也说明当时青州围绕着纺织业已经出现了一些高附加值的加工行业。

(二)煮盐业

山东的海岸线长达3000余公里，为山东沿海发展煮盐业提供了得天独厚的条件，因此煮盐业一直是山东地区的传统优势产业。《新唐书·高沐传》就说“山东煮海之饶，得其地可以富国”。

关于唐代山东食盐产地的分布，据《新唐书·地理志》，莱州东莱郡掖县有盐井二处，胶水县、即墨县、棣州乐安郡渤海县、密州高密郡诸城县、莒县等地都产盐。蒲台县也是著名的产盐区，“海在县东一百四十里。海畔有一沙阜，高一丈，周回二里，俗人呼为斗口淀，是济水入海之处，海潮与济相触，故名。今淀上有甘井可食，海潮虽大，淀终不没，百姓于其下煮盐”[②]。青州北部沿海区域，煮盐业自古就很发达，到唐代依旧产盐。《通典》卷一八〇称“青州古齐，号称强国，凭负山海，擅利盐铁”。莱州的胶水等地也都有盐业资源，如《元和郡县图志》卷一一记胶水县的平度故城“在县西北六十七里。城西北有土山，古今煮盐处”。莒县盐场自汉代开煮，至唐犹盛，而诸城盐场在“县理东南一百三十里，滨海有卤泽九所，煮盐，今古多收其利”[③]。由上可以看出，唐代时环绕山东半岛，到处都有产盐地，有的历史还很悠久。

对于山东煮盐业的收入，限于记载，难以详考，只能通过以下数字推断其利润应相当可观。《旧唐书·食货志上》记长庆二年(822)以前，“淄青、兖、郓三道，往来粜盐价钱，近取七十万贯，军资给费，优赡有余”。正是由于煮盐业利润巨大，是当时的重要财源

① 唐·独孤及《唐故睢阳太守赠秘书监李公神道碑铭》，载《全唐文》卷三九〇。

② 唐·李吉甫《元和郡县图志》卷一七。

③ 唐·李吉甫《元和郡县图志》卷一一。

之一，自唐中期以后，朝廷在这里设立盐铁使，对盐业产销进行垄断，“于淄青、兖、郓等道管内置小铺粜盐，巡院纳榷”，使国家收入大增，但地方财政却大受影响，“自盐铁使收管已来，军府顿绝其利，遂使经行阵者有停粮之怨，服垅亩者兴加税之嗟，犯盐禁者困鞭挞之刑，理生业者乏蚕酱之具。虽县官受利，而郡府益空”[①]。面对这种局面，三镇频频要求放宽收管，朝廷为了“务安反侧”[②]，而停罢了盐铁使对盐利的控制，“仍各委本道约校比年节度使自收管充军府逐急用度，及均减管内贫下百姓两税钱数”[③]，这只不过是权宜之计，到大和五年(831)，朝廷又将盐利之权收归中央了。

(三)矿冶业

山东境内矿产丰富，到隋唐五代时期得到了更充分的开发和利用，山东成为全国重要的金属冶炼基地之一。

山东矿冶以铁为主，产铁区很多。据《新唐书·地理志》记载，齐州的历城县、淄州的淄川县、莱州的昌阳县(治今山东莱阳)、沂州的费县和兖州的莱芜县均产铁。铜、银、锡的矿冶规模也相当可观。沂水县就出产大量的铜，昌阳县出产大量的银。据《元和郡县图志》卷一一，昌阳县有黄银坑，“在县东一百四十里。隋开皇十八年，牟州刺史辛公义于此坑冶铸，得黄银献之。大业末，贞观初，更沙汰得之”。唐中期以后，山东的矿冶业进一步发展，不但旧矿深加发掘，而且开发了许多新的资源，使山东矿冶产量大幅度上升，史称当时“兖海等道，铜铁甚多……审见滋饶，已令开发”[④]。山东矿冶业的整体实力在不断增强。

---

① 宋·宋敏求编《唐大诏令集》卷一一二《停淄青等道粜盐敕》。
② 《新唐书》卷一六四《殷侑传》。
③ 宋·宋敏求编《唐大诏令集》卷一一二《停淄青等道粜盐敕》。
④ 宋·王钦若等编《册府元龟》卷四九四《邦计部·山泽》。

兖州是山东地区的矿冶中心。兖州的矿冶业主要集中在莱芜。莱芜到唐朝时已成为全省最大的矿冶基地,《新唐书·地理志》称莱芜“有铁冶十三,有铜冶十八,铜坑四。有锡”,这里无论是矿物品种、矿产储备,还是冶炼能力都位居山东乃至全国之冠。其中韶山一地“在县西北二十里。其山出铁,汉置铁官,至今鼓铸不绝”[①]。

山东矿冶业的利润相当丰厚。唐中期淄青镇割据时,矿冶收入被其截留达50年之久,当时“兖、郓、淄、青、濮州界,旧有铜铁冶,每年额利百余万”[②]。淄青镇被平定后,其所辖“三道十二州皆有铜铁官,岁取冶赋百万,观察使擅有之,不入公上”[③]。直到大和四年(830),朝廷才逐步收回山东的矿冶利润。

除金属矿冶外,山东还出产大量的稀有矿石和精良石材。《元和郡县图志》卷一一记沂州新泰县有障山,“在县东八十里。出销石、石脑、炬火等石,居人常采为货”;沂水县有雹山,“在县西北二十八里。出紫石英,好者表里映彻,形若雹状,故名雹山,今犹入贡”。这些矿石和石材在当时的建筑、装饰行业中都具有较高的使用价值。

(四)酿酒业

山东地区的酿酒业历史悠久。隋唐时期,酿酒业的规模有了新的发展。农民家庭丰年时都能自行酝酿,生产供自己消费的酒品,产量高者还能将家酿酒馈赠亲友或拿到集市上去卖。城镇出现了许多酿酒作坊,进行较大规模的酿造生产。酿酒利润很高,从代宗时起,国家开始榷酒,山东向国家上缴了大量的酒业利润。仅

① 唐·李吉甫《元和郡县图志》卷一〇。
② 《旧唐书》卷一六九《王涯传》。
③ 《新唐书》卷一七九《王涯传》。

太和元年(827),郓、曹、濮三州交给朝廷的酒税等上供钱就达10万贯[①],这其中还不包括军州自己截留的部分。

唐代山东生产的酒统称为鲁酒,在当时就是名酒。大诗人李白客居山东,对鲁酒情有独钟,写有众多诗文赞颂鲁酒。如《李太白全集》卷一三《沙丘城下寄杜甫》云:"鲁酒不可醉,齐歌空复情";卷一五《秋日鲁郡尧祠亭上宴别杜补阙范侍御》云:"鲁酒白玉壶,送行驻金羁";同卷《留别西河刘少府》云:"闲倾鲁壶酒,笑对刘公荣";卷一九《酬中都小吏携斗酒双鱼于逆旅见赠》云:"鲁酒若琥珀,汶鱼紫锦鳞。山东豪吏有俊气,手携此物赠远人"。不独李白,其他诗人也有诗赞颂鲁酒,如:

齐讴听处妙,鲁酒把来香。[②]

柴门岂断施行马,鲁酒那堪醉近臣。[③]

山中沽鲁酒,松下饭胡麻。莫厌田家苦,归期远复赊。[④]

这些诗作充满了对鲁酒的赞赏之情,也反映了鲁酒品质的优良。在各种鲁酒中,最著名的当数兰陵酒,正如李白诗云:"兰陵美酒郁金香,玉碗盛来琥珀光。但使主人能醉客,不知何处是他乡?"[⑤]

(五)陶瓷业

隋唐五代时,山东的陶瓷业有了迅速发展,不仅窑址数量多,分布广,烧制技术也有很大提高。到目前为止,山东已发现的隋唐时期的瓷窑遗址已近60处,集中在泰安、济宁、枣庄、淄博、临沂五个地区。

---

① 参见宋·王钦若等编《册府元龟》卷四八五《邦计部·济军》。

② 唐·韩翃《鲁中送鲁使君归郑州》,载《全唐诗》卷二四四。

③ 唐·鲍防《送薛补阙入朝》,载《全唐诗》卷三〇七。此诗作者有争议,一作鲍溶。

④ 唐·王维撰,陈铁民校注《王维集校注》卷七《送孙秀才》,中华书局1997年版,第600页。

⑤ 唐·李白《李太白全集》卷二二《客中作》。

图2－1　泰安旧县村出土的隋代青瓷龙柄蹲猴盘口壶(采自耿东升主编《中国瓷器定级图典》,上海辞书出版社2008年版)

隋代窑址主要有淄博寨里、枣庄中陈郝、临沂朱陈、泰安中淳于、宁阳湖村、曲阜宋家村和徐家村等。这时期瓷器种类增多,有罐、盘口壶、盆等盛贮器,碗、杯、盘、高足盘、钵等饮食器及砚、枕等日常用具。瓷器造型规整雅秀,大小适中。釉色虽仍为青釉,但釉汁均匀,釉色纯正,多呈青绿色和淡青色,给人光亮晶润的美感。装饰技法也较以前有了进步,模印贴塑已达到了较高的水平。博兴龙华寺遗址出土的一件青瓷八系罐,不但造型规整大方,而且肩部和腹部还贴塑着华丽的图案。腹上部一周饰8个舍利塔刹图案和9个变形覆莲卷叶纹图案,腹下部饰17朵莲花。上下图案相配,十分协调对称。[①] 泰安市旧县村出土的一件泰安瓷窑生产的青瓷龙柄蹲猴盘口壶(图2－1),造型修长,釉呈淡青色,上有冰裂纹开片,玻璃质感强,肩部饰一捏塑的龙柄,与龙柄相对,粘贴一捏塑的顽猴,猴子双腿屈蹲,一上肢作抓挠状,另一肢玩弄于膝上。[②] 它巧妙地塑造出了猴子顽皮好动的神态,充分反映了工匠们高超的审美创造能力。

唐代窑址主要有泗水的尹家城和大泉、淄川磁村、曲阜息陬、宁阳西磁和西太平、枣庄的凤凰岭和钓鱼台等处。瓷器种类主要是生活用具,以碗为大宗。造型趋向稳重大方,圆鼓而多样化, 注

① 参见常叙政等《山东博兴县近年出土的青瓷器》,载《文物》1985年第8期。

② 参见程继林《泰安旧县出土的隋代青瓷龙柄蹲猴壶》,载《文物》1988年第8期。

意器壁剖线的弧度变化,重在表现圆弧曲度的造型美。釉色打破了青一色的传统色调,呈现出以白釉、青釉、黑釉为主,辅以黄釉、酱釉的绚丽多彩的局面。由于胎体表面多施一层化妆土,釉汁纯正明翠,施釉厚薄均匀,釉色光洁晶莹,玻璃质感强。胎釉结合紧密,基本克服了以前垂釉、积釉和脱釉的现象。以前流行的堆塑贴花已经很少见到,多素面无纹,追求的是釉面的色彩美。在磁村、西太平、西磁等窑址发现的白釉绿彩、白釉红彩瓷器,富有色彩鲜艳、对比强烈的装饰效果。唐代晚期,磁村窑新出现的茶叶末釉是釉中铁、镁与硅酸化合而成的结晶釉,釉呈失透的黄绿色泽,颇似茶叶末,古朴清丽。①

有学者指出,中国历史上的私营手工业者往往是集生产与销售于一体的前店后坊的经营方式,因此历史上工商往往不分,我们今天在历史文献中将二者截然分开是相当困难的,手工业集生产与销售于一体,手工业者往往同时也是商人。② 由此,隋唐五代时山东地区的手工业发达就说明该地存在庞大的手工业者群体,也就是存在庞大的商人群体。他们都是隋唐五代时齐鲁商人的重要组成部分。

隋唐五代时期手工业与市场和商品经济的联系自始至终都存在,但这种联系在不同时期、不同类型的手工业中有比较大的差异。一般来说,官府手工业和家庭副业、手工业与市场的联系相对少一些,而个体工匠和作坊的手工业生产与市场联系更多一些,但总的趋势是与市场的联系不断加强和密切,尤其是中唐以后,这一

① 以上关于隋唐时期山东陶瓷业的论述,参见黄松《齐鲁文化》,辽宁教育出版社1991年版,第241~242页。

② 参见魏明孔《中国前近代手工业经济的特点》,载《文史哲》2004年第6期。

变化更加明显。①

手工业与市场或商品经济联系的增强不仅体现在前者向市场提供更多的商品上,也体现在手工业生产中雇佣劳动的日渐增加上。隋唐五代时,山东地区的一些手工业行业已经存在较为自由的雇佣关系。隋唐时,国家对工匠的控制逐渐松弛,工匠地位与个体小农基本持平,个体手工业者越来越活跃,他们可以凭借自己的技艺,受雇于人,以获得雇值为生。青州临朐县丞张藏用想召一木匠到县衙干活,因是比较自由的雇佣与被雇佣的关系,居然无人愿意前往,最终"十召不至",这极大地激怒了那位性格鲁钝的县丞,于是派人捉拿工匠,"匠既到,适会邻县令","木匠又走"②,由此可见当时个体工匠的自由程度。再如前述兖州贺氏女为了养家,也是到他人的丝织作坊劳动,获得雇值,补贴家用。

三、隋唐五代时期山东交通的进步与商业的繁荣

(一)水陆交通的进步

隋唐五代时期,山东的水陆交通有了长足进步,为商业贸易的兴盛和城市的繁荣提供了良好的条件。

首先看陆上交通(图2-2)。

隋唐时建都长安,国内主要道路都是由长安向四周辐射。自长安东行,经东都洛阳、郑州进入山东境内,泰山山脉将东西大道分为南北两线。北线位于泰山之阴,从郑州经滑州、濮州到郓州,再向东经淄州、青州,可到莱州、登州或密州。此路较平坦,且为越海通辽东、海东等的必由之路,沿途设有驿站,交通繁忙。南线位

① 参见魏明孔《中国手工业经济通史·魏晋南北朝隋唐五代卷》,福建人民出版社2004年版,第410~425页。

② 宋·李昉等编《太平广记》卷二四二《张藏用》。

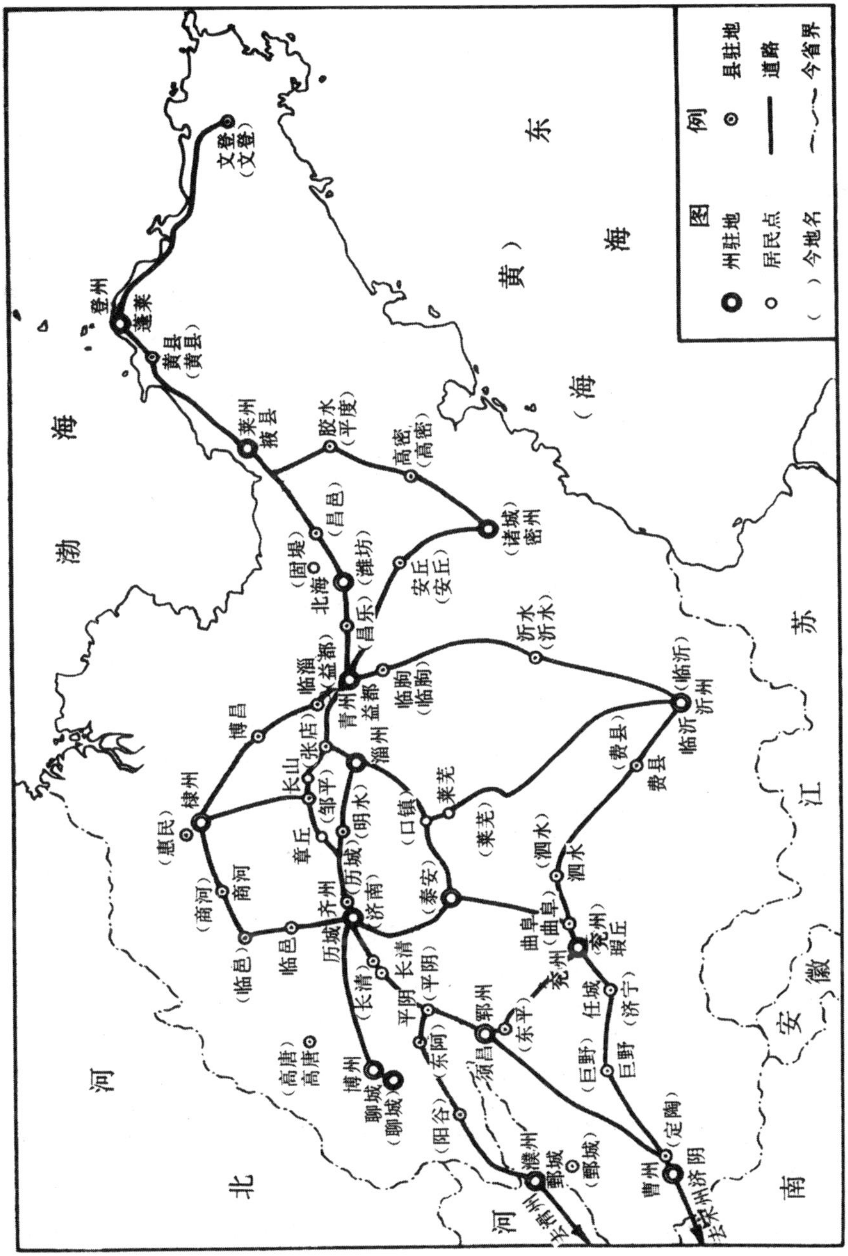

图2-2 唐代山东主要道路示意图（采自黄棣侯主编《山东公路史》第1册，人民交通出版社1989年版）

于泰山之阳，从郑州经汴州（今河南开封）入山东，经曹州（今山东曹县北）、兖州、沂州至海州。此路多经地形复杂的山丘河谷地带，交通颇阻。

当时山东境内的南北交通线亦分东西两道。东道以下邳为起点，由此而北经郯城故城（今山东郯城西南）、襄贲故城（今山东郯城西北），沿沂水西岸可达沂州治所临沂县、东安故城（今山东沂水），自东安离开沂水，进入沭水上源，约100里至大岘山、穆陵关，又西北行于沂山东北侧到临朐，又北至青州治所。西道由徐州向北经沛县、滕县、邹县至兖州治所瑕丘县（今山东兖州），继续北行有西、中、东三道：西道由兖州西北行经中都县（今山东汶上），渡汶水到郓州治所东平县，又西北至济州治所卢县故城（治今山东在平西南），渡河而北即博州；中道由兖州北行经龚丘县（今山东宁阳），渡汶水经肥城、长清，至齐州治所历城县；东道由兖州东行经曲阜、博城（今山东泰安东南）、莱芜，东入莱芜谷，出谷口至青州治所益都县，由莱芜谷中北逾原山马耳关至淄州治所淄川县。①

隋唐时期，山东的桥梁建设突飞猛进，造桥技术有了很大提高，一座座大桥腾空而起，给当地人们的交通往来带来了巨大便利。当时山东所造跨河桥梁很多，其中较为著名的是郓州须昌的清水石桥和卢县的刘公桥等。须昌（治今山东东平西北）的清水石桥始建于隋朝，是与赵州桥齐名的建筑，但桥的长度及规模都远远超过赵州桥。《元和郡县图志》卷一〇称“清水石桥，在县西三里。隋仁寿元年造，石作华巧，与赵州石桥相埒，长四千五百尺”②。须昌城附近是西通濮、郓，东至兖、齐的交通要冲，然而大清河却是当

① 严耕望对唐代交通有深入研究，本书关于唐代陆路交通的论述即参见其《唐代交通图考》第6卷（上海古籍出版社2007年版）写成，更为详尽的情况亦请参见严著。

② 此处“长四千五百尺”可能有误，他书记载此桥长度为四百五十尺或丈，当是。

时较大的交通障碍，隋仁寿元年（601）该桥建成后，极大地便利了鲁西南地区的经济交流。郓州卢县（治今山东茌平西南）的刘公桥是横跨济水的一座大桥，“在县东二十七里。宋武帝伐燕过此造桥，故俗呼为刘公桥，隋末废，贞观元年重造，长十二丈，阔一丈二尺”①。唐初重建后，大幅拓宽了桥面，其在唐代一直是横跨济水的主要通道之一。在黄河和济水之间，人们为方便往来，还建了许多舟桥。玄宗开元年间，齐州刺史裴耀卿在黄、济之间先后造了三座浮桥，“西自于阳谷，东尽于长清，造舟为三桥，置骑为万驿”②，大大缓解了黄、济二水东西两岸居民往来交通不便的困难局面。

其次是内河交通。

隋大业年间开凿的大运河作为贯通南北的交通动脉，其北段永济渠北起涿郡（今北京市西南），南至今河南武陟县入黄河，中间经过山东西北境的临清、武城、德州等地。这样，永济渠就将今山东与河北、河南及东都洛阳、首都长安联系起来，不仅加强了中央对山东的政治控制，使山东地区的粮食、丝织品等可源源不断地运送到洛阳和长安，也加强了民间的经济贸易往还。

隋唐时期，山东兴修了不少水利工程，不仅可灌溉农田，也可用于运输。隋代兖州的薛公丰兖渠不但扩大了灌溉范围，而且增强了交通航运能力，“兖州城东沂、泗二水合而南流，泛滥大泽中，胄遂积石堰之，使决令西注，陂泽尽为良田。又通转运，利尽淮海，百姓赖之”③，山东与江淮一带的物产得以顺利流通，商贸活动为之大振。这个水利工程一直到唐朝中期仍然发挥着积极作用，以至于沂、泗二水波流平稳，船行自如，渔业旺盛。唐人张籍曾有诗称

① 唐·李吉甫《元和郡县图志》卷一〇。
② 唐·孙逖《唐齐州刺史裴公德政颂》，载《全唐文》卷三一二。
③ 《隋书》卷五六《薛胄传》。

“行舟往来浮桥断。城边鱼市人早行,水烟漠漠多棹声”[①],歌颂薛公丰兖渠的百年功绩。文宗时,天平节度使崔弘礼又“自兖开盲山故渠,自黄队抵青丘,师人大济”[②]。兖州地区水利工程的兴建,有效地保证了农业灌溉和船货运输,带动了多种经营的开展和商品经济的繁荣。永徽元年(650),薛大鼎为沧州刺史,于界内重开无棣河(在今山东无棣境内,隋末填废),“引鱼盐于海”。百姓作歌称颂说:“新河得通舟楫利,直达沧海鱼盐至。昔日徒行今骋驷,美哉薛公德滂被!”[③]无棣河的开通带动了这一带鱼盐贸易的发展。

再次是发达的海上交通。

隋唐五代时,山东的海上交通相当发达,沿海的登、莱、青、密诸州都设有出海港口,形成当时北方最大的海上交通网络。客货船只从这些口岸定期或不定期地出发,或北达辽东和渤海国,或东往高丽、新罗和日本,或南下东南沿海城市,进入江浙港湾。

北方的海运贸易主要通过登莱—辽东—朝鲜一线,即著名的“登州海行入高丽渤海道”[④]。这条海路大抵从登州港出发,穿过渤海,到达今旅顺一带,东沿海岸线到鸭绿江口,可北通渤海国;若再沿海岸线南下,可到达新罗的各个口岸。登州港还有一条直接与日本往来的航线,即“渤海道”,就是从日本直渡黄海,或沿朝鲜半岛西岸及辽东半岛东岸,横渡渤海湾口,在山东半岛的登州或莱州登陆。[⑤]

① 唐·张籍《泗水行》,载《全唐诗》卷三八二。
② 《新唐书》卷一六四《崔弘礼传》。
③ 《旧唐书》卷四九《食货志下》。
④ 详见《新唐书》卷四三下《地理志七下》。
⑤ 参见[日]菅野真道等《续日本纪》卷一三,天平十一年十一月辛卯条。

登州的驻地蓬莱县设有登州最大的主港，是隋唐两代北方海运最重要的口岸。此外，登州还有许多辅助港口，也能出海通航，直达新罗和日本。如文登县的赤山就是仅次于登州主港的第二大港。大中元年(847)，日本僧人圆仁回国，就是从赤山浦港登船出发，直穿黄海，沿新罗国海境抵达日本。据《入唐求法巡礼行记》的记载，从登州跨海航行到达日本，历时近9天，航线畅通而可靠，艄公们熟悉海路，往来自如。

登州还专门开辟过一条通往楚州(今江苏淮安)的海上航线，两地均定期开船，十分便利，公务往来、私人旅行以及商贸运输均可搭乘海船，畅通无阻。《入唐求法巡礼行记》卷四曾记载楚州通往登州的航行："停泊此间觅船……请往登州。登州是唐国东北地极，去楚州一千百余里。县家出牒，差人递向登州去。"楚州虽居苏北内陆，但可沿淮水直接驶船出海，北赴登州。上书还记载了登州往楚州的航行。当时，圆仁一行已到达登州文登境内，登州押衙新罗使张咏的"家人高山就便船往楚州，共大使(按:指张咏)商议，作书付送楚州译语刘慎言及薛大使，请先所寄经论文书功德帧及衣服等"。这是从文登赤山浦港驶往楚州的航班。

登州沿海港口很多，大都直接开辟海外航线。黄县和牟平县都设有大港，承担远海运输业务。《元和郡县图志》卷一一称黄县的大人故城港口"在县北二十里。司马宣王伐辽东，造此城，运粮船从此入，今新罗、百济往还常由于此"。《入唐求法巡礼行记》卷一称"登州牟平县唐阳陶村之南边，去县百六十里，去州三百里。从此东有新罗国，得好风两三日得到"；卷四又记载牟平县南界乳山浦也有一处大港，可以"上船过海"，当地居民"发送远国人，贪造舟"。登州境内从主港到各县乡的海港星罗棋布，已经形成了阵势宏大的口岸群体。

密州境内也有出海大港，其中诸城沿海的口岸还是南下贸易的出发地。据《入唐求法巡礼行记》卷四，圆仁一行"到密州诸城县界大朱山驳马浦，遇新罗人陈忠船载炭欲往楚州，商量船脚价绢五匹定"。

由于山东海上交通的发达，山东居民从事海上作业的人数连年递增，水手成为沿海居民的重要职业。敦煌发现的唐代《开元水部式残卷》记载："沧、瀛、贝、莫、登、莱、海、泗、魏、德等十州，共差水手五千四百人，三千四百人海运，二千人平河。"[①]登、莱等州的海运水手有3400人，可见海运的发达。另外还有大批的新罗水手来到山东谋生，圆仁在中国海域航行之前，就在"押领本国水手之外，更雇新罗人谙海路者六十余人"[②]。这些中外水手群集山东口岸，为远海航行和海上贸易提供了人力和技术上的良好条件。

（二）城市的发展

隋唐时期，随着社会经济的繁盛，齐鲁大地出现了一些比较繁华的区域性中心城市。这些城市人口集中，经济发达，商业贸易十分兴盛，显示出勃勃生机。

齐州治所济南在隋朝最繁华时居民多达万户，被称为"历下咽喉，华泉襟带"[③]，"济南跨河，有兵有赋"[④]。人口多、财力强是隋唐时济南的显著特色。济南城北依清河，南有丛山，城东全部为湖泊，地势险要，是齐鲁东西南北交通的枢纽，也是具有战略意义的兵家要地。《元和郡县图志》卷一〇引《述征记》称"历城到营城三

① 刘俊文《敦煌吐鲁番唐代法制文书考释》，中华书局1989年版，第330页。

② ［日］圆仁著，白化文等校注《入唐求法巡礼行记校注》卷一，花山文艺出版社2007年版，第127页。

③ 唐·李迥秀《唐齐州长史裴府君神道碑》，载《全唐文》卷二八二。

④ 唐·杜牧《樊川文集》卷一八《王晏实除齐州吴初本巴州陈侹渝州刺史等制》。

十里。自城以东,水弥漫数十里,南则迫山,实为险固也”。《酉阳杂俎》卷一二则引北齐人魏收之语称济南“山川沃壤,衿带形胜,天下名州,不能过此”。

青州治所益都“凭负山海,擅利盐铁”①,农桑兴盛,丝织业尤为发达,《隋书·地理志》称其从汉代开始就“织作冰纨绮绣纯丽之物,号为冠带衣履天下”。当时,这里“表于东海,富强号千乘之国,繁杂聚四方之人”②,四方之人云集城内,或佣工,或经商,熙熙攘攘,奔走射利,北海人李清“子孙及内外姻族,近百数家,皆能游手射利于益都”③,工商业的兴盛推动了整个城市商贸活动的高涨。安史之乱后,唐政府在青州设置节度使,负责山东沿海的开发和对外贸易。近人金毓黻的《渤海国志长编》卷一七《食货考》称:“代宗以后,置渤海馆于青州,以待渤海之使,其交易船舶,亦泊于是。”新罗商人从海路运抵的货物最终也集散于青州,《册府元龟》卷九九九《外臣部》有“新罗、渤海将到熟铜”的记载。淄青节度观察使李正己在任期间,格外注重海外贸易,史称其“货市渤海名马,岁岁不绝”④。

济州城(治今山东茌平西南)在唐朝时一度比较繁荣。这里居民生活殷实,粮仓星布,是鲁西地区的农商中心,行旅往来,络绎不绝。王维《裴仆射济州遗爱碑》称此地有“万斯箱之粟”,“士卒林会,马牛谷量,皆投足获安,端拱取给”⑤。其《被出济州》诗则云:

---

① 唐·杜佑《通典》卷一八〇。

② 唐·沈珣《授韦博淄青节度使制》,载《文苑英华》卷四五六。

③ 宋·李昉等编《太平广记》卷三六《李清》。

④ 《旧唐书》卷一二四《李正己传》。

⑤ 唐·王维撰,陈铁民校注《王维集校注》卷九《裴仆射济州遗爱碑》,中华书局1997年版,第771页。

“闾阎河润上,井邑海云深”①,可见盛唐时的济州城房屋连绵,人烟稠密,市井繁荣,一派兴旺景象。

任城(今山东济宁)也是一座大城市,诗人李白到此,久居忘返,对当地的富庶状况作过许多描述,以其《任城县厅壁记》所记最为详备:

> 鲁境七百里,郡有十一县,任城其冲要,东盘琅邪,西控巨野,北走厥国,南驰互乡……其城池爽垲,邑屋丰润。香阁倚日,凌丹霄而欲飞;石桥横波,惊彩虹而不去。其雄丽块圠,有如此焉。故万商往来,四海绵历,实泉货之橐籥,为英髦之咽喉……一之岁肃而教之,二之岁惠而安之,三之岁富而乐之。然后青衿向训,黄发履礼。耒耜就役,农无游手之夫;杼轴和鸣,机罕嚬蛾之女。物不知化,陶然自春。②

任城地理位置十分重要,城市建筑规模宏伟,不仅屋舍栉密,而且池阁亭台交错其间,手工业发达,万商云集。

唐代的郓州城坐落在今东平县西北,是一座繁华的城市,农、工、商诸行业均较为兴盛。王维《送郓州须昌冯少府赴任序》就说:“予昔仕鲁,盖尝之郓,书社万室,带以鱼山济水;旗亭千隧,杂以郑商周客。有邹人之风以厚俗,有汶阳之田以富农,齐纨在笥,河鲂登俎,一都会也。”③唐中期以后,郓州城扩展速度加快,民众辐辏,商贸集聚,所以淄青节度使一度移镇郓州,统辖山东12州,长达50年之久。唐王朝于元和年间平定淄青镇后,在郓州设天平军,辖郓

① 唐·王维撰,陈铁民校注《王维集校注》卷一《被出济州》,中华书局1997年版,第37页。

② 唐·李白《李太白全集》卷二八《任城县厅壁记》。

③ 唐·王维撰,陈铁民校注《王维集校注》卷一一《送郓州须昌冯少府赴任序》,中华书局1997年版,第1074页。

州、曹州和濮州，“命功臣或辨吏以帅焉”，从而使该处“物力日完，人风自移，涉月报政，逾年鼎治……里中之容，阛阓而遂。劳者以安，去者以归。分星不摇，田祖降福”[①]，不但重新恢复了往日的繁华，而且有了新的发展。

兖州是唐代一座商品流通量很大的城市。五代人孙光宪的《北梦琐言》卷一七记载了这样一件事情：

> 王师范之镇青州，以部将刘鄩窃据兖州。先是，汴将葛从周镇于是邦，因出征，刘鄩将图兖也，诈为茶商，苞苴铠甲，大起店肆，剖巨木藏兵仗而入。窃发之日，得其徒千人，据其府舍。

由上可知，唐朝末年，刘鄩为攻取兖州，让部下冒充茶商，携带铠甲军仗潜入兖州，大开店铺，最终成功地潜伏进了上千人。[②] 兖州城平时就应有大量商人来此贸易，否则很短时间内就增加上千人及其所开的众多店铺，很难不使人起疑。

聊城也是人烟稠密的繁荣城市。王维《渡河到清河作》称“泛舟大河里，积水穷天涯。天波忽开拆，郡邑千万家”[③]。当时王维在济州任职，济州治所在今山东茌平西南，博州治所在今山东聊城东北，两地隔河相望，由济州治所渡河，首先应当抵达聊城，故而这里

① 唐·刘禹锡著，瞿蜕园笺证《刘禹锡集笺证》卷八《天平军节度使厅壁记》，上海古籍出版社1989年版，第184页。

② 对于此事，史籍记载有所不同，但都与兖州商贸有关。《旧五代史》卷二三《刘鄩传》记：“初，鄩遣细人诈为鬻油者，觇兖城内虚实及出入之所，视罗城下一水窦可以引众而入，遂志之。”《资治通鉴》卷二六三所记基本相同。五代刘崇远的《金华子杂编》卷下称：“鄩乃诈为回图军将，于兖州置邸院，日雇佣夫数百诣青州，潜遣健卒，伪白衣，逐晨就役，夜即留寓于密室，如是数月间，得敢死之士千余人。”

③ 唐·王维撰，陈铁民校注《王维集校注》卷一《渡河到清河作》，中华书局1997年版，第51页。

的郡邑应当是博州治所聊城。[①]

（三）城乡商业贸易的繁荣

根据隋唐时期的市场制度，只有各级行政治所城市，即都督府与州、县治所才可置市，市作为商业区与作为居民区的坊严格分开。对于市，设置令、丞、佐、史、帅、仓督等进行管理。市场定时启闭，一般自午时开始，至日落前七刻结束，每天都有，规定时间外不得交易。当时山东境内的县以上的治所大都有这种市的存在，有的设在城内，有的设在城外。宋李焘的《续资治通鉴长编》卷二记北宋建隆二年（961）"沧州无棣县民赵遇诈称皇弟，付有司鞫实，斩于东市"。大概因为无棣县的市设在城东，所以称"东市"。也可能因为还有"西市"，所以此市称"东市"。上文所记虽是北宋建立之初的情况，但无棣县的这个东市应当是在宋以前设置和发展起来的。圆仁在《入唐求法巡礼行记》中也记载了山东一些州县市的情况，既包括一些州、县市和商人的存在，也包括市场上的粮食品种、价格和市的位置。如卷二开成五年（840）三月二日条记载："（登州）城正东是市。粟米一斗三十文，粳米一斗七十文。"三月十五日条记载："到莱州……州城外西南置市。粟米一斗五十文，粳米一斗九十文。"四月八日条记载："早发，正西行廿五里，到（齐州）临济县，入尹家断中。便发，有商人施五升米，过市。"四月十日条记载："平明发，正西行四十里。未时，到（齐州）禹城县。县市粟米一斗卌五文、粳米一斗百文、小豆一斗十五文、面七八十文。"

随着唐代经济的繁盛，加上国家关于市制的规定在一定程度

① 参见唐·王维撰，陈铁民校注《王维集校注》卷一《渡河到清河作》注二，中华书局1997年版，第51页。

上有利于城市商业的发展,山东境内的一些城市出现了商业繁荣的景象。在各大城市中,店铺林立,邸馆栉比,货物充溢,商贾云集,到处都有商品交易。如兖州的任城"万商往来,四海绵历,实泉货之橐籥"①。开元初年,贾钦惠任沂州丞县(今山东枣庄)令,为政"本乎仁明宽惠,加之以正直,保此□德,而绥怀百里。农商安业,礼让斯阐"②。李师古任淄青节度使时,将山东的商业中心向西部转移,并以郓州城为主要的交易中心。他"贪诸土货,下令恤商。郓与淮海近,出入天下珍宝,日日不绝"③。兖、郓二州商业的兴隆使其不仅可连通山东各州县的商业网点,而且便于开展对江淮地区的贸易,使南北物资得到充分的交流。约在唐德宗时,德州安德县(治今山东陵县)人何载在横海军权知市事,由于其奉公无私,以致于辖区内"阛阓骈阗,商贾霖集"④。横海军节度使辖沧、景二州12县,其中的乐陵、无棣都在今山东境内,由上可知当时鲁北一带市场贸易之繁荣。即使在五代时,山东境内商人往来仍很频繁。后唐长兴二年(931)七月,"兖州奏:密州淮口准敕放过往来商客一千八十八人"⑤。

唐朝对于广大农村的小市集则不实行市制,不一定派专人管理。隋唐五代时期的农村集市贸易也有相当的发展,这种集市叫做"草市"或"墟市"、"虚市"。当时在山东境内,这种"草市"或

① 唐·李白《李太白全集》卷二八《任城县厅壁记》。

② 唐·萧颖士《唐故沂州丞县令贾君(钦惠)墓志铭》,载吴钢主编《全唐文补遗》第1辑,三秦出版社1994年版,第183页。

③ 唐·李商隐著,冯浩详注,钱振伦、钱振常笺注《樊南文集》卷八《齐鲁二生·程骧》,上海古籍出版社1988年版,第486页。

④ 唐·李元瑜《唐故庐江郡丞奉郎行乐陵县丞摄乐陵县令赏绯鱼袋何公(载)墓志铭》,载吴钢主编《全唐文补遗》第3辑,三秦出版社1996年版,第153页。

⑤ 宋·王钦若等编《册府元龟》卷九八〇《外臣部·通好》。

“墟市”已广泛存在,唐人张籍《泗水行》诗称“城边鱼市人早行”①描写的就是泗水城边的草市。当时有一些草市的规模还很大,并且相当繁荣,有的甚至发展成为县的治所。元和年间的归化县治原来就是草市。《唐会要》卷七一《州县改置下》记载:“开元十三年②,横海军节度使郑权奏:当道管德州安德县,渡黄河,南与齐州临邑县邻接,有灌家口草市一所。顷者,成德军于市北十里筑城,名‘福城’,割管内安德、平原、平昌三县五都,置都知管勾当。臣今请于此置前件城,缘隔黄河与齐州临邑县对岸,又居安德、平原、平昌三县界,疆境阔远,易动难安,伏请于此置县,为上县,请以‘归化’为名。从之。”灌家口草市由于日渐繁华而升为县治。再如观城店和张桥店(张桥行市)后来亦发展为县治。大历七年(772)正月,“以顿邱县之观城店置观城县,以张之清丰店置清丰县,并割魏州之临黄县,并隶澶州。以贝州临清县之张桥店置永济县”③。观城县地今属山东莘县。清丰县今属河南。张桥店,据《元和郡县图志》卷一六,又称“张桥行市”,在今山东冠县北。元和四年(809)八月,“淄青节度使李师道请移鱼台县置于黄台市”④,黄台市也是由于商业的发展而成为县治。通过以上诸例,足可见当时山东草市发展繁荣之一斑。

位于山东半岛的登、莱二州港口多,远洋运输能力强,商业贸易极其繁华,既在海外贸易中发挥着重要作用,是隋唐五代时与日本和朝鲜半岛通商的重要口岸,同时也是国内交通和贸易的重要

① 唐·张籍《泗水行》,载《全唐诗》卷三八二。

② 此处“开元十三年”乃“元和十三年”之误,参见唐长孺《魏晋南北朝隋唐史三论》,武汉大学出版社1992年版,第319页;张泽咸《唐代工商业》,中国社会科学出版社1995年版,第238页。

③ 《旧唐书》卷一一《代宗纪》。

④ 宋·王溥《唐会要》卷七〇《州县改置上》。

港口之一。

有唐一代，新罗与唐朝海路贸易的大部分货物都在登、莱二州入港。《新唐书·东夷传》记开元年间，新罗“数入朝，献果下马、朝霞绌、鱼牙绌、海豹皮”。这些海外奇货通过登莱港口，再转输到唐都长安。建中元年(780)，唐朝还规定不得与新罗做绫、锦、丝、布、银、铜、铁及奴婢的生意。这说明唐与新罗之间曾广泛存在这样的贸易。淄青镇设立之后，登、莱与辽东和新罗的海路贸易更加兴旺。位于东北地区的渤海国主要通过海路与山东半岛进行贸易往来。淄青节度使李正己就曾“货市渤海名马，岁岁不绝”①。开成元年(836)，淄青节度使还上奏称有大批黄铜从新罗运来，请求朝廷不要禁止。

唐朝法律规定奴婢不属于良人，可以作价买卖，唐代奴婢买卖比较兴盛。登、莱地区就是奴婢买卖的重要市场。武则天时，“诏市河南河北牛羊、荆益奴婢，置监登、莱，以广军资”②，国家专门在此设立管理机构，广为征税。奴婢贸易利润巨大，吸引了许多海外冒险者。唐朝中后期，新罗人就在本国掠夺人口，贩卖到唐朝当奴婢，交易地点主要就在登、莱二州。《唐会要》卷八六记载长庆元年(821)平卢军节度使薛平上奏称：“有海贼詃掠新罗良口，将到当管登、莱州界及缘海诸道，卖为奴婢。”薛平认为“新罗国虽是外夷，常禀正朔，朝贡不绝，与内地无殊。其百姓良口等，常被海贼掠卖，于理实难”，于是请求“起今已后，缘海诸道，应有上件贼詃卖新罗国良人等，一切禁断”。这样，在长庆年间，从新罗远海贩来的奴婢人口都被登、莱官府没收，放为良民。尽管朝廷明令取缔贩运人口的

① 《旧唐书》卷一二四《李正己传》。

② 《新唐书》卷一一八《张廷珪传》。

贸易，但奴婢交易的巨大利润仍然吸引着中外商人，海上掠卖，岁岁难绝。大和二年(828)，“海贼詃掠新罗良口，将到缘海诸道，卖为奴婢，并禁断者，虽有明敕，尚未止绝”[①]。有唐一代，奴婢贸易“道路无阻，递相贩鬻”[②]，反复转手，远送内地，生意最为兴旺。

唐代登、莱二州的滨海港口还是全国最大的物资周转交易中心。杜甫《昔游》诗称：“幽燕盛用武，供给亦劳哉。吴门转粟帛，泛海陵蓬莱。”[③]这首诗就说明了唐代南北海运线的发展，即从江浙出发，沿海经山东东南海岸，从成山转至登州集散。山东商人与新罗商人还从登、莱二州的港口开辟了通向江淮的商贸航道。《入唐求法巡礼行记》卷一就称有商船“从密州来，船里载炭，向楚州去。本是新罗人，人数十有余”，可见新罗商人不仅在登、莱二州从事商业活动，而且还亲自跋涉远方，开拓更多的贸易航线。总起来说，登、莱二州的海外商业贸易主要是新罗商人的往返交易，山东商人亲赴新罗者不是太多。范摅《云溪友议》卷上《夷君诮》记载：“登州贾者马行余，转海拟取昆山路，适桐庐时，遇西风而吹到新罗国。新罗国君闻行余自中国而至，接以宾礼。”这算是到达新罗的稀客，所以才得到新罗国王的厚待。

五代时，登州在沟通中原王朝和各割据政权之间及海外的关系上仍然发挥着重要作用。[④] 唐末朱温与杨行密反目为仇后，南北陆路交通中断，闽、吴越与中原之间的往来要经山东登莱诸州走海路。据《十国春秋》卷九二，闽、吴越的大商船常到山东，载来大量

① 宋·王溥《唐会要》卷八六《奴婢》。

② 宋·王溥《唐会要》卷八六《奴婢》。

③ 《全唐诗》卷二二二。

④ 详见《登州古港史》编委会编《登州古港史》，人民交通出版社 1994 年版，第 101～109 页。

的绢帛、金银、茶叶，或转销山东内地，或经由山东远销中原。朝鲜船舶来往者仍然很多，山东沿海与外界的贸易始终保持着一定规模。《册府元龟》卷九九九记后唐清泰元年(934)，“登州言：高丽船一艘至岸，管押将卢肵而下七十人入州市易”，“青州言，高丽遣人市易”。后周世宗时实行铜禁，但因高丽产铜，特许山东青、登、莱诸州商人兴贩铜货。《新五代史》卷一二《周世宗纪》记载显德五年(958)韩彦卿曾“市铜于高丽”。这些都加强了山东与境外的联系，促进了山东经济的发展和南北经济的交流。

第二节　隋唐五代时期的齐鲁民风对商贾传统的影响

谈到某一地区的民风，即民俗风尚，其所包含的内容是十分广泛的，我们在这里不可能面面俱到，只拟选择崇尚侠义之风、热情待客之风和佛教信仰习俗三个方面，探讨其对隋唐五代时期山东商业发展和齐鲁商贾传统的影响，实际上就是探讨商业经营的社会文化环境对齐鲁商贾传统的影响。

我们前文已探讨过魏晋南北朝时期齐人性格的功利色彩及对齐鲁商贾传统的影响。到了唐代，齐人性格中的这种功利色彩几被消磨殆尽，以致于唐人在谈到齐地民风时说：“楚气则伤于剽悍，齐风则过于敦质。”[1]敦即敦厚，诚朴宽厚；质即质朴，朴实。所谓“敦质”，就是敦厚朴实。究其内涵，山东人讲究诚信、重视义气和待人热情等品质均可包含在内，下文就论述这种民风对商贾传统

① 《故青州千乘县令孟公(晟)墓志铭》，载吴钢主编《全唐文补遗》第5辑，三秦出版社1998年版，第329页。

的影响。

一、隋唐五代时期山东的崇尚侠义之风对齐鲁商贾传统的影响

提到山东人，人们往往以“山东好汉”来褒扬之。说到山东好汉，人们首先想到的就是《说唐》中的秦琼、程咬金和《水浒》中的宋江、武松和李逵等人的形象。他们粗犷豪爽、刚强勇武、崇尚侠义，长期为人们津津乐道。他们的这些品格一直被视为山东人的典型品格。其实，山东人崇尚侠义的品格是有历史传统的。史念海曾指出唐代前期关东地区尚武成风，故能弥漫各处，人才辈出。[①]实际上，从地理范围看，史念海所说的关东地区远大于今天的山东地区，但其所举关东地区的将帅，如秦叔宝、程知节、段志玄及农民起义军首领窦建德、杜伏威、辅公祏、李子通、刘黑闼等都是今山东人，可见当时山东地区是尚武风气浓厚的关东地区的中心[②]；从时间上看，不仅仅是在隋末唐初，在安史之乱以后和唐末五代时期山东地区的尚武风气都很盛。总之，在整个隋唐五代时期，山东地区涌现出了众多英雄豪杰，他们崇尚武力，表现出浓厚的侠义之风，以致于唐人用“鲁人皆科带弓箭，齐人不复闻《箫韶》”[③]这样的诗句来描述齐鲁民众的精神风貌。

---

① 参见史念海《唐代前期关东地区尚武风气的溯源》，载中国唐史研究会编《唐史研究会论文集》，陕西人民出版社 1983 年版，第 142 页。

② 陈寅恪先生在探讨隋末唐初的“山东豪杰”时，指出冀、定、瀛、相、济、青、齐、徐、兖诸州为其出产地，其中济、青、齐、兖四州都在今山东境内。参见陈寅恪《论隋末唐初所谓“山东豪杰”》，载其《陈寅恪史学论文选集》，上海古籍出版社 1992 年版，第 305～324 页。

③ 唐·刘禹锡著，瞿蜕园笺证《刘禹锡集笺证》卷二五《平齐行二首》，上海古籍出版社 1989 年版，第 768 页。

隋朝文帝统治时期,政治比较清明,阶级矛盾相对缓和,社会安定。但到了炀帝统治时期,政治日渐腐败,阶级矛盾逐步激化,隋朝政权开始走向灭亡。发生这一转变的原因就是隋炀帝的残暴统治。他生活极端奢侈,经常外出巡游,不断大兴土木,导致苛役四起,民不聊生。特别是三次征伐高丽给山东人民造成了严重的灾难。这是因为山东是其征伐高丽的人力和物力的供应基地。自从准备征伐开始,就在这一带增置军府,征调强壮男子为兵,在东莱造船的工役物资及向河北运粮的车夫役使统统落到了山东人民头上,"官吏贪残,因缘侵渔,百姓困穷,财力俱竭,安居则不胜冻馁,死期交急,剽掠则犹得延生,于是始相聚为群盗"①,一场轰轰烈烈的农民大起义就从山东开始了。当时那些著名的义军将领或割据一方的草头王,有不少都是山东豪侠英雄出身。这是当时山东地区任侠之风的第一个高潮期。

隋末农民起义的首义者是邹平(今山东邹平)人王薄。他于大业七年(611)在长白山(在今山东章丘境内)起义。他自称"知世郎",表示他已看准隋朝就要灭亡,并作了一首《无向辽东浪死歌》来发动群众,其歌词如下:

> 长白山头知世郎,纯著红罗锦背裆。横稍侵天半,轮刀耀日光。上山吃獐鹿,下山食牛羊。忽闻官军至,提剑向前荡。譬如辽东豕,斩头何所伤!②

这首歌表现了王薄强烈的侠义精神,在其发动下,"避征役者多往归之"③。

清河郡绎幕县(在今山东淄川)人房彦谦通五经,善文辞,在隋

① 《资治通鉴》卷一八一。
② 宋·曾慥辑《类说》卷六《知世郎》。
③ 《资治通鉴》卷一八一。

为官以清廉干练闻名。到隋炀帝时，统治者穷奢极侈，人民不堪重负，反抗者风起云涌，他便致书好友黄门侍郎张衡，让其进谏以匡正朝政，但张衡见信后只是叹息，不敢奏闻。房彦谦见此情景，便弃官回乡，以教授生徒为业。他的行为表现出一种儒侠的精神和气节。

贝州漳南（治今山东武城西北漳南镇）人窦建德“材力绝人，少重然许，喜侠节”①。他本以务农为业，但喜欢仗义疏财，周济穷人和落难者。有同乡人丧亲，穷得连棺材都买不起。正在耕地的窦建德听说后立即解下自己家正在耕地的牛，送到这个人家里，让其卖了安排丧事，由此乡里都对他十分敬重。刘黑闼年轻时落魄，囊中空空，窦建德常给予其资助。他不仅重义轻利，还继承了前辈藏匿亡命的侠义品质。如其同乡孙安祖杀朝廷命官犯了死罪，窦建德冒着株连九族的危险，将孙安祖藏于家中，结果被官府探知，自己落得个家破人亡。他父亲去世后，“送葬者千余人，凡有所赠，皆让而不受”②。后来他率人举义，四方纷纷来归，就是因为他“仗顺而动，义安天下”③，即其具有急难好义的侠义精神。

图2-3　宋刻《凌烟阁功臣图》中的秦琼像（采自《沈从文全集》第32卷《中国古代服饰研究》，北岳文艺出版社2009年版）

东海丞（今山东枣庄）人李子通“少贫贱，以渔猎为事。居乡里，见班白提挈者，必

① 《新唐书》卷八五《窦建德传》。
② 《旧唐书》卷五四《窦建德传》。
③ 《旧唐书》卷五四《窦建德传》。

代之。性好施惠,家无蓄积,睚眦之怨必报"[①]。李子通仗义疏财,疾恶如仇,有怨必报,与汉代大侠郭解有相似之处。

齐州历城(今山东济南)人秦琼(图 2－3)更是一位著名的侠义之士。他的父亲秦爱就以"诚信待物,行义绝伦"而"闻于州里"[②],秦琼也是如此。他早年在隋将来护儿部下为军吏,来护儿就称赞他说:"此人勇悍,加有志节。"[③]秦琼不仅"勇气闻于远近",而且很讲义气。武德元年(618)七月,李密在黎阳与宇文化及大战时,"为流矢所中,堕马闷绝。左右奔散,追兵且至,唯叔宝独捍卫之,密遂获免"[④]。

济州东阿(今山东东阿)人程知节(原名咬金)自少骁勇,善用马槊。后来投奔瓦岗寨,为内军骠骑。武德元年(618)九月,李密与王世充决战。王世充进攻单雄信部,程知节与裴行俨前往救援。裴行俨中箭落马,程知节奋力救之,杀退王世充军,将裴行俨抱于马上,二人同乘一骑返回本营。这种不顾自身安危,救朋友于危难之中的行为无疑是程知节侠义精神的最充分体现。

曹州离狐(今山东东明东南)人李勣(图 2－4)的侠义精神也颇突出。《新唐书·李勣传》记:

> 李勣字懋功,曹州离狐人。本姓徐氏,客卫南。家富,多僮仆,积粟常数千钟。与其父盖皆喜施贷,所周给无亲疏之间。隋大业末,韦城翟让为盗,勣年十七,往从之……武德二年,密归朝廷……(后)密以谋反诛,帝遣使示密反状。勣请收

① 《旧唐书》卷五六《李子通传》。

② 《秦爱墓志铭》,载韩明祥编著《济南历代墓志铭》,济南出版社 2002 年版,第 24 页。

③ 《旧唐书》卷六八《秦叔宝传》。

④ 《旧唐书》卷六八《秦叔宝传》。

图2－4　**明绘李勣像**(采自华人德主编《中国历代人物图像集》,上海古籍出版社2004年版)

葬,诏从之。勣为密服缞绖,葬讫乃释……平洛阳,得单雄信,故人也。表其材武,且言:“若贷死,必有以报,请纳官爵以赎。”不许。乃号恸,割股肉啗之曰:“生死永诀,此肉同归于土!”为收养其子焉。

由上可知,李勣不仅喜欢救济贫困,而且尤其重视朋友之义,唐高祖曾称赞其为“真忠义之士”①。其实这里对李勣侠义精神的描述颇多溢美之处。他曾自述青少年时代的行为,可对其侠义精神作一补充:

> 我年十二三为无赖贼,逢人则杀;十四五为难当贼,有所不快者,无不杀之;十七八为好贼,上阵乃杀人;年二十,便为天下大将,用兵以救人死。②

以上均是隋末唐初的情况。即使在和平环境中,这种风气也未少衰,如贞观初年,即墨人王君操的父亲在隋大业年间与乡人李君则争斗,被李殴杀。李君则弃家亡命,官府追访数年不获。贞观初年,李君则到州府自首,“君操密袖白刃刺杀之,刳腹取其心肝,啖食立尽,诣刺史具自陈告”③。唐太宗特诏免其死。开元年间的

① 唐·刘祎之《大唐故司空太师赠太尉扬州大都督上柱国英国公勣墓志铭》,载陈尚君辑校《全唐文补编·再补》卷一,中华书局2005年版,第2089页。

② 唐·刘𫗧《隋唐嘉话》卷上。

③ 《旧唐书》卷一八八《王君操传》。

兖州人王鉴,“性刚鸷,无所惮畏,常陵侮鬼神”①,性格刚直,无所惧怕,对鬼神尚且经常辱骂,足可见其侠义风采。著名诗人王维于开元年间被贬为济州司仓参军,在这里作有《济上四贤咏三首》,其中《崔录事》诗称崔录事“解印归田里,贤哉此丈夫!少年曾任侠,晚节更为儒”②,《成文学》诗称成文学“使气公卿座,论心游侠场”③。当时山东一些儒士或“任侠”,或与游侠交游,亦足可见山东地区的侠义之风。

天宝十四载(755),范阳节度使安禄山起兵反叛,很快攻占了洛阳和长安,战火遍及黄河南北。山东地区也被卷入了这场战乱,并成为抵御叛军的主要战场。在“安史之乱”的刺激下,山东地区的侠义之风再次出现了一个高潮,又有一批侠义之士脱颖而出,如:

沂州临沂(今山东临沂)人王难得在肃宗李亨于灵武即位后,捐家资助军,领兴平军及凤翔兵马使,参与收复京师之役。正酣战之际,其所部士卒有一人坠马,王难得驰马前往救应,箭中肩上,血流不止,仍殊死作战。④

兖州(今山东兖州)人张玠“少豪侠,轻财重士”⑤。安禄山起兵后,遣部将李庭伟略地山东。鲁郡太守韩择木迎其于馆舍。张玠率乡豪张贵、孙邑、段绛等将李庭伟及其党羽数十人杀死,遣使奏报朝廷。其他人皆得官赏,只有张玠游荡于江南,不言己功。

---

① 宋·李昉等编《太平广记》卷三三〇《王鉴》。

② 唐·王维撰,陈铁民校注《王维集校注》卷一《济上四贤咏三首》,中华书局 1997 年版,第 43 页。

③ 唐·王维撰,陈铁民校注《王维集校注》卷一《济上四贤咏三首》,中华书局 1997 年版,第 44 页。

④ 参见《新唐书》卷一四七《王难得传》。

⑤ 《旧唐书》卷一四〇《张建封传》。

琅邪临沂人颜杲卿天宝年间任常山郡太守，安禄山起兵后，颜杲卿起兵反抗，对叛军后方构成了很大威胁。安禄山派史思明等率军攻常山，由于双方力量对比悬殊，他“昼夜战，井竭，粮、矢尽，六日而陷”①，最终被叛军俘虏。叛军胁迫他投降，被其断然拒绝，即使叛军以其儿子为要挟也未能奏效。后来他被送到洛阳，又怒骂安禄山，安禄山命人将其“缚之天津桥柱，节解以肉啖之，詈不绝，贼钩断其舌，曰：‘复能骂否？’杲卿含胡而绝”②。

唐末五代时，山东地区的崇尚侠义之风又迎来了一个高潮。

唐朝末年，统治日益腐败，吏治十分黑暗，百姓负担非常沉重，加上自然灾害频仍，导致社会矛盾不断激化，“自乾符之后，广明以前，节制廉问之臣，州牧县宰之吏，或抡拟不当，或铨择非良。镇藩翰者，则惠养抚绥之术蔑闻；居牧宰者，则贪婪苛虐之风益甚，或淫刑滥杀，或剥衣及肤。失业亡家，父南子北，多使饥者不得食，寒者不得衣，奔窜道途，跧藏山谷，耕桑甚废，旱沴相仍，结为仇雠，聚为盗贼。冤愤之气，上达于九天；激怒之威，横行于千里”③。位于鲁西南的曹、濮等州本就贫弱，灾害又连年发生，统治阶级的压榨却丝毫没有减轻。乾符二年（875）初，濮州（今山东鄄城）私盐贩王仙芝率众揭竿而起；六月，曹州冤句（今山东曹县北）私盐贩黄巢率众起义响应。他们部下的不少将领也都是山东人，如冤句人毕师铎、兖州小吏刘汉宏等。黄巢更是“世鬻盐，富于资。善击剑骑射，稍通书记，辩给，喜养亡命”④，即擅长武艺，又好结交一些因避难或犯法在外逃亡者和遇事好斗不顾性命之人。

① 《新唐书》卷一九二《颜杲卿传》。

② 《新唐书》卷一九二《颜杲卿传》。

③ 唐僖宗《车驾还京师德音》，载《全唐文》卷八九。

④ 《新唐书》卷二二五《黄巢传》。

五代时各地军阀混战，社会动荡不安，山东地区一直是主要战场之一，使这一带的侠义之风更浓。濮州鄄城（今山东鄄城）人葛从周早年参加黄巢起义，系朱全忠部将，后随其降唐。中和四年（884）七月，从朱全忠与蔡州节度使秦宗权激战于王夏寨。朱全忠临阵落马，葛从周将其扶上马，自己与蔡州兵格斗，结果“伤面，矢中于肱，身被数枪”①，但仍奋勇保护朱全忠。郓州寿张（今山东阳谷）人王彦章少投朱全忠军，以骁勇闻名，参与战斗时常持铁枪冲锋陷阵，驰骑如飞，左冲右突，号称“王铁枪”。虽不知书，但以忠义闻名。他常说：“大凡健儿开口便言死，死则未暇”②，“豹死留皮，人死留名”③。龙德三年（923）十月，王彦章被后唐军击败，重伤被俘，李嗣源劝其投降，他说：“我深受梁恩，只有以死报答，岂能朝事梁而暮事晋？我若归降，虽可保全生命，但有何面目见天下之人？”最终被杀。青州人夏鲁奇以骁勇闻名。后梁贞明元年（915），梁与晋王李存勖在漳河一带交战，晋王率百余骑兵窥探梁军兵营，被梁伏兵万人包围。夏鲁奇持剑携枪，独自保卫晋王，亲手杀敌百余人，受伤20余处，与晋王突围而出。后唐同光元年（923），他单骑追击梁大将王彦章，并将其擒获。长兴元年（930），守遂州，粮尽而自杀。其他再如兖州瑕丘（今山东兖州东北）人房知温少有勇力，早年为盗，后投军，以军功升至平卢军节度使、开府仪同三司，检校太师兼中书令等职。莱州掖县人王景自少善骑射，行为放荡不羁，不事生业，曾结里中少年为盗，后从军，后晋时因战功升至横海军节度使等职。青州人成汭“少无行，使酒杀人，亡为浮屠”④，后投

① 《旧五代史》卷一六《葛从周传》。
② 《旧五代史》卷二一《王彦章传》。
③ 《新五代史》卷三二《王彦章传》。
④ 《新唐书》一九〇《成汭传》。

奔荆南，升至荆南节度使。一些读书人身上也充满了侠义之气，如青州乐安（今山东博兴）人西方邺“年七岁，始就乡学，穷小经”，18岁“入太学，览《春秋》大义”，“又学击剑，曰：‘剑不学一人敌，学万人敌耳’”，后投奔后唐庄宗麾下，从征近十年，“俄经百战”，“每于料敌之谋，常中必成之术。其或两军相望，三鼓未鸣，公乃奋忠节以示威，拥轻袍而掉战。弓开月满，箭发星飞。骑跃追风，剑轮秋水。对敌望尘而骇目，连营效命以争先”①。

通过以上论述可以看出，隋唐五代时山东地区侠义之风很盛。从总体而言，侠主要有以下品德：轻财尚俭、急难好义、轻死重气、崇尚信用和重视友谊。② 山东地区的世风也深受这些风气的影响。讲究信用者，如隋代曲阜人孔刚“轻生重义，布信依仁”③；唐代乐安（今山东博兴）人任德“重然诺于三益”④；淄州邹平人段会“重然诺于三友”⑤，后从军，因作战勇敢任至左骁卫朔坡府折冲都尉；历下（今山东济南）人任忠“在党恂如，与朋有信”⑥；沂州丞（今山东枣庄）人萧至忠，“尝与友人期于路隅，会风雪冻冽，诸人皆奔避就宇下，至忠曰：‘宁有与人期而求安失信乎？’独不去，众咸叹服”⑦。

---

① 后唐·王豹《大唐故东南面招讨副使宁江军节度观察处置兼云□榷盐制置等使光禄大夫检校太保乐安县开国伯食邑七百户西方公（邺）墓志铭》，载吴钢主编《全唐文补遗》第1辑，三秦出版社1994年版，第439～440页。

② 参见刘永济《论古代任侠之风》，载《思想时代》1942年第12期。

③ 《唐故阳城县白土乡君孔氏（玉）墓志铭》，载吴钢主编《全唐文补遗》第3辑，三秦出版社1996年版，第360页。

④ 《唐故昭武校尉任君（德）墓志铭》，载吴钢主编《全唐文补遗》第3辑，三秦出版社1996年版，第373页。

⑤ 《唐故左骁卫朔坡府折冲都尉段府君（会）墓志铭》，载吴钢主编《全唐文补遗》第5辑，三秦出版社1998年版，第109页。

⑥ 《大唐故骑都尉乐安任君（忠）墓志铭》，载吴钢主编《全唐文补遗》第8辑，三秦出版社2005年版，第360页。

⑦ 《旧唐书》卷九二《萧至忠传》。

轻财好义者，如清河绎幕（在今山东淄川）人房彦诩“家富于□（疑为‘财’），性好周急。千里之客，仓廪每虚；一面之交，车马同弊。及还游故里，毕散余金”[①]；东海郯（今山东郯城）人余当“婆娑人世，容与林泉。物疏道亲，人轻义重”[②]；东平郓城（今山东郓城）人吕秀“以守辱为利，以中庸为常。得失不忘义，喜愠不形色”[③]。

隋唐五代时期山东地区崇尚侠义的民风，尤其是其中的讲究诚信、重视义气和人与人之间的感情等因素对于山东人的道德伦理观念和价值导向有十分深刻的影响。它们已经渗透到山东人的文化心理中，刻到他们的灵魂中。崇尚侠义的民风对齐鲁商贾传统也有深刻影响。其实，唐代市井商贾间任侠风气也很浓厚。武则天时，凤阁舍人崔融就说市井中“其间或有轻訬任侠之徒”，当时“富商大贾，豪宗恶少，轻死重义，结党连群，喑呜则弯弓，睚眦则挺剑”[④]。我们在文献中也可找到隋唐五代时期山东地区的工商业者颇具侠义精神的例子，如沧州阳信人高开道“少以煮盐自给，有勇力，走及奔马。隋大业末，河间人格谦拥兵于豆子■，开道往从之，署为将军。后谦为隋师所灭，开道与其党百余人亡匿海曲。复出掠沧州，招集得数百人，北掠城镇，临渝至于怀远皆破之，悉有其众”[⑤]。高开道就是一个以煮盐为业的手工业者，同时也可能兼营盐的发售，其颇受尚武侠义之风的浸染，以至于时机到来时，就起

① 《房彦诩墓志铭》，载韩明祥编著《济南历代墓志铭》，济南出版社 2002 年版，第 27 页。

② 《大唐故处士余君（当）墓志铭》，载吴钢主编《全唐文补遗》第 2 辑，三秦出版社 1995 年版，第 89 页。

③ 唐·侯造《有唐故东平吕府君（秀）夫人霍氏合祔墓志铭》，载吴钢主编《全唐文补遗》第 1 辑，三秦出版社 1994 年版，第 231 页。

④ 《旧唐书》卷九四《崔融传》。

⑤ 《旧唐书》卷五五《高开道传》。

兵反隋。前述“以渔猎为事”的李子通很可能以出售自己渔猎所得为生，也属于商人之列。唐末的王仙芝和黄巢在年轻时“皆以贩私盐为事”①，黄巢还“喜养亡命”。重义轻利已成为隋唐五代时期山东商人重要的价值观念之一。北海（治今山东青州）人赵琮曾“南北贸贾，利有攸往”，是一个成功的商人，但其“与朋友交，言行敦美，信义彰闻。轻金玉，立善外著，孝行六亲”②。他非常重视与朋友之间的友谊，重信义而轻财利。《太平广记》卷三九五《史无畏》记曹州人史无畏以耕地为业，家中十分贫穷，其朋友张从真家中十分富有，于是就对史无畏说：“弟勤苦田园，日夕区区。奉假千缗货易，他日但归吾本。”此处张从真将大宗本钱借给朋友，劝其经商。他自己很可能也是一个大商人，对友情也很重视。张从真将自己的财物无偿借与朋友，只要求将来归还本钱，而不索利息，也是重义轻利的典型之一。

崇尚侠义之风给山东人带来的讲究诚信、重义气等品格已经成为山东人的性格特征，以至于直到今天仍有人以此来衡量和批判山东人在商场上的作为。辛向阳主编的《“说道”山东人》一书曾引用德国人利希霍芬的话说：“山东人就其精神来说，能成为好官吏，学问也精湛，不太适于商业。”作者接着评论道：“这真是一针见血。山东人重义轻利嘛！此一点孔夫子似有不可推卸的责任，他见天儿地说‘君子喻于义，小人喻于利’，一定要把义与利对应起来”③。

其实，这种看法是有失偏颇的。孔子是山东的孔子，更是中国的孔子。儒家文化在汉代以后对于山东社会的影响未必一定比对

① 《资治通鉴》卷二五二。

② 唐·赵申盱《唐故居士天水赵府君墓志铭》，载《全唐文》卷八一七。

③ 参见辛向阳主编《“说道”山东人》，中国社会出版社 1995 年版，第 35～36 页。

其他地区的影响更强烈。义利关系的处理一直是中国商业思想史的重要话题,重义轻利的思想也一直是中国古代义利之辨中占主流的思想。当然,对"义"和人情的过度重视也会产生负面效应,如过度讲义气会使人头脑发热和不负责任,过分重视私人关系与市场经济的实质是契约经济、法治经济这一原则不相符等。[①] 我们应该在适应现代市场经济运行规则的基础上,继承和发扬山东商人讲义气、重诚信等优良传统。

二、隋唐五代时期山东地区的待客习俗与齐鲁商贾传统

山东人一向以热情好客闻名。孔子"有朋自远方来,不亦乐乎"的名言充分说明了这一点。这一民风在隋唐时期表现得非常突出。如《贞观政要》卷一《政体》记载贞观年间:

> 官吏多自清谨。制驭王公、妃主之家,大姓豪猾之伍,皆畏威屏迹,无敢侵欺细人。商旅野次,无复盗贼,囹圄常空,马牛布野,外户不闭。又频致丰稔,米斗三四钱,行旅自京师至于岭表,自山东至于沧海,皆不赍粮,取给于路。入山东村落,行客经过者,必厚加供待,或发时有赠遗。此皆古昔未有也。

这里的"山东"是指淮河以北、燕山一线以南,太行山以东的地区,虽不是今天意义上的山东地区,但包括今天的山东在内,尤其是"自山东至于沧海"更包括山东半岛在内,所以上文描述的状况也适合于山东地区。到了开元年间,据《新唐书·食货志》记载:

① 参见刘秋增等《传统民风与山东经济发展辨证思考》,载《山东经济战略研究》2001年第8期。

是时，海内富实，米斗之价钱十三，青、齐间斗才三钱，绢一匹钱二百。道路列肆，具酒食以待行人，店有驿驴，行千里不持尺兵。

通过以上论述，可知唐前期随着社会经济的发展和繁盛，山东地区人们的热情待客习俗非常兴盛，不仅免费提供食宿，临走时还有馈赠。具体如琅邪（治今山东临沂）人要志就“门招侠客之宾，路赠行粮之礼”①急行路若亲戚，视资产如浮埃”②。唐人戴孚的《广异记》中有一则故事称：“琅邪有人行过任城，暮宿郭外。主人相见甚欢，为设杂果。”③任城就是今天的济宁，此主人对陌生的投宿者十分热情，主动提供果品招待客人。

图2－5　现藏于日本五岛美术馆的平安后期绘制的白描圆仁像（采自白化文等校注《入唐求法巡礼行记校注》，花山文艺出版社2007年版）

唐文宗开成三年（838），日本僧人圆仁（图2－5）来唐求法，由山东经河北去山西五台山。当时“青州以来诸处，近三四年有蝗虫灾，吃却谷稻。缘人饥贫，多有贼人，杀夺不少。又行客乞饭，无人布施”④；“牟

① 《唐故要府君（志）墓志铭》，载吴钢主编《全唐文补遗》第5辑，三秦出版社1998年版，第364页。此文又见于周绍良、赵超主编《唐代墓志汇编续集》开元一五九，上海古籍出版社2001年版，第562页，但其文字及标点皆有误。

② 《唐故邢州南和县令清河崔府君（涣）墓志铭》，载吴钢主编《全唐文补遗》第4辑，三秦出版社1997年版，第147页。

③ 宋·李昉等编《太平广记》卷三三三《琅邪人》。

④ ［日］圆仁著，白化文等校注《入唐求法巡礼行记校注》卷二，花山文艺出版社2007年版，第200页。

平县至登州,傍北海行,比年虫灾,百姓饥穷,吃橡为饭”[①];“莱州界内人心粗刚,百姓饥贫”[②];“从登州文登县至此青州,三四年来蝗虫灾起,吃却五谷,官私饥穷。登州界专吃橡子为饭”[③],由于受灾,山东人待客之风受了一些影响,但大多对他还是热情接待。圆仁在其《入唐求法巡礼行记》中作了详细记述,兹将其开成五年(840)在山东化斋或求宿的遭遇录下:

二月二十五日,在文登县西三十里的招贤馆住宿,“知馆人高怒在馆中住,作主人殷勤”。

二月二十六日,到文登县龙泉村斜山馆断中,“知馆人梁公度在馆里住,不恶不好”。

二月二十七日,到文登县牵车村宋日成宅断中,“乞酱酢盐菜,专无一色。汤饭吃不得”。

二月二十八日,到牟平庐山寺用斋,附近“村人廿有余,各于自宅随力所办,修理饭食,擎将来。寺主僧一行表叹,村人于堂前同斋。各自所将饭食各自吃,不分与人。各割自食分以供僧也”。

二月二十九日,到牟平县牟城村高安宅住宿,“主人不恶”。

三月一日,到坚泰孙花茂宅断中,由于“不报,直入宅里,得主人怪。但主心殷勤”。

三月二日,到安香村迟彦宅用斋。

三月四日,在登州“赴张家请。日本三僧、当寺典座僧到彼断中”。

---

① [日]圆仁著,白化文等校注《入唐求法巡礼行记校注》卷二,花山文艺出版社2007年版,第218页。

② [日]圆仁著,白化文等校注《入唐求法巡礼行记校注》卷二,花山文艺出版社2007年版,第233页。

③ [日]圆仁著,白化文等校注《入唐求法巡礼行记校注》卷二,花山文艺出版社2007年版,第238页。

三月九日，在登州“于刘自政宅斋”。

三月十日，在登州“到张家斋”。

三月十二日，到黄县界九里战村少允宅住宿，“主人无礼数”。

三月十三日，到黄县战斋馆，于东桓宅用斋，“主人极悭，乞一盘菜，再三而方与”。

三月十三日，到莱州掖县界徐宋村姜平宅住宿，“主人心直”。

三月十四日，到掖县图丘馆王家断中，“主人初见不肯，每事难易。终施盐菜周足”。

三月十四日，到掖县中李村，“有廿余家。经五六宅，觅宿处，家家多有病人不许客宿。最后到一家，又不许宿，再三嗔骂。更到藤峰宅宿，主人有道心”。

三月十五日，到掖县平徐村程家断中，“主心殷勤”。

三月十七日，到莱州潘村潘家断中，“主人粗恶，不作礼数。就主人乞菜、酱、酢、盐，总不得。遂出茶一斤，买得酱菜，不堪吃”。

三月十七日，到胶水县界三埠村刘清宅住宿，“家妇嗔怒，夫解拚戏”。

三月十八日，过胶河渡口。莱州界内人心粗刚，百姓饥贫，到青州北海县界田庄卜家断中，“主人殷勤，斋菜无乏”。

三月十八日，傍晚到北海县芙蓉驿东耿村耿家住宿，“耿家主人柔善”。

三月十九日，到北海县王釋村赵家断中，“主有道心，供菜饱足”。

三月廿日，到北海县孤山村宋家修用餐，“主人悭极。一撮盐、一匙酱酢，非钱不与”。

三月廿日，到寿光县界半城村李家宿，“主人爱停客取宿钱”。

三月廿一日，到寿光县韭味店张家断中，“主人心平”。

三月廿三日，在青州赴判官萧庆中请，“到宅吃粥，汤药茗茶周足。判官解佛法，有道心，爱论义。见远僧，殷勤慰问”。

三月三十日，在青州赴萧处士请，“到宅断中”。

四月二日，早晨在萧判官宅吃粥。中午到龙兴寺“赴赵德济请斋”。

四月三日，在益都县界石羊村陈家用餐，“主人心平”。

四月三日，到临淄县金岭驿东王家住宿，“主人心性直好，见客殷勤”。

四月四日，到淄州淄川县界张赵村，入赵家用餐，“主人极贫，无饭可吃，心里无恶”。

四月四日，到长山县界古县村廓（应为“郭”）家住宿，“主人锻工，本是沛州人，心平有道心”。

四月五日，到长山县张李断中，“主人殷勤”。

四月五日，到长山县却不村史家住宿，“竟夜狗吠，恐惧不眠”，次日早晨，“主人施粥。又差一人相送指路”。

四月七日，到章丘县清口西北半里王家住宿，“主人心平”。

四月八日，到临济县“入尹家断中。便发。有商人施五升米”。

四月八日申时，到临邑县界双龙村张家住宿，“晚来雨下。主人心平”。

四月九日，到禹城县界燕塘村里甫家住宿，“主人有道心”。

四月十日，到禹城县仙公村赵家住宿，“主人无道心”。

四月十一日，到黄河渡口药家口，过河北岸断中，“四人每人吃四碗粉粥。主人惊怪：‘多吃冷物，恐不消化矣。’正西行三十五里。申时，到德州平原县界赵馆村赵家宿。主人无道心”。

四月十二日，到夏津县界形开村赵家断中，“主人有道心。施斋饭，菜蔬饱足”。

四月十二日，到夏津县界孟家庄孙家住宿，“主人有道心”。

四月十三日，到王淹村王家断中，“主人足道心，施斋饭”。

四月十五日，到贝州“城内刘家断中，饭食如法”。

四月十六日，“到清河县界合章流村刘家断中。吃榆叶羹。主人虽未解佛法，自出斋饭，与僧等断中”①。

会昌五年(845)，圆仁因唐武宗灭佛而被迫回国，他又记录了山东一些州县百姓的待客习俗，如：

莒县“百姓心粗恶”。

密州“人心极猛恶，温柔者稀”。

高密县“人心和软”。

即墨县“人心孝顺，能安存客”。

昌阳县“人心好”②。

唐高宗总章年间，新罗僧人义湘乘商船到达登州沿岸，受到了热情款待，有人曾“数稔供施”，主人的女儿更是为其“办集法服并诸什器，可盈箧笥”③。

通过以上圆仁所记遭遇和亲身体验及义湘的经历可发现他们经过的多数地方的人们还是能正常接待陌生客人的，或提供午饭，或留宿，有的待客殷勤，有的只是“心平”，即态度既不十分热情，也不十分冷淡。对于一些不速之客，这也是正常的。至于那些“悭吝”、“无道心”的对来客冷淡者，恐怕更多的是因为遭受了天灾的缘故，主人家本身就很困难。再者，与圆仁所记其他地区

① 以上引文均出自[日]圆仁著，白化文等校注《入唐求法巡礼行记校注》卷二，花山文艺出版社 2007 年版，第 213～253 页。

② 以上均出自[日]圆仁著，白化文等校注《入唐求法巡礼行记校注》卷四，花山文艺出版社 2007 年版，第 483～484 页。

③ 宋·赞宁撰，范祥雍点校《宋高僧传》卷四《义解二·唐新罗国义湘传》，中华书局 1987 年版，第 75 页。

相比，山东人的热情厚道也是显而易见的。如他称镇州大廓县界作护驿刘家“主人贼心算人”，晋州霍邑县霍昌村马家店“主人粗贼”，“淮南道、扬、楚州县人心奸恶，大难把捉”。刘禹锡亦曾说：“鲁为儒乡，故其人知书，风俗信厚。”[①]也可见山东人的热情与厚道。

在古代与交通配套的服务业不够发达的情况下，行人旅客能随时随地找到歇宿之处并取得足够的食物（仅靠携带是不够的）就成了一个非常重要的问题。交通沿线的人们是否热心或有无能力接待客商就直接影响着商业尤其是长途贩运业的发展。隋唐五代时期山东人热情待客的习俗无疑有助于客商往来，有利于山东商业的发展。这一习俗对齐鲁商贾传统也有很深影响，使热情待客成为齐鲁商贾传统的重要内容之一。

三、隋唐五代时期山东的佛教信仰习俗对齐鲁商贾传统的影响

佛教自汉代传入中国后，到隋唐时期臻于极盛。它不断深入到上至帝王、贵族和官僚士大夫，下至普通民众的日常生活中，佛事活动已成为他们日常生活的重要内容之一，社会上兴起了崇信佛教的热潮。山东地区民众对佛教的崇信也达到了极深的程度。有学者以高僧籍贯、驻锡地分布及寺院的分布为主要标准，参照石窟、佛教石刻和佛教学术的地区分布，认为山东地区无论是在唐前期还是在唐后期都仅仅属于佛教发展的一般区域，而不是发达区域[②]，其实上述标准反映的更多的是某一地区佛教理论的发展及寺

① 唐·刘禹锡著，瞿蜕园笺证《刘禹锡集笺证》卷八《天平军节度使厅壁记》，上海古籍出版社 1989 年版，第 184 页。

② 参见李映辉《唐代佛教地理研究》，湖南大学出版社 2004 年版，第 180～289 页。

院的分布，并不能很好地反映民众对佛教的崇信程度。具体来说，唐代山东对佛教的崇信之风表现在以下几个方面：

第一，佛教寺院众多。当时齐鲁大地几乎所有的州县治所都有佛寺，有的州县甚至有多所。[①] 从整体上看，山东各州的寺院比前代更加密集且广泛，并出现了黄河两岸的郓州、兖州、曹州、齐州及青州、登州、密州两个密集分布区。[②] 据日本僧人圆仁的《入唐求法巡礼行记》，他所经过的县城及附近大都有两三所佛寺，如文登县有惠海寺和惠聚寺，牟平县有庐山寺和法云寺，蓬莱县有王庭村寺，登州府城有开元寺、法照寺和龙兴寺，莱州州城外有龙兴寺，北海县有观法寺，青州府城有龙兴寺。当时还有不少寺院不在州县治所，而是位于广大乡村，如圆仁所记登州赤山法华院及长山县的醴泉寺。济南一带位于广大乡村的佛寺也很多，如历城千佛山上的兴国禅寺、佛慧山上的佛慧山寺、龙洞山东南的般若寺、柳埠的神通寺和九塔寺、玉函山上的卧佛寺，平阴龟山的寿逢寺和翠屏山的宝峰寺，长清方山的灵岩寺，今章丘明水镇的盘泉寺和刁镇的白云寺等，由上足见隋唐时期山东佛寺分布之广。

第二，民众对僧人的态度。这通过民众斋僧或对僧人的布施可以看出。前文已罗列过圆仁《入唐求法巡礼行记》中所记载的各地待客民风，其描述可分为三类：一是褒义的，如"殷勤"、"心平"、"善"、"孝顺"、"和软"、"好"等；二是贬义的，如"无礼数"、"粗刚"、"悭极"、"粗贼"、"奸恶"、"粗恶"、"猛恶"等；三是中性的，如"不恶"、"不恶不好"、"心直"等，其中褒义和中性的约占2/3，贬义

① 参见鲁统彦《唐朝山东佛教地理初探》，山东大学硕士学位论文，2001年，第11页；杨荫楼、王洪军《齐鲁文化通史·隋唐五代卷》，中华书局2004年版，第241~248页。

② 参见鲁统彦《唐朝山东佛教地理初探》，山东大学硕士学位论文，2001年，第13页。

的约占1/3。[①] 这里面既有山东人热诚待客传统的影响，又有民众信奉佛教的因素在内。他们将斋僧或布施视为尊奉佛教的方式，故从圆仁所经州县及其遭遇来看，大部分民众对佛教还是比较崇信的。从这些人所处的社会阶层来看，其中既有地方官员、有文化但未出仕的处士，又有数量较多的农民，还有一些手工业者和商人。圆仁还记述了一些对佛教信奉比较虔诚的施主，即"有道心"者，在前引圆仁的叙述中，有近1/5的施主被誉为"有道心"，即信奉佛教之心，亦可反映当时山东民众对佛教的崇奉。

第三，从石刻造像的数量来看。学界对此已有研究，如李映辉在《唐代佛教地理研究》一书中统计了近20种金石著作中有文字铭记的石刻共921通，青州有117通，兖州有45通，齐州有40通，仅此三州即有202通[②]，约占总数的22%。李晓敏收集了隋唐时期的造像记1456条，其中有1172条或明确记载了地点，或可以考证其地点，其中最多的是河南，有685条，山东次之，有151条[③]，约占可确定地点造像记的12.9%，在全国也处于前列。以上两项统计并不完全，但可在一定程度上反映山东民众对佛教的崇信程度。

从造像的组织形式看，比较多的是个人单独造像和以家庭为单位的造像，但一些大型的造像如塔、经幢、造像碑等所需资金浩大，一般平民百姓无力承担，故往往采取"社邑"的形式。这类社邑人数众多，少者几十人，多者上百人、几百人甚至千人。隋唐时期山东地区民众也普遍采用社邑这种形式从事各种佛教活动，试举

① 参见王福昌《日人圆仁视野中的唐代乡村社会》，载《华南农业大学学报（社会科学版）》2007年第1期。

② 参见李映辉《唐代佛教地理研究》，湖南大学出版社2004年版，第142～144页。

③ 参见李晓敏《造像记：隋唐民众佛教信仰初探》，载《郑州大学学报（哲学社会科学版）》2007年第1期。

数例如下：

隋开皇十五年(595)，青州广福寺造像，参与者有维那孟清、清信女李荒女、清信女石哈、清信女王次男、清信女卓平晓、清信女刘潘尼、清信女戴羊女、清信李娥女、维那王居罗、维那孟伏念、维那孙益钱、维那郭仲容、维那胡保、维那张思纂、维那王大宁、维那刘建德、清信女张元妃、清信女管那子 19 人。[①]

唐景龙三年(709)，益都诸邓村全村老幼造五级石塔一所，弥勒像一铺，[②]此处称"诸邓村老幼"，可知此次造像结成的社邑组织人数也不会少。

唐开成二年(837)，"济州历城县维那刘长清等八人为□中金刚经邑会之长，曾同邑内信直者十数公俱礼南灵台山禅大德僧□方为出世之师"，到其师圆寂后，维那刘某等"乃率邑内诸人等家财，同心奉为没故禅大□建此弥勒像一躯、侍菩萨两躯于南灵台山先师宴坐之地"，"功德主及都维那、邑人等一百一十人结金刚经会"[③]，由此可见此金刚会组织的规模。

后周显德五年(958)的历城颜上人经幢的题名记也很庞大，有僧尼和俗家弟子各 50 多人，其中还包括一些地方官员[④]，可知这也是一个有相当规模和影响力的社邑组织。

限于史料，我们已无法弄清隋唐五代时期山东地区的众多社邑组织成员中究竟有多少工商业者[⑤]，但结合前文所提及的山东地

① 参见《隋广福寺造像记》，载清·段松苓辑《益都金石记》卷一。

② 参见《唐邓村老幼造石塔记》，载清·段松苓辑《益都金石记》卷一。

③ 参见《佛峪金刚会碑》，载清·毕沅、阮元《山左金石志》卷一三。

④ 参见《颜上人经幢》，载民国《续修历城县志》卷三二。

⑤ 我们也可看到唐代山东手工业者造像的例子。山东东平理明窝摩崖造像第一号大龛第四像上方有一附龛，内雕二身禅定作佛，附龛右下方有一则题记，曰"木匠王博□□佛□"。参见张总、郑岩《山东东平理明窝摩崖造像》，载《文物》1998 年第 8 期。

区的工商业者等积极斋僧，后文即将论述的山东工商业者信奉佛教及其他地区手工业者和商人广泛参与佛教活动的事实[①]推断，山东地区应当有不少工商业者参与其中。

在前述比较浓厚的信奉佛教的风气下，佛教学说中的一些观念对民众生活的影响亦越来越深，其中最为突出的就是因果报应观念。这一观念提倡隐恶扬善，多做好事，要求人们遵守基本的社会伦理秩序（如不偷盗、不诳语等）和基本戒律（如不杀生）。这同样会对工商业者的行为产生较大的影响，其中的不少内容如讲究诚信和由不偷盗衍化出的对钱财取之有道等观念都会成为工商业者的行为规范，从而成为齐鲁商贾传统的重要内容。

人们在施舍钱财从事造像等佛教活动时，往往强调要用“净财”。如刻于垂拱四年（688）的长清灵岩寺《彗赜禅师塔铭》是彗赜禅师的弟子在其圆寂后所立，其中称“抽资什物，谨舍净财，敬造斯塔一所，奉为皇帝陛下，师僧父母，普及含灵，存亡眷属，尽愿超逾，俱登觉道”[②]。长安二年（702）的青州驼山《尹思真题记》则称：

> 长安二年岁□七月庚辰朔五日甲子，青州益（都）县佛弟子尹思真为亡过妻张氏及女侍□，见施净财于驼山寺，敬造石□像铺。上为金轮皇帝，下及师僧父母，振众子之炎埃，扛群生于桕□，忘者往生净土，□乐无穷。法界苍生，咸同斯福。[③]

① 房山石经经文后有大量题记，其中唐代的题记反映了各类工商业者的佛教信仰状况，参见北京图书馆金石组等编《房山石经题记汇编》，书目文献出版社1987年版。相关研究可参见张国刚《佛学与隋唐社会》，河北人民出版社2002年版，第208～214页；陈艳玲《唐代城市居民的宗教生活：以佛教为中心》，华东师范大学博士学位论文，2008年，第92～107页。

② 《彗赜禅师塔铭》，载韩明祥编著《济南历代墓志铭》，济南出版社2002年版，第31页。

③ 《尹思真题记》，载清·陆增祥《八琼室金石补正》卷二九。

再如长安三年(703)的《李怀膺青州驼山北洞造像记》称:

> 长安三年十月十九日,李怀膺为亡过母任氏及妹九娘、见存父,谨施净财,敬造弥陀像一铺,普愿见在眷属,咸同斯福。高文纪书。①

所谓"净财",即施舍者是通过自己的辛勤劳动获得的来路正当的钱财,而不是通过歪门邪道获得的不义之财。只有使用净财施舍,方才算是功德,足可见佛教信仰对财富伦理或商业伦理的影响。

对一些见利忘义的商人,人们则是寄希望于因果报应。《太平广记》卷三九五《史无畏》记:

> 唐史无畏,曹州人也,与张从真为友。无畏止耕垅亩,衣食窘困。从真家富,乃谓曰:"弟勤苦田园,日夕区区。奉假千缗货易,他日但归吾本。"无畏忻然赍缗,父子江淮射利,不数岁,已富。从真继遭焚爇,及罹劫盗,生计一空。遂诣无畏曰:"今日之困,不思弟千缗之报,可相济三二百乎?"闻从真言,辄为拒扞,报曰:"若言有负,但执券来。"从真恨怨填臆,乃归。庭巾焚香,泣泪诅之,言词慷慨,闻者战慄。午后,东西有片黑云骤起,须臾,霆雨雷电兼至。霹雳一震,无畏遽变为牛,朱书腹下云:"负心人史无畏。"经旬而卒。刺史图其事而奏焉。

对朋友昧心的史无畏遭到了报应,首先变成了牛,然后死去。在传统社会的商品经济中,由于相关市场法律和交易规则的不完备,工商业者的一些行为规范就会发挥商业交易规则的作用,对于当时商品经济的正常和平稳运行具有重要意义。

① 吴钢主编《全唐文补遗》第7辑,三秦出版社2000年版,第483页。

第三节　隋唐五代时期的齐鲁商人及其经营

一、隋唐五代时期齐鲁商人的类型

随着隋唐五代时期商业的空前繁荣,国内外市场进一步扩大,商人队伍也日益扩大。对于商人类型的划分,可以有不同的标准。按经营规模划分,可分为富商大贾和中小商人;按经营方式划分,可以分为专职贩运商人、出卖自己生产的农产品和手工产品者及从事服务业者等;从商业主体的身份来看,可分为民间商人和官商;按国别划分,可分为本国商人和外国商人。下面就逐一论述之。

隋唐五代时期的齐鲁商人既有富商大贾,也有大量的中小商人活跃于流通领域。

资财雄厚的富商大贾的大量出现,是当时齐鲁商人队伍壮大的突出标志。唐代山东出现了不少财力雄厚的富商大贾,举例如下:

青州人李清,世世代代以开染坊为业,"家富于财,素为州里之豪甿","凡积百余万"①,可见当时一些山东商人资财之雄厚。

齐州人刘十郎"习商估,数年之内,其息百倍,家累千金"②。

因战乱定居于齐地的张公佐曾任淄州军事押衙,后去职经商,"未逾一纪,骡马疋帛成七八百千矣"③。

---

① 宋·李昉等编《太平广记》卷三六《李清》。

② 宋·李昉等编《太平广记》卷一三八《齐州民》。

③ 唐·李全交《有唐故淄州军事押衙清河张公(公佐)墓志铭》,载吴钢主编《全唐文补遗》第4辑,三秦出版社1997年版,第183页。

隋唐时期由于国家统一,社会安定,商品生产和商品交换日趋活跃。在这一背景下,当时由工而商或由农为商的中小商人也得到了迅速发展。唐代农民经商之风很盛。武德初年,唐高祖就在诏书中称当时“趣末者众,浮冗尚多”①。永隆二年(681),高宗说:“如闻游手堕业,此类极多”②。中宗时,“稼穑之人少,商旅之人众”③。中唐以后,经商之风更加兴盛,至德宗时,“乡居地著者百不四五,如是者迨三十年”④。稍后,李翱也说:“百姓日蹙,而散为商以游,十三四矣”⑤。山东地区的情况应不会相去太远。至于私营手工业者,他们既是商品生产者,又是自己产品的推销者。当时粮食加工业比较发达,经营磨坊者很多,如禹城县市上就有人专门卖面,一斗“面七八十文”⑥。也有不少中小商人和手工业者上升为富商大贾,如齐州刘十郎以鬻醋油起家,后在数年之内,“家累千金”⑦。曹州人史无畏初为农民,“衣食窘困”,后借朋友张从真1000贯钱作本钱,“父子江淮射利,不数岁,已富”⑧。

隋唐五代时期山东职业贩运商人的足迹很广,其中有在本地区范围内或限于本乡本土的小商贩,如兖州民妇贺氏的“丈夫则负担贩卖,往来于郡”⑨,齐州刘十郎“以鬻醋油为业”⑩。也有长途贩

---

① 宋·宋敏求编《唐大诏令集》卷一〇八《关内诸州断屠酤诏》。

② 《旧唐书》卷五《高宗纪》。

③ 宋·王钦若等编《册府元龟》卷五四四《谏诤部》。

④ 宋·王溥《唐会要》卷八三《租税》。

⑤ 唐·李翱《进士策问二道》,载《全唐文》卷六三四。

⑥ [日]圆仁著,白化文等校注《入唐求法巡礼行记校注》卷二,花山文艺出版社2007年版,第249页。

⑦ 宋·李昉等编《太平广记》卷一三八《齐州民》。

⑧ 宋·李昉等编《太平广记》卷三九五《史无畏》。

⑨ 宋·李昉等编《太平广记》卷二七一《贺氏》。

⑩ 宋·李昉等编《太平广记》卷一三八《齐州民》。

运者，有的到江淮一带，如唐代高僧昙真是青州人，父亲以贩卖青州枣为业，他少时曾随父运枣去彭城（今江苏徐州）①；曹州人史无畏父子则往“江淮射利”②；唐洪之祖先是鲁国人，年幼时随祖父和父亲居于河朔一带，成人后“性慕云泉，不亲荣禄。后因贾贸江淮，徙居青社”③，也是到江淮地区经商。还有的则是往来于南北，如青州人赵琮“南北贸贾，利有攸往”④。因战乱定居于齐地的张公佐经商范围非常广，“或优游梁汴，或低历惟扬，或越沧海，或泛江湖，绵历星霜，崎岖道路，以廿余载”⑤。有的则漂洋过海，到外国从事贸易。唐代还有不少新罗人在山东以经商为生，他们往来于中、日、高丽之间，后文详述。再如五代后梁时青州贾客“泛海遇风，漂至一处”⑥，即其所谓的“鬼国”，由此可知其海外贸易的经历。新罗僧人朴义湘“以总章二年附商船达登州岸”，到长安等地学习佛经后，“复至文登旧檀越家，谢其数稔供施，便慕商船，逡巡解缆”⑦回国。朴义湘往返于朝鲜半岛和山东半岛，均是搭乘商船往返，说明当时有不少商人往来于两地，其中既有来华贸易的朝鲜商人，也肯定有出海贸易的山东商人。

除专职贩运商人外，还有将自己生产的农产品和手工产品出

---

① 参见宋·赞宁撰，范祥雍点校《宋高僧传》卷一〇《唐襄州夹石山思公传》，中华书局1987年版，第238页。

② 宋·李昉等编《太平广记》卷三九五《史无畏》。

③ 《唐故鲁国郡唐府君（洪）墓志铭》，载吴钢主编《全唐文补遗》第9辑，三秦出版社2007年版，第419页。

④ 唐·赵申旿《唐故居士天水赵府君墓志铭》，载《全唐文》卷八一七。

⑤ 唐·李全交《有唐故淄州军事押衙清河张公（公佐）墓志铭》，载吴钢主编《全唐文补遗》第4辑，三秦出版社1997年版，第183页。

⑥ 宋·徐铉《稽神录》卷二《青州客》。

⑦ 宋·赞宁撰，范祥雍点校《宋高僧传》卷四《义解二·唐新罗国义湘传》，中华书局1987年版，第75页。

售者。前文已详细论述过隋唐时山东地区农产品的商品化和手工业的发展等问题，可推知这类商人是普遍存在的。再如青州人李清，家中世代经营染布业，发家致富。他出卖的就是自己染的布匹。

隋唐五代时山东的服务业已经有了较大发展，其中有不少人从事服务行业。唐代饮茶成风，唐封演的《封氏闻见记》卷六就称“自邹、齐、沧、棣，渐至京邑，城市多开店铺煎茶卖之”，可知当时从今山东地区到长安沿线，茶馆很多。在交通沿线还有人以摆渡为生，如在禹城县的黄河渡口药家口“多有舟船，贪载往还人”①，有的则以出租驴做旅客的代步工具来谋生，同样在药家口，这里“一头驴十五钱”②。还有一些人向路过的客商临时出售食物或提供住处收取宿钱，日僧圆仁在山东都遇到过，如其在莱州潘村遇到主人“粗恶，不作礼数。就主人乞菜、酱、酢、盐，总不得”，圆仁被迫“出茶一斤，买得酱菜”③；在北海县孤山村，“主人悭极。一撮盐、一匙酱酢，非钱不与”④。

从商人的身份来看，可分为民间商人和官商。民间商人前文已多有提及，如李清、刘十郎、史无畏等均是民间商人。至于官商，情况比较复杂。其中势力最大的是藩镇。他们为增强自己的实力，都很重视发展商业。藩镇军将除用军储物资贸贩取利外，也用

① ［日］圆仁著，白化文等校注《入唐求法巡礼行记校注》卷二，花山文艺出版社2007年版，第249页。

② ［日］圆仁著，白化文等校注《入唐求法巡礼行记校注》卷二，花山文艺出版社2007年版，第249页。

③ ［日］圆仁著，白化文等校注《入唐求法巡礼行记校注》卷二，花山文艺出版社2007年版，第233页。

④ ［日］圆仁著，白化文等校注《入唐求法巡礼行记校注》卷二，花山文艺出版社2007年版，第235页。

搜刮来的财物从事商业活动，并形成了一股社会风气。唐代的淄青节度使往往兼任海运押新罗渤海两蕃使，负责山东与渤海和新罗的口岸贸易、海道运输等事务。新罗商人从海路运抵的货物往往集中于青州，渤海商人也大量集中于此，“代宗以后，置渤海馆于青州，以待渤海之使，其交易船舶，亦泊于是”①。李正己任淄青节度使期间更加注重海外贸易，其“货市渤海名马，岁岁不绝”②。到文宗开成元年（836）六月，“淄青节度使奏：新罗、渤海将到熟铜，请不禁断”③。

隋唐五代时期山东地区有不少官员都积极投身于商业，利用特权为自己牟利。唐初任青州总管的张威在青州“颇治产业，遣家奴于民间鬻芦菔根，其奴缘此侵扰百姓”④。芦菔即萝卜，块根可食用，子可入药，张威让家奴到民间卖萝卜，因此侵扰了百姓并最终被罢官。唐代中期任职于青州的徐翥“货殖殷赡”⑤。五代时曾任郓州、兖州节度使的赵在礼“历十余镇，善治生殖货，积财巨万，两京及所莅藩镇，皆邸店罗列”⑥。他善于经商，所到之处均设邸店，最终累计家产至百万。五代时兖州节度使慕容彦超“常令人开质库，有以铁胎银质钱者”⑦。质库的经营方式就是任百姓送钱或物于库，质钱或物以归，后付息还本取回质物，主人借此获利。

一些地方官府也直接参与经营。从唐中后期开始，国家开始

① 金毓黼《渤海国志长编》卷一七《食货考》。
② 《旧唐书》卷一二四《李正己传》。
③ 宋·王钦若等编《册府元龟》卷九九九《外臣部》。
④ 《隋书》卷五五《张威传》。
⑤ 宋·张君房《云笈七签》卷一二一《徐翥为父修黄箓斋验》。
⑥ 《旧五代史》卷九〇《赵在礼传》。
⑦ 《旧五代史》卷一三〇《慕容彦超传》。

对盐实行专卖。穆宗时,青、兖、郓等地都是官府“置小铺粜盐,巡院纳榷”[1],国家直接投身于商业经营。五代时,“滨海郡邑皆有两浙回易务,厚取民利,(如有所负,回易吏)自置刑禁,追摄王民,前后长吏利其厚赂,不能禁止”,刘铢则警告部下“不得与吴越征偿及擅行追摄,浙人惕息,莫敢干命”[2],由此也可知当时后汉沿海各郡邑官府均设有回易务,与两浙地区的吴越进行贸易。占据两浙的钱镠也“差使押茶货往青州,回变供军布衫段送纳”[3]。刘铢不仅严格控制官府贸易,还直接经营商业,主要是盐业,直到他“离镇之日,有私盐数屋,杂以粪秽,填塞诸井,以土平之”[4]。

当时军队也参与经商,《太平广记》卷三〇〇《三卫》就记述了开元年间,三卫(按:指唐代禁卫军,分亲卫、翊卫、勋卫,合称“三卫”)军士从青州北海向长安贩卖北海绢,两匹绢两万贯,既反映了北海绢质量之高,也说明了军队经商获利之丰厚。

除本国商人外,隋唐五代时的山东还活跃着大量的外国商人,主要是新罗商人。当时来山东地区居住或从事各种活动的新罗人之多,不仅是空前的,也是后世罕见的,其中既有来此求法的僧侣,也有前来利用唐朝的经济繁荣开展贸易的商人,还有大量被贩卖到登、莱等州作奴婢者。

密州诸城县大朱山一带的新罗人有的从事造船和修船业,有的利用山林资源从事烧炭业。开成四年(839),日僧圆仁等人从楚州赴登州途中,在海州沿海与新罗船只相遇,该船水手自称:“吾等

① 唐穆宗《停淄青兖郓等道榷盐诏》,载《全唐文》卷六五。

② 《旧五代史》卷一〇七《刘铢传》。参校陈尚君辑纂《旧五代史新辑会证》卷一〇七,复旦大学出版社2005年版,第3250页。

③ 宋·王钦若等编《册府元龟》卷四八四《邦计部》。

④ 《旧五代史》卷一〇七《刘铢传》。

从密州来,船里载炭,向楚州去。本是新罗人,人数十有余。”①这十余人显然就是在密州与楚州之间从事木炭贸易的商人。大中元年(847),圆仁等在文登赤山等候已久,觉得从这里回国无望,就想从明州乘日本船回国,于是用布 17 端雇新罗人郑客之车,运载衣物去密州。他们至密州诸城县界大朱山驻马浦后,又遇新罗人陈忠之船“载炭欲往楚州”,便又出脚价绢五匹乘其船继续南下。到楚州后,又得知在明州的日本船已经回国,而唐人江长及新罗人金子白、金珍等的商船欲去日本,现已到莱州崂山,拟带圆仁等回国,于是他们又立即乘楚州新罗坊王可昌的船赶赴崂山。到崂山后,又得知金珍的船已到赤山,并“专在赤山相待”,圆仁等乘王可昌船继续向东北追赶,到田横岛后又因连日逆风,被迫取道陆路,方才追上金珍之船。圆仁上述反复折腾追赶船只的经历向我们展现了新罗商人在中国东部沿海尤其是江苏和山东一带的活动场景,他们不仅人数多,船队也很庞大,并且对江苏楚州、山东密州、登州及新罗、日本之间的航线十分熟悉。

登州一带的新罗人也有从事商业者。唐昭宗时,有“鸡林金清押衙,家别扶桑,身来青社,货游鄞水,心向金田”②。鸡林是唐人对新罗的别称,青社指山东半岛东部地区,有时也指青州,鄞水即今浙江宁波境内的甬江,由此可知金清侨居山东,但经常到江南东道的明州,即今江浙一带经商。

唐后期,新罗人张保皋(图 2-6)在山东沿海形成了一股不小的势力。他原来做过唐朝下级军官,以勇敢著称。据《新唐书·东夷传》,他后来回国,对新罗国王说:“遍中国以新罗人为奴婢,愿得

① [日]圆仁著,白化文等校注《入唐求法巡礼行记校注》卷一,花山文艺出版社 2007 年版,第 136 页。

② 《唐无染院碑》,载民国《牟平县志》卷九。

图2-6 荣成石岛法华寺张保皋像(采自朱亚非等《山东对外交往史》,山东人民出版社2011年版)

镇清海,使贼不得掠人西去。”因此,他被任命为地处沿海要冲的清海镇大使,统兵万人镇守。后来因在国内平叛有功,被任命为丞相。张保皋利用禁海贼的权力和机会,创建了一支规模较大的船队,以清海镇(莞岛)为大本营,开展中、日、新罗之间的贸易。他将百济生产的铜、铁、银贩运到唐朝,将中国的丝织品、瓷器、纸张等新罗和日本稀缺的货物运到那里,以从中获利。圆仁在赤山一带也听说有“张大使交关船二只到旦山浦”[①]。交关船就是张保皋的往来于唐与新罗之间的贸易船只。总之,张保皋以清海为中心,建立了包括渤海、黄海、东海、日本海在内的海洋贸易网络,在军队的保护下进行国际贸易。他不仅是新罗的官吏,又是活跃在新罗和

① [日]圆仁著,白化文等校注《入唐求法巡礼行记校注》卷二,花山文艺出版社2007年版,第166页。

山东、江苏沿海地区的富商巨贾。

二、隋唐五代时期齐鲁商人的经营方式

对于隋唐五代时期齐鲁商人的经营方式,限于史料,我们不能详细、全面地论述,只能选择若干方面进行探讨。

首先是隋唐五代时期齐鲁商人资本的来源。商人资本又叫商业资本,包括商品经营资本和货币经营资本,此处所论述的商人资本主要是指商品经营资本,即专门从事商品买卖,以获取利润为目的的资本。大致来说,隋唐五代时期齐鲁商人资本的来源有以下几种:

第一,日常积累。前文已论述过隋唐五代时期山东地区活跃着大量的中小商人,他们的资本来源大多就是这种方式。

第二,借贷。曹州人史无畏本来以务农为业,"衣食窘困",他的朋友张从真家中比较富有,就对他说:"弟勤苦田园,日夕区区。奉假千缗货易,他日但归吾本。"①史无畏非常高兴地取了钱,然后与儿子到江淮地区做生意赚钱,没过几年就富裕起来了。

第三,意外发财。唐五代时山东地区有一些商人是靠意外之财起家的,如齐州人刘十郎得到了一根舂米用的新杵,"自是因穿地,颇得隐伏之货",正是由于其挖地时得到了许多隐藏在地下的财物,从而开始经商,几年之内就"息百倍,家累千金"②。

第四,通过抢劫等的非法所得。郓州人程少良本来是盗贼,"晚更与其徒畜牝马草一羸,私作弓矢刀杖,学发冢抄道。常就迥远坑谷,无庐徼处,依大林木,早夜侦候作奸",由于当时的淄青节

① 宋·李昉等编《太平广记》卷三九五《史无畏》。

② 宋·李昉等编《太平广记》卷一三八《齐州民》。

度使李师古大力鼓励发展商业,致使郓州一带“出入天下珍宝,日日不绝”,各路商人会集,由此程少良“致赀以万数”①,后来他因年老而金盆洗手,开始大力从事贸易。

其次,再讨论一下隋唐五代时期齐鲁商人的经营方式。隋唐五代时齐鲁商人经营方式的一大特点就是以家庭或家族为经营单位。以家庭为单位经营的,有的是父子一起,如曹州人史无畏父子;②有的是夫妻一起经营,如齐州刘十郎。③ 以家族为单位经营者,如青州李清家族世世代代经营染布作坊,其“家富于财,素为州里之豪甿。子孙及内外姻族,近百数家,皆能游手射利于益都”④,可知李清家族的成员大多从事手工业生产与销售活动,在这个家族组织和手工业作坊合而为一的生产和生活组织内,李清既是作坊主,即“老长行”,又是家族的族长。每到他生日时,家族成员“争先馈遗,凡积百余万”,“来则不拒,纳亦不散”⑤。李清之所以能保持在家族中的崇高地位,可能与其手中掌握了高超的染布技艺有关,后文详述。

由于官商可凭借自己的政治地位在经营活动中获取更高的利润,以致于有人愿将资金交给某些官吏,采取委托经营的方式,双方分享利润。如《太平广记》卷二五二《司马都》引《玉堂闲话》称:“前进士司马都居于青丘,尝以钱二万,托戎帅王师范下军将市丝。”“青丘”即青州,唐末居于此的司马都出资委托地方最高长官平卢节度使王师范的部下买丝。这种经营方式也有弊端,就是出

① 唐·李商隐著,冯浩详注,钱振伦、钱振常笺注《樊南文集》卷八《齐鲁二生·程骧》,上海古籍出版社 1988 年版,第 486 页。

② 参见宋·李昉等编《太平广记》卷三九五《史无畏》。

③ 参见宋·李昉等编《太平广记》卷一三八《齐州民》。

④ 宋·李昉等编《太平广记》卷三六《李清》。

⑤ 宋·李昉等编《太平广记》卷三六《李清》。

资人与官员相比居于弱势地位，其资金可能会被官员侵吞，司马都的遭遇就是如此，“经年，丝与金并为所没”。

再次，探讨一下隋唐五代时期齐鲁商人对商业利润的处置，即商业利润的流向。此处不拟详述隋唐五代时齐鲁商人商业利润的用途，而是着重论述当时齐鲁商人对义利关系的处理。

中国古代处理义利关系的主流思想是“重义轻利”，隋唐五代时的齐鲁商人也大多持这种态度。他们往往将商业利润用以周济贫困，而非做守财奴，如：

清河绎幕（在今山东淄川）人房彦诩“家富于□，性好周急。千里之客，仓廪每虚；一面之交，车马同弊。及还游故里，毕散余金”[①]。

青州人赵琮“南北贸贾，利有攸往”，“与朋友交，言行敦美，信义彰闻，轻金玉，立善外著，孝行六亲”[②]。

郓城人程少良早年以抢劫商旅起家，“致赀以万数”，到年老后金盆洗手，“以其赀废举贸转，与邻伍重信义，恤死丧”。儿子程骧本来不知道父亲发家的经历，后来从母亲处得知了实情，“号哭数日不食，乃悉散其财”。程骧对财富坚持“取之有道”的原则，将其父通过抢劫所得不义之财全部分散，结果到了第二年，程骧“甚苦贫，就里中举负，给薪水洒扫之事”，他已到了借债为生的地步，最后只得靠砍柴、挑水、为人洒水扫地等来抵偿债务。他每天还认真读书，渐通《五经》、历代史书和诸子百家。天平军节度使乌重胤听说程骧的事迹后，对他非常欣赏，给了他几十万钱，让他购买书籍。程骧没有将这笔巨资完全据为己有，而是将钱分给其他读书人。

① 《房彦诩墓志铭》，载韩明祥编著《济南历代墓志铭》，济南出版社2002年版，第27页。

② 唐·赵申旳《唐故居士天水赵府君墓志铭》，载《全唐文》卷八一七。

这些人都很感激他，“亦尝来与䊮孳息其货，数年，复致万金”[①]，程䊮依旧没有将钱据为己有，而是托付给他人管理。泽潞节度使刘从谦得知程䊮的事迹后，欲聘他做官，也被他谢绝了。

世居北海郡（治今山东青州）的傅存“性惟素，意必静专，不累于时，无伤其物，轻财重义，安处无虞，贸迁必在于化居，临事常思于苟得”[②]。他也是一位轻财重义的坐贾。

以上都是重义轻财的典型人物。当然，隋唐五代时的齐鲁商人中也有见利忘义者。曹州人史无畏就是典型之一。他的朋友张从真见他家中贫穷，便主动借给他千钱让其做生意，不收利息。史无畏父子到江淮一带经商，不几年就富裕起来。这时，他的朋友张从真家遭受了天灾，又遭强盗抢劫，家产荡然一空，生活没有着落，于是就去请求史无畏接济二三百贯钱维持生计。史无畏这时却翻脸不认人，说：“你说我借了你的钱，请拿出凭据来。”再如兖州贺织女的丈夫是挑担贩卖的小贩，刚结婚不到十天，他就外出经商了，每次外出都是一连几年才回家，在家里呆不了几天就会再次外出，原来他又“蓄别妇于他所，不以一钱济家”[③]，即使对自己年老多病的母亲也不顾，全靠贺氏为人佣工赡养。像贺氏丈夫这种小商贩尚且纳妾，也可看出唐代齐鲁商人对奢侈性消费的追求。

三、隋唐五代时期齐鲁商人的经营技巧

隋唐五代时期山东地区的商业有了很大发展，齐鲁商人群体

---

① 唐·李商隐著，冯浩详注，钱振伦、钱振常笺注《樊南文集》卷八《齐鲁二生·程䊮》，上海古籍出版社 1988 年版，第 486～488 页。

② 唐·路宗尧《唐故北海郡傅府君墓志铭》，载周绍良、赵超主编《唐代墓志汇编续集》广明〇〇五，上海古籍出版社 2001 年版，第 1144 页。

③ 宋·李昉等编《太平广记》卷二七一《贺氏》。

不断壮大,有的甚至从中小商人迅速上升为富商大贾。他们在经商的过程中积累了丰富的经验和经营技巧,试述如下:

首先,注重对商业信息的保密。

对商业信息的保密是保证在商战竞争中获胜的重要条件。隋唐五代时期的齐鲁商人有着高度的商业信息保密意识。具体而言,他们保密的商业信息包括两个方面:一是技术,二是经商经验。

青州人李清家族世世代代以染布为业,其"家富于财,素为州里之豪甿。子孙及内外姻族,近百数家,皆能游手射利于益都",可知李清家族的成员主要从事纺织品的染色加工和销售,李清本人是集手工业加工和销售于一身的作坊主,其家族成员凭借独特的高超染色技术"各能生活"①。基于市场竞争的需要,齐鲁商人将某些手工业技术仅仅限制在家族或家庭内部流传,作坊主兼族长往往会对家族成员有一定的约束力和控制力,尽管这种约束和控制并不一定严格,但其成员也会出于生计和竞争的考虑,不会向外泄漏技术。总之,个体手工业者为了竞争的需要,往往将若干年乃至若干代通过实践总结的技术在家庭和家族内部传授,防止技艺外泄,"扃闭户牖,不令人到"②。这种现象在当时是很普遍的。在信息和科学技术相对落后的古代社会,保持技艺不外传,一般能够保持比较长时间的竞争优势。③ 这反映了当时齐鲁商人市场竞争意识的增强。

隋唐五代时期的齐鲁商人还注意对自己经商的经验和技巧加以保密,比较常见的做法是给这些经验和技巧笼上一层神秘的色

① 宋·李昉等编《太平广记》卷三六《李清》。

② 宋·李昉等编《太平广记》卷二三一《李守泰》。

③ 参见魏明孔《唐代工匠与农民家庭规模比较》,载《西北师范大学学报》2004 年第 1 期。

彩。

齐州人刘十郎早年穷困至极，靠和妻子一起给人家舂米来维持生活。有一天晚上，“舂未竟，其杵忽然有声，视之，已中折矣。夫妇相顾愁叹，久之方寐”，第二天早晨醒来后，突然发现有“一新杵在臼旁，不知自何而至”，他们夫妇看了后，“且惊且喜。自是因穿地，颇得隐伏之货。以碓杵为神鬼所赐，乃宝而藏之”。他们从此以这笔意外之财为资本，开始做买卖，“数年之内，其息百倍，家累千金”。他们因此更将那根碓杵视为神物，将其包好置于匣中，一年四季不时祭奠。刘十郎夫妇将自己经商的成功归结为所谓“神赐”的碓杵所致，无疑是为了掩盖自己得到意外之财的过程和经商的经验。如果碓杵真得有灵，就不会出现他们死后“物力渐衰”、“儿孙贫乏”的局面。[①]

鲁人赵瑜累举不第，“困厄甚。因游太山，祈死于岳庙。将出门，忽有小吏自后至曰：‘判官召。’随之而去。奄至一厅事，帘中有人云：‘人所重者生，君何为祈死？’对曰：‘瑜应乡荐，累举不第。退无躬耕之资，湮厄贫病。无复生意，故祈死耳。’良久，闻帘中检阅簿书，既而言曰：‘君命至薄，名第禄仕皆无分。既此见告，当有以奉济。今以一药方授君，君以此足给衣食。然不可置家，置家则贫矣。’瑜拜谢而出。至门外，空中飘大桐叶至瑜前，视之，乃书巴豆丸方于其上，亦与人间之方正同。瑜遂自称前长水令，卖药于夷门市。饵其药者，病无不愈，获利甚多”[②]。赵瑜将自己的发家归为泰山神之功，既可借以说明自己的药方乃神人所赐，自然灵验异常，又为自己的发家蒙上了一层神秘色彩，使之得以保密。

① 参见宋·李昉等编《太平广记》卷一三八《齐州民》。

② 宋·李昉等编《太平广记》卷一一三《赵瑜》。

隋唐五代时期山东地区对外贸易发达，从事对外贸易的齐鲁商人往往给自己的出海经历笼上神奇、惊险的色彩。《太平广记》卷四八一《新罗》记：

登州贾者马行余转海，拟取昆山路适桐庐。时遇西风，而吹到新罗国。新罗国君闻行余中国而至，接以宾礼，乃曰："吾虽夷狄之邦，岁有习儒者，举于天阙，登第荣归，吾必禄之甚厚，乃知孔子之道，被于华夏乎。"因与行余论及经籍。行余避位曰："庸陋贾竖，长养虽在中华，但闻土地所宜，不读诗书之义。熟诗书、明礼义者，其唯士大夫乎，非小人之事也。"乃辞之。新罗君讶曰："吾以中国之人，尽闻典教，不谓尚有无知之俗欤！"行余还至乡井，自惭以贪吝衣食，愚昧不知学道，为夷狄所嗤。

这里马行余仅仅是被风吹到了新罗国。另一位青州商人则被风吹到了"鬼国"：

朱梁时，青州有贾客，泛海遇风，漂至一处，远望有山川城郭。海师曰："自顷遭风者，未尝至此；吾闻鬼国在是，得非此耶！"顷之，舟至岸。因登之，向城而去。其庐舍田亩，皆如中国。见人皆揖之，而人皆不应。已至城，有守门者，揖之，亦不应。入城，屋室人物殷富。遂至其王宫。正值大宴群臣，侍宴者数十，其衣冠器用、丝竹陈设之类，多如中国。客因升殿，俯逼王座以窥之。俄而王疾，左右扶还，亟召巫者示之。巫云："有阳地使人至此，阳气逼人，故王病。其人偶来尔，无心为祟，以饮食车马谢遣之可矣。"即具酒食，设座于别室，王及其群臣来祀祝。客据案而食。俄有仆室驭马而至，客亦乘马而归。至岸登舟，国人竟不见。复遇便风得归。①

① 宋·徐铉《稽神录》卷二《青州客》。

这些从事海上贸易的商人强调由于自然条件的险恶而带来的危险性，在很大程度上也是为了保护自己的航海和外贸经验，使他人对远洋航行产生畏惧之意，从而保持自己在海外贸易中的地位。

第二，注重品牌和商标意识。

这在隋唐五代时山东地区的陶瓷业中有突出反映。1979～1982年，山东大学考古专业师生对曲阜、泗水一带的瓷窑址进行了调查，其中在尹家城遗址采集到了一件造型美观的碗，碗的底部有刻划姓氏字样的“章”字，调查者认为这可能与湖南长沙窑注壶上的“张”字具有同样的商品性质，反映出晚唐时期泗河中上游一带瓷器手工业的商品生产有了发展①，由此可知碗底的这一姓氏刻划具有标识品牌和商标的性质，反映了当时齐鲁商人经营意识和经营技巧的进步。

青州枣在魏晋时已成为山东名产，青州商人将这一名牌产品远贩至各地。唐代有个法号叫昙真的和尚，出家前是青州商人子弟，其父亲就以贩卖青州枣为业。昙真少小时曾随父亲贩运枣子到彭城（今江苏徐州），但其父不幸病故于彭城，昙真无所依靠，只好投身徐州大云寺出家。②

第三，准确把握商机，根据市场行情变化决定经营对象。

商业经营活动的实质就是商品的买入与卖出。要获得商业经营的成功，商人就应该准确把握商机，根据市场行情的变化及时吞吐商品，从而获得丰厚的利润。

郓州人程少良以抢劫商旅起家，后来金盆洗手，“由是以其赀

① 参见宋百川、刘凤君《山东曲阜、泗水隋唐瓷窑址调查》，载《考古》1985年第1期。

② 参见宋·赞宁撰，范祥雍点校《宋高僧传》卷一〇《唐襄州夹石山思公传》，中华书局1987年版，第238页。

废举贸转”①。“废举贸转”就是程少良的经营策略。此语最早出于《史记·仲尼弟子列传》对子贡商业经营策略的描述:“子贡好废举,与时转货赀”。裴駰《集解》曰:“废举谓停贮也。与时谓逐时也。夫物贱则买而停贮,值贵即逐时转易,货卖取资利也。”司马贞《索隐》曰:“《家语》‘货’作‘化’”。王肃云:“废举谓买贱卖贵也,转化谓随时转货以殖其资也。”刘氏云:“废谓物贵而卖之,举谓物贱而收买之,转货谓转贵收贱也。”由上可知,“废”就是卖出货物,选择物贵时卖出;“举”就是收进货物,选择货物价格低贱时大量购进;“贸转”就是贸易转运,将货物从产地运至各地销售,或将贵物抛售后购进贱物,以待将来涨价获利。程少良深谙“废举贸转”的商业经营之道,总能根据市场行情来选择经营对象,从而获取厚利。

青州人李清家族世代以染布为业,“家富于财,素为州里之豪甿。子孙及内外姻族,近百数家,皆能游手射利于益都”。李清后来入山求道,从此其“家道沦破”。大约到了高宗永徽元年(650)前后,李清又回到青州老家,但一切都物是人非,于是他改换了姓名,“寓游城邑”,并取神仙所赠书学习治疗小儿病,“其年青州小儿疠疫,清之所医,无不立愈。不旬月,财产复振”②。这里李清的活动虽然被笼上了神秘的色彩,但透过迷雾,我们还是能够看出李清这次又准确地把握住了“小儿疠疫”的商机,运用自己的医术使家业重新振兴。

因战乱定居于齐地的张公佐曾任淄州军事押衙,由于其“性好经营”,后去职经商,“或优游梁汴,或低历惟扬,或越沧海,或泛江

① 唐·李商隐著,冯浩详注,钱振伦、钱振常笺注《樊南文集》卷八《齐鲁二生·程骧》,上海古籍出版社1988年版,第487页。

② 宋·李昉等编《太平广记》卷三六《李清》。

湖,绵历星霜,崎岖道路,以廿余载”。二十年间,他不仅付出了艰辛的劳动,而且非常善于把握商机,“每蒙神理契合”,即其预测商机非常准确,“未逾一纪,骡马疋帛成七八百千矣。衣食自如,不求知己”①。此处之所以称与“神理契合”,也许是出于对经营技巧保密的考虑。

唐文宗大和年间,令狐楚“除守兖州,州方旱,米价甚高。逆吏至,公首问米价几何,州有几仓,仓有几石。屈指独语曰:‘旧价若干,诸仓出米若干,定价出粜,则可赈救。’左右窃听,语达郡中。富人竞发所蓄,米价顿平”②。当时兖州一带遇到大旱,粮价上涨,富商趁机囤积粮食,以求获得更多利润。令狐楚到任后,故意通过属吏放出风声,要平粜官仓存米以救民。商人平日与官吏应当就有密切交往,目的是从其处获得更多影响市场供求变化的信息。当商人获知官府要平粜的信息后,竞相出售所存粮食,最终使市场上的粮价恢复到正常水平。这里虽然是在记述令狐楚的政绩,但从另一个角度思考,也可反映唐代齐鲁商人的经营技巧。他们通过各种手段搜集可能影响市场行情变化的信息,并及时调整自己的经营活动。

唐代还有一些齐鲁商人注意生产当地市场上稀缺的产品,以求卖个好价钱,从中获取高额利润。如当时邹平一带就有人栽植竹子,以生产山东地区比较稀缺的竹笋。唐代诗人李商隐《初食笋呈座中》诗称:“嫩箨香苞初出林,於陵论价重如金。”③於陵即今山东邹平一带,这里竹子稀少,竹笋自然也比较稀少,所以从鲜嫩的

① 唐·李全交《有唐故淄州军事押衙清河张公(公佐)墓志铭》,载吴钢主编《全唐文补遗》第4辑,三秦出版社1997年版,第183页。

② 宋·曾慥辑《类说》卷一一。

③ 唐·李商隐《初食笋呈座中》,载《全唐诗》卷五四〇。

竹壳中剥出的清香笋心，在这里“论价重如金”。

第四，注重以诚信为本。

讲究诚信是儒家伦理思想中的重要内容，孔子曾强调人要“主忠信”①，“人而无信，不知其可也”②，“言必信，行必果”③。曾子也把“与朋友交而不信乎”作为“吾日三省吾身”④的重要内容，并称“临财而不见信者，吾必不信也”⑤。荀子则认为“言无常信，行无常贞，唯利所在，无所不倾，若是，则可谓小人矣”⑥。“信”的核心精神就是要求人们言行一致，反对欺诈行为。在儒家伦理思想影响下，商人也将“诚信”作为经济活动中的取胜之道，“诚招天下客，信纳万家财”。诚信也是齐鲁商人重要而又突出的品质之一，是齐鲁工商业者一贯提倡并力求践履的道德原则和主体行为规范。⑦这一点在隋唐时期齐鲁商人的经营活动中有明显的表现。

唐封演的《封氏闻见记》卷六《饮茶》称开元以后“自邹、齐、沧、棣，渐至京邑，城市多开店铺煎茶卖之，不问道俗，投钱取饮”。由此可知，从山东的邹、齐、棣等州郡一直到京师，沿途有众多茶馆（摊）。这些茶馆的经营方式比较特别，“不问道俗，投钱取饮”，可能就是主人将茶摆在桌子上，客人只需投钱即可自取自饮，这在很大程度上取决于客人的自觉和诚实守信。齐鲁商人就是以这种方式表达着其以诚信为本的经营特色，吸引着过往客商。这与前文

① 《论语·学而》。
② 《论语·为政》。
③ 《论语·子路》。
④ 《论语·学而》。
⑤ 《荀子·法行》。
⑥ 《荀子·不苟》。
⑦ 参见王修智主编《诚信山东·优良传统卷》，当代中国出版社2005年版，第142～147页。

所讨论的山东地区热情待客之习俗也是一致的。

齐鲁商人以诚信为本导致的一个后果就是容易被奸诈之徒所欺骗。下面这个商人被欺骗的故事就反映了其经营上的这一特点。宋陶岳的《五代史补》记：

兖州有盗者，诈为大官从人，跨驴于衢中，市罗十余疋，价值既定，引物主诣一宅门，以驴付之，曰："此本宅使，汝且在此，吾为汝上白于主以请值。"物主许之。既而声迹悄然，物主怒其不出，叩门呼之，则空宅也。①

第四节　隋唐五代时期齐鲁商人的信仰世界

商人阶层对财富追求的程度要超过其他各个社会阶层，其经商的直接目的就是赚钱，就是想使自己的财富越来越多。商人的信仰则围绕着求利和经商展开，其中有对各种财神的崇拜，也有各种招财巫术和祈财习俗，还有为因商业贸易出行、航海等活动进行的祈祷和祭祀等信仰活动。本书不拟对此进行全面论述，只拟对隋唐五代时齐鲁商人的道教信仰、佛教信仰和出海者的海神信仰及祭祀仪式作一简要论述。

一、隋唐五代时期齐鲁商人的道教信仰

关于隋唐五代时期齐鲁商人的道教信仰，首先看两个事例。第一个事例出自《太平广记》卷三六引《集异记》，兹节录如下：

李清，北海人也。代传染业。清少学道，多延齐鲁之术士道流，必诚敬接奉之，终无所遇，而勤求之意弥切。家富于财，

① 《旧五代史》卷一三〇《慕容彦超传》附。

素为州里之豪畛。……年六十九,生日前一旬,忽召姻族,大陈酒食,已而谓曰:"吾赖尔辈勤力无过,各能生活,以是吾获优赡;然吾布衣蔬食,逾三十年矣,宁复有意于华侈哉!尔辈以吾老长行,每馈吾生日衣装玩具,侈亦至矣;然吾自以久所得,缄之一室,曾未阅视,徒损尔之给用,资吾之粪土,竟何为哉!幸天未录吾魂气,行将又及吾之生辰,吾固知尔辈又营续寿之礼,吾所以先期而会,盖止尔之常态耳。"子孙皆曰:"续寿自远有之,非此将何以展卑下孝敬之心?愿无止绝,俾姻故之不安也。"清曰:"苟尔辈志不可夺,则从吾所欲而致之,可乎?"皆曰:"愿闻尊旨。"清曰:"各能遗吾洪纤麻縻百尺,总而计之,是吾获数千百丈矣。以此为绍续吾寿,岂不延长哉!"皆曰:"谨奉教。然尊旨必有所以,卑小敢问。"清笑谓曰:"终亦须令尔辈知之。吾下界俗人,妄意求道,精神心力,夙夜勤劳,于今六十载矣,而曾无影响。吾年已老耄,朽蠹殆尽,自期筋骸不过三二年耳,欲乘视听步履之尚能,将行早志。尔辈幸无吾阻。"

先是,青州南十里有高山……按《图经》云:"云门山,俗亦谓之劈山。"而清蓄意多时,及是谓姻族曰:"云门山,神仙之窟宅也。吾将往焉。吾生日坐大竹蒉,以辘轳自缒而下,以纤縻为媒焉;脱不可前,吾当急引其媒,尔则出吾于媒末。设有所遇而能肆吾志,亦当复来归。"子孙姻族泣谏曰:"冥寞深远,不测纪极;况山精木魅,蛇虺怪物,何类不储。忍以千金之身,自投于斯,岂久视永年之阶乎?"清曰:"吾志也!汝辈必阻,则吾私行矣。是不获行蒉洪縻之安也。"众知不可回,则共治其事。及期而姻族乡里,凡千百人,竞赍酒馔。迟明,大会于山椒。清乃挥手辞谢而入焉。良久及地,其中极暗,仰视天才如手掌。扪四壁,止容两席许。东南有穴,可俯偻而入。乃弃蕢游焉。初甚狭细,前往则可伸腰。如此约行三十里,晃朗微明。俄及洞口,山川景象,云烟草树,宛非人世。旷望久之,惟东南十数里,隐映若有居人焉,因徐步诣之。至则陡绝一台,基级极峻,而南向可以登陟,遂虔诚而上,颇怀恐惧。及至,窥其堂宇甚严,中有道士四五人。清于是扣门。俄有青童应门问焉。答曰:"青州染工李清。"青童如词以报。清闻中堂曰:"李清伊来也。"乃令前。清惶怖趋拜。当轩一人遥语曰:"未宜来,何即遽至?"因令遍拜诸贤。其时日已午,忽有白发翁自门而入,礼谒,启曰:"蓬莱霞明观丁尊师新到。众圣令邀诸真登上清赴会。"于是列真偕行,谓清曰:"汝且居此。"临出顾曰:"慎无开北扉。"清巡视院宇,兼启东西门,情意飘飘然,自谓永栖真境。因至堂北,见北户斜掩,偶出顾望,下为青州,宛然在目。离思归心,良久方已。悔恨思返,诸真则已还矣。其中相谓曰:"令其勿犯北门,竟尔自惑,信知仙界不可妄至也。"因与瓶中酒一瓯,其色浓白。既而谓曰:"汝可且归。"清则叩头求哀,又云:"无路却返。"众谓清曰:"会当至此,但时限未耳。汝无苦无途,但闭目,足至地则到乡也。"清不得已,流涕辞行。或相谓曰:"既遣其归,须令有以为生。"清心恃豪富,讶此语为不知己,一人顾清曰:"汝于堂内阁上,取一轴书去。"清既得。谓清曰:"脱归无倚,可以此书自给。"清遂闭目,觉身如飞鸟,但闻风水之声相激。须臾履地,开目即青州之南门,其时才申末,城隍阡陌,彷佛如旧。至于屋室树木,人民服用,已尽变改。独行尽日,更无一人相识者。即诣故居,朝来之大宅宏门,改张新旧,曾无仿像。左侧有业染者,因投诣与之语。其人称姓李。自云:"我本北海富家。"因指前后间闬,"此皆我祖先之故业。曾闻先祖于隋开皇四年生日自缒南山，不知所终，因是家道沦破。”清悒怏久之。乃换姓氏。寓游城邑。因取所得书阅之，则疗小儿诸疾方也。其年青州小儿疠疫，清之所医，无不立愈。不旬月，财产复振。时高宗永徽元年，天下富庶，而北海往往有知清者，因是齐鲁人从而学道术者凡百千辈。至五年，乃谢门徒云：“吾往泰山观封禅。”自此莫知所往。

以上记载至少有以下两点值得注意：

图2-7 青州云门山云门洞(采自青州市旅游局编《东方古州》，中国旅游出版社1988年版)

第一，李清作为一个成功的大富商，虽然拥有百余万家产，但其视之如粪土，生活的奢侈豪华根本不是他的追求。他一直孜孜不倦地求道，其目的之一就是为了延长寿命，即追求长生，这才有了他舍弃家产，辞别亲人，独自前往云门山访道的举动。他虽然遭遇了一些挫折，但最终取得了成功。这一挫折或许只是说明商人对自己成就的重视和恋恋不舍，然而这一切与长生不死的目标相比，是软弱无力的。

第二，李清努力求道的目的除了对长生不死的追求外，或许还有学习道士道术的目的。道士们的道术不仅仅是追求长生不死的手段，也是获得财富的手段之一。上述记载中已有反映。当李清被遣返时，仙人给其一轴书，让其“有以为生”。李清回到青州，发现世道大变，自己家道沦破，他正是凭借神仙给予的记录疗小儿诸疾方的书来行医，所医“无不立愈”，由此“不旬月，财产复振”，这是凭借道家医术致富。

作为道教炼丹术一部分的黄白术在隋唐时期盛极一时。当时丹鼎兴盛，炼丹术已由昔日主要在深山野岭秘密进行，发展到在道观、达官贵人府第及至皇宫等地随意进行，其神秘性色彩逐渐减退。虽然炼丹合药需要大量钱财和时间，平民百姓缺乏相关条件，但烧炼黄白有利可图，民间也不乏热衷于黄白之术者。自少学道，与齐鲁术士道流密切交往的李清不会不知道家此术。

第二个事例出自《太平广记》卷二四引《神仙感遇传》，其称：

兰陵萧静之，举进士不第。性颇好道，委书策，绝粒炼气，结庐漳水之上，十余年而颜貌枯悴，齿发凋落。一旦引镜而怒，因迁居邺下，逐市人求什一之利。数年而资用丰足，乃置地葺居。掘得一物，类人手，肥而且润，其色微红。叹曰：“岂非太岁之神，将为祟耶？”即烹而食之，美，既食尽，逾月而齿发再生，力壮貌少，而莫知其由也。偶游邺都，值一道士，顾静之骇而言曰：“子神气若是，必尝饵仙药也。”求诊其脉焉，乃曰：“子所食者肉芝也，生于地，类人手，肥润而红，得食者寿同龟鹤矣。然当深隐山林，更期至道，不可自混于臭浊之间。”静之如其言，舍家云水，竟不知所之。

对于萧静之而言，他曾放弃读书入仕的道路而专心修道，然而炼了十几年以后仍很不成功，容颜变得干枯憔悴，牙齿和头发全掉了，为此他一怒之下弃“仙”从商，很快就发家致富了。后因一个偶然的机会，他服食了仙药，虽可长寿，但其却在他人劝说下，放弃富贵，去深山老林中修炼更高的道术了。世俗的诱惑仍未阻挡萧静之对长生成仙的向往和追求。

在唐代，李唐皇室自称老子后裔，对道教加以特别尊崇，其中除政治原因外，最主要的目的就是追求长生不死。唐代皇帝及五代十国的一些统治者都热衷于炼丹求仙，以求长生。“上之所好，下必甚焉”，一些皇室贵族和文臣武将纷纷仿效，一直到社会下层都有不少人深受影响。服食长生之风一时弥漫朝野上下，烧炼金丹和修行长生之道竟成为一时的社会风尚。如曹州南华（今山东东明东北）人刘晏“少好道术，精悬不倦”①。商人阶层也不例外，加上其具备相对较好的经济条件，于是纷纷投身于这一热潮中，不过商人阶层对道教的信奉有自己的特点，表现在信奉的目的上，就是除了追求长生之外，还看到了一些道教方术的经济价值，试图以之谋利。这满足了他们对财富的狂热追求，促使其更加热衷于对道教的信奉。鉴于唐代黄白术的主要目的就是获取财富，与李清作为商人对财富的追求一致。或许李清也热衷于黄白之术，只是其所遇非人，终无所成罢了。

唐代山东亦确有醉心于黄白之术者。《太平广记》卷二七《唐若山》记述了鲁郡（治今山东兖州）人唐若山访求黄白之术并获得成功的故事：

> 唐若山，鲁郡人也。唐先天中，历官尚书郎，连典剧郡。开元中，出为润州，颇有惠政，远近称之。若山尝好长生之道……若山素好方术，所至之处，必会炉鼎之客，虽术用无取者，皆礼而接之。家财迨尽，俸禄所入，未尝有余。金石所费，不知纪极。晚岁尤笃志焉。润之府库官钱，亦以市药。宾佐骨肉，每加切谏，若山俱不听纳。一日，有老叟，形容羸瘠，状貌枯槁，诣款谒，自言有长生之道。见者皆笑其衰迈。若山见之，尽礼加敬，留止月余，所论皆非丹石之要。若山博采方诀，

① 宋·李昉等编《太平广记》卷三九《刘晏》。

歌诵图记,无不研究。问叟所长,皆蔑如也。复好肥鲜美酒,珍馔品膳。虽瘦削老叟,而所食敌三四人。若山敬奉承事,曾无倦色。一夕从容谓若山曰:"君家百口,所给常若不足。贵为方伯,力尚多阙,一旦居闲,何以为赡?况帑藏钱帛,颇有侵用,诚为君忧之。"若山惊曰:"某理此且久,将有交代,亦常为忧,而计无所出。若缘此受谴,固所甘心,但虑一家有冻馁之苦耳。"叟曰:"无多虑也。"促命酒,连举数杯。若山饮酒素少,是日亦挹三四爵,殊不觉醉,心甚异之。是夜月甚明朗,徐步庭下,良久谓若山曰:"可命一仆,运铛釜铁器辈数事于药室间。"使仆布席垒炉,曰:"鼎铛之属为二聚,炽炭加之,烘然如窑,不可向视。"叟于腰间解小瓠,出二丹丸,各投其一,阖扉而出。谓若山曰:"子有道骨,法当度世,加以笃尚正直,性无忿恚,仙家尤重此行。吾太上真人也,游观人间,以度有心之士。悯子勤志,故来相度耳。吾所化黄白之物,一以留遗子孙,旁济贫乏;一以支纳帑藏,无贻后忧。便可命棹游江,为去世之计。翌日相待于中流也。"言讫,失其所在。若山凌晨开阅,所化之物,烂然照屋,复扃闭之。即与宾客三五人,整棹浮江,将游金山寺。既及中流,江雾晦冥,咫尺不辨。若山独见老叟,棹渔舟,直抵舫侧,揖若山入渔舟中,超然而去。久之,风波稍定,昏雾开霁,已失若山矣。

唐若山为了购买烧炼黄白所需药饵,不仅耗尽了家财,甚至不惜冒险侵吞官银。

再从李清家族世代相传的染业来看,前文已论述过其家族对自己高超染色技术的保密,其实其染色技术之所以高超,或许也与道教方术有密切关系。中国古代的染料主要是植物染料,如茜草、苏木、红花、蓝草、荩草、栀子等,其中大部分是媒染染料。所谓媒染，就是用某些重金属盐类的水解物既可以吸附在丝麻棉毛等纺织纤维上，又可吸附染料分子的性质使染料牢固地结合在纤维之上。在这一过程中，媒染剂还往往同时与染料分子发生化学结合而改变其颜色，使之呈现出更加浓艳的色调。中国古代的媒染剂主要就是矾。用矾作媒染剂至晚不晚于秦汉，但似乎并不广泛，或即使较为广泛的使用，限于当时的认识水平，也还没有认识到是矾的作用。北魏贾思勰的《齐民要术》记载了当时的一些染色方法，但均未提及要用矾。到了宋代，矾作为媒染剂已经普及，文献中已大量出现关于矾用于染色的记载，如苏颂《本草图经》卷一称："白矾则入药，及染人所用者；绿矾亦入咽喉口齿药及染色。"欧阳修也称"晋、慈州生矾，染粗色亦可以生使"①，由此可见隋唐时期是矾作为媒染剂逐渐推广的时期，这应与当时道教炼丹术兴盛和对矾的性质的认识不断深入有关。

古代对矾的性质的认识主要是伴随着道教炼丹术的发展而逐渐深化的。隋唐时期用矾的采冶技术不断提高，能够提炼出具有较高纯度的矾，由此到唐宋时尤其是宋代矾才在社会生活和生产中得到了极为广泛的应用②。这样我们不难推断，与道士往来密切且从事染业的李清或许较早地掌握了用矾做媒染剂的染色方法，从而使自己的染坊在技术上保持着优势，并将其视为秘密，只在家族或姻亲内部传播。这是一种可能的情况，当然也存在另一种情况，就是隋唐时期用矾做媒染剂的技术已经普遍应用，但一般所用矾的纯度不高，而李清却从道士那里学到了提炼高纯度矾的方法，从而以之做媒染剂染出高质量的丝织品。无论如何，李清家族的

---

① 《欧阳修全集》卷一一五《论矾务利害状》。

② 参见谭景玉《宋代矾业经济初探》，山东大学硕士学位论文，2002 年，第 9 ~ 28 页。

高超染色技术与道教炼丹术有关是可以肯定的。

总之,道教的黄白之术及伴随着炼丹而出现的可导致发家致富的新技术吸引着一些工商业者的信奉,从而使道教信仰在工商业者中有着广泛的基础。也正是这些人,成为道教秘术散向世俗社会的中间媒介。

二、隋唐五代时期齐鲁商人的佛教信仰

隋唐五代时期,佛教风靡整个社会,上至帝王将相,下到普通百姓,大多数人对佛教有着近乎狂热的信仰。佛教信仰成为当时人们日常生活中的重要内容。佛教的因果报应观念已经深入各阶层。《太平广记》专列“报应”这一类目,篇幅多达33卷,足见当时报应观念之深入人心。人们深信今生的善恶作业会导致当世或来生的善恶报应。

隋末唐初的鲁郡泗水(今山东泗水)人盖蕃“生平常事药师琉璃光佛”,为将父母的遗骨迁回原籍安葬,心中非常希望能到一距家乡“便近”处任职,“忽于梦中仿佛见之(按:指琉璃光佛),曰:当如意”[①],结果很快就被任命为与家乡“风壤邻接”的曹州离狐县丞。佛教传入中原后,吸收了利于佛教广泛宣传的古代宗教中的神异迷幻成分,因果报应之说与占卜征应之法混合为一体,在佛教的大力宣传下,人们对报应观念更加笃信。[②] 盖蕃墓志中对此大加宣扬,正是当时山东地区因果报应信仰流行的反映。

前文已论述过如史无畏之类见利忘义的商人的行为,人们对

① 唐·崔悬黎《唐故曹州离狐县丞盖府君(蕃)墓志铭》,载吴钢主编《全唐文补遗》第1辑,三秦出版社1994年版,第64页。

② 参见赵超《盖蕃一家墓志综考》,载《文史》第29辑,中华书局1988年版,第158~159页。

这类商人的行为就是寄希望于因果报应。《太平广记》卷三九五《史无畏》记：

唐史无畏，曹州人也，与张从真为友。无畏止耕垅亩，衣食窘困。从真家富，乃谓曰："弟勤苦田园，日夕区区。奉假千缗货易，他日但归吾本。"无畏忻然赍缗，父子江淮射利，不数岁，已富。从真继遭焚爇，及罹劫盗，生计一空。遂诣无畏曰："今日之困，不思弟千缗之报，可相济三二百乎？"闻从真言，辄为拒扞，报曰："若言有负，但执券来。"从真恨怨填臆，乃归。庭中焚香，泣泪诅之，言词慷慨，闻者战慄。午后，东西有片黑云骤起，须臾，霔雨雷电兼至。霹雳一震，无畏遽变为牛，朱书腹下云："负心人史无畏。"经旬而卒。刺史图其事而奉奏焉。

对朋友昧心的史无畏遭到了报应，首先变成了牛，然后死去。在唐代商品经济发展的大背景下，人们对于财富的欲望越来越强烈，不择手段谋取钱财者多了起来，使大多数人的利益受损，于是人们就想办法惩恶扬善，在报应观念流行的前提下，给予贪财好利、忘恩负义者以报应就非常正常了。

曹州武城人方山开是因为贪财杀生而遭到了报应。他"少善弓矢，尤好游猎，以之为业，所杀无数"①。他既然以游猎为业，肯定是将游猎所得猎物拿到市场上出售。他为了多获利而尽量多杀猎物，由此招致了报应：

贞观十一年死，经一宿苏，云："初死之时，被二十人引去，行可十余里，即上一山，三鬼共引山开，登梯而进，上欲至顶，忽有一大白鹰，铁为觜爪，飞来，攫山开左颊而去。又有一黑鹰，亦铁觜爪，攫其右肩而去。及至山顶，引至厅事，见一官

① 宋·李昉等编《太平广记》卷一三二《方山开》。

人，被服绯衣，首冠黑帻，谓山开曰：'生平有何功德，可具言之。'对曰：'立身已来，不修功德。'官曰：'可宜引向南院观望。'二人即引南行。至一城，非常险峻。二人扣城北门数下，门遂开，见其城中赫然，总是猛火。门侧有数毒蛇，皆长十余丈，头大如五斗斛，口中吐火，如欲射人。山开恐惧，不知所出，唯知叩头念佛而已。门即自开，乃还见官人，欲遣受罪。侍者谏曰：'山开未合即死，但恐一入此城，不可得出，未若且放，令修功德。'官人曰：'善。'令前二人送之，依旧道而下，复有鹰欲攫之，赖此二人援护得免。及下山，见一大坑，极秽恶，忽被二人推入，须臾即苏。"①

经过这一番折腾，当方山开苏醒过来后，发现"面及右膊之上，爪迹宛然，终身不灭，遂舍妻子，以宅为佛院，恒以诵经为业"②，即以舍宅建寺、出家诵经等方式来表示自己的忏悔赎罪之意。

前文多次提到的郓州人程少良到晚年是"断鱼肉葱薤，礼拜画佛，读佛书，不复出里闬，竟若大君子能悔咎前恶者"③。他也是以吃斋、诵经、礼佛来表示自己对早年因抢劫所犯罪过的忏悔之意，以求获得来生的福乐。

隋唐五代时，山东还有不少商人在获得丰厚的利润后会舍钱给佛寺。约在天宝九载（750），鲁郡（治今山东兖州）崇明寺移建佛顶尊胜陀罗尼石幢，"山东开士，举国而崇之。时有万商投珍，士女云会，众布蓄沓如陵。琢文石于他山，耸高标于列肆"④，不仅僧

① 宋·李昉等编《太平广记》卷一三二《方山开》。

② 宋·李昉等编《太平广记》卷一三二《方山开》。

③ 唐·李商隐著，冯浩详注，钱振伦、钱振常笺注《樊南文集》卷八《齐鲁二生·程骧》，上海古籍出版社1988年版，第487页。

④ 唐·李白《李太白全集》卷二八《崇明寺佛顶尊胜陀罗尼幢颂》。

人积极参与，山东商人与社会各阶层的善男信女亦狂热地投身于其中，捐献的财物堆积如山。光化四年(901)，“鸡林金清押衙，家别扶桑，身来青社，货游鄞水”，金清从新罗来到山东居住，并到江浙一带经商。他“心向金田，舍青凫择郢匠之工，凿白石竖竺乾之塔”，与其他50余人“竞舍珍财，同修真像，信明湘汉，志重牟尼，继释迦之前因，企逸多之后果”[①]。“金田”是对佛寺的别称，商人金清信奉佛教，参与出资创建了无染禅院。五代时曾任郓州、兖州节度使的赵在礼“历十余镇，善治生殖货，积财巨万”，“凡聚敛所得，唯以奉权豪、崇释氏而已”[②]。他则是将经商及聚敛所得用于对佛教的信奉。

总之，隋唐五代时期齐鲁商人对佛教的信奉与其对道教的信奉相比，更多的是出于精神上的需要，而不像对道教的信奉那样有较强的功利性。

三、隋唐五代时期山东沿海地区对海神的信仰和祭祀

山东半岛三面环海，有长达3000公里的海岸线。这样的自然条件使山东地区在海洋渔业和出海贸易等方面具有很大的优势。然而，海上作业又有很大的危险性，沿海居民在与惊涛骇浪的搏斗中产生了关于海神的信仰。他们希望海神能保佑他们一帆风顺，出入平安。

隋唐五代时山东沿海信奉海神的习俗比较盛行，当时已有一些地方建立了海神庙。如《元和郡县图志》卷一一记掖县有“海神祠，在县西北十七里”。从唐代开始，龙神的地位不断提高，被尊奉

① 《唐无染院碑》，载民国《牟平县志》卷九。

② 《旧五代史》卷九〇《赵在礼传》。

为龙王,成为水神信仰中最重要的神祇。[①] 山东沿海的情况亦不例外。如光绪《增修登州府志》卷一一称水城龙王宫“即广德王庙。唐贞观间建”。圆仁《入唐求法巡礼行记》卷二记登州城北“海岸有明王庙”。对此明王庙,有学者认为明王原为旧时社神封号,据《魏书·地形志》,勃海县有东海明王神。佛家也有明王的称号,圆仁所记的明王庙供奉哪类明王,不能悬测。[②] 其实,圆仁在这里还特别强调该庙“临海孤标”,在海岸上,很可能是东海明王神,也属于海神,圆仁在文登赤山法华院还听到老僧人称“古来相传此山多有龙宫”[③],可见当地对海龙王崇拜由来已久。

在古代航海中,船舶的动力主要来源于风力和人力。如果没有风。船难以行动,就需要向海神祈风。一旦风浪滔天,船只面临覆没的危险,则又需向海神祈祷风平浪静,佑护自己平安到达目的地和返航。圆仁《入唐求法巡礼行记》中对这两个方面都有记述,如该书卷四记其从登州搭船回国时,出发前就要祭神,此处应该就是祭祀海神。后来遇风起航,但在途中却又“闻恶消息”,就是无风,船“发不得”,于是“船众捨镜等祭神求风。僧等烧香,为当岛土地及大人小人神等念诵祈愿:‘平等得到本国,即在彼处为此土地及大人小人神等转《金刚经》百卷。’”该书卷二则记圆仁一行乘船只到了赤山一带海域,“北方有雷声,掣云鸣来。舶上官人惊怕殊甚,犹疑冥神不知之相,同共发愿兼解除,祀祠船上霹雳神。又祭船上住吉大明神。又为本国八幡等大神及海龙王并登州诸山神岛

---

① 参见王永平《论唐代的水神崇拜》,载《首都师范大学学报(社会科学版)》2006年第4期。

② 参见[日]圆仁著,白化文等校注《入唐求法巡礼行记校注》,花山文艺出版社2007年版,第218页。

③ [日]圆仁著,白化文等校注《入唐求法巡礼行记校注》卷二,花山文艺出版社2007年版,第180页。

神等各发誓愿”。由上可知,当时人们在海上除祭海神龙王这一海神外[1],还祭祀多种神灵。虽然日本僧众所祭有住吉大神、八幡大神等日本神,但其所祈祷的登州诸山岛神及附近岛屿土地等应当不是他们自己的创造,而是中国山东沿海经常祭祀的。在登州诸山岛神中,赤山神是其中比较著名的一位。圆仁为早日回国,“乃诣赤山神祠,立誓曰:‘正法难,逢真师益难,山神愿加冥助。我归本土,当建禅宇弘传心印’”。到他临终时,禅院仍未建成,他在遗言中称:“我在唐时立二誓:创禅院,造文殊楼。文殊楼已成,禅院未营,是我患也。且禅院者,为赤山明神所誓也。我求法无碍,归国不艰,皆神之赐也……诸法友及徒弟等,愿替我造之。”[2]赤山位于今山东省荣成市,在唐代时这里有著名的佛教寺院法华院。赤山神亦被沿海人民当做保佑航海平安之神,直到今天在当地仍有不小影响。

光绪《增修登州府志》卷六五《金石志》记在山东沿海的陀矶岛上有唐人题刻一则,今据拜根兴释读的文字录下:

大唐贞观十九年五

□□□平壤道行军

□□□□□大夫荆

□□□上柱国郑国

□□□□总管左镇

① 王赛时认为“大约宋元时期,山东海神崇拜中开始掺入龙的形象”,南宋初年宋将李宝向龙神祈祷,是山宋沿海第一次把龙奉为海神。参见其《山东海疆文化研究》,齐鲁书社2006年版,第83页。此说值得斟酌,从圆仁提及海龙王及下文张亮祭祀海龙王神并夫人,还有善妙化为龙的传说来看,山东沿海或在唐代已将龙王掺入海神崇拜中。

② [日]师炼《元亨释书》卷三《延历寺圆仁》,载《大藏经补编》第32册,台湾华宇出版社1986年版,第186~187页。

□□□□□□冰县

□□□□□□等敬

□海龙王神并夫人①

据考证,此题记为贞观十九年(645)平壤道行军大总管张亮率军渡海东征高丽时所留。张亮也是对出海可能遇到的一些不确定因素而担忧,尤其是出于对海上风暴频繁导致船翻人亡事故的恐惧,于是在渡海之前,按照当地渔民或海上贸易者出海的经验和出海前祭海神的习俗,给即将奔赴沙场的将士以心灵上的安慰。这里祭祀的海神也是海龙王,甚至还有龙王夫人,也说明在唐代山东沿海已将龙的形象引入到了海神崇拜中。唐后期义湘与善妙的传说也可说明这一点。当新罗僧人义湘求法渡海到登州逗留在信徒家的时候,他家的女儿善妙爱慕大师,却无法打动大师的心,于是她发誓要作为他的门徒而对其进行侍奉。当义湘学成回国,船渐行渐远时:

湘船已远,其女咒之曰:"我本实心供养法师,愿是衣箧跳入前船!"言讫,投箧于骇浪。有顷,疾风吹之若鸿毛耳,遥望径跳入船矣。其女复誓之:"我愿是身化为大龙,扶翼舳舻,到国传法。"于是攘袂投身于海,将知愿力难屈,至诚感神,果然伸形夭矫或跃,蜿蜒其舟底,宁达于彼岸。②

---

① 参见拜根兴《7世纪中叶的登州与古代中韩关系:以登州的唐代遗迹为中心》,载陈尚胜主编《登州港与中韩交流国际学术讨论会论文集》,山东大学出版社2005年版,第9页。最近,张永强又对此碑文进行了补充,文字如下:大唐贞观十九年五月□日平壤道行军大总管□□大夫荆州刺史上柱国郑国公张亮副总管左镇张金树□□□冰县□□□□□□等敬祀海龙王神并夫人。参见张永强《唐陀矶岛刻石考》,载氏著《蓬莱金石录》,黄河出版社2007年版,第182页。

② 宋·赞宁撰,范祥雍点校《宋高僧传》卷四《义解二·唐新罗国义湘传》,中华书局1987年版,第75~76页。

此处善妙就是化为龙保佑义湘之船平安回国的。

前文已指出风对于古代航海极其重要,故人们在出海时往往要向神灵祈风。至于所求神灵,除一般的海神外,沿海居民往往还将一些地方神灵当作航海保护神。前文所述圆仁一行在海上就曾祈求“当岛土地”、“登州诸山神岛神”等地方神灵。再如位于今即墨海滨的巉山山神,又称巉山大王,亦被当地人当作祈风的对象。唐中和四年(884)秋八月,崔致远以“淮南入新罗兼送诏书、国信等使”的身份出使新罗,与新罗国入淮南使金仁圭等人一起到登州一带候风归国。他们先到位于今青岛市黄岛区境内的大珠山海口,等了一个多月,未得顺风,只好又到了今乳山境内的乳山浦,短暂停留后,又转到巉山海口,在此候风达四个月之久。他在此写下了《祭巉山神文》,今录下:

> 维年月日,新罗国入淮南使、检校仓部员外郎、守翰林郎、赐绯银鱼袋金仁圭、淮南入新罗兼送国信等使、前都统巡官、承务郎、殿中侍御史、内供奉、赐绯鱼袋崔致远等,谨以清酌牲牢之奠,敬□悬于巉山大王之灵。窃以昔辨方圆,始分清浊;融作江海,结为山岳。石戴土而土戴石,小者礉而大者礐。然而罕有威神,静无棱角,与堆阜而相接,见丘陵之可学。惟灵磊磊落落,高临鳀壑;巉巉岩岩,俯压鲸潭。上则为云雾萦缠之骨,下则为波涛激射之窟。朝则迎金乌而前出,夜则送银蟾而后没。是以峻德能彰乎东夏西夷,玄功不假乎南倏北忽。则彼织女之机倚河汉,秦帝之桥架溟渤。徒炫其名,莫劳我形。每谓蕴藏其片玉,岂惟厕列于双琼。遂使往来者虔度英灵,祈祷者尽写精诚。既苹蘩之可荐,信黍稷之非馨。今者仁圭等久衔远命,致远也始奉殷聘,喜归舟之既同,伫游辔之能并。不患胡越之意殊,宁惭李郭之名盛。去岁初冬,及东牟

东,属以沧流尚远,玄律将穷,浪形匒匌而鹢难浮舰,风响蟲飍而鸹恐辞笼。遂舣刳木,聊安断蓬。一昨虽迎端月,犹惧俊风,延颈而待逢候燕,回眸而送尽归鸿,方期利涉,龟从筮叶,直指鸡林,轻浮芥叶。岂输驰马之蹄,愿较秋鹰之捷。远诣灵峰,难寻寿宫。但睹其青莲倒蘸于巨浸,碧螺高柱于晴空。仰威灵之耸尘外,想影响之飘云中。于是洁馈饎,择肥醲,酒醴斯醹,牲牷粗丰,谨赍薄礼,敢觊阴功。伏惟大王潜施呼噏,密降指踪,使波神拱手,川后敛容。楚师之南风且竞,郑伯之东道割通。照水镜之心,既分妍丑;擘土囊之口,无杂雌雄。则可朝穿汗漫,暮截鸿濛。去采石华,必同谢运;行吟肉腩,免效张融。加以某临川自审,登木增懔。忆昔雪作夜光,冰为夕饮,几年独励于鼓箧,今日方期于扇枕。将问荆州之绢,忝披会稽之锦。见宠若惊,心如捧盈。虽智有不逮,而时然后行。况赍御笔,虑滞王程。今则裹装既饰,俨有行色。玩淑景以歌咏,泛安流于瞬息。唯托大王之风,早归君子之国。俾传帝命,无旷神职。尚飨![1]

通过上文可知,崔致远、金仁圭等祭祀巉山神,求其早日赐予顺风,以便"托大王之风,早归君子之国。俾传帝命,无旷神职"。赐风于人,保佑他们顺利出海是巉山神的重要神职之一。

综合以上论述,我们可以看到隋唐时期齐鲁商人对道教的信仰不仅仅出于得道成仙的追求,更在于其看到了道教方术所蕴含的巨大经济价值,表现出强烈的功利色彩;信仰佛教的功利色彩稍淡,但报应思想在某种意义上却有利于商业伦理观念的进步;对海

① [新罗]崔致远撰,党银平校注《桂苑笔耕集校注》卷二〇《祭巉山神文》,中华书局2007年版,第735~737页。

神的信仰则是商人减小航海风险和保证航海顺利的被动之举，是对他们远航的精神慰藉，在某种程度上有助于海洋渔业和出海贸易的发展。

第五节 隋唐五代时期山东的商业思想

隋唐五代时山东地区的商业思想主要围绕着轻重论展开。唐玄宗以前，国家财政状况较好，轻重论几被抛弃，由此才出现了以崔融为代表的反对轻重论者。自唐玄宗天宝年间开始，国家财政逐渐出现入不敷出的情况，并且呈现出越来越严重的趋势，轻重论在这种情况下逐渐复兴，大多数政治家都成了轻重论的支持者和实践者，其中最为突出的是刘晏。他是中国古代运用轻重理论最为成功的人，对轻重理论的发展做出了重要贡献。由此，对刘晏商业思想的探讨是本节讨论的重点。

一、唐代轻重论复兴背景下齐鲁士人的商业思想①

轻重论是中国古代关于国家在经济活动中的作用，尤其是国家在商品流通中的作用和活动方法的特殊经济理论和经济政策的体系，其思想材料主要集中于《管子》的《轻重》诸篇中，一般认为其形成于西汉时期，并在汉武帝时进行了大规模的成功实践。

从内容上来说，轻重论主要包括以下内容：

第一，轻重之势，即研究轻重问题或轻重政策的目的。轻重之势是指国家对全国人民的经济生活要保持绝对支配的权势，做到

① 本节关于唐代轻重论复兴的论述，参见汪圣铎《轻重与沉浮》，广西人民出版社1989年版，第86～97页；叶世昌《〈管子〉轻重理论在唐代的复兴》，载管子学刊编辑部编《齐文化纵论》，华龄出版社1993年版，第43～50页。

“予之在君，夺之在君，贫之在君，富之在君”①。国家要把百姓获得财富的途径全都掌握在自己手中。要保持国家的的轻重之势，就必须消除来自诸侯和富商大贾的威胁。对诸侯割据，要取消其封土，将其境内的山海资源收归中央，消除其与中央争夺轻重之势的经济基础。对富商大贾，则要摧毁其势力，但更多的不是以政治、法律手段，而是以经济手段，即将富商大贾能够获利的途径垄断起来，使其“无所贸利”②。

第二，轻重之术。国家要取得轻重之势，必须要推行一系列政策措施，也就是轻重之术，其主要包括以下几个方面的内容：1.“执其通施，以御其司命”③，即国家要牢牢地控制住货币和粮食这两个工具，通过调节、改变这两者的轻重关系，来影响一切商品的价格和供求，作为控制整个国民经济的制高点。2.“官山海”④和“官天财”⑤，即国家要尽可能控制住各种商品和资源，尤其是禁止农民自行生产盐和铁等生活生产必须品。3.“以重射轻，以贱泄平”⑥，即国家在掌握了货币和大量相关商品的情况下，根据市场情况吞吐商品以控制市场的经营原则。当市场上某种商品过剩而价格下跌时，国营商业机构可以高于市场的价格及时收购，以促使价格回升；当市场上某种商品因短缺而价格上涨时，国家可以把以往收购的商品以低于市场的价格抛售，促使市价持续上涨。4.“见予之形，不见夺之理”⑦，即国家要作为商品生产流通活动的直接承担者

---

① 《管子·国蓄》。
② 《盐铁论·本议第一》。
③ 《管子·国蓄》。
④ 《管子·海王》。
⑤ 《管子·山国轨》。
⑥ 《管子·国蓄》。
⑦ 《管子·国蓄》。

进入市场,通过国营工商业向百姓销售商品的形式,巧妙地寓税于价而“不见夺之理”,从国营工商业利润中获得大量的财政收入。5.“籍于号令”①,即国家作为市场主体进入商品流通领域时,注重运用行政命令、强制性规定等行政手段和行政方法控制经济。6.“斗国相泄”②,“可因者因之,乘者乘之”③。这主要是用于国与国贸易的轻重之术。要千方百计地争夺别国的重要物资,尤其是粮食,以增强本国财富和自身的经济实力。对本国拥有的粮食和其他重要物资,要竭力设法使之不外流,另外要充分发挥自己的经济优势,尽力寻找别国的弱点和困难,以己之长,攻敌之短,从而迫敌就范。7.“通于轨数”④。所谓“轨数”就是对相关社会经济状况周密精细的调查统计。“通于轨数”就是要充分掌握国家经济的资料数据,以便运用轻重之术,在经济领域取得和保持轻重之势。

第三,轻重之学。轻重论思想家认为要成功地运用轻重之术,取得轻重之势,必须要懂得轻重之学,即商品货币流通中商品、货币、价格和供求等变化的规律。具体而言,轻重之学主要包括两个方面的原理。一是商品价格和供求关系的原理,“有余则轻”,“不足则重”,“多则贱,寡则贵”⑤,商品供求状况决定商品价格;“重则见射,轻则见泄”⑥,价格也会影响供求关系。二是货币、粮食以及其他商品之间的比价变化,“币重而万物轻,币轻而万物重”⑦,“粟

① 《管子·国蓄》。
② 《管子·乘马数》。
③ 《管子·轻重丁》。
④ 《管子·山国轨》。
⑤ 《管子·国蓄》。
⑥ 《管子·山权数》。
⑦ 《管子·山至数》。

重黄金轻,黄金重而粟轻"①,"谷重而万物轻,谷轻而万物重"②。

轻重之势、轻重之术和轻重之学三个相互联系的方面共同组成了轻重论的主要内容。其中,轻重之势是目的,轻重之术是达到目的的手段,而轻重之学是指导思想和理论依据。轻重论是中国古代的国家工商业控制理论,对中国古代的经济政策有很大影响。③

西汉武帝时轻重论得到了成功的实践。在当时著名理财家桑弘羊的主持下,以轻重论为依据,实行了算缗告缗、均输平准、官盐铁、榷酤和国家垄断铸币权等政策,成功解决了当时的财政困难。武帝以后,这些政策遭到了强烈反对,轻重论逐渐衰落。到隋朝开皇三年(583),"罢酒坊,通盐池盐井与百姓共之"④。唐朝建立后,直到玄宗以前,大体沿袭隋制,均未实行盐铁官营、榷酤和其他典型的轻重论政策。贞观初年,有位叫权万纪的官员建议将宣州和饶州银矿收归己有。唐太宗对此极为反感,竟把权万纪削职为民。武则天统治时期,由于边境多事,军费剧增,加上冗官冗俸和统治者信佛奢侈等因素,国家财政日渐紧张。长安三年(703),有司上奏请"税关市",企图改变唐初以来不收关税的做法,并且主张过关之人"不限工商,但是行人尽税"⑤。对此,凤阁舍人崔融上表谏阻,引发了朝廷上的一场争论。

崔融,字安成,齐州全节(今山东历城)人。初应八科制举及第,累补宫门丞、兼直崇文馆学士。中宗为太子时,崔融为侍读。

① 《管子·轻重甲》。

② 《管子·乘马数》。

③ 以上关于轻重论的叙述,参见赵靖主编《中国经济思想通史》第1卷,北京大学出版社1991年版,第550~589页。

④ 《隋书》卷二四《食货志》。

⑤ 《旧唐书》卷九四《崔融传》。

武则天时,自魏州司功参军,擢授著作佐郎,转右史。圣历二年(699),除著作郎,兼右史内供奉。后迁凤阁舍人,知制诰,长安三年(703)兼修国史。次年,除司礼少卿,仍知制诰。后因依附张易之被贬,但不久又拜国子司业,兼修国史。中宗时卒,享年54岁。

崔融在谏表中指出:

> 夫关市之税者,谓市及国门、关门者也,唯敛出入之商贾,不税来往之行人。今若不论商人,通取诸色,事不师古,法乃任情。悠悠末代,于何瞻仰;济济盛朝,自取嗤笑。①

他强调不仅不应对过往行人征税,即使对商贾也不能征税。崔融提出的原因有二:一是征商可能会引起商人反对,致使社会动荡。他说:

> 四海之广,九州之杂,关必据险路,市必凭要津。若乃富商大贾,豪宗恶少,轻死重义,结党连群,喑呜则弯弓,睚眦则挺剑。小有失意,且犹如此,一旦变法,定是相惊。乘兹困穷,或致骚动,便恐南走越,北走胡,非唯流逆齐人,亦自搅乱殊俗。又如边徼之地,寇贼为邻,兴胡之旅,岁月相继,傥因科赋,致有猜疑,一从散亡,何以制禁?求利虽切,为害方深。而有司上言,不识大体,徒欲益帑藏,助军国,殊不知军国益扰,帑藏逾空。②

二是会影响商品流通。征商手续繁杂,很可能会使商旅壅滞不行,最终使商品不能正常流通。他说:

> 弘舸巨舰,千轴万艘,交贸往还,昧旦永日。今若江津河口,置铺纳税,纳税则检覆,检覆则迟留。此津才过,彼铺复

① 《旧唐书》卷九四《崔融传》。

② 《旧唐书》卷九四《崔融传》。

止，非唯国家税钱，更遭主司僦赂。船有大小，载有少多，量物而税，触途淹久。统论一日之中，未过十分之一，因此壅滞，必致吁嗟。一朝失利，则万商废业；万商废业，则人不聊生。[1]

崔融还从历史经验教训出发强调了征商之不行的必要性，他说：

关市之税，史籍有文。秦政以雄图武力，舍之而不用也；汉武以霸略英才，去之而勿取也。何则？关为御暴之所，市为聚人之地，税市则人散，税关则暴兴，暴兴则起异图，人散则怀不轨。夫人心莫不背善而乐祸，易动而难安。一市不安，则天下之市心摇矣；一关不安，则天下之关心动矣。况浇风久扇，变法为难，徒欲禁末游、规小利，岂知失玄默、乱大伦。[2]

武则天最终接受了崔融的意见，没有征收关税。

崔融之所以反对征关市之税，主要在于他认识到了以下两点：第一，商人是社会分工中必不可少的部分。崔融在谏表中引用班固《汉书·食货志》的话说："财者，帝王聚人守位，养成群生，奉顺天德，理国安人之本也。仕农工商。四人有业。学以居位曰仕，辟土殖谷曰农，作巧成器曰工，通财鬻货曰商。圣王量能授事，四人陈力受职。"[3]"四人各业久矣"，故而不宜"动而摇之"，对工商业进行干扰。第二，商业或商人对整个国民经济和人民生活具有重要意义，"万商废业，则人不聊生"，如果因为征商致使商品流通困难，则会严重影响人们的正常生活。[4] 这清楚地表明崔融是从保护工商业的立场来反对征关市之税的，将工商业衰败与"人不聊生"联

① 《旧唐书》卷九四《崔融传》。
② 《旧唐书》卷九四《崔融传》。
③ 《旧唐书》卷九四《崔融传》。
④ 参见赵靖主编《中国经济思想通史》第2卷，北京大学出版社1995年版，第312～313页。

系起来，尚属首见。[1]

在崔融生活的时代，国家财政尚足支应，他才能够成功谏阻征关市之税。从唐玄宗时开始，社会形势发生了很大变化，正如杜佑在《通典·食货典》中所说：

> 自天宝之始，边境多功，宠锡既崇，给用殊广，出纳之职，支计屡空。于是言利之臣继进，而道行矣。割剥为务，岐路多端。每岁所入，增数百万。既而陇右有青海之师，范阳有天门之役，朔方布思之背叛，剑南罗凤之凭陵，或全军不返，或连城而陷。

正是由于战争频仍和官员增加导致冗费等原因，唐王朝的财政越来越紧张。就是在这样的情况下，轻重论开始抬头，首先是刘彤和刘秩提出轻重之策的主张。

玄宗开元元年(713)，刘彤上表建议朝廷兴盐、铁等山泽之利。他认为汉武帝时财政花费比玄宗时要多十倍百倍，然而当时未出现财政入不敷出的状况，原因在于“古取山泽而今取贫民”，“取山泽，则公利厚而人归于农；取贫民，则公利薄而人去其业”，“若能以山海厚利，资农之余人，厚敛重徭，免穷苦之子，所谓损有余而益不足”[2]。

开元二十二年(734)，宰相张九龄因市场上货币数量不足而提出了解除铜禁及允许百姓自行铸钱的主张。左监门录事参军刘秩上书表示反对。他引用《管子》的理论说，“夫三币，握之则非有补于暖也，舍之则非有损于饱也。先王以守财物，以御人事，而平天下也”，以此要“兴之在君，夺之在君，贫之在君，富之在君，是以人

① 参见巫宝三《唐代重商思想的兴起》，载《中国经济史研究》1997年第3期。
② 《旧唐书》卷四八《食货志上》。

戴君如日月,亲君如父母,用此术也,是为人主之权”,君主必须要掌握铸币权,否则,“上无以御下,下无以事上”[1]。刘秩主张由国家垄断铜矿的开采和冶炼,使铸钱成为国家的赢利性经营。

后来,陆贽和白居易也都曾提出轻重之策的主张。贞元十年(794),陆贽提出了国家控制货币流通量以影响商品价格的主张。他说:

> 先王惧物之贵贱失平,而人之交易难准,又立货泉之法,以节轻重之宜,敛散弛张,必由于是……物贱由乎钱少,少则重,重则加铸而散之使轻;物贵由乎钱多,多则轻,轻则作法而敛之使重。是乃物之贵贱,系于钱之多少;钱之多少,在于官之盈缩。[2]

白居易于宪宗元和元年(806)提出了以货币、谷帛和财物三者的贵贱来设计国家调节商品流通的模式:

> 夫钱刀重则谷帛轻,谷帛轻则农桑困,故散钱以敛之,则下无弃谷遗帛矣。谷帛贵则财物贱,财物贱则工商劳,故散谷以收之,则下无废财弃物也。敛散得其节,轻重便于时,则百货之价自平,四人之利咸遂。虽有圣智,未有易此而能理者也。[3]

在以上官员对轻重之策的鼓吹下,从唐玄宗时开始,唐王朝开始大力推行与轻重理论联系密切的政策,如盐酒茶禁榷和钱、铜禁等的实行及两税法中夏税以钱立额原则的确立都是轻重论政策广泛推行的表现。通过这些政策,唐王朝获得了财政上的巨大增收,除数

① 《旧唐书》卷四八《食货志上》。

② 唐·陆贽撰,王素点校《陆贽集》卷二二《均节赋税恤百姓六条(其二)》,中华书局2006年版,第736、744页。

③ 唐·白居易《白氏长庆集》卷六三《策林二·平百货之价》。

以百万贯计的盐利外，还有酒利、茶税及田赋的增加。唐王朝正是依靠这些财赋，在与地方分裂势力的斗争中取得了胜利，从而使自己继续维持了 100 多年。

在平定“安史之乱”的过程中，一些地方官员为筹措军费而成功地实行过一些轻重之策。如天宝十四载(755)，时任平原郡太守的临沂从颜真卿“以钱收景城郡盐，沿河置场，令诸郡略定一价，节级相输，而军用遂赡”①。这种由官府控制食盐购销诸环节的做法实际就是后来唐代榷盐法的滥觞，并直接启发了当时在河北的第五琦，为其后来全面推行榷盐法提供了借鉴。②

在对轻重论的实践中，曹州人刘晏作出了巨大的贡献。他是中国古代运用轻重理论最成功的政治家和经济改革家，对轻重论向良性发展也有很大的贡献。对此下文详论。除刘晏外，还有一些山东地区的政治家，如贝州武城(今山东武城)人崔彦昭对轻重论也有修正和推进。

崔彦昭，字思文。大中三年(849)进士及第后，屡被藩镇辟召，所至课最，以治绩闻名。咸通初年，累迁至兵部员外郎，转郎中、知制诰，拜中书舍人，再迁户部侍郎，判本司事。咸通十年(869)，历任检校礼部尚书、孟州刺史、河阳怀节度使等。僖宗即位后，召为吏部侍郎、诸道盐铁转运使。乾符初，以本官同中书门下平章事、判度支，不久迁中书侍郎，又迁门下侍郎，仍同平章事。后进阶特进，累兼尚书右仆射。乾符四年(877)，以病辞职，授太子太傅，病卒。

咸通八年(867)，时任户部侍郎、判度支的崔彦昭上奏说：

① 唐·殷亮《颜鲁公行状》，载《全唐文》卷五一四。

② 参见陈衍德、杨权《唐代盐政》，三秦出版社 1990 年版，第 52 页。

当司应收管江、淮诸道州府咸通八年已前两税榷酒及支米价，并二十文除陌诸色属省钱，准旧例逐年商人投状便换。自南蛮用兵已来，置供军使，当司在诸州府场监钱，犹有商人便换，赍省司便换文牒至本州府请领，皆被诸州府称准供军使指挥占留。以此商人疑惑，乃致当司支用不充。乞下诸道州府场监院依限送纳及给还商人，不得托称占留者。[①]

唐宪宗初年，由于大额铜钱运输不便，社会又动荡不安，为满足长途贩运的需要，就产生了飞钱，也称便换，即商人在京师出售货物后，将所得钱交给地方官府或军队的驻京机构，或交给富商大贾，换取一些凭证，然后可轻装到外地相应官府或富户代理人处，交纳一定的手续费后领取钱币。大概唐朝政府也看到此事有利可图，故在元和六年(811)禁止私营飞钱便换的次年，下诏规定由户部、盐铁司、度支司垄断经营飞钱业务。这种做法显然是对轻重论的灵活运用。[②] 到了咸通年间，由于藩镇对中央依附关系的减弱，加上藩镇之间不断发生战争，地方占留的费用越来越多，以致于商人持中央财政部门的文牒到地方州县便换，却被地方政府拒绝，导致“商人疑惑”，国家经营的商业信用事业面临崩溃的危险。为此，崔彦昭奏请朝廷下令地方政府“不得托称占留”，要满足商人的便换请求。朝廷最终同意了他的请求。便换业能够正常推广使用，客观上有利于商贸事业的进一步发展。这说明了崔彦昭对便换这项商业信用事业的重视，并视之为唐朝中央对地方藩镇保持轻重之势的重要措施，充分反映了他对轻重论的深刻理解和认识。

五代时，兵戈不息，各割据政权为筹集军费，维持政权，对轻重

① 《旧唐书》卷一九上《懿宗纪》。

② 参见汪圣铎《轻重与沉浮》，广西人民出版社1989年版，第93页。

之术特别重视。后唐的租庸使孔谦(？ ~926)就充分利用轻重之术为后唐庄宗募集经费,“设法箕敛,七八年间,军储获济”[①]。他是魏州永济县(治今山东临清南)人,为人勤敏,工于书算,颇知金谷聚敛之事。初为魏州孔目官,后事李存勖,为度支使,“晋与梁相拒河上十余年,大小百余战,谦调发供馈,未尝阙乏”,“成庄宗之业者,谦之力为多,然民亦不胜其苦也”[②]。后唐建立后,历任租庸副使、租庸使,继续掌管财政事务。由于他“直以聚敛为事”,“鄣塞天下山谷径路,禁止行人,以收商旅征算;遣大程官放猪羊柴炭,占庇人户;更制括田竿尺;尽率州使公廨钱”[③]。他还以钱贷民,而以贱价征丝,偿所贷钱,并屡屡要求州县督催。有时皇帝下诏减免杂税,但孔谦“欲聚敛以求媚,凡赦文所蠲者,谦复征之”[④]。由于他只是一味地从国家财政角度考虑如何聚敛财富,而不适当考虑民众的利益,由是“每有诏令,人皆不信,百姓愁怨”[⑤],致使后唐明宗即位后将其处死,以平民愤。

二、“如见钱流地上”:刘晏的商业思想

中国传统社会中影响最大的启蒙读物《三字经》中说:“唐刘晏,方七岁,举神童,作正字,彼虽幼,身已仕。”刘晏被视为通过勤奋努力早早走上仕途的模范,几乎成为宋代以后人人皆知的著名人物。人们所了解的大多是刘晏政治上的成就,殊不知他还是中国古代杰出的经济思想家,其商业思想是齐鲁商贾传统的闪光点

① 《旧五代史》卷七三《孔谦传》。
② 《新五代史》卷二六《孔谦传》。
③ 《新五代史》卷二六《孔谦传》。
④ 《资治通鉴》卷二七三。
⑤ 《资治通鉴》卷二七三。

之一。

(一)刘晏的生平及其生活的时代

刘晏(718～780),唐朝中期宰相,杰出的理财家。字士安。曹州南华(今山东东明东北)人。七岁举神童,授秘书省正字。唐玄宗时,任夏县(今属山西)、温县(今属河南)县令等地方官,因治理有方而为人称颂。天宝十四载(755),安禄山乱起,刘晏改官度支郎中,兼侍御史,领江淮租庸事。度支司是“主掌国计”、“支度国用”的户部的一司,郎中为司的首长。从此,刘晏开始了他的理财生涯。肃宗至德至乾元时,历任彭原太守、陇华二州刺史、京兆尹。上元元年(760),刘晏进户部侍郎兼御史中丞,充度支、铸钱、盐铁等使。次年遭人诬陷而被贬为通州刺史。

宝应元年(762)四月,唐代宗李豫即位。六月,刘晏又被重新任命为户部侍郎兼京兆尹,充度支、转运、盐铁、铸钱等使。宝应二年(763),曾短期以吏部尚书同中书门下平章事,仍领财政使职。广德二年(764),罢相,为太子宾客。寻授御史大夫,领东都、河南、江淮、山南等道转运、租庸、盐铁使。代宗时,先后与第五琦、韩滉分掌全国诸道财赋,刘晏分管都畿、河南、淮南、江南、湖南、荆南、山南东各道。大历十四年(779),韩滉改官太常卿,由刘晏总管全国财政。同年,杨炎由被贬地召回朝中为相。先是,刘晏曾奉诏治宰相元载之罪,杨炎受牵连而被贬官。杨炎入朝为相后,有意报复,于是借故贬刘晏为忠州刺史。后又指使人诬陷刘晏谋反,唐德宗信其谗言,于建中元年(780)下诏将刘晏赐死。从唐肃宗上元元年至唐代宗大历十四年(760～779)的二十年中,刘晏长期充任有关财政的度支、盐铁、转运等使,参与管理并直接主持了唐朝中央政府的财政事务,成为唐代290多年间任职最久的财政权臣。

刘晏主持唐朝财政事务的时代,正值唐王朝由盛而衰的历史转折时期。唐代社会经济经过从唐太宗到唐玄宗时期百余年的休养生息,在开元年间一度出现了极为繁荣的局面,但统治集团的政治腐败和生活的奢侈豪华日甚一日,土地兼并也越来越严重,均田制和租庸调制逐渐被破坏。阶级矛盾的激化以及统治阶级内部矛盾斗争的加剧终于导致了持续八年的"安史之乱"的爆发。这场叛乱给北方的社会生产和整个社会经济带来了严重的恶果。"洛阳四面数百里,州、县皆为丘墟"①,"数年间,天下户口什亡八九,州县多为藩镇所据,贡赋不入,朝廷府库耗竭,中国多故,戎狄每岁犯边,所在宿重兵,仰给县官,所费不赀"②。就户籍来说,755 年全国有 900 余万户,到 760 年只剩 193 万余户。人口由 5200 万剧降为 1600 万。劳动力的急剧减少使得田地荒芜,百业俱废,社会生产遭到极大破坏。唐肃宗乾元末年,在当时全部 193 万余户中,不课户达 117 万余户,占 60.62%;在当时 1600 万人口中,不课口达 1400 余万,占 87%。③ 国家财源因之枯竭。唐代财政面临崩溃的危险,如不早筹良策,培养民力,开辟财源,不仅不可能振兴中唐残破的社会经济,甚至连维持唐王朝的命运都不可能。刘晏就是在这种情况下开始参与唐王朝的财政事务的。④ 他掌管财赋以后,革故鼎新,兴利除弊,"通壅滞,任才能,富其国而不劳于民,俭其家而归利于众"⑤。他的"民不加赋,而国丰饶"的经济改革获得了极大的成功,被誉为"管(仲)萧(何)之亚",反映了他理财方面的卓越才干。

---

① 《资治通鉴》卷二二二。

② 《资治通鉴》卷二二六。

③ 参见唐·杜佑《通典》卷七《食货七·历代盛衰户口》。

④ 参见凌大珽等《管仲、荀况、桑弘羊、刘晏、王安石的理财思想》,中国财政经济出版社 1983 年版,第 170 ~ 172 页。

⑤ 宋·潘自牧《记纂渊海》卷三四。

(二)刘晏的经济改革活动

刘晏在唐帝国内忧外患、财政枯竭、公私俱困的情况下临危受命,进行了一系列的经济改革,几乎涉及了关系唐代国民经济发展的所有重要方面,内容包括改革漕运、盐政、税制和常平等,最终成功地解决了唐政府面临的财政经济危机,史称“唐中偾而振,晏有劳焉”[①]。下面就分别叙述刘晏的经济改革活动。

1. 漕运改革

唐朝的政治中心在西北,关中地区虽号称沃野,然而土地狭窄,所产粮食不能完全满足京师百姓和驻军的消费需要,若到灾荒之年,问题更加严重,“故常转漕东南之粟。高祖、太宗之时,用物有节而易赡,水陆漕运,岁不过二十万石,故漕事简。自高宗已后,岁益增多,而功利繁兴,民亦罹其弊矣”[②]。到玄宗时弊病尤其严重,每年运到京师的粮食达到了百万石。安史之乱爆发后,河北先为叛军所占,后又归藩镇所有,“户版不籍于天府,税赋不入于朝廷”[③],黄河以南也是久罹战火,“函、陕凋残,东周尤甚。过宜阳、熊耳,至武牢、成皋,五百里中,编户千余而已。居无尺椽,人无烟爨,萧条凄惨,兽游鬼哭”[④]。这样,唐王朝对江南地区更加倚重。

唐代东南财赋的漕运主要依靠东南运河水道,唐人谓之汴宋路,也就是经由江南河、山阳渎、汴渠、黄河砥柱以及关中漕渠,抵达长安。安史之乱时,叛军长期占据洛阳及河南地区,又围困睢阳,汴宋路被完全切断,湮废严重,江南租赋只有通过襄汉路前往关中。襄汉路是自东南溯长江而上,入汉水,经襄阳北上,或入丹

① 《新唐书》卷一四九《刘晏传》。
② 《新唐书》卷五三《食货志三》。
③ 《旧唐书》卷一四一《田承嗣传》。
④ 《旧唐书》卷一二三《刘晏传》。

水至商州,然后陆运至关中。此道路途远,又险阻重重,运力有限,全程往往需要八九个月时间,损耗率也很高,无力支撑起关中所需。直到安史之乱被平定后,关中地区依然是“中外艰食,京师米价斗至一千,官厨无兼时之积,禁军乏食,畿县百姓乃挼穗以供之”①。重开东南水路,恢复汴宋漕运势在必行。② 当时,唐朝政府采用的是一种强制性的方法,由州县富户充当漕头,征发民夫当漕役,他们都缺乏积极性,逃亡者甚多,漕运成为政府和百姓的沉重负担,“缘水陆遥远,转运艰辛,功力虽劳,仓储不益”③。

刘晏于代宗广德年间接管漕运后,对其进行了全面改革。

首先,疏通河道,其中问题最大的是汴渠,刘晏针对汴渠最易堵塞的梁公堰一段,集中人力,全面疏浚。对于山阳河以南的伊娄河一段也进行了疏浚,使漕运线路得以改善。至于江南河一段,由于丹阳境内的练湖一带大力填湖造田,影响了江南河水位的调节,刘晏建议朝廷禁止当地大族继续造堤,隔湖为田,“分官吏主丹杨湖,禁引溉,自是河漕不涸”④,保证了水道的通畅。

其次,总结前人经验,根据淮、汴、河、渭的水势各异的情况,各随便宜造船,并发扬了开元年间裴耀卿创造的分段运输方法,将东南漕运划分为四段,“江船不入汴,汴船不入河,河船不入渭;江南之运积扬州,汴河之运积江阴,河船之运积渭口,渭船之运入太仓”。这样可避免旷日久等,粮食入库保管又可减少损失。各地漕卒熟悉自己航行水域的水情,往来自如,不几年就“人人习河险”了,从而减少了航行中的危险。分段运送装卸比较困难,费工费

① 《旧唐书》卷一二三《刘晏传》。

② 参见齐涛、马新《刘晏杨炎评传》,南京大学出版社 1998 年版,第 66 页。

③ 《旧唐书》卷四九《食货志下》。

④ 《新唐书》卷五三《食货志三》。

时，一遇翻船，颗粒不存。刘晏改为“囊米而载以舟”，即袋装粮食上船，既便于装卸，省工减耗，遇翻船时也易于打捞。对于三门峡一带历来被视为天险的水道，刘晏则出高价购买优质材料制成的坚韧纤索，雇用有经验的纤夫拉船，并将船队严格编组，使用大而牢固的“歇艎支江船”，一次两千艘，“每船受千斛，十船为纲，每纲三百人，篙工五十”。在刘晏的周密组织下，漕运船队每次都能顺利通过三门峡，“无升斗溺者”[①]。

再次，将全部漕运由民运改为官运。过去由州县富户督办漕运，称为“船头”，船头再将差役派给百姓，让他们无偿出漕役，故逃亡者甚多。改行官运以后，官府专门训练一些士兵担任船工，称为“漕卒”，由军官押运，改过去征调徭役的办法为出钱雇工。凡十次漕运没有损失，则给予船工优厚的奖赏，提升押运官的职位，极大地调动了他们的积极性，《旧唐书·食货志》称赞这一做法“不发丁男，不劳郡县，盖自古未之有也”。

经过刘晏的改革，过去需要八九个月时间才能完成的漕运，此时从扬州至京师只需四十天，“人以为神”。这不仅解决了唐政府面临的粮食危机，而且使关中地区的商品供应得以全面改善，“自是关中虽水旱，物不翔贵矣”[②]。唐代宗非常高兴地说：“卿，朕酂侯也。”他将刘晏比作西汉初年的开国功臣酂侯萧何。

2. 盐法改革

盐是人们日常生活的必须品，历代王朝对此都非常重视，每或实行专卖。唐代最初并未实行榷盐，为时长达百年之久。后来随着财政开支不断扩大，“用少而财不足”[③]，才有人提出榷盐，但直

① 本段引文均出自《新唐书》卷五三《食货志三》。

② 《新唐书》卷一四九《刘晏传》。

③ 《旧唐书》卷四八《食货志上》。

到安史之乱前,只是实行了盐铁收税,并未实行禁榷。安史之乱爆发后,唐王朝长期以来由冗官、冗兵、冗费所带来的财政危机全面爆发,整个国家财政陷于崩溃的境地。在这种历史条件下,榷盐制应运而生。

乾元元年(758),第五琦被任命为"诸州榷盐铁使",大变盐法,"尽榷天下盐"[①]。第五琦盐法的主要内容有以下几点:(1)"就山海井灶近利之地置监院"[②],负责榷盐事务。(2)设立盐籍,建立特许生产制度,规定"游民业盐者为亭户,免杂徭"[③]。(3)亭户所煮之盐要悉数交付监院,再由盐官加价出粜,"斗加时价百钱而出之,为钱一百一十"[④]。(4)设立盐禁制度,规定盗煮及私售者都要依法治罪。第五琦盐法的核心是官产、官销,"夺灶户之利而官自煮之,甚则夺商贩之利而官自卖之"[⑤]。单纯从国家财政的角度考虑,第五琦的盐法是卓有成效的,史称"人不益税而上用以饶"[⑥]。

第五琦的盐法也存在不少弊端,最大的弊病就在于几乎一切事务都需官府办理,以其有限的人力,难以将手续繁琐的官盐销售遍及社会的各个角落,有的地方买不到盐,有的地方食盐又滞销,这在很大程度上限制了官盐的覆盖面,盐官见盐卖不出去便硬性按人头摊派,导致民怨沸腾。在机构设置上,从中央到地方广设盐官,机构臃肿,大大增加了运营成本,降低了利润,官员们办事效率低,贪污现象严重,这都限制了食盐专卖的获利空间。如何解决这

① 《新唐书》卷五四《食货志四》。
② 《新唐书》卷五四《食货志四》。
③ 《新唐书》卷五四《食货志四》。
④ 《新唐书》卷五四《食货志四》。
⑤ 元·马端临《文献通考》卷一五《征榷考二》。以上关于第五琦盐法的叙述,参见齐涛《汉唐盐政史》,山东大学出版社1994年版,第149~150页。
⑥ 《旧唐书》卷一二三《第五琦传》。

些问题,通过盐法改革使之更适合于国家财政的需要,就成为势在必行的事情。这些工作最终落到了刘晏头上。

永泰二年(766)正月,唐政府实行财赋分区管理,刘晏以户部尚书身份出任都畿、河南、淮南、江南、湖南、荆南、山南东道盐铁使,使他有权力、有时间从组织和制度上对食盐专卖进行改革。《新唐书·食货志》全面记载了刘晏的盐业政策,兹录下:

> 自兵起,流庸未复,税赋不足供费,盐铁使刘晏以为因民所急而税之,则国足用。于是上盐法轻重之宜,以盐吏多则州县扰,出盐乡因旧监置吏,亭户粜商人,纵其所之。江、岭去盐远者,有常平盐,每商人不至,则减价以粜民,官收厚利而人不知贵。晏又以盐生霖潦则卤薄,暵旱则土溜坟,乃随时为令,遣吏晓导,倍于劝农。吴、越、扬、楚盐廪至数千,积盐二万余石。有涟水、湖州、越州、杭州四场,嘉兴、海陵、盐城、新亭、临平、兰亭、永嘉、大昌、侯官、富都十监,岁得钱百余万缗,以当百余州之赋。自淮北置巡院十三,曰扬州、陈许、汴州、庐寿、白沙、淮西、甬桥、浙西、宋州、泗州、岭南、兖郓、郑滑,捕私盐者,奸盗为之衰息。然诸道加榷盐钱,商人舟所过有税。晏奏罢州县率税,禁堰埭邀以利者。晏之始至也,盐利岁才四十万缗,至大历末,六百余万缗。天下之赋,盐利居半,宫闱服御、军饷、百官禄俸皆仰给焉。明年而晏罢。

通过上述记载可以看出,刘晏的新盐法大致包括以下内容:

第一,改官收、官运、官销为官收、商运、商销。

刘晏认为过去盐法之所以出现种种弊端,与官收、官运、官销的体制有关,官府垄断一切势必导致官府机构庞杂,盐官和盐吏充斥扰民,所以他从改革榷盐体制入手,将商人和商业机制引入榷盐法,改官收、官运、官销为官收、商运、商销,具体做法就是“但于出盐之乡置盐官,收盐户所煮之盐转鬻于商人,任其所之”①。国家只掌握食盐生产和总批发两个环节,将榷税寓于批发价格之中,商人从盐司购得食盐后,有充分的销售自由。

在刘晏的新制度下,盐商与国家同是受益者。国家获益主要体现在榷盐价格上。第五琦榷盐之前,盐的市价大约是10文左右,成本价应当更低,这时官府的榷价在每斗300文左右,国家的收益不可谓不高。据杜甫《盐井》诗中“自公斗三百,转致斛六千”②的叙述,可知盐商的收益每斗也在300文左右,利率达100%。其实,国家并不限制市场盐价,“粜商人,纵其所之”③,一任盐商所为。

刘晏允许商运商销,改变了过去由官府独家垄断专卖的做法,允许商人参与其中,不仅可以节省官府的财政开支,还可以提高和刺激商人的积极性,使盐商成为国家榷盐制度的有力推行者。

刘晏为了确保其盐法的推行,还采取了一些对盐商的保护性政策。原来商人过境,各级地方政府都要额外加税,刘晏奏请“罢州县率税,禁堰埭邀以利者”④,这就减轻了商人的运输成本,加快了食盐的流通。另外针对大历年间货币供应量不足、商人买盐困难的情况,允许商人纳绢代钱买盐,“商人纳绢以代盐利者,每缗加钱二百,以备将士春服”⑤。这一措施也提高了商人的积极性,对国家而言,既推销了食盐,又减少了国家用钱购绢的麻烦,于国于民都很有利。

① 《资治通鉴》卷二二六。
② 《全唐诗》卷二一八。
③ 《新唐书》卷五四《食货志四》。
④ 《新唐书》卷五四《食货志四》。
⑤ 《新唐书》卷五四《食货志四》。

第二，严惩不法盐商。

刘晏设立专门的盐籍，将盐商从市籍中划入盐籍，只有入盐籍者才能从国家获取食盐，进行贩运，并给予“居无征徭，行无榷税”[①]的优越条件。不在盐籍者贩运即为私盐。另外国家对亭户收盐的价格过低，有的亭户便私卖盐给盐商，盐商买盐后私自贩卖，这都形成私盐。刘晏除了严格控制私盐产生的源头，尽量以合理价格完全收购亭户之盐外，还创设了严密的缉私制度。刘晏在盐场以外，选择了一些重要的交通枢纽设立巡院，缉捕贩私盐者。在淮北、岭南、江南等地共设立了扬州、陈许、汴州、庐寿、白沙、淮西、甬桥、浙西、宋州、泗州、岭南、兖郓、郑滑等13处巡院，负责巡查盐商是否带售私盐。这有效地打击了私盐，“奸盗为之衰息”[②]，既使合法盐商的利益得到保护，亦可保证国家专卖收入的征收。

第三，注重对食盐市场的宏观调控。

刘晏盐法改革的一个特点是把国家对盐的垄断价格变为竞争价格，利用商人的竞争使盐价保持相对低廉、稳定的水平。[③] 为了确保这一目标的实现，刘晏也采取了一些防范调控措施。值得注意的是，刘晏完全是通过对市场的宏观调控来调节盐价，运用经济手段而不是通过行政或其他手段。刘晏在变革盐法之初，就在吴、越、扬、楚等地设立数千盐仓，积盐两万余石，使国家始终保有一部分食盐储备，可以随时调适。《新唐书·刘晏传》称：“京师盐暴贵，诏取三万斛以赡关中，自扬州四旬至都，人以为神。”

一些距产盐地比较遥远的边荒地区，因交通不便，运输成本

---

① 唐·白居易《白氏长庆集》卷六三《议盐法之弊》。

② 《新唐书》卷五四《食货志四》。

③ 参见赵靖主编《中国经济思想通史》第2卷，北京大学出版社1995年版，第334页。

高，商人不愿前往售盐，最终容易造成较高的垄断价格。为了防止这种情况，刘晏还创立了常平盐制度，就是由国家运一部分盐到这些地区，作为调控盐价的手段。当某地商人哄抬盐价时，官府就发卖常平盐平抑盐价，一旦商人竞相降价，官府就可乘机收购藏于常平仓。总之，刘晏在实行商运商销政策的同时，仍保留了国营商业稳定市场价格和调剂物资余缺的职能。

从总体而言，刘晏的盐法改革是放松商业垄断的，不是单纯地追求增加财政收入，而是注意利用市场规律来管理盐政。他既重视官商的作用，又注意运用民间商人的力量来搞活食盐流通，既注意发挥商人的积极性，又注意限制其消极作用。他的盐法改革最终取得了巨大成功，给唐王朝带来了巨额的财政收入。正如《旧唐书·刘晏传》所言："初，岁入钱六十万贯，季年所入逾十倍，而人无厌苦。大历末，通计一岁征赋所入总一千二百万贯，而盐利且过半。"

3. 常平改革

常平法本于战国时李悝的平籴与平粜，基本做法就是丰年籴之，饥年粜之，"虽遇饥馑水旱，籴不贵而民不散，取有余以补不足也"[①]。唐朝初年就曾在一些地方设置常平仓，拨有常平本钱，由各州根据具体情况进行经营，曾发挥过较好的作用。大历年间，刘晏一直兼领东南地区的常平使，统一管理常平事务。他对常平事务在以往常平法的基础上进行了改革和创新，使常平法发挥了越来越大的作用。

为有效地进行常平经营，刘晏充分利用各地的巡院建立起了一套严密高效的商情网：

① 《汉书》卷二四《食货志四上》。

诸道巡院，皆募驶足，置驿相望，四方货殖低昂及它利害，虽甚远，不数日即知，是能权万货重轻，使天下无甚贵贱而物常平。①

刘晏于诸道设置知巡院官，招募“驶足”，使之每旬、每月都要汇报各州县的雨、雪、丰、歉情况及市场粮价，以便根据不同情况做出不同的反应。在丰收年份，商人压价、粮价下跌时，令各地以适当高于市场的价格收入粮食，以免谷贱伤农；在歉收年份或青黄不接、商人抬价、粮价暴涨时，则按低于市场价格抛售存粮，及时供应缺粮民户。他还用粮食向受灾地区换购土产杂物，再运到丰收地区出售，既方便了灾民购粮换粮，也调动了灾民生产其他产品的积极性。

刘晏创设的商情网虽然可以让他及时掌握各地市场情况，但面对复杂多变的市场，他还是将经营权果断地下放到各地，由各地自行决定粮食经营。宋人沈括在《梦溪笔谈》卷一一有详细叙述：

刘晏掌南计，数百里外物价高下，即日知之。人有得晏一事，予在三司时，尝行之于东南。每岁发运司和籴米于郡县，未知价之高下，须先具价申禀，然后视其贵贱，贵则寡取，贱则取盈，尽得郡县之价，方能契数行下，比至则粟价已增，所以常得贵售。晏法则令多粟通途郡县，以数十岁籴价，与所籴粟数高下，各为五等，具籍于主者，粟价才定，更不申禀，即时廪收，但第一价则籴第五数，第五价即籴第一数，第二价则籴第四数，第四价则籴第二数，乃即驰递报发运司。如此粟贱之地，自籴尽极数；其余节级，各得其宜，已无极售。发运司仍会诸郡所籴之数计之，若过于多，则损贵与远者；尚少，则增贱与近

① 《新唐书》卷一四九《刘晏传》。

者。自此粟价未尝失时，各当本处丰俭，即日知价。

总之，刘晏通过自己创建的经济情报网，按照各地“货殖低昂及它利害”来“权万货重轻”，指挥各地巡院吞吐货物，调节供求，“使天下无甚贵贱而物常平”[①]。

（三）刘晏的商业经营意识

刘晏虽然是中国经济思想史上的杰出人物，然而，他没有专门谈论经济问题的文章，更没有相关的著作。我们现在能看到的只有他写的个别公文，其中并没有多少与经济思想有关的资料。[②] 我们所能了解的只是关于其经济改革的实践，要想探讨刘晏的商业意识，只能从其经济改革的实践中去分析，这就是上文详述刘晏经济改革实践的原因。刘晏的经济改革与此前一切改革不同的最大特点是他以商品经济原则为出发点，以提高经济效益为中心，力图通过改革促进商品经济的发展，进而解决国家财政问题。[③]

刘晏的商业经营意识，即其对商品经营相关问题的认识比较丰富，现择要叙述如下：

1. 对商品流通作用的重视

商业经营实际上就是对商品流通的管理。如果商品流通处理得好，一方面可以促进生产，繁荣经济；另一方面又可保证供给，稳定物价。刘晏在掌管唐王朝财政之初，就明确提出“舟车既通，商贾往来，百货杂集，航海梯山”[④]是盛世的象征，表明他对利用商品经济流通来引导和发展经济非常重视。

---

① 《新唐书》卷一四九《刘晏传》。

② 参见赵靖主编《中国经济思想通史》第2卷，北京大学出版社1995年版，第325页。

③ 参见唐任伍《论刘晏的经济改革思想》，载《河南师范大学学报》1994年第5期。

④ 《旧唐书》卷一二三《刘晏传》。

刘晏在改革常平时就充分利用了商品流通的职能，注重发挥其引导和促进生产、繁荣经济的作用，以实现帮助受灾百姓达到生产自救的目的。他认为“灾沴之乡，所乏粮耳，它产尚在，贱以出之，易其杂货，因人之力，转于丰处，或官自用，则国计不耍”[①]，故而采取运粮食到缺粮地区与当地交换其他产品后再到外地销售的方法，既可帮助灾区渡过饥荒，又可活跃灾区经济，还不用增加国家支出，收到了利国利民的效果。

刘晏还通过商品流通来稳定物价，增加国家财政收入。他通过自己的商业信息网及时掌握各地物价，“食货之重轻，尽权在掌握，朝廷获美利而天下无甚贵贱之忧”[②]。他还将东南各地的租调收入换为现钱，购买轻货到其他价高的地方出售，既调剂了各地余缺，又使国家获利，增加了收入。对于粮食，他采取了“丰则贵籴，歉则贱粜，或以谷易杂货供官用，及于丰处卖之”[③]的措施来搞活粮食流通。总之，商品流通在刘晏的运用下发挥了极大的作用。[④]

对商品流通作用的高度重视势必伴随着对私营工商业者的高度重视。刘晏理财的目的是要使“食货之重轻，尽权在掌握”[⑤]，但他要掌握的轻重之权却不是通过高度的防范和压制来达到，而是通过充分发挥私营工商业者的作用来实现。他在一定程度上将私营工商业当成实现轻重之权的助手。在漕运整顿中，他靠私营船户造船，并优给船价。在盐政改革中，刘晏没有像其前任第五琦那

① 《新唐书》卷一四九《刘晏传》。

② 《旧唐书》卷一二三《刘晏传》。

③ 《资治通鉴》卷二二六。

④ 以上关于刘晏重视商品流通的论述，参见王棣《论刘晏的财政改革》，载《晋阳学刊》1994年第12期。

⑤ 《旧唐书》卷一二三《刘晏传》。

样完全承袭西汉桑弘羊的做法，完全剥夺商人的经营权利，而是采取与商人合作共利的态度，充分发挥了商人在商品流通中的作用，将食盐的运输销售权完全放给商人，使其自主经营，从而达到官商两利的效果。在常平救灾时，他采取了以商助官的做法，国家以粮食与商人交换农副产品，在比价上给商人以优惠，这样商人就“不待令驱”①，不是在行政命令的强迫之下，而是在利润的驱使下，积极往返城乡购销农副产品和粮食，从而成为协助国家救灾的重要力量。

2. 对劳动力价值物质体现的认识

不论何种社会形态，只要存在商品经济，价值规律就会作为一种不以人的主观意志为转移的客观规律存在并发挥作用，商品交换必须依据价值规律来等价交换。劳动力作为一种特殊的商品，自然也有价值。承认劳动力的价值及其物质体现就可以提高劳动生产率。

刘晏在财政改革过程中，非常重视劳动力的价值，往往采用出资雇工的方法取代无偿征调劳役的办法。刘晏主持漕运时，“始以盐利为漕佣，自江淮至渭桥，率十万斛佣七千缗，补纲吏督之。不发丁男，不劳郡县，盖自古未之有也”②。他用盐利的一部分雇用漕运船工，废除以往无偿征调的做法，极大地调动了漕运民工的积极性，提高了漕运效率。

在漕运船只的修造上，刘晏也充分考虑到了劳动力的价值。他为建立漕运船队，在扬子县（今江苏邗江南）建立了十个船场，每场派有官员严格督造，每船造价达百万钱，为此，有人建议刘晏因

① 《新唐书》卷一四九《刘晏传》。

② 宋·王溥《唐会要》卷八七《转运盐铁总叙》。

“国用方乏,宜减其费,五十万尤多矣”,刘晏则反对这种意见,他说:

> 大国不可以小道理。凡所创置,须谋经久。船场既兴,即其间执事者非一,当有赢余及众人。使私用无窘,即官物坚固,若始谋便朘削,安能长久?数十年后,必有以物料太丰减之者。减半,犹可也;若复减,则不能用。船场既堕,国计亦圮矣!①

刘晏对劳动力价值十分重视。他用高价雇用工匠,使其劳动力价值得以实现,提高了他们的生产积极性,从而保证了所造船只的质量,致使漕运“无斗升沉覆者”,事情后来的发展也证明了刘晏的长远眼光,“其后五十年,有司果减其半。及咸通中,有司计费以给之,无复羡余,船益脆薄易坏,漕运遂废矣”②。在其他方面,如将国家铸钱使用的徭役改为雇用工匠,在信息传递中高价雇用“驶足”等都是他重视劳动力价值物质体现的表现。刘晏在经济改革中引入带有商品经济要素的雇佣劳动制度,反映了他对商品经济发展规律的认识,客观上有利于商品经济的发展。③

3. 对经济效益的认识

经济效益是商品经济最基本的原则,目的是追求以最少的投入获得最大的产出。刘晏在财政改革过程中充分贯彻了这一原则,注意精打细算和成本核算经营。

在刘晏整顿漕运以前,漕运中的浪费和损耗十分严重。粮食

---

① 宋·王谠撰,周勋初校证《唐语林校证》卷一《政事上》,中华书局1987年版,第60~61页。

② 《资治通鉴》卷二六六。

③ 以上关于刘晏对劳动力价值物质体现认识的叙述,参见王棣《论刘晏的财政改革》,载《晋阳学刊》1994年第12期。

直接装于仓内,装船及搬运都十分麻烦,且易损耗,刘晏采用袋装之法,既便于装卸,又便于翻船时打捞,且可以大大降低运费。《新唐书·食货志》记载:“润州陆运至扬子,斗米费钱十九,晏命囊米而载以舟,减钱十五。”

在盐政改革中,刘晏改官运官销为商运商销,使官府在食盐运销环节的事务大大减少,由此可以对盐业机构进行大量精简,“但于出盐之乡置盐官”,“自余州县不复置官”[①],即使在出盐之乡也仅仅是“因旧监置吏”,只在主要产盐地保留旧有盐监的设置,其余不产盐地区的盐监一律撤销,由此淘汰了一些冗官,裁撤了大批官员,节省了大量开支,“其始江、淮盐利不过四十万缗,季年乃六百余万缗,由是国用充足而民不困弊。其河东盐利,不过八十万缗,而价复贵于海盐”[②]。刘晏对盐业管理机构的整顿和改革取得了明显效果,经济效益有了大幅度提高。

刘晏在掌管财政时还引入了微观经济管理的原则和方法,非常注意精打细算。对于漕船过急流险滩时挽舟用的竹子、麻皮纤索,即使废坏也不随意抛弃,而是用来当柴烧。从江湖山岭荒远之处征购的土产都是“重粗贱弱之货”[③],零碎且不值钱,如果运至京师还不足以抵偿运费,刘晏就把这些土产运到出铜砂的淮楚之地换回铜、铅等矿产品和薪炭,就地设场铸造铜钱,“岁得十余万缗,输京师及荆、扬二州,自是钱日增矣”[④]。这是一种就地取材、省工省时、一举三得的经营术,表明刘晏在国家财政的经营管理中,努力节约人力、物力,重视成本核算,追求最大的经济效益。

① 《资治通鉴》卷二六六。
② 《资治通鉴》卷二六六。
③ 《新唐书》卷五四《食货志》。
④ 《新唐书》卷五四《食货志》。

4. 对商业信息的高度重视和利用

刘晏高度重视对商业信息的搜集和利用，这是因为在商品经济活动中，商业信息是一种特殊的财富，商业计划和决策的正确与否在很大程度上取决于商业信息搜集和利用的水平。刘晏对这一点有着充分的认识，为此他建立了遍及全国的严密迅捷的商品信息情报网。

《旧唐书·刘晏传》称：

> 自诸道巡院距京师，重价募疾足，置递相望，四方物价之上下，虽极远不四五日知，故食货之重轻，尽权在掌握，朝廷获美利而天下无甚贵甚贱之忧，得其术矣。

《资治通鉴》卷二二六称：

> （刘晏）理财以爱民为先。诸道各置知院官，每旬月，具州县雨雪丰歉之状白使司，丰则贵籴，歉则贱粜，或以谷易杂货供官用，及于丰处卖之。
>
> 晏有精力，多机智，变通有无，曲尽其妙。常以厚直募善走者，置递相望，觇报四方物价，虽远方，不数日皆达使司，食货轻重之权，悉制在掌握，国家获利而天下无甚贵甚贱之忧。

由以上记载可知，刘晏商品信息情报网的主要状况如下：

第一，这一情报网以行政区划而设。都城长安设使司，由刘晏亲自掌握。全国15个道均配备负责商业情报信息的知院官，各州县衙署也都设立相应的人员，调查市场行情。

第二，这一情报信息网搜集的信息主要是各地的"雨雪丰歉之状"和"四方物价"，刘晏收集"雨雪丰歉之状"是为了预测粮食的收成，从而对粮食市场行情做出预测。另对各地市场商品的价格现状进行调查，可以使自己掌握"食货轻重之权"，亦即掌握各地何物价格昂贵，何物价格低廉，然后可以适当进行物资调剂，价贱处抬价收买，价高处降价出售，从而达到“国家获利而天下无甚贵甚贱之忧”的目的。

第三，信息传递方式上，刘晏改革了原来由富户包办，效率低下的驿递制度，高价招募“驶足”、“善走者”、“急足”传递信息。由于这些人都是发给工钱的专职人员，大大提高了信息传递的效率，使刘晏对几百里内地方的物价状况当天便可知道，即使是边远州县的情况，四五天内也可知道。

刘晏很注意对商业情报信息的利用，从中寻求制定物价政策的依据。他要求各地政府对数十年来的粮食价格和国家收购的粮食数量进行调查统计，将粮价与粮食收购数量的对应关系分为五个等级。每年新粮上市时，各地方政府不必向主管部门请示即可自主决定粮食购销，从而做到了“粟价未尝失时，各当本处丰俭，即日知价，信皆有术”①。

刘晏还强调要及时处理信息，对于收到的各地上报的商业情报，“必于一日中决之，不使留宿”②，甚至“每朝谒，马上以鞭算”③。这就保证了可以根据商业信息及时做出反应和决策。

5. 对商业流通规律的认识

刘晏不仅对商品流通的作用有清楚的认识，而且对商品流通中某些规律，如价格对供求的调节作用和货币流通规律等也有深刻认识，并注意在财政改革实践中加以运用。刘晏注重用价格杠杆来调节市场供求关系，大历八年(773)关内地区丰收，刘晏用和籴之策，拨出款项，以优惠价格收购粮食，防止了谷贱伤农的出现，也减轻了国家往返漕运粮食的负担。他还将东南地区丰富的手工

① 宋·沈括《梦溪笔谈》卷一一《官政一》。

② 《资治通鉴》卷二六六。

③ 《新唐书》卷一四九《刘晏传》。

业产品低价收购,然后将其运送到长安等急需的大城市,高价出售获利。在常平盐的实施中,他也注重以价格变化来影响私营商人的销售,从而保证广大边远地区的人民也能食盐。

刘晏对货币在商品经济流通中的地位和作用也有深刻认识。唐王朝自建立起,货币问题一直是一个棘手的问题,有时钱重物轻,导致私铸之风盛行,有时“铸多钱贱,米粟踊贵”[①],造成物价飞涨。更为经常出现的问题是由于国家铸币数量不能满足流通需要,通货短少而导致的“恶钱”问题。在刘晏以前,户部侍郎、铸钱使第五琦用铸大钱的办法来解决“国用未足,币重货轻”[②]的问题,弥补财政亏空。第五琦于乾元元年(758)铸“乾元重宝”,一枚当十枚开元通宝钱,后来又铸“重轮乾元钱”,一枚当五十枚开元通宝,使货币急剧贬值,立刻导致了“物价腾踊,米斗钱至七千,饿死者满道”[③]的局面。刘晏于上元元年(760)出任度支、铸钱、盐铁等使后,首先采取平抑物价、行常平法等措施统一钱制,贬低乾元重宝和重轮乾元钱的法定价值,使乾元重宝钱以一当二,重轮钱以一当三,接着又规定在三日之内皆以一当一,使钱制统一。他同时还采取措施在淮楚之地开炉铸钱,一年可得十余万缗供应京师、扬州、荆州等地,基本满足了这些地方市场流通的需要。与第五琦的货币思想相比,刘晏对于货币问题的认识无疑要高明许多,从而可以更好地满足市场流通的需要,使币值稳定,物价得以平抑,保证了社会的安定和人心的稳定。

从总体上来看,刘晏商业经营思想的理论基础还是轻重论,但其对传统的轻重思想却有很大发展,如在处理国家与商人的关系

① 《新唐书》卷五四《食货志》。

② 《旧唐书》卷一二三《第五琦传》。

③ 《新唐书》卷五四《食货志》。

方面，由把商人作为打击对象到一定程度上把商人变成国家推行轻重之策的助手；注重利用个人对物质利益的追求来提高经济活动的效率和质量等。[①] 在轻重之策对经济的作用的认识方面，刘晏从以往多强调控制和榨取发展到兼而要求对生产有一定的促进作用。他认为理财不能片面考虑增加国家财政收入，还应该有利于社会生产的发展和经济的繁荣，即其“理财以爱民为先”[②]。刘晏的财政改革活动及其商业经营思想适应了唐中叶以后社会经济发展的新趋势，尤其是其推行的“官商分利”的禁榷制度对后世的禁榷制度和工商业政策产生了极为巨大和深远的影响，“官商分利”的模式成为后世官工商业经营的基本模式。刘晏关于国家商业经营的一些重要做法和思路不断为后人继承和仿效。直到鸦片战争前，包世臣、魏源等人在改革漕运和榷盐制度时，还屡屡提到刘晏的经验。[③]

① 参见赵靖《中国经济思想史述要》上册，北京大学出版社 1998 年版，第 375 ~ 379 页。

② 《资治通鉴》卷二二六。

③ 参见赵靖《中国经济思想史述要》上册，北京大学出版社 1998 年版，第 375 ~ 379 页。

第三章　宋元时期齐鲁商贾传统的重新振兴

宋元时期山东商品经济的繁荣，加上国家政策、商业观念和社会风气变化的推动，使这一时期的齐鲁商贾传统较之隋唐时期表现出了明显的重新振兴的势头，其发展水平和内涵均达到了新的高度。无论是齐鲁商人经营方式的创新和经营技巧与观念的进步，还是其对自身价值认识的日趋坚定及不同阶层商业思想特色的凸显，都是齐鲁商贾传统重新振兴的突出表现。本章即对此作一论述。

第一节　宋元时期山东商品经济的发展[①]

宋元时期，社会经济获得了较大发展，但游牧民族的入主又使

① 本节关于宋元时期山东商品经济发展的论述，参见张熙惟《论宋代山东经济的发展》，载《山东大学学报（哲学社会科学版）》1993 年第 3 期；张熙惟《宋元山东市镇经济初探》，载《山东大学学报（哲学社会科学版）》1998 年第 1 期；张仁玺《元代山东经济述略》，载《山东师大学报（社会科学版）》1994 年第 5 期；漆侠、乔幼梅《辽夏金经济史》，河北大学出版社 1994 年版；张照东《宋元山东区域经济研究》，齐鲁书社 2006 年版。

其在某些方面发生了较明显的逆转,从而使这一时期的社会经济发展产生了较大的波动。这一时期山东经济与全国经济的发展趋势基本吻合,但受区域因素及其他社会因素影响,又呈现出明显的区域特征。从时间上来说,山东经济在北宋时期处于跳跃式发展阶段,发展速度快,生产力水平有大幅度提高;金元时期发展速度渐缓,表现出明显的阶段性。从生产部门上来说,农业的发展波动较大,北宋时期有明显进步,金元时期唯有局部发展;工商业则历宋、金、元诸朝一直呈繁荣景象,尤其是在元代还表现出畸型发展的趋势。总之,这一时期山东经济的发展表现出较明显的阶段性和不平衡性,并深刻影响着后代山东经济的发展。

一、宋元时期山东商业性农业的发展

从唐代后期到五代十国时期,频仍的战乱给北方经济以严重摧残,致使人口流徙,土地荒芜。北宋建立后,结束了长期的战乱局面,为山东农业的发展创造了良好的条件。农业生产迅速得到了恢复和发展,主要表现在耕地面积的扩大、水利的兴修和农作物优良品种的推广等方面。

直到宋朝建立 30 多年后,土地荒芜仍很严重,开封“周环二十三州,幅员数千里,地之垦者十才二三”[①],京东地区多“膏腴未耕之处”[②],“济、兖间多闲田”[③]。对此,宋政府先后采取措施,招抚流亡,劝民耕垦,实行轻徭薄赋政策,休养民力。乾德四年(966)八月颁布“劝栽植开垦诏”,明令“有能广植桑枣开荒田者,并令只纳旧

① 《宋史》卷一七三《食货志上一》。
② 《续资治通鉴长编》卷四〇,至道二年秋七月庚申条。
③ 《宋史》卷一七三《食货志上一》。

租,永不通检”[①]。太平兴国七年(982)二月诏曰:“东畿近年已来,蝗旱相继,流民甚众,旷土颇多……宜令本府设法招诱,并令复业,只计每岁所垦田亩桑枣输税,至五年复旧,旧所逋欠悉从除免”[②]。至道元年(995)六月,又“诏募民请佃诸州旷土,便为永业,仍蠲三岁租,三年外输三分之一”[③]。这些措施的推行刺激了农民的生产积极性,荒田逐渐得以开发,加快了宋初山东地区农业经济的复苏与发展。据《文献通考》卷四《田赋考四》所载元丰初年的官方统计,今山东境内约有耕地 25828460 亩,其中官田 890901 亩,民田 24937559 亩。当时全国共有耕地约 461655600 亩,山东耕地约占全国耕地总面积的 5.6%。[④]

北宋时期,山东水利事业也有很大发展,其中最突出的成绩是治理黄河和大规模地兴修农田水利工程。宋初黄河下游地区的水患仍十分严重,时常威胁着沿河一带的农业生产。自乾德五年(967)起,京东路开始对黄河进行有计划的治理,各地每年征发民工数万人参加治河工程。济、郓、淄、棣、滨、博等沿河诸州的知州亲自兼任本州河堤使,巡视黄河水情,监修河堤加固工程。沿河州县还组织农民在河堤种植桑、枣、榆、柳等树木,以巩固河堤,防止河水泛滥。经过宋初各朝的治理,黄河水患有所减轻。此后较长一段时间内,山东沿河农业没有遭受大的河水灾害。

山东的农田水利建设多与开垦荒地结合,许多贫瘠之地由此

① 《宋大诏令集》卷一八二《劝栽植开垦诏》。

② 《宋会要辑稿·食货》一之一六。

③ 《续资治通鉴长编》卷三八,至道元年六月丁酉条。

④ 参见陈冬生、王赛时主编《山东经济史·古代卷》,济南出版社 1998 年版,第 328 页。

变成了沃土膏壤。仁宗景祐年间，平阴主簿龚鼎臣组织农民在低洼积水处挖渠排涝，“疏泄潴水”，获得“良田数百千顷”[①]。山东西部地区由于长期水涝严重，加上黄河决口泛滥，大片良田变成了盐碱地。熙宁年间，京东路征用民工利用黄河水淤灌盐碱土地，经过“累岁淤京东、西碱卤之地，尽成膏腴，为利极大”[②]。王安石变法时，鼓励各地兴修水利，山东也大规模地兴修农田水利。据不完全统计，从熙宁三年至熙宁九年(1070～1076)短短六年时间内，山东各地兴修的水利工程达177处之多，灌溉农田面积不下2594114亩[③]，约占全国农田水利面积的13.92%。[④] 熙宁四年(1071)十月，提举京东常平仓王子渊疏治久为积水所占的济州南李堰、濮州马陵泊，恢复良田约4200余顷，“昨来夏秋民间耕种，所取菽麦约三二百万余硕”[⑤]。

北宋时山东地区的农作物品种有所增加。除传统的粟、黍、麦、豆外，还比较广泛地种植水稻。淳化年间，政府诏令江北诸州“就水广种粳稻”[⑥]，山东地区首先在鲁北的博、棣、德、滨等州试种，获得成功后在京东路推广。神宗以后，山东水稻种植面积不断扩大。地处鲁中丘陵地带的齐州河湖环绕，池塘浸润，水稻种植极为普遍。当夏秋季节，齐州周围农村“下田满粳稻，秋成比禾菽”[⑦]。位于鲁西平原的梁山泊地区湖泊数百里，水稻种植很多，神

① 《宋史》卷三四七《龚鼎臣传》。

② 《宋史》卷九五《河渠志五》。

③ 参见《宋会要辑稿·食货》六一之六八。

④ 参见陈冬生、王赛时主编《山东经济史·古代卷》，济南出版社1998年版，第325页。

⑤ 《宋会要辑稿·食货》六三之一八七。

⑥ 《宋史》卷一七三《食货志上一》。

⑦ 《苏辙集·栾城集》卷七《寄济南守李公择》。

宗时已成为“远控江淮粳稻秋”[①]的著名粮仓。一些优良品种如江东早稻、占城稻等得到推广。政府大力提倡种植优良品种。建隆三年(962),“赐沂州民种粮”[②]。大中祥符九年(1016),诏令对京东、河北百姓买卖种粮者,“缘河津渡勿收其算”[③]。

水利的兴修和优良品种的推广使粮食亩产量有了很大提高。当时山东各地的每亩单产少则一石,多则高达四五石。[④] 山东地区的粮食生产不仅自给有余,还转输河朔等地,以助军食。庆历年间,判大名府贾昌朝说:“朝廷以朔方根本之地,御备戎虏,取材用以馈军师者,惟沧、棣、滨、齐最厚”[⑤]。治平二年(1065),朝廷从京东征调的漕粮大约有74万石,约占全国漕粮总数的10.94%。[⑥] 粮食的商品化程度有了很大提高。大中祥符九年(1016),专门规定对京东、河北百姓买卖种粮者“缘河津渡勿收其算”[⑦],可从侧面反映出这一问题。货币地租的发展对宋代粮食的商品化也起着积极的促进作用。如郓州学田就征收货币租,规定每亩一金,“岁输钱百万”[⑧]。

北宋时山东的林、牧、渔等副业也有很大发展。

---

① 《苏辙集·栾城集》卷六《和李公择赴历下道中杂咏十二首·梁山泊》。

② 《宋会要辑稿·食货》六八之二八。

③ 《续资治通鉴长编》卷八八,大中祥符九年十二月辛卯条。

④ 参见张熙惟《论宋代山东经济的发展》,载《山东大学学报(哲学社会科学版)》1993年第3期。

⑤ 《宋会要辑稿·方域》一四之一八。

⑥ 《宋史》卷一七五《食货志上三》载:“治平二年,漕粟至京师,汴河五百七十五万五千石,惠民河二十六万七千石,广济河七十四万石”,“粟帛自广济河而至京师者,京东之十七州”,可知通过广济河输至东京的74万石粟出自京东路。上述数字即由此推算得出。

⑦ 《续资治通鉴长编》卷八八,大中祥符九年十二月辛卯条。

⑧ 宋·尹迁《郓州州学新田记》,载清·王昶辑《金石萃编》卷一三九。

林业方面，以桑树的栽种最为突出。宋代山东地区桑柘之林遍布田野，“青齐之国，沃野千里，麻桑之富，衣被天下”[1]，郓州“蔽空桑柘不容田”[2]，单州成武“一邑桑柘，春阴蔽野”[3]，棣州“桑麻之富，衣被天下”[4]。官府浚修黄河等河道所需捍堤木亦多由山东地区采伐供给。

果品方面，青州的枣最为有名，乐氏枣是枣中上等佳品，“形大，核细，多膏，甚甜”[5]，每年上贡朝廷万余颗。京东地区产的桃，“尤大而美”[6]，在京师很受欢迎。兖州的栗子也很有名。

药材方面，山东地区已经出现了一些知名品种。各地上供的土特产中就有兖州的茯苓、防风，沂州的仙灵脾、茯苓，单州的蛇床子、防风，曹州的葶苈子、蛇床子，淄州和齐州的防风等药材。宋《重修政和经史证类本草》卷一《序例中》称“凡用药，必须择州土所宜者，则药力具，用之有据”，所举例证中就有齐州半夏，可知其是传统名药。

北宋山东畜牧业也获得较大发展。养马遍布各地。京东路的齐、淄、青、郓、密、潍等州“产马最多”，济、兖、沂、单、曹州“产马差少”，登、莱二州马匹产量虽多，但质量稍差些[7]。仁宗时，以官马孳息不足国用，特派人到登州收买马匹。后又令山东州县民户按物力大小养马，以备官府市买。元丰五年(1082)，提点京东东路刑狱霍翔在给朝廷的报告中即说：“齐、淄等州民号多马。禹城一县养

① 宋·孙觌《鸿庆居士集》卷二六《李祐除京东转运副使》。
② 宋·司马光《温国文正司马公文集》卷九《奉和始平公忆东平》。
③ 宋·庄绰《鸡肋编》卷上。
④ 《苏轼文集》卷三九《王荀龙知棣州》。
⑤ 宋·唐慎微《证类本草》卷二三。
⑥ 宋·苏颂《本草图经》卷一六。
⑦ 参见《续资治通鉴长编》卷三四五，元丰七年五月辛酉条。

马三千,壮马居三之一。”[1]国家命令买马,霍翔一次就买了 11000 余匹。养驴也遍布各州县。康定元年(1040),一次就从京东等地区括驴 5 万余头。养羊也很普遍,并且所养之羊有体格肥大的特点,“剪毛胡羊大如马”[2]。

渔业方面,山东地区有着比较长的海岸线,沿海地区渔业自古就十分发达。登州“有嘉鲯鱼,皮厚于羊,味胜鲈鳜,至春乃盛,他处则无。鳆鱼亦出此州,石决明是也”,由于江南没有这种鱼,所以当其被贩运至江南时,“一枚直数千钱,盖重北地所有也”[3]。相对名贵的鳆鱼在宋元时期得到了很大开发,登州和莱州等地是鳆鱼的重要产区。明李时珍《本草纲目》卷四六引宋人寇宗奭之说称登州和莱州地区鳆鱼“海边甚多,人采肉供馔,及干充苞苴,肉与壳两可用”。宋人江休复的《醴泉笔录》卷下也说:“登州成山出鳆鱼,俗云决明,可干食。”密州的鳆鱼也深受人们喜爱,如孔平仲说:

风流东武鳆,三月已看花。及冬稍稍盛,来自沧海涯。
味腴半附石,体洁不藏沙。被之以火光,何幸挂齿牙。
一举连十头,不复录鱼虾。海物类多毒,惟汝性则佳。[4]

葛胜仲在杭州曾千方百计地求购山东鳆鱼,他说:

海邦郑莒固多品,此族称珍乃其伯。
沈泉湘瀹付飧宰,姜桂煎调奉佳客……
昔官余杭饱下箸,两载杯盘厌凡核。
朅来瑕丘问鲑菜,樽俎遍索未云获。[5]

① 《宋会要辑稿·兵》二四之二一。
② 《苏轼诗集》卷一三《和蒋夔寄茶》。
③ 宋·庞元英《文昌杂录》卷二。
④ 宋·孔平仲《食鳆》,载《清江三孔集》卷二一。
⑤ 宋·葛胜仲《丹阳集》卷一八《从人求鳆鱼》。

除沿海渔业外，内地捕捞业也有很大发展，“曹州定陶县之北有陂泽，民居其傍者，多采螺蚌鱼鳖之属鬻以赡生”，将之“转售于人”[①]。“济南多甘泉，流水被道，蒲鱼之利与东南比”[②]。梁山泺“绵亘数百里，济、郓数州，赖其蒲鱼之利”[③]，“灯火鱼成市，帆樯藕带泥”[④]。国家还在此设置了西城所，征收船税和渔业税，“蒲、鱼、荷、芡之利皆日计月课，纤悉无遗，遂致泺傍之人无所衣食”[⑤]。直到元代，这里的鱼市仍比较兴旺，袁桷于泰定初年辞官南归，途经梁山泊，仍见“日落鱼会市”[⑥]，由此也可见这一带渔业的商品化程度。

宋金之际，山东地区处于战争的前沿地带，受战火焚劫，加上自然灾害频繁，农业生产受到很大影响。金军占领山东后，又“督责州县，括刷钱粮，虏掠乡村，拘收牛马，老稚离散，田野荒芜，民不聊生”[⑦]。伪齐统治山东时，政治压迫和经济剥削也都很苛重，“以什一税民，名为古法，其实裒敛”，土地兼并加剧，加上“刑法严急，吏贪缘为暴。民久罹兵革，益穷困，陷罪者众，境内苦之”[⑧]。金废伪齐后，确立了在山东的直接统治，相继采取了如减轻赋役等一些恢复生产的措施，使金代山东的农业又有复苏。土地开垦有所增长。山东农作物种类大致与北宋相同，主要有粟、麦、稻、豆、荞麦、稗等；经济作物方面，桑、麻及枣等瓜果蔬菜的种植较为普遍。金

① 宋·洪迈《夷坚志》支乙卷一《定陶水族》。
② 《苏辙集·栾城集》卷一八《舜泉诗并叙》。
③ 《宋史》卷四六八《杨戬传》。
④ 宋·陈师道撰，任渊注，冒广生补笺，冒怀辛整理《后山诗注补笺》卷二《巨野》，中华书局 1995 年版，第 54 页。
⑤ 宋·李光《庄简集》卷九《论王子献等札子》。
⑥ 元·袁桷《清容居士集》卷五《次韵瑾子过梁山泺三十韵》。
⑦ 宋·徐梦莘《三朝北盟会编》卷一五五。
⑧ 《金史》卷一〇五《范拱传》。

代山东的粮食亩产量基本接近北宋时期的水平，陆田平均亩产粮食约1~2石，水田亩产约3~5石。①

金元之际，山东境内也是战争频仍，致使人口流亡，土地荒芜，满目疮痍。蒙古军队进入山东后，蒙古贵族强制推行游牧生产方式，将大片耕地变成牧场，并大量掳掠汉人为奴，山东农业生产再次遭到严重破坏。随着元朝的统一和统治的稳固，统治者逐渐认识到恢复农业生产的重要性，开始重视农桑，尤其是在元世祖忽必烈即位后，相继采取了一系列有利于农业生产的措施，如下令禁止毁农田为牧场、限制贵族驱口人数、中央设立司农司掌管全国农桑水利事务、地方设置劝农使到各路督促检查农业生产、推广先进耕作技术和农业生产经验等，使山东地区的农业得到了恢复和发展，主要表现在以下几个方面：

首先，耕地面积增加。政府允许开垦荒地，垦荒的结果就是耕地面积大量增加，如禹城县"野无旷土"②。至元八年(1271)，董文用任山东东西道巡行劝农使，"山东自更叛乱，野多旷土，文用巡行劝励，无间幽僻。入登州境，见其垦辟有方"③。这一时期山东的屯田成绩也比较显著，至元二十二年(1285)，元朝在济宁路之兖州屯田达971972亩。元政府把"户口增、田野辟"作为地方官考绩的重要标志。济南地区有许多河南移民，知济南府事张荣令民间"分屋与地居之，俾得树畜，且课其殿最，旷野辟为乐土。是岁，中书考绩，为天下第一"④。高唐、阳谷、平阴、堂邑等地的地方官在劝民垦

① 参见陈冬生、王赛时主编《山东经济史·古代卷》，济南出版社1998年版，第330页。

② 嘉庆《禹城县志》卷七《官守志》。

③ 《元史》卷一四八《董文用传》。

④ 《元史》卷一五〇《张荣传》。

荒方面政绩显著,都得到了升迁。

其次,水利兴修成绩显著。元朝建国以后,对水利兴修极为重视,中央设有都水监,地方置河渠司负责水利。各地兴修了许多水利工程,山东的成绩尤为突出。长清“境内潴水没田百顷”,县尹高伯温“相地开渠泄水,悉为膏腴之地,民乐其业”[①]。东昌路境内“有黄河故道,而会通堤遏其下流,夏月潦水,坏民麦禾”,地方官王结“疏为斗门以泄之,民获耕治之利”[②]。益都路的沂州和峄州对于沥、承二水的开发和利用也很突出,“今沂、峄二州仰沥、承二水溉田,青徐水利莫与为匹”,其中沥水“溉田数千顷”,“承水溉田千余顷,旁多美竹,人赖其利”[③]。山东境内会通河的开凿及修浚整治的河道渠堰灌溉了不计其数的官私田地,使原来的荒地变为良田,或将旱田变成水田,有力地促进了山东农业的发展。

再次,农作物种类增加,副业和畜牧业都有很大发展。元代山东地区的主要粮食作物有小麦、大麦、大豆、粟、水稻等。经济作物有桑、麻等及新引进的棉花、西瓜、蚕豆、红花等。棉花约在元末传到山东,开始在部分地区试种,尚未大面积推广。西瓜原产于北方,为契丹人从回纥地区引进,元代时山东种植甚多。红花则为汉代张骞通西域时带回内地,元代山东已普遍种植。

元代山东桑树种植在全国占据重要地位。寿光东南部“良田美稷,桑枣成行”[④]。定陶由“蚕桑久废”变成了“桑林”[⑤]。滨州由“田莱多荒”变成了“新桑遍野”,“田野桑麻一倍增,昔无粗麻今纩

① 嘉靖《山东通志》卷二五《名宦上》。

② 《元史》卷一七八《王结传》。

③ 元·于钦《齐乘》卷二《益都水》。

④ 元·孟过《重修龙兴寺碑》,载民国《寿光县志》卷一三。

⑤ 宣统《山东通志》卷六九《职官志》。

缯”[1]。高伯温在长清“教民植桑,积十七万余株”[2]。《元史·五行志》备载元代虫食桑树而成灾的地区,涉及山东潍州、无棣、高唐州、武城、冠州、郓城、曹州、禹城、东昌等处,其中冠州有四万株桑树受灾,可见山东地区植桑之广。[3] 王祯在《农书·农桑通诀·种植篇》中曾提出改良桑树品种,其中特别讲到用山东的桑条和湖北的桑树嫁接,这样“则能久远,又盛茂也”,可见山东桑是极为优良的品种。

农副业发展促进了畜牧业的进一步发展,山东养马业在元代仍占有重要地位。中统四年(1263),元政府即从东平等路买马1550匹。至元二十六年(1289),又拨至元钞从山东大批市马。此后山东一直是元朝马匹的重要供应地之一,益都则是元朝在全国设置的14个官马道之一。天历元年(1328)大括山东马,至顺元年(1330)一次即从山东冠、恩、高唐诸州括马8万匹。此外,牛、羊等的养殖也有较显著的发展。

总之,宋元时期山东地区的农业发展虽然几经挫折,但水平仍有很大提高。值得注意的是,粮食的商品化程度有很大提高,林业、牧业、副业和渔业等也有长足发展,这都反映了宋元时期山东农业及农产品的商品化程度。农产品商品化程度的提高,为手工业和商业提供了大量的原料和流通对象,从而促进了商品经济的活跃。

二、宋元时期山东手工业的进步

宋元时期是山东手工业史上的重要发展阶段。这一时期,不

① 《赵孟頫文集》卷八《大元故嘉议大夫燕南河北道提刑按察使姜公墓志铭》。

② 嘉靖《山东通志》卷二五《名宦上》。

③ 参见史念海《黄河流域蚕桑事业盛衰的变迁》,载其《河山集》,三联书店1963年版,第269页。

仅一些传统的优势手工行业如丝织、矿冶、制盐业等进一步繁荣，而且还新兴起了一些行业，如造船、采石、酿造业等。各行业的商业化水平有了很大提高，成为当时山东商业发展的重要动力。下文逐一论述。

（一）纺织业

自古以来，纺织业就是山东地区的传统优势手工业。到宋元时期，山东更成为全国重要的纺织业中心之一，史称“河朔、山东养蚕之利，逾于稼穑”[①]。山东所产纺织品称为“东绢”，质量很高。在全国范围内，与“蜀锦”、“婺罗”鼎足而立。当时山东纺织品种类繁多，有绫、绢、锦、罗、絁、绸、布、帛等十数种。进一步细化，绢、绫也有数十种，其质量都属上乘。兖州的镜花绫、单州的薄缣、博州和棣州的小绫、密州的絁、潍州的纻丝素絁、青州的仙纹绫等都是享誉全国的丝织珍品。

宋代在青州设有织锦院，负责织造军队用的布帛和宫廷、官府用的名贵丝织物。该院生产的锦绮、鹿胎、透背等丝织物工艺复杂，花纹丰富多彩，为专门上供朝廷的精品。大中祥符九年（1016），宋政府的“和买绢”制度首先在山东地区推行。此后，国家每年都从山东和买大量的绢帛。据《宋会要辑稿·食货》六四之一至三，北宋时期，国家每年从山东地区征调的赋税丝织品量大致为：绸 54827 匹，约占全国绸税总额的 13.2%；绢 490429 匹，约占全国绢税总额的 16.7%；绫 4032 匹，约占全国绫税总额的 28.2%；丝绵 504431 两，约占全国丝绵税总额的 5.5%；布 49837 匹，约占全国布税总额的 10.22%。山东地区是北宋纺织品收入最多、最集中的地区之一。

除了官营纺织业外，私营作坊及家庭副业织作也非常普遍，其

① 宋·庄绰《鸡肋编》卷上。

中不乏精美之品。单州成武县所织薄缣“修广合于官度，而重才百铢，望之如雾。著故浣之，亦不纰疏”[①]，其织作技术可谓达到了炉火纯青的地步。需要特别指出的是，宋代山东私营纺织业的商业化水平很高。宋代私营丝织业的生产形态有三种：强制性家庭丝织业生产、自给性家庭丝织业生产和商品性家庭丝织业生产。[②] 强制性家庭丝织业生产是指农民为保证赋税征收和官府收购而进行的生产。宋代国家在山东地区大量收购丝织品，甚至专门拨出内藏库钱高价收购山东地区的纺织品，“青、齐间绢直八百，䌷六百，官给绢直一千，䌷八百，民极以为便。自是䌷、绢之直日增，后数岁遂皆倍于昔时云”[③]，这极大地刺激了山东纺织业的商品化。在自给性家庭丝织业中，产品除部分供生产者自己消费外，主要还是为了弥补家庭生计不足，有的民户甚至完全依靠织作为生。山东济州、青州等地都出现了专门从事纺织生产的专业户——机户，这是商品性家庭丝织业生产发展的突出标志。山东地区丝织品产量大、质量高，除向汴京等城镇市场集中外，还大量通过密州板桥镇等口岸销往南方诸路及海外市场。哲宗时，范锷称在板桥镇“自来广南、福建、淮、浙商旅乘海船贩到香药诸杂税物，乃至京东、河北、河东等路商客般运见钱、丝绵、绫绢往来交易，买卖极为繁盛……板桥有西北数路商贾之交易，其丝绵、缣帛又蕃商所欲之货，此南北之所以交驰而奔辏者”[④]。李觏称：“江湖限南鄙，秋令到还稀。节换空看历，人闲未趁衣。齐纨方得意，厦燕莫言归”[⑤]。秦观称广

① 宋·庄绰《鸡肋编》卷上。

② 参见陶绪《论宋代私营丝织业的生产形态及地理分布》，载《中国经济史研究》1990 年第 2 期。

③ 《续资治通鉴长编》卷八六，大中祥符九年正月壬申条。

④ 《续资治通鉴长编》卷四〇九，元祐三年三月乙丑条。

⑤ 《李觏集》卷三六《秋热》。

东雷州一带“裔土桑柘希，蚕月不纺绩。吴绡与鲁缟，取具舸船客”[①]。这都说明京东路出产的“齐纨”、“鲁缟”远销南方及海外，在广东等市场上是很受欢迎的畅销货。青州不但向外输送精美的纺织品，青州人自己也是穿锦着绫，引导着服装潮流。韩琦“物饶三服丽，居乐五民游”[②]的诗句就反映了这种情形。

金代山东仍为纺织业聚集区。政府比较重视桑蚕业，要求“凡桑枣，民户以多植为勤，少者必植其地十之三，猛安谋克户少者必课种其地十之一，除枯补新，使之不阙”[③]。桑蚕业的发展促进了纺织业的兴盛。山东西路东平府所产丝、绵、绫、锦、绢以及夏津、临清、冠氏、朝城所产绝、绢等都远近闻名。据《金史·地理志》，当时山东的土贡物品中，丝织品仍占很大比例，这也反映了金代山东纺织业的发展。

元朝建立后，对桑蚕业尤其重视，提出“衣食以农桑为本”，明确把种桑数量作为官员考绩的重要内容，并颁行《农桑辑要》一书推广种桑经验，鼓励各地大量植桑。山东桑蚕业得到了蓬勃发展。元人王恽就称：“山东自古丝纩窟，大收之年有不熟，一妇不蚕天下寒。”[④]桑蚕业的兴盛为山东纺织业的繁荣奠定了基础。元代丝织业中，官营者规模较大，产品种类繁多。元政府在山东设立的官营纺织手工业局院有恩州织染局、恩州东昌局等。此外，大量民间纺织作坊和农村家庭副业也生产出大批精美的纺织品。

元代山东出产的丝织品质量很高。1975 年，邹城李裕庵墓出

① 周义敢等编注《秦观集编年校注》卷一四《海康书事十首》，人民文学出版社 2001 年版，第 319 页。

② 宋·韩琦《安阳集》卷四《叔平学士知青州》。

③ 《金史》卷四七《食货志二》。

④ 元·王恽《秋涧先生大全文集》卷九《桑灾叹》。

土了50余件纺织品,其中大部分是丝织品,主要是绸、罗、缎。墓中出土的一幅绛色绸方巾长65厘米,宽50厘米,左右两边织成卷草纹图案,上下两端织成三行大小不同、相互交叉的方块纹。上部正中织一老寿星,身穿曳地长袍。老翁右手托一盘,盘内置灵芝,盘下系彩带。左侧有一只仰视的小鹿。左上角织"寿山福海"四个字。右侧有一只仙鹤,昂首展翅。右上角织"金玉满堂"四个字。方巾下部有6行42个字:"右词寄喜春来,敬愿祝南山之寿。绞绡色胜秋霜,莹样质光,凝皎月明,金童玉女称纤擎香,又整宜献老人星。"这幅绸织方巾上下的人物、鸟兽、花纹图案连同框内文字同时织成,图案精美,反映了元代山东丝织业的高超技术。[1] 该墓出土的刺绣品(图3-1)采用了山东传统的双丝捻线不劈破的"衣线"绣,图案花纹苍劲雄健,质地坚实牢固,并根据图案中不同的内容和要求,掺杂了"辫绣"、"手绣"、"网绣"、"接针"、"套针"、"打籽绣"等多种灵活的针法,针线细密,整齐匀称,疏密有致。比较特别的绣法是在仅有1厘米左右的人物上,附加一根短细丝线,表现人物面部的眉眼、口鼻和袍服上的束带

图3-1 邹城李裕庵墓出土的元代女裙带花纹摹本(采自济宁市文物局编《济宁文物珍品》,文物出版社2010年版)

① 参见山东邹县文物保管所《邹县元代李裕庵墓清理简报》,载《文物》1978年第4期。

等细微部分。这种绣法反映出当时绣工的熟练技巧,具有比较典型的"鲁绣"特点,显示了元代"鲁绣"的技艺水平。①

山东出产的丝或丝织品不仅满足本地需要,而且大量销往外地,如四明(今浙江宁波)一带"俗本不善蚕桑,其丝线织纴皆仰贾人自山东、闽、浙来"②,"山东农家因之致富者,皆自丝蚕"③。博州"以丝数印置会子,权行一方,民获贸迁之利"④。

宋代黄河流域及以北地区麻类作物"处处有之,北人种以绩布,及打绳索"⑤,由此山东麻织业也很发达,主要分布在淄、莱、沂等州,其中以登莱端布、沂州匹布最负盛名。天圣年间,"官以三百钱市布一匹,民甚便之"⑥,可见每匹布 300 钱,百姓就比较满意了,而登莱端布在庆历年间每匹高达 1360 钱,匹布每匹约 1100 钱,连宋仁宗都认为价格太高,要求"减端布为千二百、匹布千钱"⑦,由此也可推知其质量之高。

(二)矿冶业

宋元时期山东的矿冶业包括冶铁、冶金、冶银、冶铜等业,其产量较之隋唐有大幅度增长,生产技术也有显著进步与提高。

1. 冶铁业

山东是宋代铁的重要产区。登、莱、淄、齐、沂等州是主要产铁地。兖州莱芜监是闻名全国的冶铁四大监之一,所产铁大部分用于制造农具和兵器,少量生铁用于铸造手工业工具和宗教建筑物。

① 参见王轩《谈李裕庵墓中的几件刺绣衣物》,载《文物》1978 年第 4 期。
② 宋·胡榘修、方万里等纂《宝庆四明志》卷六《叙赋下·市舶》。
③ 元·王恽《秋涧先生大全文集》卷六二《劝农文》。
④ 《元史》卷一五〇《何实传》。
⑤ 明·李时珍《本草纲目》卷一五引《图经本草》。
⑥ 《宋史》卷一七四《食货志上二》。
⑦ 《续资治通鉴长编》卷一七三,皇祐四年秋七月辛未条。

该监原有铁冶18所，即鲁北冶、铜务冶、杏山冶、阜阳冶、万家冶、安仙冶、汶阳冶、道士冶、何家冶、汶北冶、鲁西冶、石门冶、新兴冶、鲁东冶、汶城冶、太叔冶、宜山冶、汶南冶。[①] 真宗时仅余杏山、阜阳、何家、鲁东、汶阳、万家、宜山冶七处；大中祥符时，汶阳、鲁西冶等又被停废。另沂州鄫城冶、淄州东埠冶和齐州龙山冶亦较有名。

莱芜监有矿工数千人，据《宋会要辑稿·食货》三三之一二记载，其岁收铁课原额396000斤，元丰元年（1078）实收242000斤，按当时官府收税制度"二八抽分"计算，该监年产生铁约120余万斤；登州和莱州也是宋代山东重要的铁矿产区，登州岁收铁课原额2655斤，元丰元年实收岁课3775斤；莱州莱阳县冶课生铁原额4800斤，元丰元年实收铁课额4290斤，可推知两地年产生铁共约40000斤左右。青州和郓州也是冶铁基地之一，"每岁制造诸般军器及上供简铁之类，数目浩瀚"[②]。

从经营方式上看，宋代山东冶铁业有官营和民间私营两种方式。私营冶铁业的发展极为突出，民间冶铁大户有登州姜鲁等18户及莱芜吕规等。神宗时期，山东矿冶由官营改为民间经营，官府召募百姓开采，并让其自备物料烹炼，产品实行二八抽分制，官收税率二分，其余八分允许民户自由货卖。矿冶民营政策的实施扩大了矿产品商品化的比重，极大地推动了山东冶铁业的发展。

历金至元，山东的炼铁业仍兴盛不衰。中统四年（1263），在济南等处拘刷所谓"漏籍户"4000户为冶户，置冶煽炼。至元五年（1268），又立济南等处洞冶总管府，其后废置不常。至元十一年（1274），置铁冶提举司于泰安之莱芜，秩视五品，下辖三监：宝成、

① 参见宋·乐史《太平寰宇记》卷二一《河南道二十一·莱芜监》。

② 《续资治通鉴长编》卷三三九，元丰元年九月丁卯条。

通利、锟铻,“冶户三千,岁输铁课为斤□□三十九万三千六百四十三”①。大德二年(1298),省济南商山提举司,将元固、富国二监及其管辖的一千冶户都并入莱芜铁冶提举司,更名为济南莱芜等处铁冶都提举司,“秩升正四品,其佐吏胥吏之属,增置始备,课溢至□□一十七万五千六百八”②。至大元年(1308),复立济南都提举司,“逋者还,居者乐,废者兴,缺者完,旅贩辐辏,铁法大成”③。

冶铁业的发展也促进了铁器制造业的兴盛。当时山东涌现出了许多闻名远近的铁器制造作坊。如莱芜大冶铁家吕氏,“募工徒,斩木锻铁,制器利用,视他工尤精密”,“凡东州之人,一农一工,家爨户御,其器皆吕氏作也”④,其产品精良、品种繁多,几乎垄断了京东市场。官监的铁器铸造水平也很高。泰山岱庙天贶殿前的铁豨是莱芜监于建中靖国元年(1101)铸造,高1.15米,口径1.785米,虽体态庞大,但外表光滑,找不到一道铸合的缝隙,反映了当时冶铸技术的高超水平。现置于蒙阴县钟山寺的金代大铁钟(图3-2)是

图3-2 现存于蒙阴县钟山寺的金大定年间莱芜监所铸的铁钟(采自莱芜市政协文史资料委员会编《莱芜文物》,齐鲁书社1998年版)

① 元·张士观《元济南莱芜等处铁冶都提举司公署记碑》,载张同祯主编《莱芜矿冶·文物》,齐鲁书社2006年版,第87页。

② 元·张士观《元济南莱芜等处铁冶都提举司公署记碑》,载张同祯主编《莱芜矿冶·文物》,齐鲁书社2006年版,第87~88页。

③ 元·曾秀文《重修安期真人祠记碑》,载张同祯主编《莱芜矿冶·文物》,齐鲁书社2006年版,第89页。

④ 宋·李昭玘《乐静集》卷二九《吕正臣墓志铭》。

泰安州莱芜县铁冶务宋武等于大定二十八年(1188)造,图案清晰,线条流畅,做工精细,显示了当时莱芜铸铁生产的发达和技术的精湛。[①]

2. 冶金业

山东是宋元时期重要的黄金产地。登、莱两州自宋太宗时就采金,但数量比较少,到仁宗皇祐年间,“始大发。四方游民,废农桑来掘地采之。有重二十余两为块者,取之不竭。县官榷买,岁课三千两”[②],登、莱两州从此成为最重要的金产地。从景祐初年起,登莱地区开放金禁,后扩大到整个京东路,允许民户自由淘采,但所有产品都由官府榷买,严禁私人贸易。元丰元年(1078),宋政府收入金课总数为10710两,其中登州收入4701两,莱州收入4872两,两州合计达9573两[③],几乎占到了全国总产量的90%。

元代山东的冶金业依旧兴盛不衰,产地有所扩展,主要分布在益都、淄州、登州、莱州和栖霞。至元五年(1268),朝廷命益都漏籍民户4000户到登州和栖霞县淘金,每户每年输金4钱,共输金1600两。按当时规定,金矿大抵以十分之三输官,这样至元五年登州和栖霞县金的年产量约为5280两。至元十五年(1278),元政府以淘金户二千签军者至益都、淄、莱等路淘金。

3. 其他采矿业

登、莱、密诸州也是银的主要产地。“密州民田产银”[④]、“莱阳产银砂,民有私采者”[⑤],政府遂置官收课,登州每年500余两,莱州

① 参见张同祯主编《莱芜矿冶·文物》,齐鲁书社2006年版,第82~83页。
② 宋·吴曾《能改斋漫录》卷一五。
③ 参见《宋会要辑稿·食货》三三之七。
④ 《宋史》卷三一二《曾公亮传》。
⑤ 《宋史》卷三三三《荣諲传》。

最高额340余两,全京东路岁收银课达4400余两。元代银矿产地主要有般阳、济南和宁海,政府在这些地方设有银场提举司,开采矿银。

铜矿主要分布在益都、临朐等地。至元十六年(1279),政府调拨1000余冶户于临朐七宝山开采铜矿。

采煤业是元代山东新兴的手工业部门。煤产地主要分布在峄州和博山。峄州境内煤炭资源丰富,据甘泉寺窑神庙碑文,元代至大元年(1308)就有人在这里采煤。① 淄川煤炭在宋金时期即有开采,至元代有所发展。1976年,考古工作者在淄川磁村华严寺发掘元墓两座,墓葬周围有挖煤坑②,证明元代淄川即为煤炭产区,其开采已有一定规模。博山"煤采自元代,多在春冬两季,土人挖作燃料,时作时辍"③,具体情况不详。

(三)制盐业④

山东濒临黄海和渤海,渤海沿岸的登州、莱州、滨州、青州、无棣县以及黄海沿岸的密州是宋元时期山东海盐的重要产地。宋元时期的山东盐业生产较前代而言,出现了明显的上升趋势,除了北宋灭亡以及金末动乱所遭受的短期破坏之外,山东盐业在大部分时间里都保持着稳定的生产格局和较高的产量,成为沿海经济的支柱产业。

宋代实行榷盐制度,在各地设场务负责盐的产销。当时山东设立盐场或盐务的州有密州、登州、青州、莱州及滨州等。比较大的场务是密州涛洛场,年产盐三万二千余石,"以给本州及沂、潍

① 参见江卫等主编《枣庄煤史》,青岛出版社2006年版,第1页。

② 参见山东淄博陶瓷史编写组《山东淄博市淄川区磁村古窑址试掘简报》,载《文物》1978年第6期。

③ 民国《续修博山县志》卷七《实业志》。

④ 本节参见王赛时《宋金元时期山东盐业的生产与开发》,载《盐业史研究》2005年第4期。

州，唯登、莱州则通商”[①]。滨州场“岁煮二万一千余石，以给本州及棣、祁州杂支，并京东之青、淄、齐州”[②]。滨州场盐产量后来又有增长，供应区域也逐渐扩大，于是官方将滨州场分为“四务”，以加强管理。

北宋时，山东沿海已经出现了大量专门从事盐业生产的盐民，许多沿海居民聚涌至海滨地带。皇祐年间，青州通判黄庶用诗歌记录了一次风暴潮的灾害：

盐民没利家海隅，奔走末业田园芜。

天意似遣阳侯驱，卷水沃杀煎海炉。[③]

从诗中描述的情况来看，寿光、千乘的海滨居民基本上都放弃了农耕生产而专致于盐业煎制，专业化程度很高。

北宋庆历以前，除“南京及曹、濮、济、兖、单、郓、广济七州军食池盐”外，京东地区的其他州军“皆食（登、莱）二州盐，官自鬻之”[④]，可见当时山东盐区所产食盐主要供应山东地区，只有小部分销往外地。山东大部分地区都食用本地盐，由官府自行销售。到庆历元年（1041），“以淄、潍、青、齐、沂、密、徐、淮阳八州军仍岁凶菑，乃诏弛禁，听人贸易，官收其算，而罢密、登岁课，第令户输租钱。其后兖、郓皆以壤地相接，罢食池盐，得通海盐，收算如淄、潍等州”[⑤]，山东地区的盐业产销体制由禁榷转变为通商，并且行销范围得以扩大，使山东盐业得到了更大发展。通商体制下，作为无弹

① 《宋史》卷一八一《食货志下三》。

② 元·马端临《文献通考》卷一五《征榷考二》。

③ 宋·黄庶《伐檀集》卷上《皇祐五年三月乙巳，齐大风，海水暴上，寿光、千乘两县民数百家被其灾，而死者几半，丞相平阳公以同年李君子仪往赈之，以诗见寄，因而和酬》。

④ 《宋史》卷一八一《食货志下三》。

⑤ 《宋史》卷一八一《食货志下三》。

性消费品的盐在山东商业贸易中成为最大宗的商品。据《宋会要辑稿·食货》二三之一二，京东东路徐、青、密、沂、登、莱、潍、淄州和淮阳军每年交纳盐税祖额约 132544 贯，元丰年间实收 188630 贯；京东西路兖、郓、齐州每年征收盐税祖额约为 47559 贯，元丰年间实收 75261 贯。这也反映了宋代山东地区盐业生产的发展。

金代山东盐业生产依然非常发达。金初在山东北部沿海设有益都、滨州两盐司，后合并为山东盐司；在山东东南沿海设有莒盐司，掌管盐的生产与销售。明昌以后，莒盐司并于山东盐司。山东盐司成为当时七大盐司中最庞大的机构。盐司以下设盐业生产单位盐场。据《金史·食货志》，山东盐司辖 9 处盐场，名称不详。莒盐司辖涛洛、临洪、独木、板浦、信阳、西由、衡村、黄县、巨风、福山、宁海州、文登 12 处盐场，其中临洪、独木、板浦三场在今江苏境内。这些盐场北起渤海湾，南至黄海沿岸的日照，分布十分广泛，表明金代山东产盐区域比前代有所扩展。山东盐产量占金代全国盐产总额的 1/4 以上，是当时中国北方产盐最多的地区。金代山东盐的销售范围也有扩大，不仅自给有余，还远销河南、河北、江苏北部的部分地区，具体包括山东东西路、大名、河南、南京、归德、苏北诸府路以及许、亳、陈、蔡、颍、宿、泗、曹、睢、钧、单、寿、莒、海、密、沂、邳、徐、滕、莱、宁海、登诸州。盐的运输主要通过海路及大清河、小清河运往各地。小清河在金代有

图3－3　位于今青岛市黄岛区境内的金信阳盐场管勾之记铜印及印文（采自赖非主编《山东新出土古玺印》，齐鲁书社 1998 年版）

“运盐河”之称，是当时山东海盐从沿海产区向内地运输的重要渠道。当食盐外运盛季，甚至会出现“盐舟多梗”[①]的景象，足见当时山东食盐运输和盐业贸易之繁忙盛况。

盐业生产在元代山东沿海地区的经济结构中始终占有重要地位。元代先后在山东设置课税所、盐运司、转运司、都转运司等官署，管辖永利、宁海、官台、丰国、新镇、丰民、富国、高家港、永阜、利国、固堤、王家冈、信阳、涛洛、石河、海沧、行村、登宁、西由等19场。盐产量逐年增加，至元六年(1269)，“增岁办盐为七万一千九百九十八引，自是每岁增之”，“至十二年，改立山东都转运司，岁办盐一十四万七千四百八十七引。十八年……又增盐为一十六万五千四百八十七引……二十三年，岁办盐二十七万一千七百四十二引……大德十年，又增为二十五万引。至大元年之后，岁办正、余盐为三十一万引”[②]。在全国产盐区中，山东盐产占第四位，其行销范围不仅仅局限于山东地区，“行盐之地，周围三万余里”[③]。山东盐的销售既有官卖，也在滕县、峄县、临朐、沂水等地实行过商销。大德三年(1299)，益都路总管李谔奉命审定盐法时指出：“居实濒海者，食盐如旧，而遏其吏弊；其益都、临朐、莒、临沂四县及青之录司、益都县之颜神，凡六处，可官局发鬻；滕、峄二州，邹、滕、峄三县及沂水之新寨，凡六处，听商贩往来。”[④]包含新城、章丘、长山、邹平、济南等在内的济南路、般阳路等地区“俱近盐场，与大、小清河相接，客旅兴贩，宜依商河、滕、峄等处，改为食盐”[⑤]，就是实行商

① 元·于钦《齐乘》卷二《山水》。
② 《元史》卷九四《食货志二》。
③ 《元史》卷九七《食货志五》。
④ 元·刘敏中《中庵先生刘文简公文集》卷二《益都路总管李公去思记》。
⑤ 《元史》卷九七《食货志五》。

销,由此可知元代山东盐在山东市场上的地位。

(四)陶瓷业

陶瓷业是宋代山东的重要手工业部门之一。瓷器产区主要分布在今淄博、泰安、枣庄、德州等地,瓷窑遗址主要有淄博市磁村、巩家坞、博山大街,临朐县火光,宁阳县西磁、西太平,新泰市汶南,泗水县柘沟,枣庄市中陈郝、柏山等。

淄博是宋代山东著名瓷器产地,生产规模比唐五代时有明显扩大,燃料开始用煤。官府在磁村窑设置瓷窑务,专门负责征收该地税收,也足见此地制瓷业之发达。1976 年,考古工作者对淄博市淄川区磁村窑址进行了发掘。该窑址分南北窑洼区、村内区、苹果园区和华严寺区四个窑区。北窑洼区发现唐代晚期至北宋窑炉 12 座,均为柴烧窑;华严寺区清理出煤烧窑两座,另有成型作坊遗址 1 处,釉料池 1 个,烘烤炉 1 座。遗迹可分五期:前两期为宋代以前,此处不赘。第三期为五代到北宋早期,以白釉为主,但白度不高,有少量青釉;装饰技法以白釉加绿点彩的作法较普遍,一般多施在碗的内壁;器类较简单,器物以碗为主。第四期为北宋中期到北宋晚期,以白釉为主,白度较高,有少量黑釉;装饰技法出现划花和剔花;器物主要有碗、罐、碟、瓶、杯托,其中以碗的数量为最多。[①] 枣庄市中陈郝村等地发现了几处宋代古窑址,这些窑场已具有相当规模,所制瓷器以白瓷为主,器物以碗、钵、罐等日常生活用具为多,器物造型朴实稳重,产品讲究实用。白釉褐花罐及白釉褐斑碗采用刻花、剔花工艺装饰,反映了北宋陶瓷工艺的独特风格。[②]

---

① 参见山东淄博陶瓷史编写组《山东淄博市淄川区磁村古窑址试掘简报》,载《文物》1978 年第 6 期。

② 参见枣庄市文物管理站《山东枣庄古窑址调查》,载文物编辑委员会编《中国古代窑址调查发掘报告集》,文物出版社 1984 年版,第 374 ~ 384 页。

金代山东陶瓷业经过宋末金初的短暂衰落后，到金代中后期，无论窑场规模还是产品质量都已超过了北宋时期。淄博、枣庄等地的传统名窑继续保持发展势头，其生产规模、烧造工艺、装饰技术均有新的突破。磁村窑第五期为金代，最晚废弃于元代，以白釉为主，其次为黑釉；白釉白度很高，釉面光洁；胎骨白而坚致，胎薄而匀；制作规整，装饰技法丰富多采，有划花、剔花、篾纹、白地黑花、加彩、黑釉粉杠、白釉粉杠、白釉黑边、绞胎等；主要器物有碗、罐、罐盖、盘、碟、杯、杯托、钵、盆、球、俑、玩具等，其中以碗的数量为最多。[①] 1982 年发掘的博山大街窑址属于北宋晚期到元代，北宋晚期的器物装饰艺术单调，釉色单纯，器类简单，素面居多。部分器物仅是在器型上模仿名窑产品，制作也较粗糙。金元时期的器物装饰艺术臻于成熟，釉色绚丽多彩，计有青釉、白釉、黑釉、油滴釉、酱釉、三彩等，并出现了绞胎工艺。器种虽仍以生活用具为主，但工艺品明显增多。装饰技法普遍采用印花、刻花、划花、剔花等工艺。[②]

元代山东的陶瓷业也很发达，陶瓷产地主要有淄博、枣庄等，其生产规模比宋金时有所扩大，制瓷技术依然在全国处于领先水平。近年考古工作者陆续在淄川磁村、坡地发掘元代窑址 12 处，在枣庄发现元代瓷窑址 4 处，并出土了大量瓷器和窑具。这些瓷器以生活用品为多，种类众多，制作规整，装饰技法丰富多彩，有刻花、剔花、蔑纹、白地黑花、加彩、黑釉、白釉粉杠、白釉黑边、绞胎等。[③] 元代峄州西北 40 里有业陶者数千家，均借以致富，峄州“钧

① 参见山东淄博陶瓷史编写组《山东淄博市淄川区磁村古窑址试掘简报》，载《文物》1978 年第 6 期。

② 参见淄博市博物馆《淄博市博山大街窑址》，载《文物》1987 年第 9 期。

③ 参见张照东《宋元山东区域经济研究》，齐鲁书社 2006 年版，第 135 页。

台居民业陶者甚多，作治什器，贾数千里，获利尤厚”①，可见此处陶瓷业相当发达，陶瓷产品的商品化程度也很高，借以获利致富者甚多。

（五）采石与制砚业

山东多山地丘陵，有着丰富的石料资源，或用做建筑材料，或用以琢制文具和生活用具，或用于观赏，采石和石料加工业成为宋元时期山东地区的重要产业之一。宋人蔡襄就称“东州可谓多奇石”，“红丝、黑角、黄玉、褐色凡四种，皆可作研”，还有一些不可做研者，则“可作茶器”，“造茶器亦大好”②。大中祥符七年（1014），建景灵宫圣像，朝廷就“遣内侍于莱州采玉石”③。在山东各地上贡朝廷的物品中，有沂州钟乳石，淄州长理石，兖州云母、石墨，登州和莱州的石器，益都的石器和玉石。

宋人杜绾的《云林石谱》列举了各地名石，其中出自山东的有：

青州石：“大者数尺，小亦尺余，或大如拳，细碎磊磈皆成物状……凡采时易脆，不宜经风。其质玲珑，窍眼百倍于他石，眼中多为软土充塞，徐以竹枝洗涤净尽，宛转通透，无峰峦峭拔势，石色带紫，微燥，扣之有声，土人以石药粘缀，四面取巧，像云气枯木怪石欹侧之状。”“青州石多紫金，产深土中，可琢为砚，其质稍粗，不堪发墨，土人多用之。”

兖州石：“如褐色，谓之栗玉，有巉岩峰峦势，无穿眼，其质甚坚润，扣之有声，堪为器，颇费镌礲，土人贵重之。”

泰山石：“产土中，大小逾三四尺，间有磊块碎小者，色灰白或

① 光绪《峄县志》卷七《物产略》。

② 宋·蔡襄著，吴以宁点校《蔡襄集》卷三四《文房四说》，上海古籍出版社1996年版，第631～632页。

③ 《续资治通鉴长编》卷八三，大中祥符七年冬十月戊辰条。

微青，亦有嵌空崄怪势，其质甚软，可施镌礲，土人不甚珍爱。”

峄山石：“邹县山土中产美石，间有岩穴穿眼，不甚宛转深邃，亦有峰峦高下，无巉崪势，其质坚矿，不容斧凿，色若挼蓝，或如木叶翠润可喜。”

莱州石：“色青黯，透明斑剥，石理纵横，润而无声……工人取巧，镌礲成器，甚轻妙，见风即劲，或为铛铫，久堪烹饪，有益于铜铁。”莱州石做成的茶具和酒具运销至京师，深受欢迎。曾任京东西路转运使的王益柔有诗赞颂之：

宝刀切石如春泥，雕剜成器青玻璃。
吾尝阅视得而有，惜不自用长提携。……
嗟予都城走尘土，日远樽杓愁盐齑。
缄封不启置墙角，顿撼时作琼瑶嘶。
争如特寄邵高士，书帙几杖同幽栖。……
明年春酒或共酌，为我扫石临清溪。①

登州石：“登州海岸沙土中出，石洁白，或莹彻者，质如芡实，粒圆熟，间有大者，或如樱桃，土人谓之弹子窝，久因风涛刷激而生。”

密州玛瑙石：“产土中或水际，一种色嫩青，一种莹白，纹如刷丝，盘绕石面，或成诸物像，外多麄石结络，击而取之，方见其质，土人磨治为研头之类以求售，价颇廉，初不甚珍，至有村人以此石叠为墙垣，有大如斗许者，顷因官中搜求，其价遂数十倍。”

青州红丝石：“产土中，其质赤黄，红纹如刷丝萦绕石面，而稍软，扣之无声，琢为研，颇发墨，但石质燥渴，须先饮以水，久乃可用。唐林甫彦猷顷作《墨谱》，以此石为上品。”红丝石砚在当时是很有名的，《渑水燕谈录》卷八载唐彦猷“嘉祐中守青社，得红丝石

① 宋·王益柔《莱石茶酒器寄邵先生作诗代书》，载宋·邵雍《击壤集》卷七。

于黑山，琢以为砚。其理红黄相参，文如林木，或如月晕，或如山峰，或如云雾花卉。石自有膏润，浮泛墨色，覆之以匣，数日不干。彦猷作《砚录》，品为第一，以为自得此石，端溪、龙尾，皆置不复视矣”。米芾《砚史》也称其“弥佳”。

登州石：“沙门鼍矶岛土中多产黑白石，磨礲为棋子……他处者紫翠岩巉，出波涛中，多秀美，五彩斑斓，或如金纹者。熙宁间，士大夫就诸岛上取石十二枚，皆灿然奇怪，载归南海，为东坡称赏。”

山东石材很多都能用以制砚，除以上所述外，再如淄州淄川县梓桐山石门涧有青金石，皇祐末年，范仲淹知青州，派遣石工“取以为砚，极发墨，颇类歙石。今东方人多用之，或曰‘范公石’”[①]；欧阳修也说“青州紫金石文理粗，亦不发墨，惟京东人用之”，青州、潍州“二州所作皆佳，而青州尤擅名于世矣”[②]，制砚业也是当时山东的重要手工行业之一。

（六）酿酒业

随着宋代山东粮食生产的发展，山东地区的酿酒业较前代更加兴旺，主要表现在以下几个方面：

第一，山东各地名酒品种繁多。[③]

宋代山东酒的产量和品质都达到了当时一流的水准，名酒辈出，每州都有。今将朱弁《曲洧旧闻》卷七引张能臣《酒名记》列举的北宋末年的山东各地名酒列成表3－1：

---

① 宋·王辟之《渑水燕谈录》卷八。

② 《欧阳修全集》卷七五《砚谱》。

③ 参见王赛时《古代山东酿酒述略》，载《中国烹饪研究》1997年第2期。

表3－1　北宋末年山东各地名酒表

地名		酒名
河北东路	博州	宜城、莲花
	棣州	延相堂
	德州	碧琳
	滨州	石门、宜城
京东路	齐州	舜泉、近泉、清燕堂、真珠泉
	兖州	莲花清
	曹州	银光、三酘、白羊、荷花
	郓州	风曲、白佛泉、香桂
	潍州	重酝
	登州	朝霞
	莱州	玉液
	青州	拣米
	济州	宜城
	单州	宜城、杏仁

该书所列天下名酒共203种，产于今山东境内的至少有25种（产于恩州、濮州等跨今两省之地者未计入），约占总数的12.3%，由此可见宋代山东酿酒业的发达。张能臣特别推崇以泉水为酒名的齐州（今济南）酒，将真珠泉酒誉为“第一”。真珠泉即今珍珠泉，是济南四大名泉之一，水质清澈。真珠泉酒能在北宋200余种名酒中夺冠，足证其品质超群。除以上名酒外，再如密州的景芝烧酒，苏轼熙宁年间知密州时就曾喝过。[①] 京东张秋所产的“透瓶香”也被列为名酒。

① 参见朱靖华《苏东坡与景芝酒》，载其《苏轼论》，京华出版社1997年版，第418～422页。

宋代仍习惯以“鲁酒”来统称山东名酒。宋朝诗人对鲁酒格外偏爱，提及鲁酒，总是津津乐道，有不少诗篇都称颂鲁酒。如周紫芝的《十月晦日郡席见鹅梨》诗称：

自从北郡无人到，不见鹅梨今几年。
鲁酒谩倾犹病渴，并刀未下已流涎。①

李石的《香橘二首》诗云：

鲁酒未妨杯雪冷，麝兰半杂袖风香。②

梅尧臣的《淮上杂诗六首》云：

客思无憀极，唯将鲁酒迷。③

对于山东各地的佳酿，诗家同样极力地将其捕捉入诗。宋庠《元宪集》卷一〇《池上春物已烂漫寄东甫》诗云：“清明元巳俱堪会，莫遣香槽玉液浑。”自注：“齐中酒名玉液者为上。”诗人在此处赞扬了齐州的玉液名酿。青州酿酒业素称发达，诗家对其赞口不绝。苏辙的《送龚鼎臣谏议移守青州》诗云：

面山负海古诸侯，信美东方第一州。……
铃阁虚闲官酿熟，应容将佐得遨游。④

欧阳修在青州任官，对当地好酒赞不绝口，他曾写诗云：

醉翁到处不曾醒，问向青州作么生？
公退留宾夸酒美，睡余敧枕看山横。⑤
莫笑青州太守顽，三齐人物旧安闲。……
嘉客但当倾美酒，青春终不换颓颜。⑥

---

① 宋·周紫芝《太仓稊米集》卷三六。
② 宋·李石《方舟集》卷五。
③ 宋·梅尧臣《宛陵集》卷八。
④ 《苏辙集·栾城集》卷八。
⑤ 《欧阳修全集》卷一四《留题南楼二绝》。
⑥ 《欧阳修全集》卷一四《春晴书事》。

第二，北宋山东各州县设酒务130多处，官府榷酒收入很高，也可反映当时山东酿酒业的发达。

宋代实行榷酒制度，在各州县都设有酒场务，负责酒的酿造和销售等。《宋会要辑稿·食货》记载了熙宁十年(1077)各州军酒务的设置状况及榷酒收入，今将山东部分州军的情况列表(表3-2)如下：

表3-2　熙宁十年山东部分州军酒务及酒利数目表

州军名	酒务数量	岁额数目
青州	10	99754贯
密州	5	86105贯
齐州	26	170366贯，绢22匹
沂州	6	48816贯，布142端
登州	3	9756贯，布1451端
莱州	4	60115贯
潍州	3	47097贯
淄州	7	58660贯
兖州	9	64996贯，丝330两
曹州	4	43918贯
郓州	21	115333贯
济州	6	66168贯，绢12匹
单州	4	54100贯
广济军	1	22735贯
博州	14	85019贯
德州	16	94601贯
滨州	8	52473贯
棣州	13	81246贯

当时北宋全境约有酒务1861处[①],在今山东境内的约160处,占全国的8.6%。熙宁十年全国酒课收入为13482105贯,山东收入约1261348贯,约占全国总收入的9.36%。

元代山东酿酒业仍然比较兴盛。元人有诗曰:"济南官府最风流,闻是山东第一州。户版自多无讼狱,儒冠相应有宾游。秋风鱼酒黄粱市,夜月笙歌画舫舟。"[②]济南路富甲一方,得盐酒之利。这时山东还出现了著名的"秋露白"酒。田锡《曲本草》称"山东秋露白,色纯味冽"。这种酒是一种用复式发酵法酿制的米酒,从夏季开始治曲酿制,秋高气爽时酿熟,酿制过程中加入花露一类的串香材料,酒质纯正而气味芬芳,独具特色。元人许有壬《秋露白酒熟卧闻槽声喜而得句可行当同赋也》诗有详述:

治曲辛勤夏竟秋,奇功今日遂全收。
日华煎露成真液,泉脉穿岩咽细流。
不忍拨醅斟瓮面,且教留响在床头。
老怀块垒行浇尽,三径黄花两玉舟。[③]

此酒历经宋元至明清,成为领风骚达700年的历史名牌。

三、宋元时期山东商业的勃兴

在农业、手工业及其产品商品化发展的基础上,宋元时期山东地区的商业也蓬勃发展起来,具体说来,主要表现在以下几个方面:商业交通的发展、城市和市镇的繁荣、商税额的增长、对外贸易的活跃和各地经济联系的加强等。

---

① 参见李华瑞《宋代酒的生产与征榷》,河北大学出版社2001年版,第151页。
② 元·戴表元《剡源戴先生文集》卷二九《寄赵子昂济南》。
③ 元·许有壬《圭塘小藁·别集》卷上。

(一)商业交通的发展[1]

交通运输干线是商品流通的管道,保持其畅通是商业发展必不可少的条件。宋元时期,山东地区的交通有了新的开拓,在陆路、内河航运和海运等方面都有发展。

1. 陆路交通

宋代山东境内的陆路交通线路有东西和南北两大干线,其中通往京师的东西大道行程最长,地位最为重要。具体而言,山东东西线交通要道有六条:第一条东起登州,经莱州、潍州、青州、淄州、兖州、济州、曹州,直抵京师。[2] 第二条是从密州起程,经沂州、青州、濮州、滑州,直达汴梁。第三条是从德州出发,经博州、濮州进入河南境,最后到达汴京。第四条为兖州、济州到单州的短途线路。第五条和第六条分别为棣州至临邑和沂州至徐州的短线要道。南北线有五条交通要道:第一条是从徐州出发,经兖州、齐州、临邑、德州,最后达河北沧州,此线路行程最长,为山东通河北、江南的交通主干道。第二条起沂州,经青州、淄州、博州至棣州。第三条从密州出发,经潍州至莱州。第四条起自兖州,经济州到达淄州。第五条为郓州至博州的短线。上述东西干道与南北要道纵横交错,构成山东发达的交通运输网和物资流通渠道。除以上线路外,各州县之间,各州县至京师,州县至周围河北路、淮南路、京西路均有驿路相通。

金统治时期,山东陆运交通基本沿袭宋代线路,没有大的变化,只是由于都城在北方的原因,南北要道的地位日益突出。元代

① 本节参见张照东《宋元山东区域经济研究》,齐鲁书社2006年版,第144~160页。

② 关于宋代东京至登州道路的情况,详请参见王文楚《北宋东京与登州间驿路考》,载《中华文史论丛》2012年第1期。

实行站赤制度,中央和地方政府经常组织民户定期维修驿道,以保证道路畅通,从而带动了山东陆路交通的发展。当时山东地处大都与江南之间,为南北交通干线必经之地,同时亦为东西陆路交通要冲。自大都而南,入山东境,经德州、济南、兖州,可达江苏徐州,从济南继续南行可抵南京、杭州。东西方向,济南至西安是一条重要的交通干线,由济南沿鲁中山地北麓大道,东经淄博、青州、潍州,再向东北,可直抵登莱。

四通八达的陆路交通网和严格的驿路维修制度不仅为国家公文传送和粮草运输带来了极大便利,而且在客观上大大促进了区域内外物资流通、民间商旅往来、商业繁荣和沿线城市的发展。

2. 内河航运

山东河湖众多,水运发达。宋初,政府就开辟了山东境内的广济河(原名五丈河),作为京城通往山东的主要内河通道。济水(清河)是纵贯南北的主要河道之一,也是当时的重要内河交通线。流经山东西北部的御河是山东通往河北各地的又一主要交通线。京东诸州粮粟、丝绢、布帛、钱物由清河、黄河、五丈河运往京师,“起清淄,合黄河,历齐、郓,涉梁山泺、济州,入五丈河,达汴都,岁漕百余万石”①。这条内河航路通过宋初新开挖的五丈河将黄河和清河两大天然河流连成一体,构成了较完整的山东水运交通网络,每年经此水道运往京师的钱物不计其数,“致四方之货食,以会京邑”②。

金初比较注重运用御河,后来又依靠济南诸泉开通了一条东西河道小清河,“自历城东迳章丘、邹平,又东迳般阳之长山、新城,

① 宋·江少虞《宋朝事实类苑》卷二一《官政治绩·漕河》。

② 《宋会要辑稿·食货》四六之一六。

又东迳高苑，至博兴合时水”[1]，东北至军马渎入海。小清河与大清河、黄河互相补充，成为金代山东东西航运交通的重要通道，所运物资以渤海沿岸所产食盐为多，故有“运盐河”之称。

元朝建都大都，京师所需大量粮食和物资均需从江南通过运河北运，整修早已淤塞的运河旧道成为当务之急。至元十九年(1282)，政府组织人力物力开凿济州渠，次年完成，全长150里，南起济宁，北至东平，北引汶水，东引泗水。该渠开凿成功后，南北运河运输即由江入淮，经泗水运道溯大清河，沿大清河顺流至利津入海，由海运至直沽，水陆联运至大都。因大清河太浅，利津出海口泥沙淤塞，加上内河船只海运危险，不得不改从东阿陆运200里抵临清，而后转水道从御河口输往京师。为此，元政府又决定开凿一条东平至御河的新运河——会通河。至元二十六年(1289)正月，新运河正式开工，到六月告成，河闸等相关设施到泰定二年(1325)才竣工。此河南自东平安山东南，经寿张西北至东昌，北至临清达于御河，全长250余里。至元二十八年(1291)，元政府又开凿了从大都至通州的通惠河，举世闻名的大运河至此全线修通，为南北经济交流和水路交通的发展提供了有利条件，同时也使山东成为内河漕运的重要地区。当时，官僚商贾竞相建造大船贩运货物，以致山东境内的运河经常阻塞。延祐二年(1315)二月，中书省臣称“江南行省起运诸物，皆由会通河以达于都”，多逾期不至，原因在于“始开河时，止许行百五十料船，近年权势之人，并富商大贾，贪嗜货利，造三四百料或五百料船，于此河(会通河)行驾，以致阻滞官民舟楫”[2]。这也反映了运河上商业运输繁忙的景象。元代时，在

① 元·于钦《齐乘》卷二《山水》。

② 《元史》卷六四《河渠志一》。

泗水与运河交汇处有一座鲁桥，元人周权曾对桥上桥下的景象做过描述：

南连淮楚九地厚，东导齐鲁群流通。

征商贸迁百货阜，来帆去棹纷奔冲。

车轮彭訇铎声急，马蹄蹴跃尘影红。[①]

由上不仅可知运河上商船往来的繁忙景象，还可知运河地区的陆运也是车水马龙。

东西河运方面，大小清河与黄河依然是主要的东西水运交通要道。“新城、章丘、长山、邹平、济南俱近盐场，与大、小清河相接，客旅兴贩”[②]，河运贸易十分兴盛。博兴地处小清河沿岸，“舟楫交通，鱼稻成市”[③]。

3. 海运

山东濒临渤海、黄海，海岸线曲折漫长，天然良港较多，历来海上交通发达。

宋代山东海运业有新的发展。从航程考察，山东海路交通可分为国内航线与海外国际航线两种。国内航线主要有两条：第一条航线分别从登、莱、密三州启程，沿渤海向北航行直抵辽东。此航路虽因宋辽敌对，在海禁之列，但仍有山东与辽东居民进行海上贸易，比较繁盛。第二条国内航线是从登、莱、密、潍州启程，沿渤海、黄海向南航行，可至江浙。高密县板桥镇“正居大海之滨，其人烟市井交易繁夥，商贾所聚，东则二广、福建、淮、浙之人，西则京东、河北三路之众，络绎往来。然海商至者，类不过数月即谋还

① 元·周权《此山诗集》卷四《鲁桥》。

② 《元史》卷九七《食货志五》。

③ 元·于钦《齐乘》卷四《亭馆上》。

归"[1]。当时登、密州至江浙一带皆由北洋海路可达浙江沿海的明州、定海,航程仅三天,交通十分方便。

金统治时,南、北线海运航路仍畅通无阻,在南北商旅往来和经济贸易方面始终发挥着重要作用。登、莱、沂、密、潍、滨等州"多有东南海船兴贩铜、铁、水牛皮、鳔胶等物"[2]等。

山东海外航线主要有两条:一条自登州启程,沿渤海向东航行,"顺风泛大海,再宿抵瓮津口登陆,行百六十里抵高丽之境"[3],后登陆行340余里,即可抵达高丽国都开城。熙宁年间,登莱闭港后,民间海外交通虽未停止,但规模已无法与以前相比;另一条自密州出发,沿胶州湾向东直航,穿过黄海,继续向东航行即可到达高丽国都开城。这条航线在宋初还不太发达,至元丰年间始受重视。以上两条海外航线皆为直航朝鲜半岛西海岸,航程较短,顺风一宿即可抵达,实为快捷近便,是对外经济、文化交流的两条重要渠道。

元代山东海运业因官方漕运而出现了前所未有的繁盛局面。元代海运路线前后共开辟过三条:

第一条为至元十九年(1282)开辟。具体路线为:自平江刘家港入海,循海岸北行,经扬州路通州海门县黄连沙头(今江苏启东东部海中)、万里长滩(今江苏如东东部)开洋,沿山而行,抵淮安路盐城县,历海宁府东海县、密州、胶州界,又从灵山洋(今山东青岛市黄岛区以东海面)投东北向行,月余抵成山(在今山东荣成),再由成山角西行,经渤海入界河到达杨村码头(在今河北武清)。这条航线距海岸线近,多有浅滩,路途较险恶。

第二条为至元二十九年(1292)开辟。南自刘家港开洋,至撑

① 《续资治通鉴长编》卷三四一,元丰六年十一月戊午条。

② 《宋会要辑稿·刑法》二之一五八。

③ 《宋史》卷四八七《高丽传》。

脚沙（在今江苏常熟）转沙嘴至三沙、洋子江（今江苏崇明西北），过匾担沙、大洪，又过万里长滩，放大洋至青水洋，又经黑水洋至成山，过刘岛（今山东威海刘公岛）至芝罘、沙门二岛（今山东烟台北），放莱州大洋（今山东莱州），抵界河口（今天津大沽）。此航线多用直线，且绕过沿岸沙滩。如果顺风，半月即可到达。

第三条为至元三十年（1293）海运千户殷明开辟，“从刘家港入海，至崇明州三沙放洋，向东行，入黑水大洋，取成山转西至刘家岛，又至登州沙门岛，于莱州大洋入界河”①。这条航线比前两条都方便安全，顺风旬日可达，故在元代使用最久。

元朝海运新航线的开辟对山东沿海地区的交通、商业贸易和物资交流以及城市经济的发展影响巨大。山东半岛的密州、胶州、登州、莱州、芝罘、刘岛、成山等地因海运兴起而成为重要的商业口岸和物资集散基地，客观上有利于沿海地区商品经济的发展和城镇经济的繁荣。

（二）城市和市镇的繁荣

宋元时期，山东地区除原有城市继续保持繁荣外，还新兴起了许多城市和大批商业市镇，有的甚至已发展成为国际贸易市场。

北宋山东地区沿主要交通干线形成了较重要的五条商路：第一条为青州至齐州、汴京的东西水陆商路；第二条为徐州、兖州至德州的南北陆运商路；第三条为密州至江浙、两广的海上商路；第四、五条商路分别为登莱州至高丽、日本和密州至高丽、日本的海外商路。这几条商路对宋代山东商业和城市经济发展至关重要，当时青、济、密、齐、郓州等几个商业繁荣的城市大都处于水陆交通枢纽的位置。

① 《元史》卷九三《食货志一》。

哲宗元祐时,知青州刘挚称"东方大国,莫如郓、青"[①],郓州为冲要之地,人口众多,商业繁荣,号称"剧郡"。青州为京东东路治所,"号一都会,士知礼义,境控海山,厥民富饶"[②],"风物楙盛,雅俗杂处,修涂四达。富焉庶焉,东夏之都会也"[③],被称为"大藩"、"大镇"。其他城市如登州、莱州、高密等地"负海之北,楚商兼凑"[④]。定陶当水陆交通要冲,"乃东运之冲,其后河截清水"[⑤],商旅辐辏,宋初在此设发运务,后置转运司,太平兴国二年(977)升为广济军。

各州县城的商税额可从一个侧面反映城市商业的繁荣。据《宋会要辑稿·食货》一五至一六,熙宁十年(1077)以前,年商税额在1万贯以上的州县城有博州城、无棣城、潍州城、沂州城和齐州城,商税额在2万贯以上的州县城有棣州城、淄州高苑县城和青州城,商税额在3万贯以上的州县城有德州城、郓州城和密州城。

金统治时,山东城市经济虽不如北宋时繁荣,但济南、密州等位于交通沿线的重要城市的商业仍很发达。济南所属各县中,金初创设的济阳县发展很快,到金熙宗天眷年间已是"郛郭肆市,咸为可观"[⑥],承安年间已发展为地区性的商业中心,"水陆俱通、四方游贩岁集而月至者,莫如济阳"[⑦]。胶西(今山东胶州)自北宋时

① 宋·刘挚《忠肃集》卷二《谢青州到任表》。
② 宋·刘挚《忠肃集》卷二《谢青州到任表》。
③ 宋·夏竦《文庄集》卷二一《青州龙兴寺重修中佛殿记》。
④ 《宋史》卷八五《地理志一》。
⑤ 《宋史》卷八五《地理志一》。
⑥ 金·何弼《济阳县创修县衙记》,载阎凤梧主编《全辽金文》,山西古籍出版社2002年版,第1276页。
⑦ 金·陈大举《济阳县创建先圣庙碑》,载阎凤梧主编《全辽金文》,山西古籍出版社2002年版,第2032页。

因板桥镇发展成重要的港口，金代继续兴盛，“当登、宁海之冲，百货辐凑”①。

到元代，山东城市经济又有新的发展。当时山东的政治中心济南同时也是重要的商贸中心，“水陆辐凑，商贾所通”②。小清河沿岸的博兴“舟楫交通，鱼稻成市”③。因海运发展起来的胶州，“宋元时海船往来皆由此”④，是北方沿海地区重要的商业贸易中心和外贸港口。随着大运河的开通，运河沿岸的许多城市也发展起来。临清地处会通河交通咽喉，“每届漕运时期，帆樯如林，百货山集，经数年之取精用宏，商业遂勃兴而不可遏。当其盛时，北至塔湾，南至头闸，绵亘数十里，市肆栉比，有肩摩毂击之势”⑤。位居南北水陆要冲的济宁在会通河开通后一跃成为南北货物运输的中转站和集散地，元人贡奎有诗描写济宁当时的情景：“高堰北行舟，市杂荆吴客……人烟多似簇，聒耳厌喧啾”⑥。元人朱德润则描写了济宁南门桥附近的繁荣景象：

任城南畔长堤边，桥压大水如奔湍。
闸官聚水不得过，千艘衔尾拖双牵。
非时泄水法有禁，关梁夜闭防民奸。
日中市贸群物聚，红氍碧碗堆如山。
商人嗜利暮不散，酒楼歌馆相喧阗。⑦

马可·波罗则称济宁“颇富丽，工商茂盛……此城船舶之众，未闻

① 《宋史》卷四七六《李全传》。
② 元·于钦《齐乘》卷五《风土》。
③ 元·于钦《齐乘》卷四《亭馆上》。
④ 雍正《山东盐法志》卷一二《古迹·山川》。
⑤ 民国《临清县志·经济志·商业》。
⑥ 元·贡奎《济州》，载乾隆《济宁直隶州志》卷三三。
⑦ 明·谢肇淛《北河纪·北河纪余》卷一。

未见者,绝不信其有之。此种船舶运载货物往契丹、蛮子之地,运载之多,竟至不可思议,及其归也,载货而来,由是此二河流来往货物之众可以惊人”[①]。关于东平,南宋灭亡后,随宋宗室北上的严光大路经此地,颇有感慨地说:“此处风俗甚好,商旅辐凑,绢帛价极贱,一路经过,惟此为最。”[②]

以上是府、州、县等治所城市商业的发展概貌,它们应当属于各级区域市场的中心城市,其下应当是联系城市与乡村的初级市场市镇。当然,有些市镇的商业已经超过了所在县的县城,甚至超过了所在州的州城,成为商业巨镇。

宋元时期山东地区新兴的市镇作为传统州县城市与乡村之间崛起的新型商业市场和工商业聚居地,在山东经济发展中占有重要地位。以山东主要地区京东路为统计范围,熙丰时共有市镇152个,其中京东东路92个,京东西路60个。[③] 到金代,山东地区仍有市镇150多个。元代山东市镇还有增长,仅山东中西部80个县就有131处。[④] 据《元丰九域志》,元丰年间北宋全境设镇1875个,其中位于今山东境内的可达142个,约占北宋全境的8%。就城镇的分布密度而言,北宋全境面积约为246.3万平方公里,城市覆盖的平均面积约为812.9平方公里。山东面积约为15万平方公里,北宋时山东共计有府州军26、县89、镇142,城镇的平均覆盖面积约为649.3平方公里,远小于全国平均面积。山东地区是北宋市镇分布密度较高的地区之一。[⑤] 宋人商守拙曾称:“诸路州郡所管县

---

① 冯承钧译《马可波罗行纪》,上海书店出版社1999年版,第320页。

② 元·刘一清《钱塘遗事》卷九。

③ 参见傅宗文《宋代草市镇研究》,福建人民出版社1989年版,第93页。

④ 参见赵继颜主编《山东通史·宋元卷》,山东人民出版社1994年版,第147~150页。

⑤ 参见于云瀚《宋代山东“镇”的区域分布及其经济类型》,载《昌潍师专学报》1999年第6期。

镇多寡不同，河东、陕西县多而镇少，河北、京东县少而镇多，其逐镇居民、人烟过于河东县分。”[①]这也可说明当时山东市镇数量之多及其繁荣程度。

根据市镇的经济功能，宋元山东市镇大致可分为四种类型：

商业型市镇。宋以前设镇多出于军事目的而占据交通要道。在商品经济较发达的前提下，再加上交通优势，镇更容易发挥经济职能而使规模得以扩展，因而宋代镇市中数量最多、分布最广泛且规模较为庞大者大都是拥有交通优势的商业型镇市。此类镇市中，最典型的是密州板桥镇，其“正居大海之滨，其人烟市井交易繁夥，商贾所聚，东则二广、福建、淮、浙之人，西则京东、河北三路之众，络绎往来”[②]，“自来广南、福建、淮、浙商旅乘海船贩到香药诸杂税物，乃至京东、河北、河东等路商客般运见钱、丝绵、绫绢往来交易，买卖极为繁盛”[③]。

地方市场型市镇。这类镇市由一些成长迅速的农村或城郊草市发展而来。这一点从市镇的名称上就可以看出。鱼台县鱼台镇是由唐代以来的黄台市而置。沂水县苏村镇原为苏村市，后以商业发展、人口众多而设置。其他因市而置镇的还有禹城新市镇、临沂王相公庄镇、雷泽县临濮镇、滨州招安县马家庄镇等。

产业型市镇。这类市镇是基于手工业生产对商业及服务业的特殊需要而发展起来的。产业型市镇比较普遍的是在陶瓷业及盐业相对集中的各州，如作为产盐市镇的潍州固底和密州涛洛场二镇税额都在万贯以上。密州信阳场是重要盐场之一，后升为镇。马可·波罗也称济南“这个城市管辖着帝国的十一个城市和为数

① 《宋会要辑稿·刑法》一之三二。
② 《续资治通鉴长编》卷三四一，元丰六年十一月戊午条。
③ 《续资治通鉴长编》卷四〇九，元祐三年三月乙丑条。

相当多的村镇，这些都是一些商业昌盛的地方，尤其是丝绸业”，“这里丝的产量，多得出奇”①。由上均可看出山东产业型镇市的发展水平。

交通枢纽型市镇。这类市镇由河津渡口、邸店、驿站等交通枢纽发展而来。交通是市镇形成和发展的基本条件之一，因而许多市镇便首先在诸如邸店、渡口、码头等一些重要的水陆交通运输冲要之地形成并发展起来，正如有学者指出的，“京东路城镇分布呈现向济水——广济河运道两岸集中的趋势”，“梁山泊以下济水沿岸城镇密集度超过鲁中山麓陆路交通沿线的城镇分布”②。

山东河流众多，诸河沿岸有许多重要的交通口岸以供商旅往来，这些地方较易形成商业和人口规模，一大批市镇便在这样的条件下发展起来。济州的山口镇就是由交通口岸发展起来的。陈师道称：

> 兹山昔谁游，巨野传自古。菰鱼无凶年，末利犹不御。
> 荷陾活万人，梨埒视千户。东方富丝麻，小市藏百贾。
> 连樯自南北，行谈杂秦楚。向晚风力微，湖清鱼可数。③

山口镇上南商北贾，秦鬻楚贩，俨然是鲁西平原上的一处都会。其他具有代表性的市镇还有邹平县的“一市万人聚，四冲千里遥”④

① 陈开俊等译《马可波罗游记》，福建科学技术出版社1981年版，第160~161页。有学者认为此段文字描述的城市并非济南，但对该段文字描述的是山东地区的城市却无异议，故无论其描述的是哪座城市，均可作为说明元代山东产业型镇市发展水平的史料。

② 李孝聪《公元十一十二世纪华北平原北部亚区交通与城市地理的研究》，载《历史地理》第9辑，上海人民出版社1990年版，第257页。

③ 宋·陈师道撰，任渊注，冒广生补笺，冒怀辛整理《后山诗注补笺·后山逸诗笺》卷上《山口阻风》，中华书局1995年版，第463页。

④ 宋·陈师道撰，任渊注，冒广生补笺，冒怀辛整理《后山诗注补笺》卷一一《赵岩》，中华书局1995年版，第420页。

的赵岩口镇、长山县的唐口镇、乐陵县的杨攀口镇、厌次县的七里渡镇、寿张县的竹口镇、商河县的官口镇和历城县的泺口镇等。

宋元山东也是陆路东来西往、南北沟通的重要孔道地区。各交通干线都有与之相配套的驿站、邸店等,元政府在山东四通八达的驿道上就设有驿站 54 处。一些驿站、邸店因之兴旺而成为市镇。如淄州金岭镇,唐代以来为金岭驿,金代升置镇,到元代成为东西往来的重要驿站和著名的市镇。淄州张店镇原名黄桑店,位于齐州通往登莱地区的孔道之地,后有张姓在此设店经商,久而久之,张家店名扬四方,黄桑店之名反而销声匿迹了,到金代成为般阳路三大镇之一。[①] 其他如观城店、车轱辘店、车店、王舍人店、颜神店等皆因之而升置为镇。

新兴市镇的商品经济发展水平虽然参差不齐,但都具有一定的商业规模,商业贸易较为活跃,其商税额一般较高,有不少市镇商税岁额超过所在州县城的商税数额(参见表 3－3[②]),这充分反映了新兴市镇的活力。

表 3－3 宋代山东市镇与所在州县城商税额比较表

州别	市镇		州在城		县在城		
	名称	税额(贯)	税额(贯)	被超过	名称	税额(贯)	被超过
青州	文家港	17088.088			寿光	5380.144	217.61%
淄州	赵岩口镇	28389.097	6578.786	320.03%	邹平	3327.852	753.07%
齐州	标竿口	11567.158			章丘	6615.061	74.86%
郓州	傅家岸镇	22467.439			平阴	3554.422	532.09%

① 参见张店区地名办公室编《淄博市张店区地名志》,1985 年,第 1 页。

② 参见傅宗文《宋代草市镇研究》,福建人民出版社 1989 年版,第 102 页。

（续表）

州别	市镇		州在城		县在城		
	名称	税额（贯）	税额（贯）	被超过	名称	税额（贯）	被超过
郓州	但欢镇	4413.422			平阴	3554.422	24.16%
济州	山口镇	3522.020			任城	2770.401	27.13%
潍州	园底	14060.893	13987.723	0.52%			
莱州	海仓镇	12921.090	6241.375	107.02%			
密州	涛洛场	19211.400			莒县	5887.390	226.31%
单州	黄队镇	4809.041			鱼台	2609.468	84.29%
沧州	无棣镇	17280.987			保顺军	14283.228	20.98%
滨州	丁字河镇	18119.165	8877.346	204.1%			
滨州	宁海镇	12073.480	8877.346	136%			
博州	刘家镇	4244.476			高唐	3334.368	127.29%

总之，宋元时期的山东地区已经形成了以“大藩”、“剧郡”青州、郓州等为中心城市，其他府、州治所城市及重要县城为中级市场，联系城市与乡村的富有活力的新兴市镇和乡村草市组成的相对完备的市场体系。

（三）商税额的增长

宋代“凡州县皆置务，关镇亦或有之，大则专置官监临，小则令、佐兼领，诸州仍令都监、监押同掌”①，国家在全国各州府到军县，甚至镇市、津渡等地都设置专职的商税征收机构——场务，负责征收商税，“行者赍货，谓之‘过税’，每千钱算二十；居者市鬻，谓

① 《宋史》卷一八六《食货志下八》。

之‘住税’,每千钱算三十”[①]。《宋会要辑稿》中载有全国各地的商税统计数字,通过它虽不能准确估算市场商品流通总额,但各地的商税数额还是可以从一个侧面反映出当时商业贸易的繁盛程度。

据《宋会要辑稿·食货》一五至一六,熙宁十年(1077)以前,山东诸州中商税年额1万至3万贯的有密、登、莱、潍、曹、淄等州;商税额在3万贯至5万贯的有青、齐、沂、兖、济、单、濮、滨等州;5万贯以上的有郓、博、棣、德等州。

随着地区之间、城乡之间商品流通量的激增,山东各地所征商税额明显上升。具体到各州来说,据《宋会要辑稿·食货》一五,密州岁纳商税原额29196贯,熙宁十年增加到87137贯。郓州岁纳原额68042贯,熙宁十年增加到92729贯。青州岁纳原额43766贯,熙宁十年增加到68028贯。齐州岁纳原额为49619贯,熙宁十年增至86663贯。淄州岁纳原额14200贯,熙宁十年增至72658贯。莱州岁纳原额16450贯,熙宁十年增为44318贯。潍州岁纳原额15669贯,熙宁十年增至30592贯。登州岁纳原额10223贯,熙宁十年增至16197贯。曹州岁纳原额18883贯,熙宁十年增至27585贯。濮州岁纳原额18713贯,熙宁十年增至34272贯。滨州岁纳原额20651贯,熙宁十年增至68605贯。[②]

熙宁以前,京东路商税总额为517201贯,在铜钱流通区列第10位(若包括四川铁钱流通区,则列13位)。至熙宁十年(1077),年商税收入增至约740034贯,占当年全国商税收入(7617990贯)的9.7%,在全国各路中居第3位。熙宁十年,密州的商税收入总额为8.7万余贯,在全国230多处府州军中(不包括铁钱流通区)

① 《宋史》卷一八六《食货志下八》。

② 参见李景寿《宋代商税问题研究》,云南大学出版社2005年版,第65~68页。此处数字均作了四舍五入处理。

位居榜首。

元代对凡出售的物品一律征税,在各路府州县及乡村镇店设商税机构“院务去处”,有的称“拘榷税课所”,或只称“税课所”,以1/30的税率征课,商税的数量也可反映商业发展的概况。据《元史》卷九四,山东各路州天历年间的商税额为:东平路7141锭,东昌路4879锭,济宁路12403锭,益都路9477锭,济南路12752锭,般阳路3486锭,曹州6017锭,濮州2671锭,高唐州4259锭,泰安州2013锭,冠州738锭,宁海州944锭,德州2919锭,总计69699锭。天历年间全国商税总额为93万锭,山东约占7.5%,居全国第4位,山东商业的繁荣显而易见。

(四)对外贸易的活跃

宋元时期是山东对外贸易史上的重要阶段。在这一时期,山东对外贸易出现了前所未有的繁荣景象,无论是在进出口物品的品种和数量上,还是管理制度的完备上都明显超过前代。

宋初山东的对外贸易主要集中在登州和莱州。登州是对高丽贸易的主要港口。宋船驶向朝鲜半岛者大多由登州港起锚,而高丽船来中国也首先选择在登州港岸入关。《文献通考》卷三一七《舆地考三》称登州“三面距海,祖宗时,海中诸国朝贡皆由登、莱”。大中祥符八年(1015),“诏登州置馆于海次以待使者”①。在此期间,登州港的民间贸易也十分活跃,宋、高丽两国商人随着国家的友好往来而大谋商机。

北宋中期,辽宋战争持续不断,宋朝惧怕山东商人会借出海贸易与辽朝私通,也担心朝鲜商船携带兵器从登、莱州运往辽境,故于天圣年间封闭登、莱港口,不许外国商船在登、莱两地上岸,并禁

① 《宋史》卷四八七《高丽传》。

止山东商人去朝鲜贸易。登、莱两港的地位大受影响,就是在这种情况下,胶州湾北岸的密州板桥镇迅速兴起。

板桥镇濒临黄海,境内港湾优良,南北海陆交通方便,是发展海外贸易的天然良港。到北宋中期,其已成为南北商贾所会之处,“其人烟市井交易繁夥,商贾所聚,东则二广、福建、淮、浙之人,西则京东、河北三路之众,络绎往来”[①],“自来广南、福建、淮、浙商旅乘海船贩到香药诸杂税物,乃至京东、河北、河东等路商客般运见钱、丝绵、绫绢往来交易,买卖极为繁盛”[②]。1996 年,考古工作者曾在胶州发现了锈结成块的铁钱 30 余吨;2009 年又发现了 10 余吨,同时还出土了基本包括当时各重要窑系的瓷器。[③] 这不仅反映了当时板桥镇商贸的发达,也说明了板桥镇是瓷器外贸中转的重要口岸。由于板桥镇贸易的发达,有人提出了“高密海陼,宜置市舶以来贾人,收其赢余”[④]的建议。元丰七年(1084),宋朝在此设置管理舶商贸易的榷易务,元祐三年(1088),正式设置密州市舶使司,作为管理海外贸易和征收关税等事务的专门机构。当时全国共设市舶司五处,密州港是北方唯一设市舶司的港口,也是北方的唯一大港,取代了此前登州港和莱州港作为南北海上交通枢纽和对外经济交流基地的地位。密州市舶使司的设立也反映了山东地区工商业的发展和海外贸易的繁荣。

从进口货物的种类和数量看,当时山东进口的大宗商品主要是香货珍宝,如乳香、乌香、檀香、占城香、犀角、象牙、珍珠、珊瑚、

① 《续资治通鉴长编》卷三四一,元丰六年十一月戊午条。

② 《续资治通鉴长编》卷四〇九,元祐三年三月乙丑条。

③ 参见王磊、林玉海《山东胶州古板桥镇考古发现宋代建筑基址》,载《中国文物报》2010 年 8 月 27 日第 4 版。

④ 宋·刘攽《彭城集》卷二一《知晋州郭茂恂可知密州制》。

玳瑁、琥珀、玛瑙、宝玉、珍贝、棉布、番布等奢侈品，此外还有胡椒、茴香、雄黄、苏合油、硫黄、五味子等。出口货物大部分是传统的农业和手工业产品，如丝、绵、帛、绫、绢、陶瓷和铁器、铜器、金银器皿、钱币、漆器等。朝鲜丝织品所用原料主要依靠山东等地出口的“丝线织纴”，高丽人“不善蚕桑，其丝线织纴皆仰贾人自山东、闽、浙来，颇善织文罗花绫紧丝锦罽”①。从对外贸易形式看，有官方互市贸易和私人民间贸易两种，其中官方互市贸易占主导地位。与山东进行海外贸易的国家主要是朝鲜和日本，其次为东南亚和阿拉伯的大食诸国。这些贸易活动大部分集中在密州板桥镇等港口进行，并通过密州市舶使司实行统一管理和征收关税，“大食诸国商亦丐通入他州及京东贸易”②。凡进出口商船进港或出港，均须先到市舶司提出申请，经检查合格，领取“公凭”后方可成行。对外商进口货物按照1/10的税率征税，板桥镇抽解务每年征收的关税额高达3万余贯，由此可推知板桥镇年进口商品额约为30万贯，足见宋代山东海外贸易的繁盛。

金虽未在板桥镇继续设立市舶司，然而该港的对外贸易仍十分发达。江南海商前来从事转口贸易者仍络绎不绝，往来十分频繁。直至南宋末年，板桥镇仍保持着南北海上物资集散中心和海外转口贸易两大传统优势。

元代山东海外贸易虽不及宋代活跃，但莱、密、胶、登州仍是重要的贸易港口。山东沿海时有日本商船来贸易。至元十四年（1277），日本商人持黄金来山东要求换铜钱。铜钱本是禁止出口的物资，但这一次却得到了官方的批准。这显然是为

① 宋·徐兢《宣和奉使高丽图经》卷二三《杂俗·土产》。

② 《宋史》卷一八六《食货志下八》。

了招徕日本商人而采取的一种特殊政策。山东与高丽间的贸易仍很密切。1295 年，高丽政府遣人“航海往益都府，以麻布一万四千匹市楮币”①。高丽的丝织品原料也多是商人从山东、浙江等地贩去的。

（五）各地经济联系的加强

宋元时期的山东地区无论是区域内部还是与其它地区，甚至与海外都有了密切的经济联系。

山东各地之间的经济联系已经十分密切。登州黄县人宗立本“世世为行商”，绍兴二十八年（1158）盛夏，“与妻贩缣帛抵潍州，将往昌乐”②。兴仁府乘氏县（今山东菏泽）“豪家傅氏子，岁贩罗绮于棣州”③。元丰六年（1083）十月，京东转运司言：“商人贩青州高家港盐至齐州等处减价赊卖。”④

山东地区与外部的经济联系也十分密切。活跃于山东境内的商人来自全国各地。板桥镇“人烟市井交易繁夥，商贾所聚，东则二广、福建、淮、浙之人，西则京东、河北三路之众，络绎往来”⑤，“本镇自来广南、福建、淮、浙商旅乘海船贩到香药诸杂税物，乃至京东、河北、河东等路商客般运见钱、丝绵、绫绢往来交易，买卖极为繁盛”⑥。北宋初年，济州众等寺的演正大师为了修建寺院，将近二十年中，“往来京师，市易材植，云委山积，浮川而东，约费用殆数千缗”⑦。元丰年间，寿州寿春县令、充曹州教授周谞称：“广济河

① ［朝鲜］郑麟趾《高丽史》卷七九《食货志·科敛》。
② 宋·洪迈《夷坚甲志》卷二《宗立本小儿》。
③ 宋·洪迈《夷坚甲志》卷一八《乘氏疑狱》。
④ 《续资治通鉴长编》卷三四〇，元丰六年十月癸酉条。
⑤ 《续资治通鉴长编》卷三四一，元丰六年十一月戊午条。
⑥ 《续资治通鉴长编》卷四〇九，元祐三年三月乙丑条。
⑦ 宋·王禹偁《小畜集》卷一六《济州众等寺兴修大殿碑》。

实京师漕运三河之数，下则通于江、淮、二浙，上则达于京师，故京东一路所产，与夫江、淮、二浙皆得以有无相易，而致诸京师。”[①]临邑“东连滨、棣，西并德、博，富商巨贾往来不绝”[②]。元代济宁“高堰北行舟，市杂荆吴客”[③]。山东商人的足迹亦遍及全国各地和海外。元丰六年(1083)，宋廷着手恢复与高丽的关系，入内供奉官、勾当龙图天章宝文阁冯景建议说：“今至登州、密州问知得两处海道并可发船至高丽，比明州实近便。”为此，朝廷诏令冯景“同密州官吏募商人赍牒试探海道以闻”[④]，可知密州、登州通往高丽的水路一直通畅，商人经常来往。元丰七年(1084)十月，朝廷封“密州商人平简为三班差使，以三往高丽通国信也”[⑤]。平简这位密州商人肯定经常出海贸易，熟悉水路，由此才被宋政府选为信使。金天会年间，“明、越濒海村落间，类多山东游民，航海而来，以贩籴为事”[⑥]。元代济南路崔聚“属江左平，往来贸易湘湖间，以是致赀累钜万”[⑦]。元后期的文人戴良在诗中称胶州“县市仅夸南货聚”[⑧]，可知“南货”已大量销售至山东。

宋元时期山东地区内部及与其他地区由于贩运贸易而导致的经济联系的加强，为山东地区区域性市场的发育创造了条件。总之，宋代山东区域市场发展到了较高水平，已形成了两个高于各府州市场的区域性市场，即滨棣青齐地区市场和鲁西

① 《续资治通鉴长编》卷三六一，元丰八年十一月丁巳条。
② 宋·吴岩夫《临邑县新学记》，载同治《临邑县志》卷一四。
③ 元·贡奎《济州》，载乾隆《济宁直隶州志》卷三三。
④ 《续资治通鉴长编》卷三四一，元丰六年十一月己酉条。
⑤ 《续资治通鉴长编》卷三四九，元丰七年冬十月癸未条。
⑥ 《宋会要辑稿·兵》二九之一一。
⑦ 元·刘敏中《中庵先生刘文简公文集》卷一〇《阳丘崔氏先茔之记》。
⑧ 元·戴良《九灵山房集》卷九《至东胶》。

梁山泊地区市场,[①]为后世华北地区统一市场的形成奠定了基础。

第二节　宋元时期齐鲁商贾传统的社会文化环境

一个时代商贾传统的发展与当时的社会文化环境密切相关。这里所说的社会文化环境主要有以下几个方面:一是社会的商业观念;二是国家的商业政策;三是社会风气。本节即从以上三个方面探讨宋元时期山东商业精神发展的社会环境。

一、“吾商则何罪”[②]:宋元时期商业观念的变化[③]

宋元时期是中国古代商品经济高度发展的时期。在这一时期,传统的“重农抑商”观念受到一定程度的冲击,人们的商业观念发生了很大的变化,对宋元社会及后世均产生了深远的影响,主要表现在:

第一,对商业的作用有了深刻认识。

就普遍情况来看,宋人已经认识到:“行商坐贾,通货殖财,四民之益也。”[④]嘉祐年间,司马光说:“夫农、工、商贾者,财之所自来也。农尽力,则田善收而谷有余矣。工尽巧,则器斯坚而用有余

---

① 参见吴海涛《北宋华北平原区域市场研究》,载北京大学历史地理研究中心编《侯仁之师九十寿辰纪念文集》,学苑出版社2003年版,第256~274页。

② 宋·范仲淹《范文正公集》卷一《四民诗·商》。

③ 本节关于宋元时期商业观念变化的论述,参见林文勋《宋代商业观念的变化》,载《中州学刊》1990年第1期;叶坦《富国富民论》,北京出版社1991年版。鉴于本书主要研究宋元时期山东地区的商贾传统,南宋时山东地区已经落入金人统治之下,故一般不涉及南宋时商业观念的变化。

④ 宋·王称《东都事略》卷九八《邓绾传》。

矣。商贾流通，则有无交而货有余矣。”[①]熙宁年间，宰相韩琦称“商者，能为国致财者也”[②]。当时持这种观点的人很多，宋人已经认识到商业是社会经济发展中不可缺少的组成部分，其与农业一样都是财富之源。

在肯定商业作用的同时，人们还认识到了商业与农业的关系。徽宗时，蔡京说：“四民之业，三民备矣，而商不通，故天下之大，百年之久，民未加富，俗未加厚。”究其原因，则是因为当时社会已经是“商农相因以为生者也，商不通则物不售，物不售则贱，贱则伤农。农商不能交相养庇四海之民于平安之时，而未免流离于水旱之际，则非所谓和万邦也”[③]。针对这种情况，苏轼指出：“商贾不行，农末皆病”[④]，“商贾无利，有无不通，丰年则谷贱伤农，凶年则遂成饥馑”[⑤]。

元人陆文圭在讨论山东盐法时说：“商贾通行，公私两济。”[⑥]袁桷也说：“商贾不赴而市用益匮。”[⑦]王结则说：“工作器用，商通货财，亦人生必用之事。”[⑧]他们对商人和商业的作用已有清楚的认识。

第二，主张发展商业的思想孕育起来。

商业既然为财富之源，其发展不仅能促进农业的发展，甚至关系着社会的安危，那么主张发展商业就是很自然的事。仁宗时，陕

① 《续资治通鉴长编》卷一九六，嘉祐七年五月丁未朔条。
② 《续资治通鉴长编》卷二六二，熙宁八年四月丙寅条。
③ 《续资治通鉴长编》卷四九〇，绍圣四年八月癸未条。
④ 《续资治通鉴长编》卷四八二，元祐八年三月甲辰条。
⑤ 《续资治通鉴长编》卷四八二，元祐八年三月条。
⑥ 元·陆文圭《墙东类稿》卷一四《总管王公行状》。
⑦ 元·袁桷《清容居士集》卷二五《奉化州开河碑》。
⑧ 元·王结《文忠集》卷六《善俗要义》。

西、河东缘边地带商人稀少,导致边地军粮不充,用度不足,范仲淹建议仁宗“请仿行南盐客旅,入纳粮草并金银钱帛。有逐处富实之家,不为商旅者,必须以利劝之。臣请逐处劝诱入纳上件物色,一件内得数及万,除给与南盐交钞外,更与恩泽。二万贯者与上佐官,三万者京官致仕。如曾应举到省,与本科出身,除家便官。愿班行安排,或不就差遣者亦听”①。政府以官爵劝诱人们从商,这在中国历史上是罕见的。

神宗时,王安石力主市易法和均输法,其立法本意是“通有无,利商贾,抑兼并”②,鼓励发展商业。后来由于实施者只求获利希赏,尽笼天下之物,导致“大姓富家,昔日号为无比户者,皆为市易所破,十无一二矣”③。司马光、苏轼等新法反对派认为这项法令与“商贾争利”,使“豪商大贾皆疑而不敢动”④,一致主张取消这项法令,发展商业。无论变法派还是新法反对派都以发展商业为目的,可见主张发展商业的思想在当时已有相当的基础。受这种环境的影响,国家在一定程度上改变了传统的以“驱民归农”,使商贾不行于路为圣政的观念,以“通商广财”,发展商业为荣,并将其极力美化为自开国以来就实行的“祖宗之法”。宋哲宗还曾因“商旅不行”而“引咎责躬”⑤。

元代理学家许衡主张“为学者治生最为先务,苟生理不足,则于为学之道有所妨”,“士君子当以务农为生,商贾虽为逐末,亦有可为者,果处之,不失义理,或以姑济一时,亦无不可”⑥。许衡主张

① 《续资治通鉴长编》卷一四一,庆历三年六月甲子条。
② 《续资治通鉴长编》卷四九三,绍圣四年十二月甲辰条。
③ 《续资治通鉴长编》卷四七三,元祐七年五月壬子条。
④ 《宋史》卷一八六《食货志下八》。
⑤ 《续资治通鉴长编》卷四〇八,元祐三年二月丙戌条。
⑥ 元·许衡《鲁斋遗书》卷一三附录《通鉴》。

在“不失义理”的前提下，士人也可以通过商业来治生，表现出对商品经济态度的灵活性。元代甚至有人唱出了“人生不愿万户侯，但愿盐利淮西头。人生不愿万金宅，但愿盐商千料舶”[①]的重商之曲，表达了对商人的羡慕和经商的强烈意愿。

第三，商人始被视为与社会其他阶层平等的“齐民”。

在重农抑商政策下，商人的社会地位受到抑制，他们被视为低于社会其他阶层一等的贱民。入宋以后，随着对商业作用认识的提高，人们对商人阶层地位的认识也有所提高。人们开始客观地看待商人阶层，如苏轼认为商人也是一个靠劳动而生的阶层，非常同情他们的处境。他说：“夫商贾之事，曲折难行。其买也先期而予钱，其卖也后期而取直，多方相济，委曲相通，倍称之息，由此而得。”[②]社会上不再像以往那样嫉妒商人的倍称之息。许多人反对国家夺商贾之利，改为主张国家“与商贾共利”[③]，当时的社会情况也已经是“兼并之家，一岁坐收息至数万贯者，此辈除侵牟编户齐民为奢侈外，于国有何功而享以厚奉？然人情未尝以为此辈不当享此厚奉者，习所见故也”[④]。

元人袁华提出“胸蟠万卷不疗饥，孰谓工商为末艺”[⑤]，对传统“四民观”进行了责难和质疑。杨维桢则说：“古者四民各有所处，士处闲燕，工处官府，商处市井，农处田野。”[⑥]他将传统的四民排列顺序刻意做了变动。他还热情地赞颂商人：“陶朱公、端木氏皆用世之才，不幸仕乱世，有不能周身者；辄退而积居，与时逐……史氏

① 元·杨维桢《铁崖古乐府》卷五《盐商行》。
② 元·马端临《文献通考》卷二〇《市籴考一》。
③ 《欧阳修全集》卷四五《通进司上书》。
④ 《续资治通鉴长编》卷二四〇，熙宁五年十一月戊午条。
⑤ 元·袁华《耕学斋诗集》卷七《送朱道原归京师》。
⑥ 元·杨维桢《东维子集》卷二一《游庵记》。

载货殖具四德：曰仁、曰智、曰勇、曰断。”[①]在他们眼中，工商不再是游惰末技，而是成为了受人崇敬的“四德”兼备的高尚职业。

二、宋元时期国家商业政策的变化[②]

宋元时期，国家实行了一系列有利于商业发展的政策，主要有以下几个方面：

（一）恤商政策

所谓恤商，就是对商业和商人采取比较宽容和宽松的政策，具体来说，包括减免商税、统一税则、减轻商人负担等多个方面。

北宋建立以后，一改五代十国“征算尤繁”[③]的弊政，“首订商税则例，自后累朝守为家法”[④]，将“常税名物，令有司件析颁行天下，揭于版，置官署屋壁，俾其遵守”[⑤]，就是将应纳税商品的名目颁布于税务、官署和交通要道，使商贾都能一目了然，税场务按则例收税，商旅按则例纳税，对违反者予以严惩。

宋代的商税分过税和住税两大类，税率相对较低，据《宋史·食货志》，“行者赍货，谓之‘过税’，每千钱算二十；居者市鬻，谓之‘住税’，每千钱算三十，大致如此”。宋代还曾规定对于贩夫贩妇、细碎交易和农民自产自销的柴薪、农器等都免税。元初，商税仅为“三十分取一”，与北宋的住税差不多，上都商旅则因往来艰难而免税。后来，“始定上都税课六十分取一，旧城市肆院务迁入都城者，

① 元·杨维桢《鲍孝子传》，载雍正《山东通志》卷三五之一七。

② 参见周明生主编《中国古代宏观经济管理研究》，江苏科学技术出版社 1989 年版，第 423～431 页。

③ 《宋史》卷一八六《食货志下八》。

④ 元·马端临《文献通考》卷一四《征榷考一》。

⑤ 《宋史》卷一八六《食货志下八》。

四十分取一”[1]，虽有增加，但也不重，这些措施减轻了商人的负担，有利于商品流通的发展和商业的繁荣。

恤商政策的实施，不仅使商业发展和繁荣起来，而且使商人的社会地位也因其经济实力的增强而逐步提高。宋元时期商人社会地位的提高主要表现在商人到这时取得了一定的入仕权上。禁止商人入仕是传统“抑商”政策的一项重要内容。唐代规定“工、商之家不得预于士”[2]。唐太宗说：“朕设此官员，以待贤士。工商杂色之流，假令术逾侪类，止可厚给财物，必不可超授官秩，与朝贤君子比肩而立，同坐而食”[3]。终唐之世，商人并没有摆脱“杂色之流”的社会地位。宋初，国家虽曾一度称商人为“杂类”，并禁止其参加科举考试和做官，但不久就放宽了法禁，允许商贾中的“奇才异行”者应举[4]。真宗时，茶商侯某家产甚富，其子在大中祥符年间中进士。[5] 仁宗时，曹州商人于令仪之子于伋、侄于杰和于仿都中过进士。此外，商人还可通过进纳钱粟而进入仕途。各地遇到天灾人祸时，宋代允许“有物力户”即富室纳粟易官，按纳粟数量分别授予本州助教、本州文学、试大理评事、三班殿直、太祝等官衔。徽宗时，“豪猾兼并之徒，屠酤市贩之辈”买官者数以千计。之后，商人为官者日渐增多，到大观年间，商贾为官者，“遍满天下，一州一县，无处无之”[6]。元代大商人阿合马、桑哥竟凭借其经济实力当上了宰相。

宋代国家在制订有关商人利益的经济政策时也注意听取商人

---

① 《元史》卷九四《食货志》。
② 唐·李林甫等《唐六典》卷三《尚书户部》。
③ 《旧唐书》卷一七七《曹确传》。
④ 参见《宋会要辑稿·选举》一四之一二。
⑤ 参见明·解缙等《永乐大典》卷一三一三九引聂田《徂异志》。
⑥ 《宋会要辑稿·职官》五五之三九。

的意见，考虑商人的利益。太宗时，在盐铁使陈恕主持下，国家改订茶法，就“召茶商数十人，俾各条利害，（陈）恕阅之第为三等”。陈恕认为“下等固灭裂无取，上等取利太深，此可行于商贾，不可行于朝廷，惟中等公私皆济”，因此将茶法定为三法，三法并行，“货财流通”①。正因为这种情况甚为普遍，所以宋人刘挚才说：“其议财也，则商估、市井、屠贩之人，皆召而登政事堂。”②

（二）发展官商，利用私商

官商的发展与国家的专卖制度密切相关。宋元时期的专卖制度经历了一个从官产官销的直接专卖制向由商人参与的间接专卖制演变的过程，民间商人在专卖制度中的作用越来越重要。

宋代盐法中，池盐和海盐最初都实行官营官销，由国家完全垄断，雍熙二年（985），实行“沿边入中”和“折中”法，商人运送粮草或他物到沿边州军供应军需，即“入中”。官府根据商人入中物品多少和路途远近给付交引，由商人凭交引回京城领取现款或盐引，再赴指定盐场支盐到各地销售。这是折中。庆历八年（1048），又实行了盐钞法，由商人在边郡缴纳现钱，官府给予盐钞，然后凭钞领盐，自由贩卖。元代盐法也实行间接专卖制。官府设盐场负责管理盐政，生产由世袭的盐户负责，所产盐由官府收购，然后官府以盐引的形式统一向盐商出售或官府自行销售。

榷茶制度从唐代创立以来就实行间接专卖，宋代茶法沿袭了间接专卖制。东南茶法前期是由榷货务、山场垄断茶叶收购和批发，采取民制官购商销的间接专卖制。徽宗时实行了以引榷茶的

① 《宋史》卷二六七《陈恕传》。
② 《续资治通鉴长编》卷二二五，熙宁四年秋七月丁酉条。

合同场法,允许商人与园户直接交易,官府通过控制茶的收购和销售环节获取专卖利益。四川和广南茶法一度通商,即征收茶税,但最终也是从垄断制度向以引榷茶转变。元代仍然实行以引榷茶的制度,国家只是控制茶叶产销的某一环节,其余全部交给商人经营。

榷酒制度,据《宋史·食货志》,“宋榷酤之法:诸州城内皆置务酿酒,县、镇、乡、闾或许民酿而定其岁课,若有遗利,所在多请官酤。三京官造曲,听民纳直以取”,可知宋代榷酒有大中城市所设酒务的官酿官造、乡村民众自行酿卖、京师榷曲和买扑制等形式。无论是乡村许民众自行酿卖,还是买扑制,民间商人都可以广泛参与酒的产销。元代一般是在城镇实行官自沽卖,在“乡村地面里交百姓自行造酒办课”[①]。

总之,宋元时期的专卖制度大致都实行由民间商人参与运销的间接专卖制,有助于商业流通的发展。国家也可充分借助商人的力量获得更大的经济效益。

(三)鼓励对外贸易

北宋继承了五代十国时招诱海商前来贸易的传统,于雍熙四年(987)派人携带敕书、金帛到海南诸国招募商人来华。宋政府对外商还有一系列优惠待遇,如每年都设宴犒劳外商,外商在华有居住权和贸易权,外商的财产和生活习俗等都受到保护和尊重,另还给予其入学和入仕的机会。如果遇难,还可受到宋政府的抚恤和救济。对于民间商人出海贸易,宋政府也采取了鼓励政策。根据规定,只要在规定的地方领取公凭,回舶时按章接受抽解和博买,不贩运禁物,不往禁区贸易就是合法的贸易者。对成

① 《元典章·户部》卷二二《酒课·乡村百姓许造酒》。

绩显著者还给予奖励,直至授予相应官职。《宋史·食货志》就记载:"诸市舶纲首能招诱舶舟、抽解物货、累价及五万贯十万贯者,补官有差。"

元代同样采取鼓励外贸的政策。忽必烈曾命人招谕诸番前来通商,"其往来互市,各从所欲",并将"宠礼之"①。当时还制定了市舶法则23条,保护外商的合法权益,具体内容保括禁止一切官吏勒令商人、船工带钱下番以及回舶时将贵重货物贱估准折,重取利息;免除从事海外贸易商人及船工家属的差役等。在上述政策的推动下,宋元时期的对外贸易获得了充分发展。

综上所述,宋元时期国家的商业政策在推动商业发展方面是比较突出的,正是由于这个原因及当时农业、手工业的发展,宋元时期的商品经济达到了较高的水平。

三、宋元时期"全民皆商"局面的出现及山东社会风气的变化

宋元时期商品经济的兴旺促进了商业的繁荣,从而带动了社会上经商热潮的兴起。"用贫求富,农不如工,工不如商",当商品市场扩大,商品交换急剧增长时,社会为人们提供了更多经商的机会,发家致富就不再只是停留在人们头脑中的思想,而变成了人们试图致富的实践。国家的政策也推动着这一实践的进行。

在这样一个商品经济异常活跃的时期,社会各阶层人士都纷纷投入经商的大潮,使宋元时期商业经营主体的成分空前复杂,商人的队伍空前壮大,除专门从事商业经营的商人外,还有各级官僚机构、皇室贵族、各级官员、军队将领和士兵、地主、手工业者及农

① 清乾隆官修《续文献通考》卷二六《市籴考二》。

民等都从事商业经营。[①]

元朝作为草原游牧民族建立的政权,其对商业的接受比自给自足的农业民族显然更为容易。元朝统一后,由于版图辽阔,南北物资交流畅通无阻,经商者日渐增多,"舍本农,趋商贾"的风气很盛。当时就有人说:"南方归附以来,负贩之商,游手之辈,朝无担石之储,暮获千金之利"[②]。正是由于元代社会经商风气的浓厚,当时甚至出现了"近世乃下元甲子用事,正直天市垣,所以人多好市井牟利之事"[③]的说法。

在这种大的社会环境下,山东地区"不规商贾,肆力农桑"[④]的社会风气也有很大变化,经商之风日渐浓厚。时人对此有不少论述,如:

仁宗天圣年间,"登、莱采金,岁益数千两。仁宗命奖劝官吏,宰相王曾曰:'采金多则背本趋末者众,不宜诱之。'景祐中,登、莱饥,诏弛金禁,听民采取,俟岁丰复故。然是时海内承平已久,民间习俗日渐侈靡,縻金以饰服器者不可胜数,重禁莫能止焉"[⑤],可见登、莱一带民众"背本趋末"的风气。

庆历六年(1046),御史中丞张方平言:"自庆历初,遣朝臣分往京东西等路,招刺强壮弓手充宣毅军,俄又听其佣人自代……及后招刺之时,既佣人充代,而其强壮本身并有身力,例

① 详请参见杨学富《宋代的"全民经商"》,载《文史杂志》1993 年第 4 期;唐群《有感于宋代的"全民皆商"》,载《史学月刊》1998 年第 5 期;吴晓亮《试析唐宋社会转型时期宋代经商群体的变化》,载朱瑞熙等主编《宋史研究论文集》第 10 辑,兰州大学出版社 2004 年版,第 302 ~ 313 页。

② 元·张之翰《西岩集》卷一三《议盗》。

③ 宋·周密《癸辛杂识·别集》上《天市垣》。

④ 宋·乐史《太平寰宇记》卷一三《河南道十三·郓州》。

⑤ 《宋史》卷一八五《食货志下七》。

各不绍农业，遂乐惰游，搅挠里闾，侵凌细弱，趋坑冶以逐末，贩茶盐而冒禁。”①

熙宁七年(1074)，苏轼上奏称：“河北、京东，自来官不榷盐，小民仰以为生。近日臣僚上章，辄欲禁榷，赖朝廷体察，不行其言，两路官民，无不相庆。然臣勘会近年盐课日增……显见刑法日峻，告捕日繁，是致小民愈难兴贩。朝廷本为此两路根本之地，而煮海之利，天以养活小民，是以不忍尽取其利，济惠鳏寡，阴销盗贼。旧时孤贫无业，惟务贩盐。”②

元丰四年(1081)，范纯仁“移齐州，或谓公齐俗凶悍，轻为盗劫屠贩，治不竣急不能戢”③。

元丰八年(1085)，寿州寿春县令、充曹州教授周谞言：“所谓广济河实京师漕运三河之数，下则通于江、淮、二浙，上则达于京师，故京东一路所产，与夫江、淮、二浙皆得以有无相易，而致诸京师；京东之民，赖此为业者众矣。”④

北宋熙宁以后，滨州安平镇也出现了趋利之风，如在刘补兄弟中，除刘补“守道好学，鄙利遗名，不求闻达”外，其他诸人都“趋名务利”⑤。

建炎四年(1130)，枢密院奏称：“明、越濒海村落间，类多山东游民，航海而来，以贩籴为事。”⑥金统治下的山东民众仍然不断渡海南下经商。

---

① 《续资治通鉴长编》卷一五九，庆历六年冬十月甲戌条。

② 《苏轼文集》卷二六《论河北京东盗贼状》。

③ 宋·李之仪《范忠宣公行状》，载宋·范纯仁《范忠宣公文集》卷一九。

④ 《续资治通鉴长编》卷三六一，元丰八年十一月条。

⑤ 金·张孝纯《高尚处士修真之记》，载陈垣编纂《道家金石略》，文物出版社1988年版，第1007页。

⑥ 《宋会要辑稿·兵》二九之一一。

元人于钦说:“今齐俗比燕、赵诸郡,号为朴野,东方尤甚。惟济南水陆辐辏,商贾所通,倡优游食颇多,皆非土人。(于)钦佐廉察日,朔望行香三皇庙,庙旁见倡家,立命逐之,逮今城中无此辈。上官贤牧,存心风化,此亦易事云。”①对于济南娼妓,元代杂剧也有反映。关汉卿的杂剧《杜蕊娘智赏金线池》就是以济南为背景的,其中的官妓杜蕊娘就是济南府本地人。该剧第一折中称其母亲曰:“不纺丝麻不种田,一生衣饭靠皇天。尽道吾家皮解库,也自人间赚得钱。”②于钦曾在元仁宗延祐六年(1319)前后任驻济南路的山东廉访司照磨。他是以爱护家乡的态度,驳斥有些人对齐俗的浮靡轻佻的说法,申辩山东风俗之淳朴的。他的论述恰恰从一个侧面反映了济南经商之风的浓厚。

元大德十年(1306),李谦称齐东县“土俗以蚕织为业,通功易事,懋迁有无,以赢什一之利,致赀巨万者,非可一二数。往往狃于素习,唯知趋利而已”③。

除以上叙述外,再如:北宋仁宗时,莱阳县“负海,民习为奸利”④;神宗时,北海县“俗喜屠牛私酤”⑤;北宋末年,密州“负海产盐,蔡京屡变盐法,盗贩者众”⑥;金代济南“繁华富瑰奇,贪夫死专利”⑦。元代莱州“男通鱼盐之利,女有纺绢之业,士淳朴而好经

---

① 元·于钦《齐乘》卷五《风土》。

② 元·关汉卿《杜蕊娘智赏金线池》,载徐征等主编《全元曲》第1卷,河北教育出版社1998年版,第143页。

③ 元·李谦《始建学宫记》,载民国《齐东县志》卷六。

④ 宋·晁补之《鸡肋集》卷六四《太常少卿分司西京石君墓志铭》。

⑤ 宋·黄庭坚《山谷集》卷二二《朝奉郎通判汾州刘君墓志铭》。

⑥ 《宋史》卷三七二《翟汝文传》。

⑦ 金·雷渊《济南珍珠泉》,载清·郭元钎编《增补中州集》卷二〇。

术,矜功名,近颇奢"[①],由上皆可看出宋元时期山东地区民众经商的风气。

宋元时期,无论是人们对于商业或商人的看法,还是国家对商业的政策及社会风气都为当时商业精神的培养和发展提供了极为有利的社会环境。宋元时期的齐鲁商贾传统就是在这种社会大环境下培育和发展起来的。

第三节　宋元时期的齐鲁商人及其经营

由于宋元时期山东地区商品经济的发展,当时的齐鲁商人群体非常活跃。按照商业经营者身份的不同,可将其分为两类:一是民间商人,指普通百姓的经商。二是官员经商。本书就按照这一分类对宋元时期的齐鲁商人及其经营做一简述。

一、宋元时期的齐鲁官商及其经营

官员经商虽古已有之,但属于特殊现象:首先,以修身齐家治国平天下相标榜的士大夫,不顾传统道德的指责,不耻从事贱业,其行为不符合传统社会的等级身份制度;其次,利用社会地位和政治权势,违禁经商牟利,不合当时的法令;再次,以官员而论,本有自己的职责,享有固定的俸禄,经商属于兼营的第二职业,这样则难于一心奉公。然而就是这样一种特殊现象在宋代却成了普遍现象:上至亲王将相,下至闲官士子;大至海外贸易,小至家内商店,所贩物品从针头线脑到人口,无所不有。[②]

① 《古今图书集成·方舆汇编·职方典》卷二八五引元志。

② 参见程民生、白连仲《论宋代官员、士人经商》,载《中州学刊》1993 年第 2 期。

宋代官僚经商起源于五代时藩镇的"回图贸易"。当时藩镇"多遣亲吏往诸道回图贩易,所过皆免其算,既多财则务为奢僭,养马至千余匹,童仆亦千余人",到北宋建立后,宋太祖赵匡胤曾试图禁止,但未能实现,"大功臣数十人,犹袭旧风,太祖患之,未能止绝"①。到宋太宗时,国家一度禁止官员经商,将官员经商视为"与民争利"的非法之举。太平兴国二年(977),太宗诏令:"中外臣僚,自今不得因乘传出入,赍轻货,邀厚利,并不得令人于诸处回图,与民争利。有不如诏者,州县长吏以名奏闻。"②这里只是要求将违反诏书者名单上报于朝廷,并没有明确规定处置办法,使这一诏令流于形式。北宋前期官僚经商还被认为是不光彩的事情。但到了北宋中期,社会风气发生了明显变化。蔡襄对这一变化有叙述:

> 臣自少入仕,于今三十年矣,当时仕宦之人粗有节行者,皆以营利为耻,虽有逐锥刀之资者,莫不避人而为之,犹知耻也。今乃不然,纡朱怀金,专为商旅之业者有之。兴贩禁物,茶、盐、香草之类,动以舟车,楙迁往来,日取富足。夫贪人日富而居有田宅,岁时有丰厚之享,而清廉刻苦之士,妻孥饥寒,自非坚节之士,莫不慕之。贪人非独不知羞耻,而又自号材能。世人耳目既熟,不以为怪。③

蔡襄于宋仁宗初年入仕,官僚经商还是悄悄进行,但到了30多年后,就变得明目张胆、无所顾忌了。李清臣则称当时的官员"起而牟利,贾贩江湖,干托郡邑,商算盈缩,秤较毫厘,匿关市之征,逐舟

---

① 《续资治通鉴长编》卷一八,太平兴国二年正月丙寅条。

② 《续资治通鉴长编》卷一八,太平兴国二年正月丙寅条。

③ 宋·蔡襄著,吴以宁点校《蔡襄集》卷二二《国论要目·废贪赃》,上海古籍出版社1996年版,第380页。

车之动，以规什一之得。进则王官，退则为市人；进则冕笏而治事，号为民师，退则妄觊苟获，不顾行义”[①]。王安石说：“方今制禄，大抵皆薄，自非朝廷侍从之列，食口稍众，未有不兼农商之利而能充其养者也……故今官大者，往往交赂遗、营赀产，以负贪污之毁；官小者，贩鬻乞丐，无所不为。”[②]

哲宗元祐四年（1089），有大臣在奏章中称：“祖宗之制，惟戒从官以上不得广营产业，与民争利。苟非殖货太甚，则是法所不禁。”[③]这里规定只要不是大肆经商，一般都是“法所不禁”，这样就使得官员经商越演越烈。

元代统治者对于贵族官员经商同样不加禁止，只是禁止漏税。中统四年（1263）规定：“凡在京权势之家为商贾，及以官银卖买之人，并令赴务输税，入城不吊引者同匿税法。”[④]这样，以皇帝为首的贵族和各级官吏纷纷投身于商业经营。

在这样的社会大背景下，宋元时期山东地区的官员和士人经商之风也很盛行。

首先是边将的回图贸易。宋初，国家对边将采取特殊政策，使回图贸易公私不分，私贩严重。太祖时，为了控制边疆地区的局势，将边镇大将所部州县的筦榷之利都留在军中。若军队从事回图贸易，则免过税，而边将往往趁机私贩。《宋史·贾昌朝传》载：“马仁瑀守瀛州，韩令坤镇常山，贺惟忠守易州，何继筠领棣州，郭进控山西，武守琪戍晋阳，李谦溥守隰州，董遵诲屯环州，王彦升守原州，冯继业镇灵武。筦榷之利，悉输之军中，听其贸易，而免其征

① 宋·李清臣《议官》，载宋·吕祖谦编《宋文鉴》卷一〇六。
② 宋·王安石《临川先生文集》卷三九《上仁宗皇帝言事书》。
③ 《续资治通鉴长编》卷四三二，元祐四年八月己未条。
④ 《元史》卷九四《食货志二》。

税。”此处何继筠在棣州(今山东无棣)从事回图贸易。马仁瑀是大名夏津(今山东夏津)人。

其次是地方各级官员积极投身于商业,上至路级监官和州县主官,下至县尉、助教等无不热衷于此。如:

定陶县尉麻士瑶曾“冒名买场务”,“借同邑人姓名买场务”[①]。

太平兴国二年(977),和岘“知兖州,改京东转运使。岘性苛刻鄙吝,好殖财,复轻侮人,尝以官船载私货贩易规利”[②]。和岘在这里就是以官府舟船搭载私货,从而谋求逃避关税以赢利。

濮州鄄城人徐休复于太平兴国元年(976)中进士,淳化时上奏称:“父母藁葬青社,愿得领州事,因营丘垄。至青州逾年,但聚财殖货,终不言葬事。”[③]徐休复以为父母“营丘垄”为名到青州,但在半年的时间里整天只是忙于经商营利,连父母葬事都顾不上了。

京东、河北路提举盐税王伯瑜“于所部商贩逐利,奏事赴阙及出巡至近畿,贩京东、河北帛入京师,复以京师帛贾滨、棣间,往往与本部公人、秤子交市”[④]。

曹州助教卢澄本是陈留县的豪强,以入粟得官曹州助教后,仍旧“殖货射利,侵牟细民,颇结贵要,以是益横”[⑤]。

元代贵族官员往往经营高利贷。恩州(今山东武城东北)是“诸王火里吉食邑,命其官属贷子钱于民,倍征其息”,王忱“令止收子本,余归诸民”[⑥]。

元元贞元年(1295),山东道廉访司申:“见任官吏,或拜识豪华

① 《续资治通鉴长编》卷九五,天禧四年四月丙申条。
② 《宋史》卷四三九《和岘传》。
③ 《宋史》卷二七六《徐休复传》。
④ 《续资治通鉴长编》卷二四七,熙宁六年九月壬戌条。
⑤ 《续资治通鉴长编》卷八六,大中祥符九年三月壬子条。
⑥ 元·苏天爵《滋溪文稿》卷二三《元故参知政事王宪穆公行状》。

以为亲戚，或接引殷富以为交友，遍吓乡耆、社长、里正人等，鸠敛钱物，资给去官，因缘侵渔，理宜禁止。”①此处官员纷纷与“豪华”和“殷富”之人为亲戚朋友，这些豪富定有不少就是商人，官员与商人勾结，从中经商牟利。

元延祐元年（1314），探马赤索郎古歹“自煎熬私盐”②。虽然其所煎私盐有八斤，除食用外，另有二斤也被拨入官盐，但此事至少说明当时盐场监官有煎炼私盐牟利的行为。

有些官员在致仕或罢官后投身于商业经营。有的是出于对财富的追求。曹州冤句（治今山东曹县西北）人张宗诲是北宋名臣张齐贤之子，曾任河北转运使、知徐州，徙鄜延路兼知鄜州，复徙永兴钤辖兼知邠州，以秘书监致仕。他“性贪，虽谢事，犹事货殖，以至于卒”③。太子中舍致仕韩君素是景灵宫使曹利用之舅，居棣州，“颇恃势，放息钱侵民，又私酝酒其家”④。韩君素凭借权势，不仅放高利贷，还私自酿酒赢利。有的官员经商是因生活所迫，不得不从事商业。巨野人陈靖于景祐五年（1038）“以进士特奏名得三《礼》出身”，“迁孝感令，以公事忤郡太守，辄致所事而去”，后“以太子中允致仕，值岁荒，徙家京师，卖药自给”⑤。郓州汶阳（今山东汶上）人穆修是北宋著名文学家，大中祥符二年（1009）考中进士，三年后调补海陵司理参军。他自负才高，不愿违心随俗，巴结上官，结果得罪了通判，被贬为池州参军。后遇赦获释，“流落江外，赋命穷薄，稍得钱帛，即遇盗，或卧病、费竭然后已。是故衣食

① 方龄贵校注《通制条格校注》卷二八《率敛》，中华书局2001年版，第696页。
② 《元典章·刑部》卷一五《诉讼·首告·驱口首本使私盐》。
③ 《宋史》卷二六五《张宗诲传》。
④ 《续资治通鉴长编》卷一〇七，天圣七年二月戊辰条。
⑤ 宋·张师正《括异志》卷一《陈靖》。

不能给”。在这种生活极为困窘的情况下，他晚年得到了一部《柳宗元集》，于是“募工镂板，印数百帙，携入京相国寺，设肆鬻之”。需要特别指出，穆修虽然经商，但其并不具备商业经营头脑，经营技巧也不高明，“有儒生数辈至其肆，未评价值，先展揭披阅，修就手夺取，瞑目谓曰：‘汝辈能读一篇，不失句读，吾当以一部赠汝。’”就这样，他的书“经年不售一部”①。不过，这与穆修对待财富的态度倒是一致的。《宋史·穆修传》记述了这样一件事情：亳州有豪士修了一座佛庙，知州请穆修作文记之，文章写好后，却没有提及该豪士的名字，“士以白金五百遗修为寿，且求载名于记，修投金庭下，俶装去郡”。该豪士再三请求，他始终不受，并说：“吾宁糊口为旅人，终不以匪人污吾文也。”

官商的本质特点就是以权力的不同转换形式谋取个人利益，以权力作为商业经营的资本，其经营手段是多种多样的，或利用权力直接以官府的钱款、物资、人力作为商业经营的资本，或利用职权的优势假公济私，作为商业经营的间接资本，或者是官员从事一般商人的经营行为。② 宋元时期山东地区官员从事商业的经营方式也大致如此，只是限于史料，无法详论，本书只选择几个典型个案加以分析。

（一）青州麻氏的商业经营③

麻氏家族原籍潍州北海县（今山东潍坊）。五代时，麻希梦于

① 宋·魏泰《东轩笔录》卷三。

② 参见赵晓耕《宋代官商及其法律调整》，中国人民大学出版社2001年版，第185～193页。

③ 对于青州麻氏家族，学界已有研究，如：［日］爱宕元：《五代宋初の新興官僚：臨淄の麻氏を中心として》，载（日本）《史林》57卷第4期，1974年；王善军《北宋青州麻氏家族的忽兴与骤衰》，载《齐鲁学刊》1999年第6期。本部分即参考上两文写成。

后梁龙德二年(922)擢明经第,从此走上仕途,任至青州录事参军。后汉天福十二年(947),刘铢出任青州节度使。他是当时有名的横征暴敛之徒,在青州的几年里聚敛了大量财富。离任时,他将自己数年来积聚的巨额钱财交麻希梦保管。刘铢后在政治斗争中被杀,这笔钱财被麻希梦独吞,以至于到其"以老退居临淄"时,其家"有美田数百顷,积资巨万"。由于财大气粗,麻希梦"居乡里,常兼并不法,每持州郡吏之长短,横恣,营丘人皆畏之"[①]。这样一个强宗豪族,为了保持自己的势力,在经济上,他们广置田园,压榨农民,同时还积极投身于商业。宋代实行买扑制度,允许民户向官府承包某一项课税,青州麻氏身为官宦世家,无法直接买扑场务,于是就"借同邑人姓名买场务"[②]。麻氏还经营邸店获利,在其家族被抄没后,朝廷规定邸店资财取3/10均给其族人,其余全部没收入官。

麻氏家族在通过农业和商业获得雄厚经济实力的同时,还通过各种途径谋求政治势力的发展:一是参加科举考试,如麻希梦的儿子麻景孙于太平兴国年间中进士甲科,其曾孙麻温其、麻温舒在大中祥符年间相继登第。二是纳粟拜官。景德三年(1006),"赐青州习三史麻温叟同学究出身,温叟纳粟麦二千余石赈贫民故也"[③]。三是结交地方官员,史称"大姓麻士瑶阴结贵侍"[④]。麻士瑶还谋杀了当地镇将张珪。青州州院司理院的官吏在处理此案时,"悉受士瑶赂,出其罪"[⑤]。

① 宋·钱若水等《太宗皇帝实录》卷四四。
② 《续资治通鉴长编》卷九五,天禧四年四月丙申条。
③ 《宋会要辑稿·职官》五五之三二。
④ 《宋史》卷三〇三《胡顺之传》。
⑤ 《续资治通鉴长编》卷九五,天禧四年四月丙申条。

（二）梁适经商"多挟智数"

《宋史》卷二八五《梁适传》记载：

（梁）适晓畅法令，临事有胆力，而多挟智数，不为清议所许。御史马遵、吴中复极论其贪黩怙权，罢知郑州。京师茶贾负公钱四十万缗，盐铁判官李虞卿案之急，贾惧，与吏为市，内交于适子弟，适出虞卿提点陕西刑狱。

梁适（1001～1070），字仲贤，东平人。其父颢为翰林学士，以父荫入仕，授秘书省正字，为开封府工曹参军，知昆山县。徙知梧州，后中进士，历任知淮阳军、提点京东刑狱、右正言、知谏院、吏部郎中、枢密副使、参知政事、同中书门下平章事等职。大约是在其任宰辅期间，发生了上文所述之事。京城某商人欠国库银40万缗，盐铁判官李虞卿对此追得很急，这位商人非常担心，就"与吏为市"，也就是交结官吏，内则"交于适子弟"，在朝内则与梁家子弟交结。梁适受商人之托利用自己的权势，通过其"智数"将盐铁判官李虞卿排挤出朝廷。通过此一事例，可以看出宋代商人之势力，他们注重在政治上寻求靠山，梁适则受商人之托，与商为市，利用特权，假公济私，从中牟利。

（三）王伯瑜的商业经营

李焘《续资治通鉴长编》卷二四七记载了熙宁年间提举盐税王伯瑜经商之事，曰：

京东、河北路提举盐税王伯瑜于所部商贩逐利，奏事赴阙及出巡至近畿，贩京东、河北帛入京师，复以京师帛贾滨、棣间，往往与本部公人、秤子交市，家有数机，更自织造。伯瑜人物至下，幸蒙任使，以案察为职，而身不奉法，贪恣之声流于道路。

通过以上记载可以看出：第一，王伯瑜不仅积极从事贩运业，还直接进行商品性手工生产，“家有数机，更自织造”，其家中设有织造作坊，有织机数张，可以自行生产布帛。这表明当时官员经商已不满足于贱买贵卖的传统经营手段，而是直接进入生产领域，以求谋取更大的利润。第二，王伯瑜深谙经营之道，京东地区的布帛向来以质量高而闻名，他利用职务上的便利，在京东、河北一带收买布帛贩运到京师，然后再将集中到京师的其他地区产的布帛贩运到京东、河北。山东、河北一带布帛质量高，价格必然昂贵，而其他地区的布帛则反之，更能满足一般百姓的需要，在京东、河北一带应有较强的市场竞争力。第三，王伯瑜充分利用了其京东、河北路提举盐税的身份，首先是借出巡和进京汇报工作的机会来回贩运，或许这样可以避免沿途检查，得以免纳商税；其次是利用权势与属下交易。与本部公人、秤子交易，他肯定处于强势地位，从而可获得更多利润。

（四）王安礼的商业经营

王安礼（1035～1096），抚州临川人。王安石之弟。嘉祐年间中进士。熙宁中为崇文院校书，出知润州、湖州，历开封府判官、直舍人院、同修起居注，进知制诰，以翰林学士知开封府。元丰四年（1081）拜尚书右丞，次年转左丞，元丰七年（1084）罢知江宁府，后历知扬、青、蔡、舒、永兴军、太原府等。其中在元祐三年（1088）十月至元祐五年知青州。

元祐五年十月初七，殿中侍御史岑象求上奏说：

臣近有状论列知青州、资政殿学士王安礼疏纵不检事迹，上渎圣聪。今续采访得王安礼在任买丝，勒机户织造花隔织等匹物，妄作名目，差役兵般担，偷谩一路商税，上京货卖，赢掠厚利，不止一次。近于九月内，有百姓张牙人，将青州生花白隔织三百二十匹，于界南头孙师颜、郑孝孙、赵良祐三人铺内，称是城北姜殿直出卖。臣体问得有青州书表司张仪，见在城北蔡市桥姜殿直店内安泊，是王安礼令张仪别作缘故押当匹帛，前来托姜殿直货卖，收买回货，兼买首饰绫裹售用家事。其姜殿直旧在安礼门下出入，安礼素来照管，家富于财，见开四所正店。伏乞陛下特降圣旨，下开封拘追张仪及姜殿直，细加勘问，得见情实，仍行根究妄作名目差人般运数目，及谩昧沿途商税、侵扰机户等逐件事，尽法施行，以惩大吏贪饕恣意不法之罪。①

到十月二十一日，岑象求再次上奏说：

臣近者上言知青州王安礼踰滥不法，及买丝配机户织花隔织，妄作名目，差人般担，偷谩一路商税，上京货卖，赢利入己等事，已蒙朝廷行遣推治。更有因缘生出事节，臣并皆略去，免于连追捕别人，却成劳扰，姑欲上为清朝，按举摈逐纵恣奸贪之吏而已。然臣续又访闻得安礼在任，曾将本家锦一段并椅桌二十副卖与公用库，大算官钱入己，兼于诸县勾收不系省杂钱数千百贯，令曹官收掌，非理费用。臣欲隐而不言，又虑官钱不见均实下落，被人侵欺盗用，则臣有庇奸失职之罪，所以不避烦紊，再具陈述。兼臣窃谓安礼作过，迹状甚多，又暴白如此，织匹兴贩，非止一次，以致机户逃窜，百姓沈大被非理决责枷锢，出钱交还赵五，以致破坏家产。本路监司，无由不知，显是畏惧安礼凶狠，或被安礼以事染污，不敢举发，上负陛下委寄，使一方吏民受昏乱之弊，臣不胜愤激。伏乞陛下圣慈，特将臣所陈事节，密付本路新到任监司，或不干碍官体量，

① 《续资治通鉴长编》卷四四九，元祐五年冬十月戊戌条。

果有上件情状,即乞置司推勘,尽法施行。①

通过上述岑象求的两篇奏文,可以看出王安礼在知青州任内的商业经营行为主要有以下几点:第一,“在任买丝,勒机户织造花隔织等匹物”。王安礼凭借自己的权势购买辖区内特产,强迫百姓为自己加工,从中牟利。第二,“妄作名目,差役兵般担”。王安礼假公济私,以各种名目让役人和士兵帮助自己运输商品,其所得利润包含役人和士兵的劳动,却归其私有。第三,“偷谩一路商税,上京货卖,赢掠厚利”。宋代商税额较重,各地为增加税收,往往私设官卡以多征税。王安礼凭其官员身份,让役兵为其运输货物,从而偷漏商税。第四,与商人关系密切,“素来照管”,充当他们的靠山,并委托其为自己代销商品。第五,将自家物品折高价卖与公用库,即卖作公物,自己从中“大算官钱”。由上可以看出,王安礼充分利用自己的职权,不择手段、形式多样地经营商业,所得利润归结起来无非就是非法利用职权的派生物。

二、宋元时期的齐鲁民间商人及其经营

按照不同的标准,商人可划分为若干类别,其中比较常见的一种是依据商人在商品流通中的地位,将其分为行商、坐贾和牙人。下文就按这一分类简要叙述宋元时期齐鲁民间商人的活动。

(一)行商

所谓行商,就是从事贩运的商人。宋元时期齐鲁行商的队伍有所壮大。他们奔走于四方,不仅活跃于本州县,还跨越州县,成为长途贩运商。试举如下:

首先是活跃在本州县乡村或草市间挑担贩卖的货郎。如郓州

① 《续资治通鉴长编》卷四四九,元祐五年冬十月庚戌条。

须城(今山东东平)人赵延嗣就是一个“身为负担”[①]的小商贩。这类小商贩应非常普遍,不少都是直接从农民转化而来,自然也是活跃于乡村之中。元代人陈基在陵州(今山东德州)见到一个在泥淖中拉着车子艰难前行的人,“一步一踟蹰,四顾心忡忡。牵车谁氏子,自言业为农。频岁值大水,田庐为之空。家有白发亲,日食忧不充。辛苦事商旅,庶以供饔飧”[②]。这个小商贩就是因为天灾人祸才出来做商贩以谋求生计的。

其次是往来于山东地区各州县的齐鲁商人。

在京东东路,黄县人宗立本“世世为行商”,绍兴二十八年(1158)夏天,与妻子一起“贩缣帛抵潍州,将往昌乐”[③]。淄州人李全“以贩牛马来青州”[④]。莱州莱阳人张皞曾“贸易于东莱高氏”[⑤],这里张氏与高氏必有一方属于行商。在京东西路,“兴仁府乘氏县豪家傅氏子,岁贩罗绮于棣州”[⑥]。兴仁府是宋代的曹州,即今山东曹县,棣州在宋代属河北路,今属山东滨州。金元时单州砀山人赵林“由资雄起业,沽贩青州”[⑦],后定居于该地。

熙宁七年(1074),苏轼曾上奏疏讨论京东、河北路盐的贩运事宜。京东、河北路“自来官不榷盐”,一直实行通商之法,“小民仰以为生”,“贫民贩盐,不过一两贯钱本”,为此他建议朝廷对贩运300斤以下的“贩盐小客”一律“权免收税”,由官府发放“印本空头关

① 宋·石介《徂徕石先生文集》卷九《赵延嗣传》。

② 元·陈基《夷白斋稿·外集》卷上《凌州》。此处“凌”应为“陵”,参校民国《德县志》卷一六。

③ 宋·洪迈《夷坚甲志》卷二《宗立本小儿》。

④ 宋·周密《齐东野语》卷九《李全》。

⑤ 宋·徐常《宋故处士张公墓志铭》,载民国《莱阳县志》卷三之三下。

⑥ 宋·洪迈《夷坚甲志》卷一八《乘氏疑狱》。

⑦ 元·李讷斋《赵知事先茔记》,载民国《潍县志稿》卷四〇。

子”给灶户和长引大客，允许小客填写姓名、时间等后，从大客处分买食盐贩售。他说：

凡小客本少力微，不过行得三两程，若三两程外，须藉大商兴贩，决非三百斤以下小客所能行运，无缘大段走失。且平时大商所苦，以盐迟而无人买。小民之病，以僻远而难得盐。今小商不出税钱，则所在争来分买。大商既不积滞，则轮流贩卖，收税必多。而乡村僻远，无不食盐，所卖亦广。①

苏轼在这里论述了京东地区小盐贩的一些特点，如本少力微，本钱只有一两贯，经营盐的数量在300斤以下，活动范围在三两程，即100～150里以内，可以遍及僻远乡村，由此可以了解当时山东小商贩的经营状况和在偏远乡村的普遍程度。

再次，从事跨地区贸易的齐鲁行商也很普遍。元丰八年(1085)，寿州寿春县令、充曹州教授周谞称：“所谓广济河实京师漕运三河之数，下则通于江、淮、二浙，上则达于京师，故京东一路所产，与夫江、淮、二浙皆得以有无相易，而致诸京师；京东之民，赖此为业者众矣”②。通过这段话，可以看出当时京东百姓从事长途贩运者之多，活动范围可达京师、江淮和两浙地区。神宗时，曹州百姓“王坦避水患，以其车载人货取直，至京师”③。南宋洪迈的《夷坚丙志》卷六《长人岛》记述了密州板桥镇商人航海往广州途中遇险的经历，可见当时山东商人足迹之远。金长清人张齐“十六岁为商，抵关右凤翔”④，没想到却被搜罗充军。元代章丘崔氏“世以贾

① 《苏轼文集》卷二六《论河北京东盗贼状》。

② 《续资治通鉴长编》卷三六一，元丰八年十一月丁巳条。

③ 宋·晁补之《鸡肋集》卷六二《朝散郎充集贤殿修撰提举西京嵩山崇福宫杜公行状》。

④ 金·朱守默等《泰山元阳子张先生坐化记》，载清·张金吾编纂《金文最》卷二二。

贩致饶,名于乡里”,到崔聚主家时,恰值元朝平定了江南,于是他“往来贸易湘湖间,以是致赀累钜万,言富室无居其右”[①]。历城人张郁“出万死不一生之计,贾江淮间”[②]。元代济南人武汉臣杂剧《散家财天赐老生儿》中的东平商人刘从善也是一个长途贩运商人,年轻时“走苏杭两广”,“南头里贩贵,北头里贩贱,乘船骗马,渡江泛海,做买做卖”[③]。

行商,尤其是长途贩运商人要承担双重风险:一是巨大的人身危险。在当时的交通运输条件下,船毁人亡的事情时有发生,陆路上则容易遭受抢劫,最终致使人财两空。北宋济州金乡人李兢通判兖州时,“奉符有大商死逆旅,资万缗,奴辈胠箧,已亡其半”[④]。元代长途贩运商人的境况也很艰难,历城人张郁就自称他到江淮地区做生意时,当时刚刚“天兵克宋”,即元朝军队刚刚平定南宋,“人心未给,出万死不一生之计”[⑤]。元人杂剧对长途贩运商人的“万死不一生”有生动描述。武汉臣借东平商人刘从善之口说出了长途贩运商的艰辛:

> 钱也,我为你呵,那搭儿里不到,几曾惮半点勤劳。遮莫他虎啸风崒律律的高山直走上三千遍,那龙喷浪翻滚滚的长江也经过有二百遭。我提起来魄散魂消。[⑥]

---

① 元·刘敏中《中庵先生刘文简公文集》卷一〇《阳丘崔氏先茔之记》。

② 元·张养浩《归田类稿》卷一二《先茔碑铭》。

③ 元·武汉臣《散家财天赐老生儿》,载徐征等主编《全元曲》第4卷,河北教育出版社1998年版,第2200、2188页。

④ 宋·李昭玘《乐静集》卷二八《成州使君李公墓志铭》。

⑤ 元·张养浩《归田类稿》卷一二《先茔碑铭》。

⑥ 元·武汉臣《散家财天赐老生儿》,载徐征等主编《全元曲》第4卷,河北教育出版社1998年版,第2200页。

《水浒传》①中对宋元时期山东地区商人的人身风险有生动详细的描述。当好汉们要投身绿林入伙时，往往要杀人劫财，以作为"投名状"。第11回林冲初上梁山时，王伦就让林冲献"投名状"，就是"教你下山去杀得一个人，将头献纳，他便无疑心"。林冲第二天就下山去偏僻小路上等候，然而"等了一日，并无一个孤单客人经过"，再一天"伏到午时后，一伙客人约有三百余人，结踪而过，林冲又不敢动手"，直到又一天，林冲等到了一个单身客人，虽未杀人，却也抢了一担财帛。同一回中朱贵自己也说：

山寨里教小弟在此间开酒店为名，专一探听往来客商经过。但有财帛者，便去山寨里报知。但是孤单客人到此，无财

① 本书多次引用《水浒传》来说明宋元时期的齐鲁商贾传统，需要做一些交代：第一，从《水浒传》反映的时代看。学术界对《水浒传》的描述能反映宋元时期的社会状况已有较多论述，这是以之作为史料在时代上的合理性。参见李埏《〈水浒传〉中所反映的庄园和矛盾》，载《云南大学学报》1958年第1期；高敏《从〈水浒传〉看宋元时期的庄客、庄户与庄园主的矛盾》，载《郑州大学学报（哲学社会科学版）》1993年第4期。第二，从《水浒传》与山东的关系来看。首先，《水浒传》的作者与山东的关系。《水浒传》的作者署名只有施耐庵和罗贯中两个，究竟是何者，抑或二者合作，学界虽然还有争论，但无论何者，其都与山东有密切关系。施耐庵曾在元末任郓城训导，游梁山水泊，对鲁西南一带的地理环境、民间口语和风情都有比较详尽的了解，参见曹先锋《施耐庵任郓城县训导考》，载张虹主编《水浒争鸣》第9辑，青海人民出版社2006年版。罗贯中籍贯为东原，此"东原"在今山东境内（具体为东平一带）的观点已获得学术界广泛认同，参见杜贵晨《罗贯中与〈三国演义〉》，山东文艺出版社2004年版；刘华亭《罗贯中的籍贯：太原即东原》，载其《水浒传考证》，中国文联出版社2007年版。其次，《水浒传》描写的社会状况、民俗风情等与山东的关系。《水浒传》前70回所写的绝大部分都是发生在当时的京东路，即今山东境内的故事，具体涉及青州（治今青州市）、济州（治今巨野县）、沂州（治今沂水县）、登州（治今蓬莱市）、东平府（治今东平县）、泰安州（今泰安市）、高唐州（今高唐县）及郓城、阳谷、寿张等地。书中所用的方言土语和风俗习惯也符合山东的生活真实和历史真实状况。参见李永先《〈水浒传〉与山东》，载《水浒争鸣》第4辑，长江文艺出版社1985年版。再次，《水浒传》中所描写的人物也是山东籍的最多，梁山泊108人中山东人有38位，占1/3强，另有一些籍贯虽非山东，但上梁山之前长期在山东居住，或做官，或经商，也应视为山东人。综上所述，《水浒传》的描述应符合宋元时期山东的社会状况，以之作为齐鲁商贾传统研究的史料应该是可以的。

帛的放他过去；有财帛的来到这里，轻则蒙汗药麻翻，重则登时结果，将精肉片为羓子，肥肉煎油点灯。

以上叙述虽然是小说家的虚构，但足以反映当时山东地区商人所处环境的险恶。①

南宋末年，朱清、张瑄率“群亡赖子相聚，乘舟钞掠海上”，“当时海滨沙民富家以为苦”。他们如果遭到官军追捕，“辄引舟东行，三日夜，得沙门岛，又东北，过高句丽水口，见文登、夷维诸山，又北，见燕山与碣石，往来若风与鬼，影迹不可得。稍怠，则复来，亡虑十五六返”②。朱清、张瑄组织的这支海盗队伍主要从事海上私盐贩运，劫掠商贾，使“富家以为苦”，其活动范围也很广，以沙门岛为中心，北至高丽，南及东海。这既可说明这条航线上往返的商旅不在少数，也可反映海上商人处境的险恶。

二是市场风险，这对于一些中小商人尤为严重。《水浒传》中对此有生动反映，如第32回中山东莱州人燕顺“原是贩羊马客人出身，因为消折了本钱，流落在绿林丛内打劫”；第43回中沂水人朱贵“在江湖上做客，消折了本钱，就于梁山泊落草，今次方回”，从中足可看出当时小商小贩的艰难。《水浒传》中也提及许多外地商人来山东经商，因为折了本钱而流浪江湖，如潭州人吕方“因贩生药到山东，消折了本钱，不能勾还乡”③；四川嘉陵人郭盛“因贩水银货卖，黄河里遭风翻了船，回乡不得”④；开封人曹正“祖代屠户出身”，携带五千贯本钱来山东做客，不想折了本，“回乡不得”⑤。

① 详请参见邵毅平《中国文学中的商人世界》，复旦大学出版社2005年版，第225～231页。

② 元·陶宗仪《南村辍耕录》卷五《朱张》。

③ 明·施耐庵、罗贯中《水浒传》第35回。

④ 明·施耐庵、罗贯中《水浒传》第35回。

⑤ 明·施耐庵、罗贯中《水浒传》第17回。

（二）坐贾

坐贾就是坐地经营的商人，分布在城市及乡村集市，设有固定的店铺或摊位，主要从事商品的批发及零售。史籍中关于山东地区坐贾的记述不少，兹列举如下：

宋代长清人靳八公“世居靳庄，在县治东南七十里，以鬻酒为业”①。

宋代青州是京东东路治所，商业比较发达，城内有众多店铺。《续资治通鉴长编》卷四四九记青州界南头有孙师颜、郑孝孙、赵良祐三家店铺，城北有姜殿直店，其共开有“四所正店”，出售布帛及首饰等。

元代鲁地有一方姓盗贼，被赦免后，“更名迁居于曹，僦贾肆而业”②。

《水浒传》中描绘了山东地区众多的茶馆和酒店，都属于坐贾的范围。如其中描述较多的阳谷县城紫石街附近就集中了开茶坊的王婆、开银铺的姚二郎、开纸马铺的赵四郎和开冷酒店的胡正卿等众多开店铺的小商人。③

宋元时期的齐鲁商贾往往不是单纯的商人，而是集多种身份于一身。有的集地主与商人于一身。章丘人王京“家园多橘，鬻者预入其直率三之一”④。王京家有很大的橘园，很可能是一个地主，但同时也经营橘子的销售。

很多坐贾则是集手工业者和商人于一身，他们兼开手工业作坊和经营贸易。宋代济南刘家功夫针铺即集手工业和批发交易于

① 道光《长清县志》卷一三《人物志·方外》。
② 元·王德渊《鲁盗说》，载李修生主编《全元文》卷九八七。
③ 参见明·施耐庵、罗贯中《水浒传》第26回。
④ 元·刘敏中《中庵先生刘文简公文集》卷九《济南王氏先德碑铭》。

一身,其广告词中就称"收买上等钢条,造功夫细针,不偷工,民便用,若被兴贩,别有加饶。"莱芜吕规的冶铁作坊不仅"制器利用",而且几乎占据整个山东市场,"凡东州之人,一农一工,家爨户御,其器皆吕氏作也"①。

有的坐贾还集商人和高利贷者于一身。至元八年(1271)五月,魏初上奏称山东滕、峄、淄等州因官府桩配官盐,下户在"主首"的紧逼之下,到城市关买,"到城无钱,多于铺户之家借贷,以应官司督迫之急"②,及关买出局,立刻于城内贱价卖出,得钞还贷。

有的人更是集地主、手工业者、商人和高利贷者于一身。元人郑廷玉的杂剧《看钱奴买冤家债主》就描述了这样一个人物,他就是曹州(今山东菏泽)人贾仁:

> (贾仁)有万贯家财,鸦飞不过的田产物业,油磨坊,解典库,金银珠翠,绫罗缎匹,不知其数,他是个巨富的财主。③
>
> 自家贾老员外的便是。这里也无人,自从与那一分人家打墙,刨出一石槽金银来,那主人家也不知道,都被我悄悄的搬运家来,盖起这房廊屋舍、解典库、粉房、磨房、油房、酒房,做的生意就如水也似长将起来。④

贾仁有"鸦飞不过的田产物业",是一个大地主;家中开设有粉房、磨房、油房和酒房,经营的手工行业可谓不少。经营的目的肯定不是为了自己享用,而是为了销售获利。他家还设有解典库,这是元

① 宋·李昭玘《乐静集》卷二九《吕正臣墓志铭》。

② 元·魏初《青崖集》卷四《奏议》。

③ 元·郑廷玉《看钱奴买冤家债主》,载徐征等主编《全元曲》第2卷,河北教育出版社1998年版,第1277页。

④ 元·郑廷玉《看钱奴买冤家债主》,载徐征等主编《全元曲》第2卷,河北教育出版社1998年版,第1282页。

代民间的信用机关，不仅从事抵押放贷，也经营普通信用放贷。

（三）牙人

牙人又称牙侩人、牙郎、牙驵、经纪人、揹客等，是介于行商与坐贾之间的撮合交易的中间商人。随着宋元时期商品经济的发展，市场不断扩大，商品流通的过程随之复杂。这就促进了商业内部的分工，牙人开始空前活跃。无论是在牵涉到民间还是官府的商业交易行为中，都可看到他们的身影。宋代的牙商分为官牙和私牙。为买卖双方联系交易事务，洽谈贸易，是所有牙人的共同职能。他们不仅居间介绍买卖，帮助协商价钱，有的还进一步从事商品包买、批发或兼营邸店，有的甚至还操纵物价、垄断市场。官府也用他们来检验商品的品质、田地的界至，或担保商人申报的商税。[①] 在当时信息手段相对滞后的情况下，牙人居间商熟悉市场行情，可向商人提供市场信息，中介交易，疏通了商业渠道。牙人代客商收购或销售产品，加快了商业周转，有利于商业的发展。牙人在商业契约中的地位有助于契约关系的稳定，在一定程度上约束了契约双方的违约行为。[②]

宋元时期山东地区也活跃着大量牙人，在商业贸易中发挥着重要作用。现据笔者所见，略述如下。

首先，牙人在批发交易中的作用。

元祐五年（1090），殿中侍御史岑象求在弹劾知青州王安礼时说：

今续采访得王安礼在任买丝，勒机户织造花隔织等匹物，

① 参见梁庚尧《宋代牙人与商业纠纷》，载侯仁之主编《燕京学报》新 14 期，北京大学出版社 2003 年版，第 41 页。

② 参见吴慧主编《中国商业通史》第 2 卷，中国财政经济出版社 2006 年版，第 664 页。

> 妄作名目,差役兵般担,偷谩一路商税,上京货卖,赢掠厚利,不止一次。近于九月内,有百姓张牙人,将青州生花白隔织三百二十匹,于界南头孙师颜、郑孝孙、赵良祐三人铺内,称是城北姜殿直出卖。臣体问得有青州书表司张仅,见在城北蔡市桥姜殿直店内安泊,是王安礼令张仅别作缘故押当匹帛,前来托姜殿直货卖,收买回货,兼买首饰绫裹售用家事。其姜殿直旧在安礼门下出入,安礼素来照管,家富于财,见开四所正店。伏乞陛下特降圣旨,下开封拘追张仅及姜殿直,细加勘问,得见情实。①

通过这段叙述,我们可以看出这次交易的大致过程:

生产者		押运者		批发者		中介人	
王安礼	→	张仅	→	姜殿直	→	张牙人	→

零售商

孙师颜铺、郑孝孙铺、赵良祐铺

在这里,店主姜殿直是生产者王安礼的委托代理人,同时也初具批发商形态,他之所以能顺利地将商品批发给几家零售商,正是因张牙人从中穿针引线之故。②

其次,在人口买卖中的作用。

《水浒传》第24回阳谷县的王婆对西门庆说:"老身为头是做媒,又会做牙婆。"此处牙婆就是女牙人。女牙人因其性别特点,他们往往从事女红的贩卖,兼做联系买卖妇女或女童的交易。

再次,在买卖契约中充当保人。

以订立契约为凭的交易主要用于土地和人口的买卖,在交易

① 《续资治通鉴长编》卷四四九,元祐五年冬十月戊戌条。

② 参见龙登高《论宋代的掮客》,载《思想战线》1990年第5期。

过程中,牙人要主持交易并充当保人。宋代规定民间土地交易要到官府备案,由业主、钱主、邻人、牙人、写契人共同订立土地转让契约,然后由官府钤印方才生效。1990 年 8 月在济南市三和街发现了一方宋代买地券,不同于其他墓葬出土的买地券,完全不涉及鬼神之事,而是一篇现实生活中真实的契约原文。它首先叙述了土地的面积和准确位置,然后表示将土地卖于刘家,最后署有卖地人张汉卿及其妻、子的名字,最后特别有“保人南邻张过”[①],张过虽然不是专职牙人,但在这里发挥了牙人的作用。元人郑廷玉的杂剧《看钱奴买冤家债主》中也描述了一场人口交易的过程,周秀才将儿子卖给贾老员外,就是由贾家的门馆先生陈德甫从中往来说合协商,最终由其充当了“保见人”。以上两例所记虽然均非职业牙人,但也可反映出牙人在买卖契约中的重要作用,可以说,职业牙人在商业交易中发挥着不可或缺的作用。

宋元时期,除牙人外,邸店经营者也从事商业中介活动。《唐律疏议》卷四规定:“邸店者,居物之处为邸,沽卖之所为店。”但实际上邸店往往兼营存放货物、撮合交易和商旅住宿等。他一头连着贩运商,一头连着零售商,是批发商和零售商之间的中介。宋元时期山东地区也有不少邸店,如:大中祥符三年(1010),兖州会真宫建成,“给以闲田、邸店、蔬圃”[②]。赐给宫观邸店就是将邸店的营利作为宫观的经济来源。天禧四年(1020),临淄麻氏家族受到严惩,其中一项就是“邸店资财取十之三均给其族”[③],可知其家族经营邸店业,数量也不会少。

① 韩明祥编著《济南历代墓志铭》,黄河出版社 2002 年版,第 54 页。
② 《续资治通鉴长编》卷七三,大中祥符三年二月甲申条。
③ 《续资治通鉴长编》卷九五,天禧四年四月丙申条。

三、宋元时期齐鲁商人的经营方式和经营策略

（一）宋元时期齐鲁商人经营方式的发展

1. 承包经营的发展

宋代的承包经营最常见的就是买扑，“争到曰扑”，“手相搏曰扑”，指民户通过向官府缴纳固定的钱物，来承包官府一些工商场所的生产销售等活动。承包者并没有所有权，只是获得经营权，然后通过自己的精打细算和悉心经营来分割某些利润。[①]

宋代买扑的范围很广，举凡坊场务、河渡、集市等皆实行买扑，其中以酒坊场务的买扑最为广泛，本书就以宋代山东地区酒业经营中的买扑加以说明。

酒类坊场买扑从北宋初年就已开始，到大中祥符前后有了较大发展。首先表现在地域的扩大上，不仅在东南等经济发达地区实行，而且扩大到沿边地区；其次是买扑期限由一年延长到了三年。到熙宁年间，买扑制在全国得到了广泛推行，“遍天下扑买”[②]，实封投状法也得以推广。熙丰变法以后，实封投状法又变为酌中立额法。[③]

宋代山东地区酒坊场的买扑已比较普遍，这一点从山东各地买扑坊场的课利祖额数即可推知，参见表3－4。

① 参见姜锡东《宋代官私商业的经营方式》，载邓广铭等主编《宋史研究论文集》，河南大学出版社1993年版，第23～24页。

② 《续资治通鉴长编》卷二一七，熙宁三年十一月甲午条李焘自注。

③ 参见李华瑞《宋代酒的生产与征榷》，河北大学出版社2001年版，第198～206页。

表3-4 熙宁十年山东各地酒利祖额表①

地区	官榷祖额(贯)	百分比	买扑坊场祖额(贯)	百分比
青州	113572.591	91.5	10535.640	8.5
密州	99327.933	97.6	2445.866	2.4
齐州	211664.062	88.6	24222.591	11.4
沂州	74505.754	92	6475.766、布100匹	8
登州	34400.253	91.9	3024.828	8.1
莱州	51931.712	61	33453.089	39
潍州	51643.405	96.7	1777.704	3.3
淄州	75913.543	94	4820.101	6
兖州	35048.972	49.5	35808.037	50.5
济州	61923.934	79	16330.091	21
曹州	38991.603	53.6	33766.792	46.4
郓州	112648.823	77.7	32318.380	22.3
单州	32171.384	66.3	16330.091	33.7
博州	65374.607	76	20672.202	24
棣州	90781.677	95.1	4664.744、绢254匹	4.9
德州	78887.784	91.6	7255.744	8.4
滨州	43407.322	71.3	17451.544	28.7

首先需要说明的是,通过上表可以看出宋代山东地区酒坊场买扑利润仅有几个州较高,从总体上来看,买扑收入在整个酒类收入中并不占主要地位,但这并不意味着酒类买扑经营不发达,而是与宋代的买扑制度有关。

① 本表系据《宋会要辑稿·食货》一九所载数字编制而成。

宋代对酒实行禁榷和买扑并行的制度。官府榷酒的官场务多设在人口集中的城镇,酒的消费量大,收入自然高。而允许实行买扑的坊场则有两类:一是官监酒务因经营不善而亏本者;二是酒利微薄的边远乡村地区。欧阳修曾明确指出:"衙前、百姓买扑者,皆是利薄之处。"①这些地方人烟稀少,由此官府才允许买扑,所以其利润低也属正常。

宋代山东地区买扑经营的发展从一个侧面反映了齐鲁商人竞争意识的增强。熙宁年间,"遍卖天下场务",随之在全国推广的实封投状制度又进一步刺激了齐鲁商人的竞争意识。所谓实封投状,就是将准备出卖的坊场"依自来私卖价数,于要闹处出榜","募民愿买坊场者,听自立价,实封其价状告,为扃钥,纳期启封,视价高者给之"②。实封投状类似于现代的投标法。它将竞争因素引进承买过程,使商人的竞争意识大大增强,甚至出现了"小民争得务胜,不复计较实利,自始至末,添钱多者至十倍,由此破荡家产……父子流离"③的局面,以至于苏辙批评实封投状之法说:"买扑酒坊,先因实封投状,争气务胜,竞说高价,既得之后,利入微细,不能出辨,违限不纳,加以罚钱,至于籍没家产,杻械生虮虱而不得脱者"④,这种竞争已经到了十分疯狂的地步了。

2. 商业契约的广泛应用

有人认为,山东人是道德型、情感型的人,与新文明最大的格格不入之处就是其文化没有"契约"精神。⑤ 前引《太平广记》卷三

① 《欧阳修全集》卷一一六《乞免蒿头酒户课利札子》。
② 《续资治通鉴长编》卷二一七,熙宁三年十一月甲午条李焘自注。
③ 宋·苏辙《龙川略志》卷五《放买扑场务欠户者》。
④ 《续资治通鉴长编》卷三六六,元祐元年二月甲戌条。
⑤ 参见张西庭、张炯《山东人还缺什么》,黄河出版社2006年版,第225页。

九五《史无畏》的故事中，当张从真请求史无畏归还部分借款时，史无畏称“若言有负，但执券来”，表明唐代山东地区的民间私人借贷一般都应办理立券手续。到了宋元时期，随着山东商品经济的发展，山东商人对商业契约更加重视。

宋元时期国家为了确保商品交换的正常进行，规定田宅和车船牛马等主要生产资料及人口的买卖都必须订立契约，并经官府印押，作为买卖关系成立的合法依据。山东商人在交易中已经十分重视契约的订立。

宋代山东契约的原件已无存，但可从买地券中窥见一二。买地券是古人以地契形式置于墓中的一种随葬品，其内容一般是向地神买地，格式仿照现实社会所用交易契约，也有的就是直接将契约原件刻于石头上，以下所举两件即是如此，由其可窥见宋代山东土地买卖契约的情况。

一是乾德三年（965）刘文贵墓志盖上刻的买地券，1990 年出土于济南市三和街，全文如下：

历城县零台村□□□张汉卿卖田西南约肆拾余步，冢西南地壹亩六，其地南北长壹拾陆步，东西阔壹拾伍步，并是大步。东西北至卖人，南至张过。其地并是天荒地，并无苗税，卖与刘家充茔地，准得价钱伍贯文为定。乾德三年七月二十六日立契。卖地人张汉卿自为少要，遂卖上件荒地与刘家做坟，永年为主。所有坟地税钱并是汉卿仿荒永年邀纳，不干买人之事。其钱当日交领并足，以后忽有房亲骨肉占吝，并是卖人知当，不干刘家之事。一定已后准志不悔。如先悔者，一□司官目秋□悔之罪。其地买人出入一取银□。恐口无凭立契。

卖地人张汉卿年六十，同卖人妻□氏；同卖人男□，年四十;同卖人男□,年□□;同卖人男□,□□□;同卖人孙男奴儿,年十七;同卖人□妇□杨,年三十□。保人南邻张过。据税户张汉卿卖荒土壹亩六与刘文贵作坟地,□□□□,并是卖人知当,永年邀纳。请将此文契与文贵□□□便勘会格印。乾德三年八月四日典董□□主簿、不出巡堤行令刘。[1]

二是1994年济南市历下区出土的齐州步军都指挥使张温墓的买地券,部分文字如下:

男留得,女赵课,于滕景思小男五哥处买墓地一阙,玄三角,长廿一步,阔廿步,三白至此。至□□宜、户钦二人造作,便是比邻,山岗周殷。开宝三年岁次庚午朔八月廿五日。[2]

元代山东商人对契约的重视在杂剧《看钱奴买冤家债主》中有所反映。该剧讲曹州商人贾仁要买一个儿子,特意提出"要立一纸文书",文书内容如下:

立文书人周秀才,因为无钱使用,口食不敷,难以度日,情愿将自己亲儿某人,年几岁,卖于财主贾老员外为儿……当日三面言定,付价多少,立约之后,两家不许反悔。若有反悔之人,罚宝钞一千贯与不悔之人使用。恐后无凭,立此文书,永远为照。[3]

由上可以看出,宋元时期的契约内容除包括交易双方、见证人、交易内容外,还尤其强调了交易责任及文契的效力,表明了当时社会商业交易中契约意识的增强。《水浒传》第22回阎婆惜要求宋江将原典她的文书还给她,还要"再写一纸,任从我改嫁张三,并不敢

① 韩明祥编著《济南历代墓志铭》,黄河出版社2002年版,第53~54页。

② 韩明祥编著《济南历代墓志铭》,黄河出版社2002年版,第59页。

③ 元·郑廷玉《看钱奴买冤家债主》,载徐征等主编《全元曲》第2卷,河北教育出版社1998年版,第1283页。

再来争执的文书”，对于宋江置办的自己头上带的、身上穿的，家里使用的，也要“委一纸文书，不许你日后来讨”。像阎婆惜这等民间女子，对文书尚且如此重视，也可见宋元间山东社会的契约意识。

3. 商业信用的发展

随着宋元时期商品经济的发展，商业信用事业也随之发展起来。有学者指出：“尽管宋代之前的商业信用已经获得一定的发展，个别时期的个别方面甚至并不逊色于宋代，但是，就其整体发展水平而言，不管是深度还是广度都远远不如宋代。”[①]宋元商业信用的主要方式就是赊买赊卖和预付货款。它们也是非常重要的商业经营方式。这两种方式在宋元山东都有较大发展。

宋神宗元丰六年（1083）十月，“京东转运司言：商人贩青州高家港盐至齐州等处减价赊卖，以至本司卖河北盐不售”[②]。盐商将高家港盐从青州贩运到住卖地齐州，且无须现钱交易，而是减价赊卖，即信用贩卖，由此将官府所售河北盐从市场上排挤了出去，可见其销售量是相当大的。以上是长途贩运中的赊卖，在日用商品零售和服务业等细小买卖中，赊也是非常普遍的现象。《水浒传》第24回中西门庆就曾问王婆“我少你多少茶钱”，王婆称：“不多，由他，歇些时却算。”西门庆吃了一盏和合汤后，对王婆说：“干娘记了帐目，明日一发还钱。”第二天他又到王婆处吃了茶，坐了一回，起身道：“干娘记了帐目。”又过了一阵子，西门庆再次回来，“去身边摸出一两来银子递与王婆，说道：‘干娘权收了做茶钱。’婆子笑道：‘何消得许多？’西门庆道：‘只顾放着。’”这里已经不仅仅是赊

① 姜锡东《宋代商业信用研究》，河北教育出版社1993年版，第25页。关于宋代商业信用的发展，还可参见缪坤和《宋代信用票据研究》，云南大学出版社2002年版；陈保银《宋代商业信用凭证研究》，台湾高雄复文图书出版社2005年版。

② 《续资治通鉴长编》卷三四〇，元丰六年十月癸酉条。

买赊卖了，还有了预付钱款的意义。

预付货款在宋元时期的山东商业中也很常见。宋元时济南人王京“家园多橘，鬻者预入其直率三之一”，这里就是买橘子的商人在橘子收获之前，向主人预付了1/3的货款作为定金。当然，王京的信誉度也是很高的。他“为人真淳孝友，重义轻货”，当自己的橘园被霜打后，其“遽以所入归其人”①。再如《水浒传》第21回中宋江施舍给阎公一具棺材：

宋江道：“原来恁地。你两个跟我来，去巷口酒店里借笔砚写个帖子与你，去县东陈三郎家取具棺材。”……且说这婆子将了帖子，径来县东街陈三郎家，取了一具棺材，回家发送了当。

书中叙述宋江仗义疏财，“平生只好结识江湖上好汉，但有人来投奔他的，若高若低，无有不纳，便留在庄上馆谷，终日追陪，并无厌倦；若要起身，尽力资助，端的是挥霍，视金似土。人问他求钱物，亦不推托。且好做方便，每每排难解纷，只是周全人性命。如常散施棺材药饵，济人贫苦，周人之急，扶人之困。以此山东、河北闻名，都称他做及时雨”。像宋江这样的人，其信用度是相当高的，无论其是已经预付给棺材铺货款，还是事后结账，商家对其是完全信任的，所以见到他亲笔写的帖子就能让人取走棺材。

宋代官府与民间也存在频繁的“赊”的行为，这在山东地区也很常见，吕陶就曾论及京东地区赊卖大方茶的弊端。他说：

京东、河北路往年将市易大方茶搭算脚息，召人通抵产赊请，限半年纳钱，多是浮浪贪债之人及不逞子弟，蒙昧尊属，虚

① 元·刘敏中《中庵先生刘文简公文集》卷九《济南王氏先德碑铭》。

供抵当，赊请出外，减价破卖。[1]

在宋代，国家为获得绸绢、布帛等纺织品，实行和预买绢制度，其内容主要有以下几个方面：一是预付货款。宋代国家向民户预付货款，民户制成绢、绸后交给国家。一般是国家在春天时预付货款，受钱民户到夏秋时交纳绢绸，“方春民力乏绝时，请预给库钱，约而夏秋令输绢于官”[2]。山东地区是重要的丝织品产地，故而也是和预买制度实施的重要地区，大中祥符九年（1016），朝廷“发内藏钱二千万贯，令三司预市绸绢，以济京东、西路之乏，时青、齐间绢直八百，绸六百，官给绢直一千，绸八百，民极以为便”[3]。预付货款作为一种商业信贷，宋政府本可以收取一定的利息，但其一般不收利息，甚至还要倒贴，向民户预付高于市价的价钱。二是自愿请钱。所谓和买，就是公平买卖，自愿成交，不是国家强加于民的硬性摊派。百姓可以根据实际情况，在确保有利的情况下，自愿向官府预请货款，用以保证生产的顺利进行。天禧二年（1018），郓州言：“准敕：收买绸绢，不得抑配人户，如愿预请钱者，听。今来春泽霑足，农民种莳，咸愿预请钱，收市种粮，以济贫乏。”[4]从大中祥符三年到哲宗时的近一个世纪里，“和预买绢”的性质是一种商业信用，还未像后来那样成为高利贷。[5] 山东地区作为宋代丝织品的重要产地，也是宋代实施和预买绢制度的主要地区。无论是赊买赊卖，还是预付货款都是官民之间或民户之间以预支钱物的方式交易，都是宋代山东地区商业经营中商业信用发展的表现。

---

① 宋·吕陶《净德集》卷三《奏乞罢京东河北路赊放大方茶状》。

② 《续资治通鉴长编》卷四四，咸平二年五月丁酉条。

③ 《续资治通鉴长编》卷八六，大中祥符九年正月壬申条。

④ 《宋会要辑稿·食货》三七之八。

⑤ 以上关于宋代和预买制度的研究，参见姜锡东《宋代商业信用研究》，河北教育出版社1993年版，第110～114页。

元代也实行和买制度。大德元年(1297)闰十二月,户部称“益都路沂、莒二州并临朐县元贞元年成造皮衣,所估皮价,与邻封胶州等处价多,实是亏官”①,可见元代和买也采用预付货款的方式,否则就不至于出现所估价格高于市价而使官府吃亏的局面了。不过元代的和买更多的是表现为一种变相赋敛,百姓常常得不到钱钞,山东堂邑“官买物数月不予值,民宁不愿待,愿归治生,而县益亟追以来,终不得直。部使者以责吏,而又征我曹,今道路府史之费且十倍,吾安用得值”②。官府和买不但不给价钱,又不许承担和买的百姓回家生产,变相地进行勒索敲诈。

(二)宋元时期齐鲁商人的经营策略

随着宋元时期城乡商品经济的高涨和商品流通的活跃,加之政府一直采取较为宽松的商业政策,经商风气十分盛行,在此基础上,商人阶层不断扩大,经营理念和方法随之发生了诸多变化。宋元时期的齐鲁商人就普遍表现出较为敏锐的市场洞察力和成熟的经营理念。具体来说,主要有以下几个方面:

1. 产品市场定位准确,确保产品销路

市场定位就是根据市场竞争情况和自身条件,确定自己的产品在目标市场的位置,也就是为自己或产品在目标市场上树立一定特色,塑造预定形象,并争取顾客的认同。简单地说,就是首先确定在哪些“市场”、“场合”和选择哪些消费群体消费自己的产品。只有市场定位正确,才会带来巨大的经济效益和广阔的发展前途,才能在激烈的市场竞争中立于不败之地。

这一点在宋元时期山东地区的制瓷业中表现得尤为明显。由

① 《元典章·户部》卷一二《科役·和买》。

② 元·虞集《书堂邑张令去思碑后》,载元·苏天爵编《元文类》卷三九。

于当时山东各窑在技术上比不上北方的定窑、钧窑、汝窑和南方的景德镇窑、龙泉窑等众多大名窑，当南方各窑竞相争烧样式新颖、轮廓线条优美的执壶、熏炉、梅瓶、粉盒和高足碗等奢侈用品时，山东地区各窑正确确定了自己的市场位置，其产品仍以碗、盘、罐等日用品为大宗。① 宋元时期的德州窑即是如此。1980 年 10 月，德州农机厂扩建厂房施工时发现了该窑窑址，出土器物大多为生活用器皿，另有部分瓷俑和动物玩具，就个体数量而言，以碗、器盖、瓷俑为最多，盆、罐、枕、瓶、灯以及玩具数量不等。② 五代至北宋时期，枣庄一带所产的瓷器也是以碗、钵、罐等日常用具为多，并讲究实用。③ 博山大街窑址是北宋晚期到元代的民窑遗址，所产器物仍以生活用具为主，产品主要供鲁中地区民间使用，在当地或周围地区的小型墓葬中也常有出土。④

淄博地区是北方重要的陶瓷产地。宋代和金代是淄博瓷器生产的全盛时期，其产品在器物类别上除大量烧制碗、盘、盆、罐、灯等日常生活器皿外，还生产较多的玩具，如蛤蟆、乌龟、小鹿、小狗等。各类玩具瓷器大都小巧玲珑，造型逼真，动人可爱，⑤这无疑是陶瓷生产开拓的新品种，反映了陶瓷业者积极开拓和扩大市场占有量的努力。由此可见，宋元时期山东地区的陶瓷工商业者对自己的产品有明确的市场定位，即以面向大众生产类型繁多的日常

① 参见黄松《齐鲁文化》，辽宁教育出版社 1991 年版，第 244 页。

② 参见李开岭《德州窑浅说》，载李开岭、马长军主编《德州考古文集》，百花洲文艺出版社 2000 年版，第 49 页。

③ 参见枣庄市文物管理站《山东枣庄古窑址调查》，载文物编辑委员会编《中国古代窑址调查发掘报告集》，文物出版社 1984 年版，第 384 页。

④ 参见淄博市博物馆《淄博市博山大街窑址》，载《文物》1987 年第 9 期。

⑤ 参见张光明《论淄博陶瓷的起源与发展》，载任相宏等主编《淄川考古》，齐鲁书社 2006 年版，第 248 页。

用具为主,从而尽可能地占有市场,提高竞争力,使自己在商场立于不败之地。

2. 了解市场信息,充分把握商机

商业经营活动的实质就是商品买入与卖出。要获得经营的成功,商人应根据市场行情掌握商品吞吐的时机,不失时机地买进卖出,时机一到则不能犹豫。这就是"人弃我取,人取我与"的经营操作谋略。宋元时期的齐鲁商人已充分认识到贱买贵卖的经营之道。元代郓城人李瑞"处市井中,遂商贾为业,知人弃我取、人取我与之机"①。所谓"人弃我取、人取我与"就是根据市场行情的变化,有选择性地选取商品进行经营,在某种商品无人要,供过于求,价格低廉时可以大量收购,到人人收购,供不应求,价格转高时再大量出售,从中获取厚利。元代邹平人鲍兴曾于至正年间随父亲宦游江浙,后遇兵变,他避难于淞江地区,就变换姓名,以贩运为生,"逐时转货"②,即根据季节变化贩运不同货物,应当也是根据市场变化来选择商机的。

"人弃我取、人取我与"是时间上的把握,商品价格还存在着巨大的地域差异,商人还可寻求这种差价,往来贩运,从中获利。如元代济南人武汉臣的杂剧《散家财天赐老生儿》中的东平商人刘从善年轻时就是"南头里贩贵,北头里贩贱,乘船骗马,渡江泛海,做买做卖,挣闼下许来大家私"③。刘从善正是南北往来贩运,贱处进,贵处出,从而挣下了巨大家私。

对商机的把握除要考虑时间和地域因素外,还要考虑行业或

① 元·胡祗遹《紫山大全集》卷一七《承直郎江西等处榷茶都转运司副使李公神道碑》。

② 民国《邹平县志》卷一五《人物考上》。

③ 徐征等主编《全元曲》第4卷,河北教育出版社1998年版,第2188页。

者产品选择的因素。《夷坚乙志》卷一《侠妇人》记：

> 董国庆，字元卿，饶州德兴人。宣和六年登进士第，调莱州胶水县主簿。会北边动兵，留家于乡，独处官下。中原陷，不得归，弃官走村落，颇与逆旅主人相往来。怜其羁穷，为买一妾，不知何许人也。性慧解，有姿色，见董贫，则以治生为己任，罄家所有，买磨驴七八头，麦数十斛，每得面，自骑驴入城鬻之，至晚负钱以归。率数日一出，如是三年，获利愈益多，有田宅矣。

董国庆之妾之所以成功，肯定是对莱州胶水县的市场行情非常了解，准确地选择了磨面、卖面这一行业，才会“获利愈益多”，最终都能置办田宅了。

商机存在于市场之中，但它不会主动进入人们的视野，也不会自动变为财富，而是需要人们去发现和捕捉。通过准确了解市场动态去认识和把握商机就成为商业经营成功的基本条件。宋元时期的齐鲁商人就具有捕捉商机的智慧和眼光。他们十分重视对市场信息的了解，以求准确把握市场动态，确保不会错过商机。大中祥符二年（1009），河北一带发生牛疫，“京东有以耕牛往贸易者”，山东一带的商人立即闻风而动，迅速向河北贩卖耕牛，结果却被“澶州河梁津吏止之”，为此，朝廷“令澶州勿禁牛渡河”[①]。建炎四年（1130）七月，“诏明、越州禁山东之游手来贩粜者。时海、密诸州米麦贵踊，明州进士林秉德言：‘积粟之家，利其高价，皆倾廪以鬻之。正恐因缘为奸，以泄中国之机，又且耗吾国计，以资寇粮，不可不虑。’乃命禁止焉”[②]。由于山东密州一带“米麦贵踊”，山东商人

① 《续资治通鉴长编》卷七二，大中祥符二年八月丙申条。

② 《建炎以来系年要录》卷三五，建炎四年七月己未条。

抓住机会，纷纷前往江浙收购粮食回山东贩卖。南宋绍兴二年(1132)三月，有官员上奏称："山东艰食，而帛踊贵，商人多市江、浙米帛，转海而东，一缣有至三十千者。"[①]此处虽未指明是何处商人，但面对着巨大的利润诱惑，结合上引建炎四年山东商人的行为，这次他们肯定不会置身事外，由此也可反映出当时齐鲁商人对市场信息的了解和对商机的把握能力。

3. 注重提高服务质量，待客诚恳热情

产品质量是指产品满足用户使用要求所具有的特性。就手工业产品而言，包括性能、寿命、安全性和经济性等多个方面。产品质量是商业经营的生命。市场竞争在很大程度上表现为产品质量的竞争。质量不高的产品只会失去市场，只有质量好的产品才能保持较高的市场竞争力和市场占有率，从而获得更大的经济效益。宋元时期的齐鲁商人对此有清醒的认识，并身体力行地付诸实践。

吕规，字正臣，世为兖州莱芜人。他父亲去世后，家中老少几百口，饮食穿用等日常生活都非常窘迫。他主动"请任其责，稍经理生事"。莱芜是宋代重要的冶铁业基地之一，吕规充分利用莱芜地区冶铁业发达、取材便利的优势，"募工徒，斩木锻铁，制器利用，视他工尤精密。人人予一，己独予三；人出取三，我独取一"[②]。吕氏作坊所产铁器的质量"视他工尤精密"，即比起其他作坊来尤其精良，更为突出的是，其产品还保持着极高的性价比，如此精良的产品，价格却相对低廉，"人人(应为"入")予一，己独予三；人出取三，我独取一"，一般只有同类产品价格的1/3。正是因为较高的产品质量和低廉的价格，其产品才取得了极高的市场占有率，"凡

① 《建炎以来系年要录》卷五二，绍兴二年三月庚子条。

② 宋·李昭玘《乐静集》卷二九《吕正臣墓志铭》。

东州之人,一农一工,家爨户御,其器皆吕氏作也”①。吕氏作坊的产品几乎遍及整个山东地区,获利巨大,其家族的生活也发生了巨大变化,“昔一疏食,今兼肉矣;昔岁无褐,今重裘矣”②。

宋元之际邹平人刘深原籍淮西庐州,元军南下时被强制迁移到邹平西南郊,“以贫业陶”,其儿子刘聚承其业,继续以陶业维持生计,其“所陶必坚,致酬以直,多寡不甚较也”③。刘聚比较重视产品质量,其所制陶器比较坚实,能满足普通民众的需要,且价格相对合理,他也不斤斤计较。这可反映出宋元时期齐鲁商人对凭借产品质优价廉以提高市场竞争力的深刻认识。

元人宋珍自邹县迁至章丘后,买田而居,其田中“有阜,隆然而瘠”,“有攻石者过之,识其下有石,可砥砺舂硙”,出高价购买之,宋珍没有答应。后来打开一看,下面确实是可制成舂硙的石头,于是让子孙自为攻石,“倍工而薄售”,以求通过良好的服务和低廉的价格占领市场。其子孙都能遵从教诲,“以是家益饶”④。

4. 以诚信为本,创立良好的信誉

衡量一个商人是否良贾,首先看他是否讲究诚信。诚信是处世立业之基础,是人际关系的美德,同时也是经商者必须遵循的准则,直接影响着他经商的成败。商人的诚信包括两个方面的内容:一是在商品质量上做到诚信不欺。宋元齐鲁商人对商品质量十分重视,如前面已提到的吕规冶铁业作坊生产的铁器“视他工尤精密”;下文将要提到的刘家功夫针也都是精选上等钢材,精心加工而成。二是商人品质上的诚信。通过在人际交往中讲究诚信,形

① 宋·李昭玘《乐静集》卷二九《吕正臣墓志铭》。
② 宋·李昭玘《乐静集》卷二九《吕正臣墓志铭》。
③ 民国《邹平县志》卷一五《人物考上》。
④ 元·刘敏中《中庵先生刘文简公文集》卷五《宋氏先茔之记》。

成良好的人际关系，可以为自己创立良好的声誉，以此招徕更多的新老顾客。下述两个人的事迹就足以反映这一点。

宋金之际章丘人王京家中有一橘园，收购其橘者“预入其直率三之一”，即预付货款的1/3，后来橘因霜而凋落。王京“遽以所入归其人”①。这种在商业活动中坚持诚实守信的做法无疑会扩大自己的声誉，赢得顾客的信任，从而吸引更多的顾客。

金元之际，泰安人黄定为躲避战乱，“避兵济南水栅，壻邹平胡氏，遂迁邹平，为贾贩以居，且占籍焉”。黄定就是一个贩运商人，“凡贸易，必损己而益人。有遗忘财物者，虽远必追与之。饿者乞食，必致鲜整，剩余不以也”②。

金元时期郓城人申屠义“隐于贾，衡量必公，息不取赢”③，由此可知，申屠义的经商规则就是“衡量必公，息不取赢”，即公平交易，给足斤两，避免短斤缺两，注意保持价格适中。他“储米以备歉，歉则平粜广贷”④，不靠囤积取奇，高价牟利，避免使消费者的利益受到损害。

金元之际的新城人孙得成“中年隐贾鬻，而权衡度量，每以信示乡国，于是生理寖给”⑤。他同申屠义一样，都注意公平交易，避免短斤缺两，得到乡里认同，其生意也越来越好。

元代鲁地有方某，本为盗贼，后遇赦还家，更名易姓，到曹州委身于贾肆，整天柔声细语，对人小心翼翼，“一日，悬楮币二千于门曰：‘何人所遗，吾拾之于路，待主求访而还之耳。’如是月余而主不

① 元·刘敏中《中庵先生刘文简公文集》卷九《济南王氏先德碑铭》。
② 元·刘敏中《中庵先生刘文简公文集》卷五《梁邹黄氏先茔之记》。
③ 元·吴澄《吴文正集》卷六八《故善人申屠君墓表》。
④ 元·吴澄《吴文正集》卷六八《故善人申屠君墓表》。
⑤ 元·张养浩《归田类稿》卷一三《孙府君墓碣铭》。

至,乃易为畸零,散之丐者”。对他的这一“义举”,“曹人初不识,而皆贤之”,“久之官库失物,踪及其门,尉执之,城中往保者近百人,以为必无是事。既而罗掘得赃,众遂骇散”[1]。这个盗贼以拾金不昧和广为施舍为自己赢得了赞誉,树立了良好形象,其目的虽然是掩盖自己暗中盗窃官库的行为,但从中也可推知当时的山东商人已认识到了讲究诚信的重要性,并能身体力行地采用这种方式为自己及店铺树立良好的声誉。

5. 尽量提供优质完善的服务,满足顾客要求

按照现代营销理念,顾客的需要就是企业生存和发展的动力,如何提供优质完善的服务以满足顾客需要就成了提高企业竞争力的重要内容。宋元齐鲁商人已非常注重服务质量的提高,包括改善服务态度、增加服务内容和完善服务设施等几个方面。

《东京梦华录》卷四记述了北宋东京食店的服务:

> 每店各有厅院东西廊,称呼坐次。客坐则一人执箸纸,遍问坐客。都人侈纵,百端呼索,或热或冷,或温或整,或绝冷、精浇、膘浇之类,人人索唤不同。行菜得之,近局次立,从头唱念,报与局内。当局者谓之“铛头”,又曰“着案”讫。须臾,行菜者左手杈三碗,右臂自手至肩,驮叠约二十碗,散下尽合各人呼索,不容差错。

这套食店的服务流程虽然是宋代东京的情况,但直到今天,酒店、饭店的服务仍大致与之相类,故当时东京以外各地的酒店、饭店服务水平可能不及东京,但基本服务流程应不会相差太大。

《水浒传》第15回描述的石碣村水阁酒店不仅环境优美,而且还有美女当垆卖酒,服务也不错。当吴用与阮氏三雄到酒店里坐

① 元·王德渊《鲁盗说》,载李修生主编《全元文》卷九八七。

定后，“叫酒保打一桶酒来。店小二把四只大盏子摆开，铺下四双箸，放下四盘菜蔬，打一桶酒放在桌子上”。店小二还要站在桌旁随时侍候着筛酒，并随时满足顾客的要求。当阮小二得知有“花糕也相似好肥肉”下口时，立刻让店小二切十斤来。打鱼出身的阮氏兄弟还自己“去船内取将一桶小鱼上来，约有五七斤，自去灶上安排，盛做三盘，把来放在桌上”。当离开时，吴用又沽了一瓮酒，向主人家借个大瓮盛了。此酒店不仅向顾客提供食物和酒，还允许客人自带食物，在灶上自己动手。总之，就是尽量满足客人的需要，尽可能地招揽“回头客”。第32回孔家庄酒店店主人见孔亮一行人到店里，忙“笑容可掬，迎着道：‘大郎请坐。’”并迅速地将孔亮预先订好的酒菜准备好。武松这时又“眼饱肚中饥”：

> 武行者酒又发作，恨不得一拳打碎了那桌子，大叫道：“主人家，你来！你这厮好欺负客人！岂我不还你钱？”店主人连忙来问道：“师父休要焦躁，要酒便好说。”

面对着武松瞪着双眼的呵斥，店主人依旧赔着小心解释，也可见当时商人对顾客的态度。

前述王德渊记载的山东方姓盗贼被释放后，“更名迁居于曹，僦贾肆而业，怡声伛体，口不二价”①。此人遇赦后，更名换姓到曹县经商为业，对人“怡声伛体”。所谓“怡声”，就是声音非常柔和，“伛体”就是弯着腰，一副小心谨慎的样子。他之所以采取这种态度，固然与其心里有鬼有关，但更应该是职业要求。轻声细语，对人和气热情，小心谨慎，应该是当时贾肆从业者的典型神态。

6. 品牌商标意识有所增强，注意创立自己的品牌

工商业品牌是由高质量的商品和良好的服务等组成的。品牌

① 元·王德渊《鲁盗说》，载李修生主编《全元文》卷九八七。

一旦形成,就会成为商业经营发展的重要标志和体现。在商业经营活动中,具有商标品牌意识是非常重要的,要努力创造自己的品牌,形成自己商业经营的魅力点,还要保护好自己的商标。宋元时期的齐鲁商人在这一方面已有成熟的理念和成功的实践。

枣庄中陈郝窑在宋元时期生产的瓷器炉足外侧拍印着许多圆圈网状图案款式。这些图案款式在中陈郝窑的产品上比较多见,但在其他窑址所产瓷器上却很罕见。这很可能是在当时农业、手工业的发展推动了城市经济和商品流通繁荣的情况下,随着陶瓷商品高度发展而产生的,是标志自己的产品的一种原始形式的商标,用以沟通产销,招徕顾客,进行商业竞争。[①]

宋金元时期临清曹仁镇的瓷窑遗址已被发现,在拣选到的瓷片或瓷器标本中,有一件底部书写有"王"字铭文的白釉酱花碗和一件底部写有"秋城馆"三字的青花瓷盘的碎片[②]。这一"王"字可能是工匠或窑场主人的姓氏或窑场的代号,也是作为自己产品的标志,这既有明确产品质量责任的意义,也有信誉承诺的意义,以求树立自己的品牌,赢得消费者的信任。

后文将要着重论述的济南刘家功夫针铺印刷广告的出现也反映了宋元时期齐鲁商人品牌商标意识的增强。该广告中间是一幅白兔捣药的图案,图案两侧有"认门前白兔儿为记"的标注,白兔就是该针铺的商标。在图案下方还有广告文字:"收买上等钢条,造功夫细针,不偷工,民便用,若被兴贩,别有加饶。请记白。"这里还说明了产品的原料来源、产品质量和制作方法等,向人们说明了自

① 参见宋晓源《济南市南郊耿家林北宋残墓出土瓷器》,载《考古与文物》1988年第3期。

② 参见陈昆麟《山东临清瓷窑址调查》,载陈昆麟主编《鲁西文博论丛》,齐鲁书社2000年版,第244~250页。

图3－4　中国国家博物馆藏北宋济南刘家功夫针铺广告铜版拓文（采自田自秉等编《中国工艺美术史图录》，上海人民美术出版社1994年版）

己产品的质量是有保证的。这幅广告的印刷铜版（图3－4）现存两块，分藏于中国国家博物馆和上海博物馆，文字有所不同，表明该广告曾被多次印刷，刘家功夫针是当时的著名品牌之一。

以上是对宋元时期齐鲁商人经营策略的简要论述。当然，齐鲁商人的经营策略并不仅仅限于以上几点，如讲究薄利多销在上举诸事例中也有反映。元代郓城人李瑞就是“廉以信，视列肆贪刻者，人多归之，因以致富，累货巨万”①。注重商业广告的经营策略因为在宋元时期齐鲁商人的经营技巧中十分突出，故在下文单列一目详述。另宋元时期齐鲁商人在商业经营中坚持的勤苦坚韧及重义轻利等经营作风与经营策略也有着密切的关系，后文详述。

四、宋元时期齐鲁商人的广告意识②

商业广告是商品交换发展到一定阶段的产物，是传递商品信息和推销商品的一种手段，在古代劳动人民进行商业贸易和信息交流活动中发挥着巨大作用。为了实现商品互通有无的目的，买卖双方都想通过了解商品信息，交换到自己所需要的物品，以解决

① 元·胡祗遹《紫山大全集》卷一七《承直郎江西等处榷茶都转运司副使李公神道碑》。

② 本节关于宋元时期广告发展的论述，参见张艳《宋元时期的商业广告》（陕西师范大学硕士学位论文，2005年）一文尤多，特此说明。

生存与发展的问题，于是广告便成了商品交换必不可少的宣传工具。宋元时期，经济的繁荣带动了商业的空前兴旺，商业都市的大发展、商业经营规模的扩大、商业组织和经营技巧的不断完善等都要求制作各种式样的广告作为其传达物质信息或精神信息的必备桥梁。这就促进了广告形式的运用与创新。

（一）宋元时期山东的广告形式

随着宋元时期山东商业的繁荣发展，商业广告已经十分普遍，其形式也更加丰富多彩。大致说来，宋元时期山东的广告形式主要有以下几种：市声广告、招幌广告、印刷广告及其它形式的广告。下面分别叙述之。

1. 市声广告

吆喝叫卖，敲击乐鼓，吟唱歌谣，以此引起人们的有意或无意注意。这种在市场上的叫卖声此起彼落，被称为“市声”。所谓市声广告，主要指叫卖广告或响器广告。这是我国最原始的广告形式，主要为走街串巷的小商小贩所采用。到宋元时期，这种广告活动的内容更加丰富多彩，形式上更趋多样化。

吆喝叫卖是最原始的、最简便的广告形式。元好问就曾说东平市场繁盛，“市声浩浩如欲沸”①。传统的吆喝叫卖和单纯的音响广告，尽管具有简朴韵律，但不断重复，未免失之单调乏味，难以吸引人们的注意。宋代以后民间说唱艺术广为流行，在这一文化背景下，谋求生计的商人想方设法地利用说唱艺术创造出丰富多彩的招徕艺术。当时已经发展到把叫卖和音乐结合起来，把人类原始的吆喝叫卖声与歌谣、词曲、快板、说书结合起来，使之更加悦

① 姚奠中主编、李正民增订《元好问全集》卷九《出东平》，山西古籍出版社2004年版，第199页。

耳动听并更具艺术性。《水浒传》第 16 回中白胜到黄泥冈上卖酒，“挑着一副担桶，唱上冈子来，唱道：‘赤日炎炎似火烧，野田禾稻半枯焦。农夫心内如汤煮，楼上王孙把扇摇！’那汉子口里唱着，走上冈子来”。白胜是边走边唱，用嘹亮的歌声来吸引人们的注意，歌词也能反映出当时天气的炎热。《水浒传》第 74 回中燕青曾扮做山东货郎：

> 腰里插着一把串鼓儿，挑一条高肩杂货担子，诸人看了都笑。宋江道：“你既然装做货郎担儿，你且唱个山东货郎转调歌与我众人听。”燕青一手拈串鼓，一手打板，唱出货郎太平歌，与山东人不差分毫来去。

这里提到的“货郎转调歌”就是指货郎的韵语说唱招徕市声，是当时挑担叫卖杂货的山东货郎做生意时的一种惯用方式。货郎用作代声的器物在某一地区大都约定俗成、相对固定、特色鲜明、易于辨识，已经深为宋元时期的普通百姓所熟悉。燕青通过吟唱，都能把山东货郎的特征显现出来，可见其独特的韵律、词曲和乐器具有十分明显的行业标识作用。

2. 招幌广告

招幌是“招牌”与“幌子”的复合式通称，是工商业及其他各行各业向社会宣传经营内容、特点、信誉及档次等信息以招徕生意的标识性广告方式，是一种特定的行业标识和信誉标志，也是一种通过视觉传播的传统广告民俗和民俗语言艺术。①

招幌主要以图案、造型和文字符号传播招徕信息，许多长久约定俗成的招幌，以它特有的简明标识广告作用引导消费。比较原始的招幌应当是实物招幌，即经营什么就展示什么。这样虽然有

① 参见曲彦斌主编《中国招幌辞典》，上海辞书出版社 2001 年版，第 1 页。

较强的局限性,但也具有取材方便、简便易行、成本低廉、直观明了的优点。《水浒传》第49回中,顾大嫂在登州东门开设的酒店"门前悬挂着牛羊等肉",就是实物广告,也是悬物广告,起到了招牌广告的作用。

今天所能考察到的宋元时期山东地区的招幌广告以酒店招幌最为常见。宋人洪迈的《容斋随笔》记载:"今都城与郡县酒务,及凡鬻酒之肆,皆揭大帘于外,以青白布数幅为之,微者随其高卑小大,村店或挂瓶瓢,标帚杆。"[①]《说郛》卷九四引北宋汶上人窦苹的《酒谱》称酒旗或酒帘"无小无大,一尺之布可缝;或素或青,十室之邑必有",可见宋元时期酒店招幌应用的普及。宋元时代酒店幌子的名目日益增多,"至南宋,酒店招幌始从单一的旗帘形制发展为瓶、瓢、帚杆、葫芦、杓、碗等以酒容器为主的多种招幌"[②]。据统计,《水浒传》里写了60多家酒店,单是其招幌就有酒旗、酒望、酒帘、酒筛、招旗、草帚等不同名目,不仅使人望而知其为酒家,还大体可区别出酒店的规模及消费档次。以前的酒旗多是在上面写个"酒"字,宋元时期有些酒旗广告上已能见到装饰性、夸张性的手法,借以突出酒店或酒的特色。下面就以《水浒传》中记载的山东境内的酒店为例加以说明。

野猪林酒店[③]的酒旆。《水浒传》第9回写林冲一行"行得三四里路程,见一座小小酒店在村口,四个人入来坐下。看那店时,但见:……轻轻酒旆舞薰风,短短芦帘遮酷日。"

---

① 宋·洪迈《容斋随笔·续笔》卷一六《酒肆旗望》,上海古籍出版社1996年版,第408页。

② 参见曲彦斌《中国招幌与招徕市声》,辽宁人民出版社2000年版,第52页。

③ 关于野猪林的具体位置,《水浒传》中虽未明确说明,但据考证,其位于今天山东莘县的观城镇。参见杜言青、杨巨源《莘县交通古今谈》,载莘县政协文史委员会、莘县交通委员会编《莘县文史资料》第8辑,1995年,第14页。

景阳岗酒店的招旗。《水浒传》第 23 回写道：

武松在路上行了几日，来到阳谷县地面。此去离县治还远。当日晌午时分，走得肚中饥渴，望见前面有一个酒店，挑着一面招旗在门前，上头写着五个字道："三碗不过冈"。

这面酒旗用夸张性的语言文字来显示其酒力之大，借以吸引客人，后文详细分析。

孔太公庄酒肆的酒旆。《水浒传》第 32 回写武松在青州孔太公庄喝酒的村落小酒肆，"一条青旆舞寒风，两句诗词招过客"，这面酒旗上就有两句诗词作为装饰。

梁山朱贵酒店的酒旗。《水浒传》第 11 回称："林冲踏着雪只顾走，看看天色冷得紧切，渐渐晚了。远远望见枕溪靠湖一个酒店，被雪漫漫地压着。但见：……千团柳絮飘帘幕，万片鹅毛舞酒旗。"

梁山石勇酒店的酒旗。《水浒传》第 47 回称："杨雄、石秀取路投梁山泊来，早望见远远一处新造的酒店，那酒旗儿直挑出来。"

金代茌平人马定国在清平县（今山东临清东南）路沿途也见"别墅酒旗依古柳，点溪花片落新香"①。

元代郑廷玉的杂剧《看钱奴买冤家债主》讲的是发生在曹州的事情，其中有一家小酒店，其标志是酒帘儿，后来又改为用望杆挑着的望子。

乡村酒家也有用草或禾秆捆扎成草稕儿，就是草把，系在竿上，挑在店门口，作为招幌。元东平人高文秀的杂剧《黑旋风双献功》第二折："墙角畔滴溜溜草稕儿挑，茅檐外疏剌剌布帘儿斜。"②

① 金·马定国《清平道中》，载清·郭元釪编《增补中州集》卷六。

② 元·高文秀《黑旋风双建功》，载徐征等主编《全元曲》第 2 卷，河北教育出版社 1998 年版，第 923 页。

除酒店外，其他行业也用招幌：

茶馆。《水浒传》第26回阳谷县王婆茶坊："那婆子取了招儿，收拾了门户，从后门走过来。"这里的"招儿"就是茶馆的招幌。

占卦。宋代话本《三现身包龙图断案》中，东京李杰去兖州府奉符县前卖卦，"用金纸糊着一把太阿宝剑"，打着写有"斩天下无学同声"的招子。[①] 所谓"斩天下无学同声"就是他的广告语，说自己算卦技艺高超，胜过天下所有人，李杰就是用这种方式吸引顾客，招徕生意。《水浒传》第61回称李逵"担一条过头木拐棒，挑着个纸招儿，上写着'讲命谈天，卦金一两'"。这个卦幌不仅写出了算卦的内容，还清楚地说明了算卦的费用，令人一目了然。

3. 印刷广告

印刷广告是我国古代最先进的一种广告形式，它是在印刷术发明并广泛应用的基础上发展起来的。宋代，随着活字印刷的发明和雕版印刷业的不断发展，开始出现了工商业印刷广告。由于市声广告、招幌广告等在传播比较复杂、详尽的信息方面存在缺陷，而印刷广告的出现则可以弥补这一缺陷，于是一些精明的商家就利用最新的印刷技术来为自己的产品大做宣传。洪迈《夷坚志》中记载了临安专门推销"治暑泄药"的药方广告，其文曰："暑毒在脾，湿气连脚。不泄则痢，不痢则虐。独炼雄黄，烝面和药。甘草作汤，服之安药。别作治疗，医家大错。"[②]简短的40个字包含了很多的商品信息，既包括了药的特色、成分、制作方法，又交待了药的服用方法，不愧为一幅绝妙的广告。由以上广告也可以发现，印刷广告的出现，首先可以提供详细的商品信息，消费者可以从特色、

① 《三现身》，载程毅中辑注《宋元小说家话本集》，齐鲁书社2000年版，第54页。
② 宋·洪迈《夷坚甲志》卷一七《梦药方》。

成分、制作方法、购买地址等方面全面地了解商品，有利于消费者和商家实现有效的沟通，也有利于消费者做出明智的选择，还可以显示出商品与众不同的特色，容易给消费者留下深刻的印象。

现分别保存于中国国家博物馆和上海博物馆的北宋济南刘家功夫针铺广告印刷铜版，是迄今发现的世界最早的工商业印刷广告实物。这两块铜版具有极高的历史价值，充分体现了宋代山东地区商业广告发展的水平。这块铜版约4×4寸。铜版上部横刻的是“济南刘家功夫针铺”八个字。中间重点突出商品标记，是一幅白兔捣药的图案。图案左右两侧刻有“认门前白兔儿为记”的标注。铜版下方有七行小字，对产品的质量、制作和使用效果等进行宣传。中国国家博物馆所藏铜版的广告文字为：“收买上等钢条，造功夫细针，不偷工，民便用，若被兴贩，别有加饶，请记白。”上海博物馆所藏铜版的广告文字为：“收买上等钢条，造功夫细针，不误宅院使用，客转为贩，别有加饶。”①

济南刘家功夫针铺全部广告词只用了二十几个字，可以称得上是一则图文并茂的广告佳作。它不仅画面布局合理，构图严谨，借神话传说作为商标图案，而且对产品的用料、质量、制作方法和代销的优惠条件都做了说明，文字翔实具体，又简明扼要。这个铜版既可用来印刷广告传单及招贴，又可用来印刷包装纸，也可作为产品说明书，一举两得。广告专家认为：“从这个商标图记显示，九百多年前中国商人已有相当现代化的经营方法。”②这则广告实物可谓是中国古代广告技术重大发展的一个重要标志，它包含构成商品广告设计的最基本要素，既含有商标、标题，又有内文商品介

① 参见张金花《宋诗与宋代商业》，河北教育出版社2006年版，第298～299页。
② 樊志育《中外广告史》，台湾三民书局1989年版，第20页。

绍,可以说是相当完整的古代平面设计广告作品。在九百多年前的山东商人就有这样成熟的商品广告意识,实属难能可贵。这幅印刷广告的出现充分说明了古代山东商人具有一流的经商智慧和技巧。

（二）宋元时期山东商业广告的发展

宋元时期山东地区的商业广告比前代有显著进步,主要体现在广告技巧、广告形式和广告内容等三个方面。

1. 广告技巧的进步

几乎所有广告的目的都是要通过特殊的表现艺术和技巧来引起消费者的注意,吸引他们,诱惑他们,以致于最终影响消费者的消费行为,以达到为做广告者营利的目的。宋元时期是我国古代商业广告发展比较繁荣的时期,这一时期的商人已经有意识或无意识地采用一些广告技巧来招徕顾客,力求在竞争中取胜。

首先,注重消费环境的营造。

消费环境对于店家生意是否兴隆起着至关重要的作用。面对激烈的市场竞争,仅靠店门口的招幌,对顾客并不能产生足够的吸引力,也无法显示出自己店铺的经营特色,于是各店家便通过店内装饰等来营造一种与众不同的消费环境,以促进顾客的消费行为和提高经营效率。下面以《水浒传》中几处酒店和客店的情况加以说明。

《水浒传》第9回写林冲一行过了野猪林三四里路程,在村口见一座小小酒店:

> 前临驿路,后接溪村。数株槐柳绿阴浓,几处葵榴红影乱。门外森森麻麦,窗前猗猗荷花。轻轻酒旆舞薰风,短短芦帘遮酷日。壁边瓦瓮,白泠泠满贮村醪;架上磁瓶,香喷喷新开社酝。白发田翁亲涤器,红颜村女笑当垆。

该酒店虽然是一座乡村小店,但地处交通要道,环境比较幽雅。在槐树和柳树的绿荫下,几棵葵和石榴随风摇曳,店门外是一片片麦田,窗前则有荷花相伴。酒旗随风飘扬,墙下的瓦瓮里、架子上的磁瓶里都装满了美酒。白发苍苍的老翁亲自洗刷酒器,漂亮的村姑在当垆迎客,可见其不仅注重酒店的外部环境,也注重内部服务的加强。《水浒传》第15回中石碣村水阁酒店(图3-5)则独具特色:

> 前临湖泊,后映波心。数十株槐柳绿如烟,一两荡荷花红照水。凉亭上四面明窗,水阁中数般清致。当垆美女,红裙掩映翠纱衫;涤器山翁,白发偏宜麻布袄。休言三醉岳阳楼,只此便为蓬岛客。

这家酒店立于水中,亭旁有碧槐绿柳,水荡中荷叶团团,红荷娇艳,颇具水乡特色。它除了环境优美,也是窗明几净,并有美女当垆卖酒。再如《水浒传》第39回戴宗所见的朱贵酒店,"早望见前面树林侧首一座傍水临湖酒肆,戴宗拈指间走到跟前看时,干干净净,有二十副座头,尽是红油桌凳,一带都是槛窗",可见其外部临湖,环境不错,内部整洁,易给顾客留下好的印象。

《水浒传》第32回写武松在青州孔太公庄喝酒的村落小酒肆,"门前一道清溪,屋后都是顽石乱山":

> 门迎溪涧,山映茅茨。疏篱畔梅开玉蕊,小窗前松偃苍龙。乌皮桌椅,尽列着瓦钵磁瓯;黄泥墙壁,都画着酒仙诗客。一条青旆舞寒风,两句诗词招过客。端的是:走骠骑闻香须住马,使风帆知味也停舟。

这座酒店除了外部环境幽雅外,其最显著的特点是黄泥墙壁上画着酒仙诗客。有的酒店还将墙壁粉刷,供文人墨客题诗。《水浒传》第11回中林冲"乘着一时酒兴,向那白粉壁上写下八句五言诗”。

《水浒传》第46回记述了一所郓州地面祝家庄的靠溪客店：

> 前临官道，后傍大溪。数百株垂柳当门，一两树梅花傍屋。荆榛篱落，周回绕定茅茨；芦苇帘栊，前后遮藏土炕。右壁厢一行书写：门关暮接五湖宾；左势下七字句道：庭户朝迎三岛客。虽居野店荒村外，亦有高车驷马来。

图3－5　明人绘《水浒传》中的石碣村酒店

（采自《明容与堂刻本水浒传》，上海人民出版社1973年影印版）

清幽淡雅的环境使旅客心旷神怡，门口也装饰有招徕客人的对联。

其实，酒店内的广告是无处不在的，甚至在盛酒的器皿上也有引人注意的广告语。20世纪60年代，山东郓城水堡出土了一只酒坛，高1米，腹径0.5米，像个小瓮，饰水波纹缠枝状花纹，腰部显出数个“醉脸”，似笑非笑，十分生动。肩部题诗一首：罗列三千馆，清香第一家，隔壁三家醉，开缸十里香。据考证，其是北宋磁州窑产品。[①] 对于如此大的酒坛，一般人家应当不会使用。它很可能是

① 参见山东省水浒文化交流中心《水浒寻踪》，载张虹等主编《水浒争鸣》第9辑，青海人民出版社2006年版，第300页。

某生产酒的作坊用以盛酒的器物，所以才在其肩部题诗以做广告，说明自己酒的质量之高。即使放在酒店里，也是不错的广告。

其次，设置悬念，激发顾客的好奇心。

巧设悬念是广告引人注目的重要手段。通过在广告中故意设置疑团，吊起受众的胃口，以唤起他们对广告内容的兴趣和关注。宋元山东商业广告中就有一些成功设置悬念的例证，其中当以《水浒传》第23回中的景阳冈酒店最为典型。下将记述武松在该处喝酒的文字录下：

> 武松在路上行了几日，来到阳谷县地面。此去离县治还远。当日晌午时分，走得肚中饥渴，望见前面有一个酒店，挑着一面招旗在门前，上头写着五个字道："三碗不过冈"。武松入到里面坐下，把梢棒倚了，叫道："主人家，快把酒来吃。"只见店主人把三只碗、一双箸、一碟热菜，放在武松面前，满满筛一碗酒来。武松拿起碗，一饮而尽，叫道："这酒好生有气力！主人家，有饱肚的买些吃酒。"酒家道："只有熟牛肉。"武松道："好的切二三斤来吃酒。"店家去里面切出二斤熟牛肉，做一大盘子将来，放在武松面前，随即再筛一碗酒。武松吃了道："好酒！"又筛下一碗，恰好吃了三碗酒，再也不来筛。武松敲着桌子叫道："主人家，怎的不来筛酒？"酒家道："客官要肉便添来。"武松道："我也要酒，也再切些肉来。"酒家道："肉便切来，添与客官吃，酒却不添了。"武松道："却又作怪。"便问主人家道："你如何不肯卖酒与我吃？"酒家道："客官，你须见我门前招旗，上面明明写道'三碗不过冈'。"武松道："怎地唤作'三碗不过冈'？"酒家道："俺家的酒，虽是村酒，却比老酒的滋味。但凡客人来我店中吃了三碗的，便醉了，过不得前面的山冈去。因此唤作'三碗不过冈'。若是过往客人到此，只吃

三碗，更不再问。”武松笑道：“原来恁地。我却吃了三碗，如何不醉？”酒家道：“我这酒叫做‘透瓶香’，又唤作‘出门倒’。初入口时，醇醲好吃，少刻时便倒。”武松道：“休要胡说。没地不还你钱，再筛三碗来我吃。”酒家见武松全然不动，又筛三碗。武松吃道：“端的好酒！主人家，我吃一碗，还你一碗钱，只顾筛来。”酒家道：“客官休只管要饮，这酒端的要醉倒人，没药医。”武松道：“休得胡鸟说！便是你使蒙汗药在里面，我也有鼻子。”店家被他发话不过，一连又筛了三碗。武松道：“肉便再把二斤来吃。”酒家又切了二斤熟牛肉，再筛了三碗酒。武松吃得口滑，只顾要吃，去身边取出些碎银子，叫道：“主人家，你且来看我银子，还你酒肉钱勾么？”酒家看了道：“有余，还有些贴钱与你。”武松道：“不要你贴钱，只将酒来筛。”酒家道：“客官，你要吃酒时，还有五六碗酒哩，只怕你吃不的了。”武松道：“就有五六碗多时，你尽数筛将来。”酒家道：“你这条长汉，倘或醉倒了时，怎扶的你住？”武松答道：“要你扶的不算好汉。”酒家那里肯将酒来筛。武松焦躁道：“我又不白吃你的，休要引老爹性发，通教你屋里粉碎，把你这鸟店子倒翻转来！”酒家道：“这厮醉了，休惹他。”再筛了六碗酒与武松吃了。前后共吃了十五碗，绰了梢棒，立起身来道：“我却又不曾醉。”走出门前来，笑道：“却不说‘三碗不过冈’！”手提梢棒便走。

通过以上叙述，我们可以看出这个酒家的经营艺术。“三碗不过冈”，酒家通过精心构思，表面上劝客人少喝为佳，但实质上仍是要多卖酒。他以三碗为限，声称喝他的酒超过三碗就会醉倒，过不得景阳冈，最终会耽误了行程，这恰好激起了客人的逆反和好奇心理，许多人就想试一试，看你酒家是不是吹牛。碰上武松这样的好汉，你劝他这酒三碗不过冈，喝醉了没药医治，他首先会瞪眼，店家再劝,他便要烦躁,骂说:“我吃一碗还你一碗的钱,又不白吃你的!”这样,酒就可以多卖出一些,武松更是一连喝了15碗。客人要是醉了,走不了更好,再赚他一份店钱。短短的“三碗不过冈”五个字,竟有这样一箭双雕的作用,令我们不能不赞叹店家的精明。

再次,借助名人效应。

借助名人效应来扩大经营者及其商品或店铺的知名度,以求扩大影响,从而获取更大的经济效益。这是商人经常采用的经营手段。典型例证是济宁的太白酒楼(现称太白楼,图3-6)。

唐代大诗人李白于开元二十四年(736)携夫人及女儿平阳移家任城(今山东济宁),时间长达23年(736~759)。太白酒楼原为贺兰氏酒楼,由于李白“自幼好酒”,常在酒楼“日与同志荒宴”[①]。唐咸通二年(861)正月,即李白逝世99年后,吴兴人沈光路过济宁时,因崇慕李白,于是登贺兰氏酒楼游览,并写下了一篇《李白酒楼记》,文章结尾说:“至于齐、鲁,结构凌云者有限,独斯楼也,广不逾数席,瓦缺椽蠹,虽樵儿牧竖,过亦指之曰:李白常醉于此矣。”从此,贺兰氏酒楼就以太白酒楼传名于世。[②] 直到宋金时期,此楼仍能吸引很多文人墨客前往游览、宴饮。如宋人刘麟的《登太白楼》:

暇日闲登太白楼,楼前洸水漾波流。
新诗得句挥银管,美酒当筵泛玉瓯。
村落人家分远近,陂塘鱼鸟自沉浮。
何当唤起骑鲸客,醉倚天风咏不休。[③]

元初时太白楼完全倒塌,到至元二十二年(1285)重建。重建以后

---

① 宋·李昉等编《太平广记》卷二〇一《才名》。

② 参见郑修平《济宁太白楼》,载郑修平编《李白在山东论丛》,山东友谊书社1991年版,第169页。

③ 雍正《山东通志》卷三五之一下《艺文志一》。

图3-6　今济宁太白楼（胡广洲摄）

对人们仍有很强的吸引力，不少文人墨客都慕名前来，不惜一醉。如元人王奕《新州枕上有感二首》之一曰：

尼山拜了又何求，驰骛中原作壮游。
泰岱峰头观日出，汶阳城外看河流。
朝吟阚县蚩尤冢，暮醉新州太白楼。
从此不消删白发，留归江上对眠鸥。①

元人胡助《太白楼》诗称：

齐鲁平原绿树头，登临遐览忆风流。
鉴湖一曲知章宅，济水千年太白楼。
宫锦酒酣飘逸气，金銮月落照清愁。
自从采石骑鲸去，此地何人更唱酬。②

2. 广告内容的拓展

宋代以前，商业广告宣传的商品信息基本上都是针对消费者

① 元·王奕《玉斗山人集》卷二。
② 元·胡助《纯白斋类稿》卷九。

的物质需求,但从宋代开始,出现了一些针对消费者精神需求的广告,如书籍广告和文艺演出广告。由于宋元时期山东地区的刻书业与闽浙一带相比要落后得多,所以书籍广告比较少见。我们今天能考见的当时山东地区针对消费者精神需求而进行的广告主要是文艺演出广告。

山东地区有着悠久深厚的戏曲艺术传统,在宋元这一中国戏曲逐渐走向成熟的时期,山东地区的戏曲艺术有了很大发展,尤其是在元代,山东地区成为杂剧的创作中心之一,戏曲、杂剧的商业性演出也非常普遍。《水浒传》第32回中称青州地面上的一个小镇清风镇上都有勾栏,其他城镇的情况可想而知,由此也可以推见山东地区戏曲演出的普遍。元代散曲家杜仁杰曾写过一套著名的散曲,叫《【般涉调·耍孩儿】庄家不识勾栏》,生动传神地描写了当时一个农民到城里"勾栏"看戏的所见所闻,论者一般认为它描写的就是元代山东东平杂剧演出的情况①。这些演出的商业化色彩越来越浓厚,有的是要求观众付钱进场观看,《庄家不识勾栏》中的农民就是被"要了二百钱放过咱";有的是在开场或演出过程中由演员向观众逐个讨赏,《水浒传》第51回记白秀英演出时,唱到中间拿起盘子指着道:"财门上起,利地上住,吉地上过,旺地上行。手到面前,休教空过。"其父白玉乔道:"我儿且走一遭,看官都待赏你。"白秀英就从戏台上下来到观众中转圈讨钱。就在这样的环境下,娱乐业之间的竞争逐渐激烈起来,文艺演出广告应运而生。

杜仁杰的《【般涉调·耍孩儿】庄家不识勾栏》记述了农民到城里"勾栏"看戏的所见所闻:

风调雨顺民安乐,都不似俺庄家快活。桑蚕五谷十分收,

① 参见孔繁信《重辑杜善夫集》,济南出版社1994年版,第70~71页。

官司无甚差科。当村许下还心愿,来到城中买些纸火。正打街头过,见吊着个花碌碌纸榜,不似那答儿闹穰穰人多。

【六煞】见一个人手撑着椽做的门,高声的叫"请,请",道"迟来的满了无处停坐"。说道"前截儿院本《调风月》,背后幺末敷演《刘耍和》。高声叫,"赶散易得,难得的妆哈"。①

第一首曲写农民庄稼丰收,以为这是神灵保佑的缘故,于是进城买纸钱香火还愿,偶然发现街头挂着"花碌碌纸榜",即演戏的招子,就是演出时挂在街头的相当于海报的演出广告,许多人围在那里观看。第二首曲写农民看到用细长木条搭成的勾栏门口,一个人在高声招徕顾客,从他的吆喝中知道这次演出的两个剧目是院本《调风月》和幺末(即杂剧)《刘耍和》。他还故意制造紧张气氛,高声招揽顾客道:"请!请!晚来的恐怕连地方也没得坐了。"后面又大喊:"赶散场的散乐容易看到,而像这样精彩的杂剧演出却很难赶上!"这两句是吸引观众的语言。可见,这家勾栏在进行广告宣传时把吆喝广告与书面文字广告结合起来,从听觉和视觉上对消费者进行双重刺激,它的宣传效果一定不错。

《水浒传》第51回中雷横在郓城县受本县帮闲的李小二之邀去勾栏看戏:

只见门首挂着许多金字帐额,旗杆吊着等身靠背。入到里面,便去青龙头上第一位坐了。看戏台上却做笑乐院本。那李小二人丛里撇了雷横,自出外面赶碗头脑去了。院本下来,只见一个老儿裹着磕脑儿头巾,穿着一领茶褐罗衫,系一条皂绦,拿把扇子,上来开呵道:"老汉是东京人氏白玉乔的便是。如今年迈,只凭女儿秀英歌舞吹弹,普天下伏侍看官。"锣

① 孔繁信《重辑杜善夫集》,济南出版社1994年版,第66~67页。

声响处，那白秀英早上戏台，参拜四方，拈起锣棒，如撒豆般点动，拍下一声界方，念了四句七言诗，便说道："今日秀英招牌上明写着这场话本，是一段风流酝藉的格范，唤做'豫章城双渐赶苏卿。'"说了开话，又唱，唱了又说，合棚价众人喝采不绝。

由上可见，这处勾栏也有用来招揽听众的招牌，上面不仅写明剧目，还要加上介绍内容的"风流酝藉"的广告词。

3. 广告媒介的发展

广告媒介是随商品经济和科技的发展而发展的，商品经济的发展推动广告的产生和繁荣，科学技术的发展则为广告进步提供更为先进的物质手段。宋元时期，雕版印刷业远比前代发达。北宋庆历年间，毕昇首先发明了胶泥活字印刷术，元代又出现了木活字、瓷活字，这都为广告传播提供了全新的媒体和手段。这种新的广告媒介很快便被商人应用于商业信息的传播过程，也就是印刷广告的产生，以前面提到的济南刘家功夫针铺广告最为典型。印刷广告的出现，为广告提供了先进的传播手段，使广告突破了时空的限制，还打破了广告缓慢发展的状态，从而使宋元时期的广告出现了飞跃性的发展。具体而言，主要表现为以下两个方面：

一方面，印刷广告较之以前的口头广告不仅寿命长，而且传播范围广。印刷广告出现以前，各地广告的形式都长期保持着初始形态——或借助手写、手画的传单、酒旗、招牌，或借助于人声和其他肢体语言。对于商品信息，一般只能凭人脑记忆，靠口头进行交流。由于口头广告无法记载，又由于各地的方言差别较大，绝大多数广告信息的传播范围很有限。而印刷广告的出现可以使一些信息得以长久保留，也可以被人携带到遥远的地方进行传播，信息也可以被大量复制。

另一方面,以前的广告形式,如市声广告、招幌广告等只能在销售现场进行广告宣传,因而广告所产生的影响力十分有限。印刷广告的出现,使得商家可以脱离销售现场,将印刷好的广告传单携带到其他地方进行宣传,这样势必扩大了广告的传播范围。

通过以上论述可以看出,宋元时期山东地区的商业广告在形式、内容、技巧、手段等方面都有了长足发展,充分发挥了传达信息、塑造形象和促进竞争的作用。与同时期全国其他地区相比,山东广告的发展虽然不如宋代的都城东京、临安和元代都城大都,但与其他一般地区相比并不逊色。宋元时期山东地区商业广告的发展既反映了当时山东商人的广告自觉意识和市场竞争意识的增强,也反映了当时山东商人营销技巧和营销观念的巨大进步。

第四节　宋元时期齐鲁商人的精神世界

商人,以交换为手段,以赢利为目的。由于这一阶层长期从事的经营活动及其生活方式和思想追求,其精神世界也逐渐形成了自己的特色。下文从宗教信仰、义利观和求贵心理及其对事业传承的态度等方面加以论述。

一、宋元时期齐鲁商人的宗教信仰

就商人阶层来说,其所崇拜信奉的神灵都以财富的获得为中心,大致有两类:一是保佑其能获得更多财富的神灵,如财神和各种行业神等;一是佑护其平安出行经商的神灵。宋元时期齐鲁商人的神灵崇拜也不外乎上述两大类。今据笔者所及,将宋元时期齐鲁商人信奉的神灵叙述如下,间及商人在商业经营过程中的祈祷行为和祭祀仪式。当然,由于史料所限,本书只能简略涉及,无法详述。

(一)东岳大帝与增福神

东岳泰山是五岳之首,其神以"大帝"称之。由于历代封禅的进行,祭祀泰山就成了历代王朝最重要的祭祀典礼之一。东岳大帝屡受褒封,在中国诸神中的地位也越来越重要,对民间的影响也越来越大。到了宋代,各地纷纷兴建东岳庙,这与宋真宗封禅泰山密切相关:

> 维我宋真宗皇帝,东幸泰山,告功于天,大修封禅,礼泰山之神,显册褒嘉,位号崇隆,得非卫社稷、福生灵、运功烈于冥冥之际,宜有所报称欤。是故四方万里,不以道途为劳,往奉祠事,往往规模岱岳,立为别庙多矣。①

元代有人说:"今天下郡县有庙以祠东岳之神者十六七。"②随着各地东岳庙兴建的普及,东岳大帝的职司也不仅仅是历代帝王追求的社稷稳固和统治者上层追求的延年益寿及长生不死等,而是更多地转向了主掌人的生死贵贱上。如明人查志隆的《岱史》卷三引道经云:"五岳之神,分掌世界人物,各有攸属。岱泰山……主世界人民官职生死贵贱等事。"

东岳泰山位于齐鲁大地,地缘优势使东岳大帝信仰在山东更为普及。由于东岳大帝掌管"贵贱高下"和"福科厚薄",其自然也成为齐鲁商人的重要信仰之一,前往礼拜和还愿的信徒很多。特别是每年三月二十八,是传说中东岳大帝的生日,信徒往往从四面八方聚集到这里,参拜神灵,同时进行商品贸易。元世祖时有人说:"夫东岳者,太平天子告成之地,东方藩侯当祀之山。今乃有倡

① 宋·魏邦哲《重修东岳庙记》,载宋·郑虎臣辑《吴都文粹》卷三。
② 元·虞集《道园学古录》卷四六《滕州新修东岳庙记》。

优戏谑之流,货殖屠沽之子,每年春季,四方云聚,有不远千里而来者,有提挈全家而至者。干越邦典,渫渎神明,停废产业,麋损食货,亦已甚矣。”①元仁宗皇庆二年(1313),山东东西道廉访司上奏说:

图3-7　今泰安岱庙正阳门(采自刘振清主编《齐鲁文化:东方思想的摇篮》,山东美术出版社等1997年版)

> 本道封内有太山东岳……今士农工商,至于走卒、相扑、排[俳]优、娼妓之徒,不谙礼体,每至三月,多以祈福赛还口愿,废弃生理,聚敛钱物、金银、器皿、鞍马、衣服、疋段,不以远近,四方辐凑,百万余人,连日纷闹。②

为此,朝廷称“今此下民不知典礼,每岁孟春,延及四月,或因父母,或为己身,或称祈福以烧香,或托赛神而酬愿,拜集奔趋,道路旁午,工商妓(技)艺,远近咸集,投醮舍身,无所不至……以此参详:合准本道廉访司所言,行移合属,钦依禁治相应”③。由上可知到东岳庙进香的不仅有士人和农民,还有大量的手工业者和商人。他们来此祈福酬愿。元代郑廷玉的杂剧《看钱奴买冤家债主》中就说泰安州东岳庙,“这的是人间天上,烧的是御赐名香,盖的是那敕修

① 明·黄淮等编《历代名臣奏议》卷一二六《礼乐》。
② 《元典章·刑部》卷一九《诸禁·禁投醮舍身烧死赛愿》。
③ 《元典章·刑部》卷一九《诸禁·禁投醮舍身烧死赛愿》。

的这庙堂”，在这里可“见不断头客旅经商，还口愿百二十行”①，由此可见商人来往东岳庙之多。该杂剧中贾仁也是到东岳庙乞求富贵。他原来“又无房舍又无田，每日城南窑里眠”，“十分过的艰难”，“吃了那早起的，无那晚夕的，每日烧地眠，炙地卧，衣不遮身，食不充口”，人们都唤他作“穷贾儿”②。他到东岳庙诉说自己的苦楚，乞求神灵可怜，与他“些小衣禄食禄”，与他“些小富贵”，以便“做本分营生买卖去也”③。最终由增福神奉命将“曹州曹南周家庄上的福力”借与他二十年，使其有了“万贯家财，鸦飞不过的田产物业，油磨坊，解典库，金银珠翠，绫罗缎匹，不知其数”④，“做的生意就如水也似长将起来”⑤。

该杂剧中还提及增福神，又称“曾（增）福相公”，其于后唐明宗天成元年（926）被尊封为神，赐号“曾福相公，以为福禄之神”。据杂剧《看钱奴买冤家债主》，其“掌管人间生死、贵贱、高下、六科长短之事”。他虽位于东岳大帝之下，但其是具体掌管人之福禄的，无疑也是商人祈求信奉的对象之一。元代昌乐就有曾福相公行宫：

> 潍阳正南三十里，风景绝伦，一方所幽微罕见。村名营邱，所属清和乡，加以人稠物穰，土厚桑肥，源河湛水，浪浪常

① 元·郑廷玉《看钱奴买冤家债主》，载徐征等主编《全元曲》第2卷，河北教育出版社1998年版，第1295页。

② 元·郑廷玉《看钱奴买冤家债主》，载徐征等主编《全元曲》第2卷，河北教育出版社1998年版，第1270页。

③ 元·郑廷玉《看钱奴买冤家债主》，载徐征等主编《全元曲》第2卷，河北教育出版社1998年版，第1273页。

④ 元·郑廷玉《看钱奴买冤家债主》，载徐征等主编《全元曲》第2卷，河北教育出版社1998年版，第1277页。

⑤ 元·郑廷玉《看钱奴买冤家债主》，载徐征等主编《全元曲》第2卷，河北教育出版社1998年版，第1282页。

流。地秀人贤，园林幽落。修文人面带颜回，习武者身同子路。长寿老彭祖相挨，富贵人石崇可比。弘释教者，看《涅槃》、《华严》；敬儒典者，读《周易》、《礼记》。个个聪明辨利，也是宿世修来；人人具足端严，皆属前生福德。由是于庄中有一神祠，故老相传曾福相公之庙。绵绵亘乎千古，于斯积有年矣。①

通过上文可知，在昌乐县清和乡营邱村有增福神行宫。这里不仅自然风光十分优美，人文环境也不错。值得注意的是，上文描述了这里的经济状况，"人稠物穰，土厚桑肥"，"富贵人石崇可比"，人人"聪明辨利"，可见此地也是一个相对比较富庶的商人聚居之地。增福神受到人们的崇敬也就是必然的了。

（二）招财利市土地与利市酒

元人郑廷玉的杂剧《看钱奴买冤家债主》叙述了一个酒店店小二的信仰，可从一个侧面反映当时工商业者的信仰。这位店小二说：

今日下着这般大雪，我做了一缸新酒，不供养过不敢卖，待我供养上三杯酒。招财利市土地，俺这酒一缸胜是一缸。②

由此可知，当时酿酒卖酒的手工业者酿出新酒后，要先供奉祭祀神灵，祈求神灵保佑自己酿的酒的质量越来越高，而不是"酒酸长似醋"③。

这里的"招财利市土地"应当是招财童子、利市仙官及土地

① 元·杨熙《重修曾福相公碑记》，载民国《昌乐县续志》卷一七。

② 元·郑廷玉《看钱奴买冤家债主》，载徐征等主编《全元曲》第2卷，河北教育出版社1998年版，第1278页。

③ 元·郑廷玉《看钱奴买冤家债主》，载徐征等主编《全元曲》第2卷，河北教育出版社1998年版，第1299页。

神等的合称。招财童子可能就是佛教中的善财童子。《华严经·人法界品》称福长者有500多个儿子,小儿子善财童子出生时,各种珍宝随之从地下涌出,由此其被人们奉为招财童子,用以保佑人们招财进宝。“利市”一语有如下含义:一是指买卖所得利润,二是吉利、幸运,三是因节日等所赏的喜钱,因此利市仙官既是财神,又是福神。在中国民间,尤其受到商人阶层的推崇。元人夏文彦的《图绘宝鉴》称宋嘉禾好绘仙官像,可知利市仙官信仰至迟在宋元时已广泛流行。直到今天,北方地区每到新年,仍将利市仙官的像贴到门上,以求吉利和发财,商人更是如此。土地神又称“富德正神”,由于传统中国是一个农业社会,土地是财富的主要来源,故其也是中国民间信奉的财神之一,不仅农家祭祀,商家也祭祀。

(三)海神

对于那些沿海地区或以水上运输为主要交通方式的商人来说,他们有自己独特的信仰,其所崇拜的神灵要能佑护他们平安出行,免受滔天风浪的威胁,从而实现航行的最终目的——获得商业利润。这一类的神灵主要有东海神和天妃,分述如下:

1. 东海神

凡是沿海地区,其神话传说中一般都有海神的形象。山东地区有着漫长的海岸线,海神信仰尤为发达。元人刘遵鲁就说:“登州,青之鱼盐地也,县治蓬莱,民濒海者奉海神尤切。”[①]山东沿海地区的海神庙很多,几乎每州县都有海神庙,如:

登州广德王庙,唐贞观年间建,元中统年间修。[②]

① 明·刘遵鲁《漠岛记》,载嘉靖《山东通志》卷六。

② 参见光绪《增修登州府志》卷一一《庙坛》。

板桥镇海神庙。元丰七年(1084),“杨康功使高丽,还,奏乞立海神庙于板桥”①。

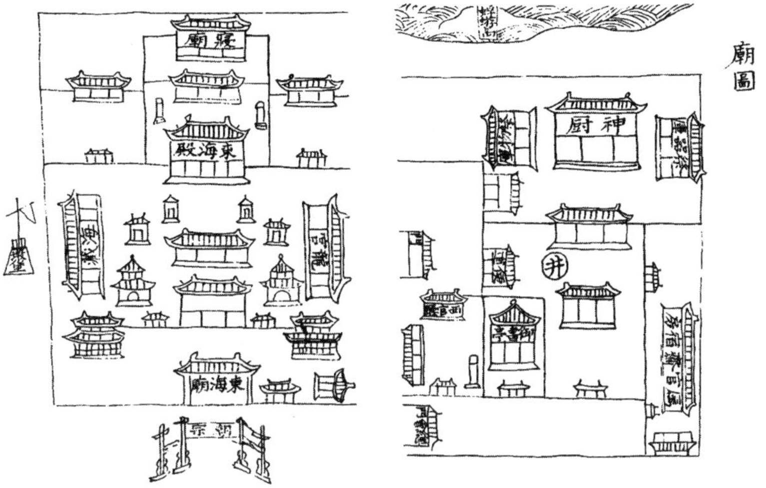

图3-8　明人绘东海神庙布局示意图(采自明毛纪撰《海庙集》,山东省博物馆藏清康熙六十年毛霦钞本)

宁海州海神庙,“在州北七十里许,旧建,元至大四年,知州姜如嘉祈雨有应,复修”②。

莱州海神庙,开宝六年(973)新修,贾黄中撰《新修东海广德王庙碑记》,记述了修庙经过,赞颂了神的法力和功德。

日照海神庙,在县东20里,元延祐年间知县路逵重修。③

山东沿海地区的海神主要是东海之神,从汉唐时即被列入国

① 《苏轼诗集》卷三六《顷年杨康功使高丽,还,奏乞立海神庙于板桥。仆嫌其地湫隘,移书使迁之文登,因古庙而新之,杨竟不从。不知定国何从见此书,作诗称道不已。仆不能记其云何也,次韵答之》。

② 嘉靖《宁海州志》卷上《祠祀》。

③ 参见嘉靖《青州府志》卷一〇《祀典》。

家祀典,其封号不断变化,唐玄宗时封为“广德公”,北宋仁宗时升为“王”,封号为“渊圣广德王”,皇祐时加号“威济”,大观时加号“助顺”,宣和时加号“显灵”,元朝至元时加号“灵会”,山东沿海地区的人们习惯称其为“广德王”。莱州广德王庙的祭祀在宋元时已十分兴盛:

> 俗传宋太祖微时,至海上,每获奇应。及即位,乾德六年,有司请祭东海,使莱州以办品物。开宝五年,诏以县令兼祀事,仍籍其庙宇祭器之数,于受代日交之。六年,大修海庙,规制焕然一新。仁宗康定二年,又封海神为润圣广德王。徽宗遣使祭东海于莱郡。孝宗时,太常少卿林栗请照国初仪,立春以祀之。宋未尝不以海庙为重。元入主华夏,至元辛卯,加封广德灵会王。至顺壬申及至正四年,大加增修,而奉使致祭者,或赍金幡,或赍银盒,每为不绝。①

由上可知,莱州东海神庙在宋元时期十分兴盛,不仅庙宇规模十分壮观,祭祀仪式也十分隆重。至于东海神的法力,宋元人也有叙述,如:

> 限蛮夷以分疆,兴云雨而成岁。其广也,尽天之覆,助玄化以无私;其深也,载地如舟,使含生而共济……物惟错以称富,润做咸而兴利……祸淫如响,驱山岂足以加威;福善必诚,航苇皆起于利涉……信夫太极兼之以生,万物资之以成,九州因之以平,百谷赖之以倾。②

> 祠之夕,风雨大作,有司欲择翌日,不允其请,令备陈设。四鼓之后,云收雨霁,天宇澄清,万籁寂然,海潮静默,于是行

① 明·任万里《海庙祀典考》,载雍正《山东通志》卷三五之一八。

② 宋·贾黄中《新修东海广德王庙碑记》,载雍正《山东通志》卷三五之一九。

礼。①

由上可知，东海之神可使“海潮静默”，风平浪静，从而可保佑出海商人平安往返，以致于为之“筑祠宇”后才会出现“百贾奔”②的局面。

宋元时期，山东海神崇拜中龙的形象更加突出。如利津县于元至正十一年（1351）重修的东海广德灵会王五行祠实际上就是龙王庙，“凡兴作煎办，必借是神之佑，莫不备香火，割牲酾酒以奠献，诚则享而收功多，否则不享而年额不足矣”。至正十一年重修庙宇后，“由是乞潮，则滩场生盐；祷雨，则禾稼茂盛；占风信，则盐艘舸舰免狂涛之险”③。由上可知，利津的东海之神（或称龙神）已经是制盐者的行业神及远洋经商者重要的保护神之一了。

2. 妈祖

据文献记载及民间传说，妈祖原为五代时闽王统军兵马使莆田湄州人林愿的女儿，生于北宋建隆时，自幼能言人祸福，且能乘席渡海，云游岛屿，人称龙女。雍熙四年（987）于湄州升化后，常着朱衣飞翻海上，民间设庙祀之。北宋宣和年间，路允迪出使高丽遇到大风，同行七艘船皆沉没，独有路所乘船只因“湄州神女”保佑完好无损。于是，路允迪回朝后上奏朝廷，请赐庙额为“顺济”，将其正式列入国家祀典。南宋绍兴二十六年（1156）封为“灵惠夫人”，绍熙三年（1192）封为“灵惠妃”。妈祖信仰在民间迅速流行，并逐渐向广大沿海地区发展。商人出洋经商，渔民出海捕鱼，船舶起锚

① 元·史烜《莱州知州祭东海庙记》，载李修生主编《全元文》卷七五一。

② 《苏轼诗集》卷三六《顷年杨康功使高丽，还，奏乞立海神庙于板桥。仆嫌其地湫隘，移书使迁之文登，因古庙而新之，杨竟不从。不知定国何从见此书，作诗称道不已。仆不能记其云何也，次韵答之》。

③ 元·樊思道《重修龙王庙记》，载光绪《利津县志·文征》卷二。

之前总要到妈祖庙祭祀，祈求妈祖保佑顺风和安全。元至元年间又加封其为“护国明著天妃”。她开始成为全国性的崇拜对象。

随着元代海运和内河运输的发展，妈祖信仰也传至山东沿海地区和内河沿线，成为山东商人信奉崇拜的神灵之一。如成山在元代位于南北航线必经之地，延祐年间，海道都漕运万户黄头世雄因“运舟冒险以出，常赖祷祠以安人心”，“舟行以成山为望，常苦雾起不见，而冒行以败”，他于是“请立置成山祠以祷，朝廷从之”①。后来朝廷还曾经命松江、嘉定等处海运千户张光祖“函香祀天妃于成山，公不惮险远，躬诣其处，礼成而退，祥飚泠然”②。由此可知，元代山东地区已经出现了天妃祠，表明天妃信仰在山东地区已有了较大程度的普及。

(四)安期真人:莱芜矿冶业行业神

莱芜矿冶业历史十分悠久，至晚到春秋时已有较大规模。到汉代，这里设有铁官，羸铁著称于世。到唐代，据《新唐书·地理志》，这里“有铁冶十三，有铜冶十八，铜坑四”，且产锡，其矿冶业在唐代达到了一个高峰。五代后周时设莱芜监，主管莱芜矿冶业。北宋至道三年(997)，复置莱芜监，下置铜务冶、铁务冶，管辖莱芜三坑和十八冶。到元丰年间，冶户千余，采冶者达数千人，年承担铁课24万多斤，是宋代重要的冶铁中心之一。金代仍设铁冶务负责矿冶事务。元至元十一年(1274)，国家在此设立莱芜冶都提举司，辖宝成、通利、锟铻三监。大德二年(1298)，又加辖元固监和富国监，莱芜冶都提举司改为济南莱芜等处铁冶都提举司，冶户达5000多。总之，自汉唐以来，国家都在莱芜设立机构管理此地的矿

① 元·虞集《平江路达鲁花赤黄头公墓碑》，载李修生主编《全元文》卷八八三。

② 元·黄溍《亚中大夫同知湖州路总管府事张公墓志铭》，载李修生主编《全元文》卷九八二。

冶业，其也一直是重要的冶铁中心。在如此发达的矿冶业背景下，出现矿冶业的行业神也就不足为奇了。

元大德五年（1301），济南莱芜等处铁冶都提举司重修仙人山上的“安期真人祠”，并立碑以志。碑刻现存于莱芜市莱城区高庄办事处谭家楼仙人山，碑文如下：

凤凰之山，有古仙人堂。父老相传，以为真人安期生也。得非秦始皇东游求诸海上者邪？俗又谓“八百伏先生”，竟莫详厥由。同祠列坐其左者，从革侯也，亦不审其姓氏岁代。其右则金火神圣娘子，云从革侯之女也。又云三人者，皆同时人也。唐人有碑识其事，碑漫漶残裂。可辨者间数字尔，读者每以为恨。吾观夫莱芜诸山，形如环堵。藏真匿宝，世眼罕识，非天降异人，肇谋立法，采而成之，以示济世益民之利，俾逝古来今日用生拭器是赖。

国朝自立提举司以来，每岁例以季秋率僚属奔走祠下，享以牢，礼成而后兴役。于是凿石起炉，伐木为炭，熔矿成金。迄来春之仲，程课斯告毕。越大德丁酉岁，改立都司，三载考绩，公赋日美，下利日滂。逋者还，居者乐，废者兴，缺者完，旅贩辐辏，铁法大成。良有上下称职，说以使民，民忘其劳，叶气薰陶，神人胥悦而致此乎。去载秋纪之日，长二咸萃，顾瞻祠宇，敧倾圮毁，上雨旁风，浸所不堪将，遂神无所依，人无所仰，众口一辞，不谋而同。乃以通利监提领皇甫恩任其事，佐才助力者，举欣欣然，不再月，而缔构像设，较之旧制，精彩一新，且祈仆为记其首末。尝以为物之消长，事之兴废系乎时，然宝藏之兴，虽产夫天地，精英而得智者创物，能者述焉，所以成之者人，□露□有阴为之护持者。我圣元洪祚丕昌，诸福之物，毕臻是用，神相其德，官德其人，国享其利，民受其赐。若立祠名之，自世祀冥漠，载籍湮沦，吾不得久而考之，庸俟明者。

大德五年岁在辛丑四月中旬记。

承直郎、济南莱芜等处铁冶都提举司邢秉仁，承直郎、济南莱芜等处铁冶都提举司同提举乌马儿，朝列大夫、济南莱芜等处铁冶都提举田可宜，奉政大夫、济南莱芜等处铁冶都提举阿里沙，通利监提领皇甫恩立石。曾秀文撰文，卜元方书丹。①

对于上碑文，需要说明以下几点：

首先，上文称古仙人堂在凤凰山，但考诸嘉靖、康熙及民国时期的数部《莱芜县志》均记仙人堂在仙人山，可知仙人堂即安期真人祠。之所以出现上述争议，可能是凤凰山与仙人山都在县南20里，且二者相连，从而误为一山之故。

其次，上文中称“唐人有碑识其事，碑漫漶残裂。可辨者间数字尔，读者每以为恨”。如果不是存在多通唐碑，该碑石虽残裂，但其文字仍存于民国《莱芜县志》卷一六《金石志》中，题为《安期先生祠记》，文后附有说明，称其“在县南二十五里仙人山安期真人祠内，石失已久，兹照原志录入”。该碑文多有残缺，现将部分文字录下：

先生酌大道，源（缺）无为门之世久矣。非夫署金琅琊（缺）乡脱屣安期峰（缺）人之既知其出处耶。（缺）几太玄饮食颂气追何曹栖息乎自然，不得名之。八百而身犹五十，是为天地终，我先生同，幸田改，我先生在后……贞元五年，节度判官（缺）中侍御史韩公都知淄兖屯冶仍带斯邑，常议利贞，名须至道，愿未云遂，还清淄幕亚公久属吏不敢继乃需而敢书其阙

① 莱芜市政协文史资料委员会编《莱芜文物》，齐鲁书社1998年版，第84～85页。标点有所改动。

况(缺)当西鲁冶事、前怀州河南县尉王摇光竭怀事上,询谋潜叶,遂命工刻字玄于祠门,上达我公本诚,以为不朽(缺)庶几乎万代从岘山汉水之流于时。贞元八年冬十月下元之吉(缺)中侍御史韩翊

前录元碑文称"唐人有碑识其事",据上录唐碑文,或许对理解称安期生为"八百伏先生"有益。另一方面,主持重修、立碑的官员或是"都知淄兖屯冶",或"主西鲁冶事",即都是主管矿冶业的官员。

其实,安期真人祠在宋代建隆三年(962)也重修过。清阮元等《山左金石志》卷一五载有《莱芜县凤凰山仙人观碑》,后有说明文字如下:

右碑额已残阙,惟存记字文二十三行,字径六分,首题"兖州泰安军□□□莱芜县凤凰山八百仙□碑记",中称"建隆三年岁次壬戌十月乙酉朔四日戊子葺安期之真观"云云。案《县志》:安期生修炼于县之南山,一名仙人山,上有道观。又云:凤凰山亦在县南,与仙人山相接。此碑盖为修观而作,惜大半磨灭,无从得其原委矣。

此碑文今已不存,从中我们只能知仙人堂又称"安期之真观",宋建隆三年重修过。另外其中也提到了"八百仙",若碑文存,或许可与所谓"八百伏先生"相印证。

在元代,安期真人祠除大德年间那次重修外,到至正二年(1342)又曾重修。嘉靖《莱芜县志》卷七录有为此次重修而写的《重修安期真人观记》全文,参与其事的仍有铁冶都提举司的官员,"幸遇铁冶同提举阿塔奉议诚意施为,而庙复新"。到明初,其地再次湮废,甚至成了所谓"娘娘庙"。直到嘉靖年间,才由莱芜知县陈甘雨主持复为仙人堂,恢复了对安期真人的祭祀,但已不见主管矿业官员的参与。对此,嘉靖《莱芜县志》卷四有记:

仙人堂，在县南二十里。安期生修炼于此，有唐、宋、元三碑记。国初废为娘娘庙，嘉靖二十六年知县陈甘雨更塑其像，有《复仙人堂记》。

该碑文现收于嘉靖《莱芜县志》卷七，但碑已断裂，现仅存一部分。①

综上所述，安期真人祠唐代重修或新建，宋代至少重修一次，元代重修两次，明代重修一次，可见安期真人的信仰在当地还是比较兴盛的。

以上就是莱芜仙人山安期真人祠历代重修所留的文献。至此，我们可以讨论安期真人作为莱芜矿冶业行业神的问题了。

第一，此处的行业神安期真人是战国及秦时的安期生，还有从革侯和金火神圣娘子。

安期生是秦汉间传说中的仙人。司马迁在《史记·乐毅列传》后评述汉初黄老之学的师承体系时，最早记载了他的事迹：

乐臣公学黄帝、老子，其本师号曰河上丈人，不知其所出。河上丈人教安期生，安期生教毛翕公，毛翕公教乐瑕公，乐瑕公教乐臣公，乐臣公教盖公。盖公教于齐高密、胶西，为曹相国师。

曹相国即曹参。按上述记载推知，安期生大约是生活于战国末期的齐人，传齐国黄老刑名之学。黄老学者本重养生，而齐地学术最为活跃，燕、齐一带又是神仙传说盛行之地，也许正是这一原因，安期生被齐方士目为神仙。《史记·封禅书》记方士李少君曾对汉武帝说："臣尝游海上，见安期生，安期生食巨枣，大如瓜。安期生仙者，通蓬莱中，合则见人，不合则隐。"武帝于是"遣方士入海求蓬莱

① 参见袁明英主编《泰山石刻》第10卷，中华书局2006年版，第3147页。

安期生之属”。齐方士栾大也自称“臣常往来海中,见安期、羡门之属。”《列仙传》卷上《安期先生》称其为琅邪阜乡(今属山东)人,“卖药于东海边,时人皆言千岁翁。秦始皇东游,请见,与语三日三夜,赐金璧度数十万”。访求海上仙山蓬瀛之议,即最早由他发之。秦始皇离去后,委弃金宝不顾,留书始皇:“后数年,求我于蓬莱山”。这引发了秦始皇大规模的入海求仙之举,“即遣使者徐市、卢生等数百人入海,未至蓬莱山,辄逢风波而还。立祠阜乡亭海边十数处”。在道教中,安期生主要是一位好仙药、行气功的神仙形象。马非百《秦集史·人物传十八之五·安期生》称:

> 安期生与上篇之宋毋忌两个名词,似与印度古代所崇拜之火神有关……而安期及安期生,则为灶神……两者同与印度《吠陀典》中所记之火神(Agni)相同……毋忌与安期应该都是agni的音译……大概中印交通既繁,故不仅佛教传入中国,火神(agni)亦自然可以传入中国。

至于安期生是如何演变为矿冶业之行业神的,有学者据马非百的考述指出:“以此观之,安期生实亦间受印度拜火教信仰之影响,故以取其火神名以自号。且由于安期司灶与炼丹之说,皆与冶炼有关,故而被铁冶司奉为冶炼之神。”[①]其实,这只是问题的一个方面,对于一般信众来说,恐难理解其中的深意。他们之所以选择安期生作为矿冶业的行业神,首先因为他是传说中的神仙,在莱芜一带有不小影响。该处有不少与之有关的地名,如仙人山、仙人洞、仙人遗迹、安仙村等,还有一些与之有关的民间传说[②]。在此基础上,将都要使用炉火的道家炼丹与铁的冶炼联系起来,奉其为本行业

① 参见周郢《泰莱秦史探踪》,载《嬴秦与莱芜:秦皇第一故里和莱芜历史沿革考证》,山东省莱芜市历史研究组,2001年,第75页。

② 参见白宗伶主编《莱芜文化名人·传说》,齐鲁书社2006年版,第251~256页。

的行业神。

对于从革侯，未能在文献中找到任何记载，《说文·金部》曰："金，从革不韦。"段玉裁注曰："从革……谓顺人之意以变更成器，虽屡改易而无伤也。"仅从字面含义看，从革即指依从人的意愿而改变形状，由此可知从革侯与铁器铸造有关，其能护佑铁器铸造顺利成功。对于其女儿金火神圣娘子也未能找到记载，但其他地区有类似的矿冶业行业神。遵化铁厂从元代以来就奉祀称为"金火二仙姑"的神灵。据明人朱国祯《涌幢小品》卷四，元代遵化铁厂炉长康侯"当炉四十日而无铁，惧罪，欲自经，二女劝止之，因投炉而死。众见其飞腾光焰中，若有龙随而起者，顷之，铁液成。元封其父为崇宁侯，二女遂成金、火二仙姑，至今祀之。其地原有龙潜于炉下，故铁不成，二女投下，龙惊而起，焚其尾，时有秃见焉"。这里金、火二仙姑就是佑护冶铸业的镇邪之神。元明清时，北京鼓楼西有铸钟厂，其地有铸钟娘娘庙，供奉"金火圣母铸钟娘娘王元君"，据北京民间传说，铸钟娘娘叫华仙，其父一说是铸钟师，一说是铸钟官吏，因屡铸不成，父亲要受责罚，华仙便跳入炉中钟遂铸成。[①] 从称呼上看，莱芜的金火神圣娘子与遵化的金火二仙姑和北京的金火圣母铸钟娘娘比较相似，其应当也是投炉神。

有学者根据上述传说总结了冶铸业投炉神的神迹：首先，投炉者皆为女性，多为青年女性，或一人，或二人，她们是在其父受到催逼时毅然投入炉中使冶铸成功而被奉为神的。他们是单纯的冶铸保护神，负有护佑冶铸成功之责。作为投炉神的女性以肉身投炉致冶炼成功，其中无疑包含着冶铸工匠的血泪史。投炉神越多，对

① 参见李乔《行业神崇拜：中国民众造神运动研究》，中国文联出版社 2000 年版，第 176～177 页。

投炉神的供奉越是虔诚,就越表明冶铸工匠受催逼和压迫的程度越深。[①] 莱芜仙人山安期真人祠供奉的从革侯和其女儿金火神圣娘子应当也属这一类型,对于其事迹,尚需从乡土文献或民间传说中去进一步发掘。

第二,安期生成为矿冶业行业神的起始时代。毋庸置疑,在元代,安期生是被他们作为矿冶业行业神信奉和祭祀的,但这一信仰最早起源于何时,尚难定论。据前录唐代《安期先生祠记》,知唐贞元年间主持重修或重建安期先生祠的官员都与矿冶业有关,或许从唐代开始,其已被作为行业神出现。惜该碑残缺甚多,宋碑文又佚失,无法进一步详考。

第三,对安期生等的祭祀和其神力。据前引元大德五年碑,"国朝自立提举司以来,每岁例以季秋率僚属奔走祠下,享以牢,礼成而后兴役"。至正二年(1342)的《重修安期真人观记》也称:"圣朝自立司建以来,每岁致祷于祠,柴望之礼,必先于斯。"[②]由上可知对安期真人的信仰不仅是工匠们的民间祭祀,而是已得到了官方,至少是地方主管机构,即莱芜铁冶都提举司或济南莱芜等处铁冶都提举司的承认,每年秋季由都提举司的官员主持。另嘉靖《莱芜县志》卷七载《崔公提举德政碑》称冶户应当负担的差役有"祭祀神祠"一项,这是一沉重负担,也可反映当时祭祀安期真人等的规模和频繁程度。

至于该神的神力,据前引大德五年《重修安期真人祠记碑》,祭祀"礼成而后兴役",在神灵的"阴为之护持"下,"迄来春之仲,程课斯告毕。越大德丁酉岁,改立都司,三载考绩,公赋日美,下利日

① 参见李乔《行业神崇拜:中国民众造神运动研究》,中国文联出版社 2000 年版,第 177 页。

② 嘉靖《莱芜县志》卷七《文章志》。

滂。逋者还,居者乐,废者兴,缺者完,旅贩辐辏,铁法大成。良有上下称职,说以使民,民忘其劳,叶气薰陶,神人胥悦,而致此乎”。由上可以看出,在当时人心目中,安期真人等作为矿冶业的行业神神力还是比较大的,由此也导致了莱芜矿冶业的从业者对其更加崇拜,信奉更加虔诚。

安期真人等莱芜矿冶业的行业神与当地的矿冶业的兴盛密切相关,其产生无论是在唐代还是在宋元时期,这都是莱芜矿冶业的兴盛期。从明宣德以后,莱芜的矿冶业进入低谷,安期真人祠也兴废不常,直到嘉靖时才由知县陈甘雨修复,但已只是流风余韵,风光不再了。

二、宋元时期齐鲁商人的义利观和求贵心理

“义利之辨”是贯穿于中国古代经济伦理思想史的一个基本问题。先秦时的儒家就对体现商业实践指导思想和根本原则的“义利之辨”十分重视。孔子说:“富与贵,是人之所欲也;不以其道得之,不处也。贫与贱,是人之所恶也;不以其道得之,不去也。”[①]一方面,孔子承认对物质利益追求的合理性,另一方面,又主张这一追求必须符合社会的道德准则,做到“取之有道”。孔子还提出了“义以生利”[②]的命题,认为道义或是道德追求产生物质利益。荀子则提出了“以义制利”的主张。他说:“义与利者,人之所两有也。虽尧、舜不能去民之欲利,然而能使其欲利不克其好义也。虽桀、纣不能去民之好义,然而能使其好义不胜其欲利也”[③],“利”是人们的物质需要,“义”是人们不可缺少的精神追求,但“以义制事,则

① 《论语·里仁》。
② 《左传·成公二年》。
③ 《荀子·大略》。

知所利矣”[①],即只有“以义制利”,使人人都向善的方向发展,才能保证国家和社会的稳定。

总之,先秦儒家“义以生利”和“以义制利”的思想明确表达了道德追求对物质利益生成与制约的作用,是儒家义利观的核心内容。从西汉“罢黜儒家,独尊儒术”后,儒家思想在两千多年的中国社会中居于主导地位,儒家的义利观也成为人们念念不忘的处世原则。这种思想也不可避免地影响到商人的理念和价值,具体表现为商业经营理念上的“见利思义”、商业行为准则上的“取之有义”、商业经营效果上的“先义后利”和商业价值评判上的“重义轻利”。[②]

宋元时期的齐鲁商人继承了传统文化中义利之辨的优良传统,将“重义轻利”作为自己的处世和经营原则,在前述各个方面都进行了积极实践,使之成为齐鲁商贾传统的重要内容。通过齐鲁商人在处理义利关系上的表现,可以看出宋元齐鲁商贾精神世界的一个侧面。试述如下。

所谓“见利思义”就是要求人们在个人利益面前首先要考虑这一利益是否符合社会公众的道德准则,在商业实践领域实际上就是对商业精神价值的体认,是商人要遵循的商业经营理念。宋元时期不少齐鲁商人都能禀持“见利思义”的商业经营理念。

北宋兖州莱芜人吕规的曾祖吕日新曾任驾部员外郎,父吕孜曾任淄州司法参军。在其父去世后,“门内几百口,饮食被服滋窘”。在这种情况下,一天,兄弟合食于堂上,议论将来以何为生。吕规毛遂自荐,称:“斯事不敢以诒兄忧,请任其责,稍经理生事。

① 《荀子·君子》。

② 参见吕庆华《先秦儒家“义利观”及其商业伦理价值》,载《东南学术》1999 年第 3 期。下文对几个概念的解释也参考该文。

异日糊口四方，弃庐舍，去坟墓，妻子流散，复何面目望鲁东门乎？”吕规充分利用莱芜当地铁矿资源丰富的优势，“募工徒，斩木锻铁，制器利用，视他工尤精密。人人（应为‘入’）予一，己独予三；人出取三，我独取一”，正是由于其生产的器物质优价廉，使其在市场竞争中获得了极大成功，几乎垄断了整个山东市场，“东州之人，一农一工，家爨户御，其器皆吕氏作也”[①]。到元丰六年（1083）九月，京东都转运使吴居厚上奏：“本路徐、郓、青三州都作院及诸州小作院，每岁制造诸般军器及上供简铁之类，数目浩瀚。今将徐州利国监、兖州莱芜监年计课铁充使外，所少极多。欲乞将两监铁冶就逐处监官依邢、磁二州例，并从官中兴扇。计其所得，比旧可多数倍”[②]。吴居厚的建议得到了采纳，在此后的两三年里，京东路实行了全面禁榷铁的政策。就是在这种情况下，吕规将“其齐量作程、利害赢约一切并归之”，即将相关设施全部交给国家，然后召集族众说：

> 吾家世儒学，非殖货者。方祸至艰急，日计不支，倒行逆施，何暇择去就？昔一蔬食，今兼肉矣；昔岁无褐，今重裘矣。祭祀以时，嫁娶如礼，宾至有馆有饩，可以言义时也。不尔，使后生辈贪得争利，挟气犯法，前日之积正为狱吏资尔。

通过上文可知，在吕规心目中，其家世代以儒学为业，并非“殖货者”，即不是商贾。当时之所以选择冶铁铸器，是特殊情况下的权宜之计。现在条件已经大大改善，到了“可以言义”的时候了。其实，吕规即使在经商时，心中念念不忘的仍是“义”，这也与其冶铁铸器销售的目的密切相关，是为了维系其家族的生存，避免出现

---

① 宋·李昭玘《乐静集》卷二九《吕正臣墓志铭》。

② 《续资治通鉴长编》卷三三九，元丰六年九月丁卯条。

"弃庐舍,去坟墓,妻子流散"的局面。在家庭经济状况大大改善以后,吕规开始身体力行地践行其"义"的主张。他首先"大辟馆舍,要致一时名士与群从游,以经术讲习,稍预乡举"①,让子弟走读经参加科举考试的道路;其次是积极投身慈善事业,"乡人贫病不能出门户,婚葬失其时,四方游士颠顿道路不得归,力振翼之"②。

元代济阳人李成在大灾之年,没有趁机卖米求利,而是"出米三百石,以济乡里;又设粥道旁,食行路之饥馁者"③。他首先考虑的不是"利",而是"义",即地方社会的安定,也就是用"义"来指导自己的经营行为。

章丘崔氏从北宋靖康年间迁居该处后,"世以贾贩致饶,名于乡里",到金末元初的崔聚时,仍以经商为业,"孜孜焉,矻矻焉,规无济有,寒暑晨夜弗懈",其除了勤勉外,还特别注意在经营中妥善处理义和利的关系,"本之以信义,行之以权宜"④。

所谓"取之有义"就是孔子主张的"义然后取,人不厌其取"⑤,"不义而富且贵,于我如浮云"⑥,认为人的取利行为应以符合"义"或"道"为标准,即要符合商业行为的基本法则和道德规范,要光明正大地赚钱,不发不义之财,这是商业经营行为的准则。"君子爱财,取之有道"便是对这一思想的生动描述。宋元时期的齐鲁商人中也有不少这一方面的模范。

宋代莱阳人张循的父亲张皞"尝贸易于东莱高氏"。在与东莱高氏做生意时,张循"疑其出入或负高,尝曰:'宁使人负吾翁,不可

① 宋·李昭玘《乐静集》卷二九《吕正臣墓志铭》。
② 宋·李昭玘《乐静集》卷二九《吕正臣墓志铭》。
③ 民国《济阳县志》卷一一《人物志·孝友》。
④ 元·刘敏中《中庵先生刘文简公文集》卷一〇《阳丘崔氏先茔之记》。
⑤ 《论语·宪问》。
⑥ 《论语·述而》。

使吾翁负人也。'"面对可能因对方失误而得到的利益，他坚持不取不义之财的理念，"每欲暗偿"。家里人都劝他，让他告诉了对方再还对方钱，不要"暗偿"，张循说："彼之不言，高氏德也。我不图报，岂吾翁志哉！"于是张循就将钱五万留给高氏，"后不复取"①。张循坚持"君子爱财，取之有道"，遵守商业行为的道德规范，对自己不应得到的财物坚决予以退还。

宋金之际章丘人王京"为人真淳孝友，重义轻货"。他家中有一橘园，有人想收购其橘，就"预入其直率三之一"，即预先交付了1/3的货款，但天有不测风云，后来橘遭遇霜打而大都凋落，王京没有昧心留下这部分定金，而是"遽以所入归其人"②。

全真七子之一的宁海人马钰的父亲马师扬出身于商人家庭，一天，"有客仓皇掷绸複于案上，辄过门而不知所往，公欲收入巾箱间，举之甚重，解而观之，金色射目，以权衡称之，其重两镒。旬日客来，即奉与之"，此人表示愿与其平分黄金以表示感谢，他说："横来之金，虑招其祸。"③很坚决地婉言谢绝了，坚决不取不义之财。

元代商河人董全"崇节义，谨然诺，治生居产，从什一之利，不高直以取赢"。他在经商时，即使市场供不应求，他也不肆意抬高物价以获取更大的利润，人称"市价同，有董公"④。

所谓"先义后利"，就是指商人在考虑商业利益时，要有长远目标，以民众利益为上，不能"见利忘义"，只注重眼前利益，目光短浅，甚至为此而走上欺诈和坑蒙拐骗的末路。这一点突出地体现在齐鲁商人对财富的使用上。

---

① 宋·徐常《宋故处士张公墓志铭》，载民国《莱阳县志》卷三之三。

② 元·刘敏中《中庵先生刘文简公文集》卷九《济南王氏先德碑铭》。

③ 元·秦志安编《金莲正宗记》卷三《丹阳马真人》。

④ 元·刘敏中《中庵先生刘文简公文集》卷八《奉议大夫规运所提点董君墓铭》。

宋元时期有不少齐鲁商人在致富后因义而用财，将部分利润用于社会慈善和社会公益事业。通过这种方式使自己的影响得以扩展，也使得他们在地方社会中的社会角色越来越重要。这一方面的事例很多，如：

宋代莱阳人张循“性天高明，心地夷旷，重信义如泰山，视富贵如浮云”，“至于宗族故旧，咸与周济，岁费不减数百缗，由是家无余资”①。

宋代莱芜人吕规对“乡人贫病不能出门户，婚葬失其时，四方游士颠顿道路不得归，力振翼之”②。

宋代高密人乔彦柔从其曾祖父起就“善治生，以财雄善里中”，其祖父“喜为侠，振人急难，以故破家产而贫”③。

宋代东平人陈孝若“有所懋居以化有无……居久之，遂以富称乡里”，“其叔若兄仕不达，两兄以病卧家，食口滋众，缓急皆赖君以济。鞠养叔、兄孤女，以礼嫁仕族。举大丧六七葬之。人有所谒，随事周给”，“与夫诈力贪刻、贱义放欲无厌以为富者，甚异矣”④。

元代济阳人张炳的祖父张全“业商贾”⑤，“家巨富，乡里贫乏者周给之，称贷不能偿者悉毁其券，遇兵荒则发私廪以议赈济，全活者无算”⑥。

元代章丘人尹聚虽最初“以服勤穑事致饶”，即以农业发家，但后来也从事放贷、收人质田等事，“尝贷钱鬻食之家，曰：‘以是为贫者食，毋更责也。’窭人质田，久无以为赎，辄归其田，而以券与之。

① 宋·徐常《宋故处士张公墓志铭》，载民国《莱阳县志》卷三之三。
② 宋·李昭玘《乐静集》卷二九《吕正臣墓志铭》。
③ 宋·黄庭坚《山谷集》卷二二《凤州团练推官乔君墓志铭》。
④ 宋·刘挚《忠肃集》卷一四《陈行先墓志铭》。
⑤ 元·高翊《张总管世德碑铭》，载民国《济阳县志》卷一七。
⑥ 民国《济阳县志》卷一一《人物志·忠义》。

至于送米以活饥饿，解衣以衣寒者，平居常事耳”①。

元代济阳人伊鼎“拥高资华屋之盛，意藐愁如不有，至其排难解纷，济穷乏，喜见颜色”②。伊鼎在举办公共慈善的同时，逐步树立了自己的权威，以致于可以在地方上调解人们之间的纠纷了。

元代历城人张养浩之父张郁“出万死不一生之计，贾江淮间”③，但从其祖父时起，“惟养浩祖及诸父，振粟于乡，遇盗于家，脱人以刃，缒井取饮，活友于死者，有家乘详”④。

元代郓城人申屠义“隐于贾”，交易时从不短斤缺两和以高价牟利，平日里注意储藏米以备灾荒歉收之年，“歉则平粜广贷，饥者馈之食，贫不能偿所负，焚券勿责”。对于相邻田宅，如果邻人偶有侵占，“辄逊其畔”。他家中有一秘方，专门治疗带下之疾，为此他不惜捐资制药，结果“给施救活甚夥”。元灭南宋后，其家存有奴婢200多人，有的人想要买几个，他都没答应，而是“悉纵为民”，对于那些想回家者给予路费。曾经有一个人将钱袋遗失于路上，一个人将一个斗丢在其门口，他都“多方访觅，还畀其主”⑤。申屠义的所作所为给我们的印象是:他不是一个商人，更像一个至诚长者。

元代章丘人张和易“善殖生，贫乏赈业无所靳”，“事母孝，少不怡，即前稽颡谢不辍”，“所居迩沟浍，当夏秋淫雨，水夺其途，乃购石以梁其上，行者迄今德之”。正是由于其经常从事乡里慈善和公益事业，加上品质高尚，在乡里社会获得了较高的声望和权威，以致于“里有讼，即两造求直，往往面斥无隐，退皆说服”⑥。

---

① 元·刘敏中《中庵先生刘文简公文集》卷一〇《阳丘尹氏先茔碣铭》。
② 元·刘敏中《中庵先生刘文简公文集》卷一〇《济阳伊氏先茔之记》。
③ 元·张养浩《归田类稿》卷一二《先茔碑铭》。
④ 元·姚燧《牧庵集》卷二六《朝列大夫飞骑尉清河郡伯张君先墓碣》。
⑤ 元·吴澄《吴文正集》卷六八《故善人申屠君墓表》。
⑥ 元·张养浩《归田类稿》卷一二《阳丘张氏先茔碣铭》。

宋代曹州人于令仪是“市井人”，就是市场上的商贩，但他的行为也颇能体现齐鲁商人“先义后利”的眼光。宋王辟之《渑水燕谈录》卷三《奇节》记：

> 曹州于令仪者，市井人也，长厚不忤物，晚年家颇丰富。一夕，盗入其家，诸子擒之，乃邻舍子也。令仪曰：“汝素寡悔，何苦而为盗邪？”曰：“迫于贫耳。”问其所欲。曰：“得十千足以衣食。”如其欲与之。既去，复呼之，盗大恐，谓曰：“汝贫甚，夜负十千以归，恐为人所诘。”留之，至明使去。盗大感愧，卒为良民。乡里称君为善士。君择子侄之秀者，起学室，延名儒以掖之。子伋侄杰、仿举进士第。今为曹南令族。

于令仪对夜里上门偷盗的盗贼不是加以严惩，而是向其施舍财物，用义感化之，使之“率为良民”。

宋代宁海人马觉“通五经，为人信义，言无宿诺”，曾经贩缯于临近州县，一天晚上住旅店时，见一贫穷妇人在哭泣。他听人说这是一个贞妇，其丈夫年轻时去世，她誓不再嫁，独自孝顺奉养公婆，最近其公婆不幸一起去世，因无钱安葬，“方欲质身以为棺椁之费”。马觉听后，立刻“解缣二束而赠之，不通姓氏，趋走前邸”。当天晚上，他的财物为盗贼抢劫，其“遂不告人，怡然而归”。妻子问他，他则谎称是赊贷给了别人。过了半年，盗贼因分赃不均，有盗贼找到他，要他一起揭发检举。他说：“赃物纷纭展转，如果查实，赃物达百匹，将会被处以极刑，不是好善之人的所作所为。我可以再给你二两银子以弥补你的不平。”此人非常感激地离去了。正赶上饥荒之年，马觉在院子里晒米，邻家妇女前来偷米，被他出门看到，“复隐身而避之，任彼将去”。其孙子就是全真七子之一的马钰，从年轻时就“轻财重义，出举收质，无可入还者，皆焚其券”。有佃客因岁饥而杀了其家的耕牛，他不仅没有要求赔偿，反而还帮其摆脱了牢狱之灾。①

儒家“重义轻利”的观念还是是价值评判标准。由于儒家在中国社会的影响,“重义轻利”作为一般意义上的价值评判标准,也成了商业经营中的价值判断标准。人们对那些重义轻利者给予热情的赞颂。宋代小商贩郓州须城人赵延嗣就是如此:

> 今三司嗣相、工部郎中刘公随尝称:赵邻几舍人死,遗三孤女、一老乳母而已。内无兄弟以御其侮,外无期功强近之亲。女稚弱,衣服饮食须人,何怙何恃?不以冻馁死,则为强梁暴之矣。有赵延嗣者,仆于舍人,顾是诸孤,义不可去,竭力庇养之。舍人死,无一区宅,一廛田,延嗣为营衣食之资,身为负担,沾体涂足,不避寒暑。如是凡数十年如一日,未尝少有懈倦之色,事三孤女如舍人生。三孤女自幼至长,使其女与同处。女之院,延嗣未尝至其门。女皆适人,延嗣终不识其面。初寓于宋,三女俱长,延嗣晨起白堂前,将西走京师。赵氏始不知,谓舍去,皆哭。延嗣以女长未婚,将访舍人之旧,求所以嫁。至京师,见宋翰林白、杨侍郎徽之,因发声哭。哭止,具道赵氏之孤,且言长将嫁。二公惊愧,谢曰:“吾不及汝!吾被服儒衣冠,读诵六经,学慕古人,况与舍人友,舍人之孤,吾等不能恤,汝能养之,吾不及汝远矣!”二公因为迎入京师,与宅居之。徐相与求良士为婿。长配枢密直学士戚公纶犹子职方郎中维之子太庙斋郎舜卿,次并适屯田员外郎张君文鼎之子乡贡进士季伦。三女皆归,延嗣始去赵氏门。②

石介对赵延嗣的行为推崇备至,称赞他“有古君子之行,古烈士之

---

① 参见元·秦志安编《金莲正宗记》卷三《丹阳马真人》。

② 宋·石介《徂徕石先生文集》卷九《赵延嗣传》。

操，古仁人之心，岂特仆夫之贤，天下之贤也”，“其风操懔焉，其行义卓焉，与颜侔韩并，延嗣可谓仆名而儒行者矣”①。

对于那些重义轻利者，人们希望其善有善报，有的人甚至因行善而“成仙”。如宋代长清人靳八公“以鬻酒为业”，“有一道者屡至其家，公出醇酒饮之，竟至酩酊而去，不知其为仙也。后复至，称有笃疾，卧其家，痰涎呕秽，索面汤食之。公家偶乏，道者于葫芦内取面付之，遂为汤。道者食毕，留馂，余不洁。八公妻取而置之于火，公亟夺而吞之，道者遂与八公登东山而去”②。宋代长清还流传着一个类似的故事：

先生袁元，不知何地人也。葛裘草履，遍游天下，所至终日沉醉。一日，游齐州长清县，市有李生以财豪于邑下。先生日过其门，则引手谓李生曰：“赠吾百金为酒费。”生不违其请，即时遗之。比日而来，凡经岁，生无倦色。一日，先生别生曰：“久此扰子，吾将远游，子能觞我，则主人之意尽矣，亦将有以教子。”生曰：“诺。”乃与先生出郊外。酒半酣，先生云：“子有大厄，子能慎之，乃免。不然，祸在不测。”生曰：“先生赐教，敢不从命？”先生取笔于生手掌中书一“慎”字曰：“子慎勿殴人，殴人则人死。子守出一月乃无患。”生归，日夕思虑，不敢出户。经浃旬，一日，忽闻门外喧兢，生忘先生之言，遽出视焉。有跛而丐者，在生开典库前，出言秽恶。生忿然殴之，跛者仆地，首触户限，奄然无气，既久不复生。生大悔泣……乃由居之后户而去。方出，见先生，泣拜曰：“别后逾月，灭裂教诲，今果如先生之言，为之奈何？”先生曰：“子复归，吾为画之。”先生

① 宋·石介《徂徕石先生全集》卷九《赵延嗣传》。
② 道光《长清县志》卷一三《人物志·方外》。

坐一静室，谓生曰："子出受縶，吾自有计。"先生乃合户闭目。生出户，观者如堵，吏乃执生。俄而跛者起坐，少选乃行，去甚速。吏乃舍令生归。①

此处李生就是一个开设有典库等的大商人，但他对于袁元的要求无不竭力满足，正因为如此，袁元帮助他摆脱了失手杀人的罪责。此处其虽未成仙，但同样得到了仙人的帮助，亦是善有善报。

对于那些痴迷于财富者，人们往往会将其当作笑柄。平阴人胡景文就是这样的典型。他"常入山，忽见金银黄白满地，心甚喜，心欲取之，念力不能致。趋归，呼其家人共往，一无所见，乃竟恋恋不能去，乃遂结屋于山，觊复有得，逾十余年，不复顾家，家遂凋落，人莫不笑之。当时为之语曰'胡景文水山头上等金银'"②。

石介在《赵延嗣传》中评论他的义行时说："延嗣可谓仆名而儒行者矣！""仆名儒行，见之延嗣。"③赵延嗣是一个仆人，也曾是一个商人，既可说其"仆名儒行"，也可称其"商名儒行"。上文所述诸多齐鲁商人大多属于此类，有的商人甚至在地方社会中以自己的权威调解民间纠纷。乡里产生了纠纷，不是先讼之于官，而是求他们评判调解。他们俨然发挥着类似明清社会中"乡绅"的作用，这也反映了宋元时期山东地区商人地位的上升。当然，这种变化还是十分有限的。金代城阳(今山东日照)人张莘卿对子孙的教诲可清楚地反映这一点。他平生不置产业，曾经教诲其子孙说：

富人营求财利，朝夕皇皇，恒苦不足，虽有什伯之得，不旋踵而失者矣。而士能力学以致禄仕，衣食自奉，取给公家，仰

① 宋·刘斧《青琐高议·后集》卷二《袁元》。

② 嘉庆《平阴县志》卷四《杂志》。

③ 宋·石介《徂徕石先生文集》卷九《赵延嗣传》。

事府育,终身优裕,且无农商耕获稗贩之劳,所得孰为多哉![1]
他的子孙也由此多"掇巍科并居清选,为世所荣"[2]。

综上所述,宋元时期的山东商人大多能遵循儒家的义利观,并将之运用到自己的商业经营中,以之规范和指导自己的行为,"贾于市者明义利"[3]就是对其行为的生动描述。元代大都(今北京)籍杂剧作家秦简夫在《东堂老劝破家子弟》杂剧中专门塑造了东堂老李实那样一位能妥善处理义利关系的山东商人的形象[4],这或可表明山东商人在义利关系上的表现已得到了当时社会的公认。宋元时期的山东商人在商业经营活动中能遵循儒家的义利观,坚持"义以生利"和"以义制利"的信念,妥善处理义和利的关系,对于保证当时商业交易的正常进行具有重要作用。一般来说,商业交易的正常进行需要一系列的制度作为保证,但在传统社会中,相关的法律条文和制度机制极不完备,甚至是严重缺乏。在这种情况下,儒家"义以生利"和"以义制利"的义利观作为商人的道德规范在市场交易中就发挥了保证交易秩序和提供信用支撑的作用,对

① 金·黄久约《张莘卿墓碑》,载《日照文史》第6辑,政协日照市委员会文史联谊委员会,1995年,第77页。

② 金·黄久约《张莘卿墓碑》,载《日照文史》第6辑,政协日照市委员会文史联谊委员会,1995年,第77页。

③ 元·马舜臣《重修庙学碑》,载民国《单县志》卷二〇。

④ 学界有人认为从剧本反映的社会生活看,《东堂老劝破家子弟》杂剧可能是真人真事。(参见徐征等主编《全元曲》第7卷,河北教育出版社1998年版,第4533页)该剧的主人公东堂老李实是东平府人,"幼年也曾看几行经书,自号东堂居士",是个弃儒经商之人。他曾用堂堂正正的口气发布了商人价值观念的宣言:"我则理会有钱的是咱能,那无钱的非关命!"东堂老作为商人,对货币和财富有着很强的崇拜心理,他曾说:"你有钱呵三千剑客由他们请,一会儿无钱呵,哎,早闪的你在十二瑶台独自行……痛亲眷敲门都没个应,好相识街头也抹不着他影。"可见东堂老相信金钱具有巨大的能量,认为其是人际关系的主宰。就是这样一位重利的商人,却能处理好义利之间的关系。他受友人之托,教育好了浪子扬州奴,并将财产还给已回头的浪子,没有昧着良心据为己有。

于维持当时商业交易的正常运行具有重要意义。

宋元时期的山东工商业者，即使是十分成功的工商业者对自己事业的信念也往往不坚定。前文已提到的莱芜人吕规利用当地的有利条件生产铁器，获得了极大的成功。当国家对冶铁业实行禁榷，其作坊继续维持已不可能时，他召集族人说：

> 吾家世儒学，非殖货者。方祸至艰急，日计不支，倒行逆施，何暇择去就？昔一蔬食，今兼肉矣；昔岁无褐，今重裘矣。祭祀以时，嫁娶如礼，宾至有馆有饩，可以言义时也。不尔，使后生辈贪得争利，挟气犯法，前日之积正为狱吏资尔。

由此可以看出在吕规心目中，经商只是一时的权宜之计，是为了保持自己家族不会"异日糊口四方。弃庐舍，去坟墓，妻子流散"[①]，一旦条件有所改善，就会放弃，重新鼓励子弟讲习经书，走科举入仕的道路。再如北宋著名文学家济州人王禹偁本是开磨坊者的儿子，开宝三年(970)，毕士安任济州团练推官，遇见王禹偁，认为其虽"貌不及中人"，但"阴察禹偁类有知者"，于是和他有一段对话：

> 问："孺子识字乎？"曰："识。""尝读书乎？"曰："尝从市中学读书。""能舍而磨家事，从我游乎？"曰："幸甚。"[②]

从此王禹偁就留在推官官廨，随毕士安"治书，学为文"，后于太平兴国八年(983)考中进士。通过上文他与毕士安的对话可知一般的工商业者并不热心于自己的事业。

漆侠曾经指出：商业资本和高利贷资本的代表人物"对地主阶级特别是这个阶级的代表人物——官僚士大夫，总是啧啧称羡、不胜向往之至的，总是想方设法挤进官僚士大夫群中，借以改变自己

① 宋·李昭玘《乐静集》卷二九《吕正臣墓志铭》。
② 宋·毕仲游《西台集》卷一六《丞相文简公行状》。

的门第，巩固自己的经济地位”[①]。之所以会出现这样的情况，是因为以下两个方面的原因：其一，传统社会中将人民划分为士、农、工、商四大类，商人居四民之末，加之轻商观念的漫延，商人易受歧视，所以他们迫切希望摆脱自己的境地，取得更高的地位。其二，在古代等级社会中，“贵”比“富”具有更大的优势。单“富”不“贵”，难以保证自己稳固地占有财富，而“贵”不同。“贵”既可以使自己藉手中特权确保自己财产的安全，又可通过俸禄及其他投机和违法行为获得大量财富。[②] 这样，商人对于政治地位总是梦寐以求，希望获得一定的政治特权。

宋元时期齐鲁商人及其子弟通过科举由商而士的事例很多，正如苏辙所言：“今世之取人，诵文书，习程课，未有不可为吏者也。其求之不难，而得之甚乐，是以群起而趋之。凡今农工商贾之家，未有不舍其旧而为士者也。”[③]兹列举数例如下：

北宋曹州人于令仪“晚年家颇丰富……择子侄之秀者，起学室，延名儒以掖之。子伋侄杰、仿举进士第，今为曹南令族”[④]。

前面提到的吕规在致富后，“大辟馆舍，要致一时名士与群从游，以经术讲习，稍预乡举”[⑤]。

元代人申屠致远的父亲是一个商人，他在儿时问父亲“何事可立身”，其父就“督勖以学”[⑥]，后任至翰林待制等职。

宁海州（今山东烟台市牟平区）马师扬出身商人家庭，“甚富于

① 漆侠《宋代经济史》下册，上海人民出版社1988年版，第1122页。
② 参见林文勋《宋代商人心态初探》，载《中州学刊》1992年第2期。
③ 《苏辙集·栾城集》卷二一《上皇帝书》。
④ 宋·王辟之《渑水燕谈录》卷三《奇节》。
⑤ 宋·李昭玘《乐静集》卷二九《吕正臣墓志铭》。
⑥ 元·吴澄《吴文正集》卷六八《故善人申屠君墓表》。

资,故号曰'马半州',弟侄三人皆擢进士"①。

宋元时期的齐鲁商人及其子弟还积极凭借自身的经济实力,通过纳粟获得一定官位。宋仁宗庆历七年(1047),朝廷特地在河北、京东、京西和开封府允许民众纳粟授官:

> 许诸色人进纳秆草,等第与恩泽。杂秆每束湿重五十斤。一万五千束与本州助教,二万束与司马,二万五千束与长史,三万束与别驾,四万束与太庙斋郎,四万五千束与试衔、同学究出身,五万束与簿、尉、借职,六万束与奉职。秆草每束湿重一十五斤。二万束与摄助教,三万束与州助教,四万束与司马,五万束与长史,六万束与别驾,七万五千束与太庙斋郎,八万五千束与试衔、同学究出身,九万五千束与簿、尉、借职。②

由此可推知山东地区包括商人在内的社会各阶层对入纳授官之热心。具体事例也不少,试举如下:

咸平五年(1002)四月,滨州言:"学究寇宾王以粟三千斛赈饥民,诏授试大理评事"③。

景德二年(1005)十月,"以淄州学究郑沔为郓州中都县尉,沔输粟三千斛于永定军助边费故也"④。

景德三年(1006)正月,"以潍州学究邓世英为沂州沂水县尉,入粟济饥民故也"⑤。

景德三年(1006)三月,"赐青州习三史麻温叟同学究出身,温叟纳粟麦二千余石赈贫民故也"⑥。

---

① 元·秦志安编《金莲正宗记》卷三《丹阳马真人》。
② 《宋会要辑稿·职官》五五之三五。
③ 《宋会要辑稿·职官》五五之二九。
④ 《宋会要辑稿·职官》五五之三二。
⑤ 《宋会要辑稿·职官》五五之三二。
⑥ 《宋会要辑稿·职官》五五之三二。

天禧元年(1017)四月,“牟平县学究郑河状:以本州民阙食,愿出粟五千六百石赈济,望赐弟巽班行”①。

靖康元年(1126)五月,尚书省言:“忠义户民多愿献纳储蓄以助国用,如沂州沂水县民程渥献斛斗五千石,搬輂至京,已与补保义郎”②。

至于商人在入纳授官者中所占比例,史称与京东路相邻的河北路“买官之人多是市井庸猾”③,即多是市井商人,京东路的情况当不会相去太远。

三、传家:宋元时期齐鲁商人对自身价值的认识

中国传统伦理尤其强调“不孝有三,无后为大”,传宗接代是中国人根深蒂固的传统观念。对于商人来说,传宗接代不仅仅意味着家庭香火的延续,同时还意味着事业、财产的继承和保持。通过研究商人如何传家,包括香火延续和事业、财产的继承与保持等,可以深入宋元齐鲁商人的心底深处,窥见其围绕着传家而出现的对商业财富和义利关系等的认识,从而更加深入地理解宋元时期的齐鲁商贾传统。

南宋洪迈的《夷坚志》记述了一个登州行商宗立本及其小儿的故事:

> 宗立本,登州黄县人。世世为行商,年长未有子。绍兴戊寅盛夏,与妻贩缣帛抵潍州,将往昌乐,遇夜,驾车于外,就宿一古庙,数仆击柝持仗守卫。明旦,蓐食讫,登途,值小儿可六七岁,遮拜于前,语言猥利可喜。问其谁家人,自那处来,对

① 《宋会要辑稿·职官》五五之三二至三三。

② 《宋会要辑稿·职官》五五之四二。

③ 《宋会要辑稿·职官》五五之四一。

曰:“我昌邑县公吏之子也。亡父姓名是王忠彦,与母氏俱化去。鞠养于他人,将带到此,潜舍我而去,兹无所归,必死于狼虎魑魅矣。”立本拊之曰:“肯从我乎?”又再拜感泣,遂收而育之,命名曰“神授”。儿性质警敏,每览读文书,一过辄忆。又能把巨笔作一丈阔字,篆隶草不学而成,见名贤古帖墨迹,稍加摹临,必曲尽其妙。立本盖市井小民耳,遽弃旧业,而携此儿行游,使习路歧贱态,藉以自给。后二年之春,至济南章丘,逢一胡僧,神貌环杰,指儿谓立本曰:“尔在何处拾得来?”立本瞠曰:“吾妻实生之。奚乃轻妄发问?”僧笑曰:“是吾五台山五百小龙之一也,失之三岁矣,方寻访见之,尔久留定掇大祸。吾已密施法禁,彼亦无所复肆其虐。”于是索水喷噀,立化为小朱蛇,盘旋于地。僧执净瓶,呼神授名,蛇即跃入其中。僧顶笠不告而去。立本夫妇思念,久而不忘。淮东钤辖王易之亲睹厥异。①

登州是宋元时期山东地区重要的对外贸易港口,这里商业贸易一直比较兴盛。山东地区又是宋元时期重要的纺织业中心,纺织品种类多,质量高,是当时市场流通中的大宗商品。宗立本就是出自宋代登州的一位商人,其家族“世为行商”,可推知其家族做缣帛行商,生意应该很好,否则难以世代延续。但到了宗立本时,生意虽然不错,却“年长未有子”,虽然文中没有明确说明,但这无疑会是宗立本的一大心病。一天,宗立本在潍州去昌乐的路上见到一个“小儿可六七岁,遮拜于前”,自称本是被人收养的孤儿,不料又被人遗弃,无家可归。宗立本见此情景,心中之欣喜可想而知,于是就收养了他,给他取名为“神授”。这个孩子聪敏异常,读书过目不

① 宋·洪迈《夷坚甲志》卷二《宗立本小儿》。

忘，能用巨大的笔写一丈见方的大字，篆书、隶书、草书等各种字体不用教就会，对于前人留下的书帖，稍加临摹，即可曲尽其妙。面对这样一个“神授”的神童，宗立本最佳的选择应当是让其专心读书，以便将来通过科举入仕，光耀门庭。然而宗立本只是一个“市井小民”，并没有如此长远的眼光。他抛弃了自己祖传的贩卖缣帛的本业，携带“神授”游走四方，“使习路歧贱态，藉以自给”。所谓路歧，是宋元时期对没有固定演出场所的民间艺人的称呼，也就是说，宗立本携带“神授”充当艺人，四处走街串巷，奔波于城乡之间，以卖艺为生，借以谋利。

通过以上这个故事，可以看出宗立本这样的市井小贩在育儿问题上眼光比较短浅，不根据孩子的实际因材施教，只顾追求眼前的蝇头小利。当然，从中也可反映当时中小商人注重实际的心态，他们不像大商人那样注重追求政治地位，而是注意让儿孙能有一技之长，将来可借以谋生罢了，以“路歧”为业就是其为后人谋划的谋生手段。“神授”后来被胡僧化为蛇带走，宗立本夫妇又失去了儿子，并因此十分思念，“久而不忘”，其久久难以忘怀的真正原因可能主要是没有了传家者的缘故，但其考虑更侧重传宗接代，似乎没有考虑自己家族事业的传承和维持。以上故事还可反映出宗立本仅仅把商业视为维持生计的谋生手段，没有长远的规划，一旦有其他选择，他会毫不犹豫地放弃世代相传的缣帛贩运业。

由于故事叙述得比较简略，无法推知宗立本夫妇是如何看待自己没有后代的原因的，元代前期的济南杂剧作家武汉臣的杂剧《散家财天赐老生儿》却为我们提供了一些线索。

《散家财天赐老生儿》这部杂剧讲述了一个成功的商人刘从善老来得子的故事。全剧围绕子嗣和财产继承权的矛盾，细致、生动地刻画了人物的心理活动,由此通过这个故事可以清晰地看到当时商人阶层的心理状态及社会对商人和财富等的看法。

主人公刘从善是山东东平府人。他受利益驱使,“半生忙,十年闹,无明夜攘攘劳劳”,由此“南头里贩贵,北头里贩贱,乘船骗马,渡江泛海,做买做卖,挣闼下许来大家私,举钱放债”①。刘从善前半生十分敬业,数十年如一日勤勤恳恳,足迹遍及南北,买贱卖贵,挣下了一份“泼天也似”的大家业。他曾回忆自己年轻时对金钱的态度:

> 我那其间正年小,为本少,我便恨不的问别人强要,拼着个仗剑提刀……哎,钱也,我为你呵,也曾痛杀杀将俺父母来离,也曾急煎煎将俺那妻子来抛……哎,钱也,我为你呵,那搭儿里不到,几曾惮半点勤劳。遮莫他虎啸风崒律律的高山直走上三千遍,那龙喷浪翻滚滚的长江也经过有二百遭。我提起来魄散魂消。②

通过刘从善的自述,可以看出他年轻时对“利”的狂热追求,为此不惜忍受远离父母妻子之痛,甘愿冒山高水远之险,出生入死,饱尝痛苦,无利不求。然而刘从善夫妇只育有一女,无奈之下才招赘了一个女婿一起过活。随着年岁的增长,面对着巨大的家业,没有儿子传宗接代和继承家产日益成了刘从善最大的心病。他也在思考自己到老仍无子的原因,最终将原因归结到自己的经商及对金钱的追求上,认为是“幼年间的亏心今日老来报”,自己放解与举债都是万恶之源:

---

① 元·武汉臣《散家财天赐老生儿》,载徐征等主编《全元曲》第4卷,河北教育出版社1998年版,第2188页。

② 元·武汉臣《散家财天赐老生儿》,载徐征等主编《全元曲》第4卷,河北教育出版社1998年版,第2188页。

俺这做经商的一个个非为不道，那些儿善与人交？都是我好贿贪财，今日个折乏的我来除根也那翦草。①

刘从善认为自己为了钱“曾昧著心说咒誓”，以至于“正贫困里可便夺的一个富豪，今日个上户也可怎么却无了下稍”。刘从善的这一认识表明即使像他这样成功的商人对自我价值也采取否定的态度，说明了当时社会对商人价值观念仍存在一种不认同，甚至是批评的态度，由此才最终导致了刘从善对自己行为的激烈的内心斗争。刘从善还有关于读书与经商利弊的一番话也可说明其对自己价值观念的不自信：

我道那读书的志气豪，为商的度量小，则这是各人的所好。你便苦志争似那勤学，为商的小钱番做大钱，读书的把白衣换做紫袍。则这的将来量较，可不做官的比那做客的妆幺。有一日功名成就人争羡，抵多少买卖归来汗未消，便见的个低高。②

刘从善的话语间流露出无法掩饰的自卑情结，可看出他在读书入仕和经商的倾向性上是十分明显的，其选择无疑是倾向于读书入仕。他认为如果能成功入仕，其前途比经商要好。这表明在经商与入仕的价值观念之间，即使像刘从善这样成功的商人也倾向于入仕。这是当时商人对本阶层的价值观念缺乏自信的表现，也反映了当时商人的社会处境和独立人格的残缺。

刘从善对自己作为商人的价值观念并不自信，认为自己有“六十载无儿冤业”，“幼年间做经商买卖，早起晚眠，吃辛受苦，也不知

① 元·武汉臣《散家财天赐老生儿》，载徐征等主编《全元曲》第4卷，河北教育出版社1998年版，第2201页。

② 元·武汉臣《散家财天赐老生儿》，载徐征等主编《全元曲》第4卷，河北教育出版社1998年版，第2204页。

瞒心昧己,使心用幸,做下了许多冤业”①。他认为正是自己经商的经历给自己造就了“冤业”、“冤家债”,由此要解除所谓“冤业”,那只有将经商所得财富分散,以消除自己的“冤业”。首先,将“远年近岁欠少我钱钞的文书”一把火都烧毁了;其次是要“舍浮财,遍着那村城里外,都教他每请钞来。缺食的买米柴,少衣的截些绢帛,把饥寒早撇开,免忧愁尽自在”②。刘从善这样做的目的非常明确,就是要将自己“这六十载无儿冤业消”,“消磨了我这半世的灾:我也再不去图私利狠心的放解,我也再不去惹官司瞒心儿举债”,“今日个散钱波把穷民来济,悔罪波将神灵来告:则待要问天公赎买一个儿”③。刘从善施舍家财后,最终果然得到了一个儿子,由此他将家财分成三份分别给予儿子、女儿和侄儿。

通过这部杂剧可以看到在元代前期,商人即使是相当成功的商人对自己阶层的价值观念并不自信,内心处于激烈的矛盾斗争中,一旦遇到人生道路上的挫折,便将经商及所得财富视为罪恶之源。这也是元代前期社会对商人及其行为和财富的基本认识,即对其持否定态度。

另一位元前期的杂剧作家郑廷玉的杂剧《看钱奴买冤家债主》也描写了曹州商人贾仁由于无儿无女而买了一个儿子的故事。贾仁原是曹州的一个穷汉,后因意外发家。他自己说:“自从与那一分人家打墙,刨出一石槽金银来,那主人家也不知道,都被我悄悄的搬运家来,盖起这房廊屋舍、解典库、粉房、磨房、油房、酒房,做

① 元·武汉臣《散家财天赐老生儿》,载徐征等主编《全元曲》第4卷,河北教育出版社1998年版,第2192页。

② 元·武汉臣《散家财天赐老生儿》,载徐征等主编《全元曲》第4卷,河北教育出版社1998年版,第2197页。

③ 元·武汉臣《散家财天赐老生儿》,载徐征等主编《全元曲》第4卷,河北教育出版社1998年版,第2198、2201页。

的生意就如水也似长将起来”①。就是这样一个“有万贯家财,鸦飞不过的田产物业,油磨坊,解典库,金银珠翠,绫罗段匹,不知其数”②的巨富财主,对金银却异乎寻常地吝啬:

> 那员外虽然做个财主,争奈一文也不使,半文也不用。别人的东西恨不得擘手夺将来,自己东西舍不的与人,若与人呵,就心疼杀了也。③

> 平昔间一文也不使,半文也不用……若有人问我要一贯钞呵,哎呀,就如挑我一根筋相似。④

贾仁自发家后,虽然娶妻已有数年,却“寸男尺女皆无”,为此他非常担心自己“空有那鸦飞不过的田产”,却无人继承。后来他花钱买了一个儿子;以便将来能够继承家业。他没有想到的是这个儿子跟他的做法大相径庭,他一生悭吝,而儿子却被人顺口称为“钱舍”:

> 自从买了这个小的,可早二十年光景。我便一文不使,半文不用。这小的他却痴迷愚滥,只图穿吃,看的那钱钞便土块般相似,他可不疼。怎知我多使了一个钱,便心疼杀了我也!⑤

当贾仁卧病在床,儿子欲行孝心之时,他念念不忘的是将自己惜钱如命的性格传授给儿子,下面就是他们的对话:

---

① 元·郑廷玉《看钱奴买冤家债主》,载徐征等主编《全元曲》第2卷,河北教育出版社1998年版,第1282页。

② 元·郑廷玉《看钱奴买冤家债主》,载徐征等主编《全元曲》第2卷,河北教育出版社1998年版,第1277页。

③ 元·郑廷玉《看钱奴买冤家债主》,载徐征等主编《全元曲》第2卷,河北教育出版社1998年版,第1278页。

④ 元·郑廷玉《看钱奴买冤家债主》,载徐征等主编《全元曲》第2卷,河北教育出版社1998年版,第1282页。

⑤ 元·郑廷玉《看钱奴买冤家债主》,载徐征等主编《全元曲》第2卷,河北教育出版社1998年版,第1293页。

(小末云)父亲,你可想什么吃那?

(贾仁云)我儿也,你不知我这病是一口气上得的。我那一日想烧鸭儿吃,我走到街上,那一个店里正烧鸭子,油渌渌的。我推买那鸭子,着实的挝了一把,恰好五个指头挝的全全的。我来到家,我说盛饭来我吃,一碗饭我咂一个指头,四碗饭咂了四个指头。我一会瞌睡上来,就在这板凳上,不想睡着了,被个狗舔了我这一个指头,我着了一口气,就成了这病。罢、罢、罢!我往常间一文不使,半文不用。我今病重,左右是个死人了,我可也破一破悭,使些钱。我儿,我想豆腐吃哩。

(小末云)可买几百钱?

(贾仁云)买一个钱的豆腐。

(小末云)一个钱只买得半块豆腐,把与那个吃?兴儿,你买一贯钞罢。

(兴儿云)他则有五文钱的豆腐,记下账,明日讨还罢。

(贾仁云)我儿,你则依着我。

(小末云)便依着父亲,只买十个钱的来。

(贾仁云)我儿,恰才见你把十个钱都与那卖豆腐的了。

(小末云)他还欠着我五文哩,改日再讨。

(贾仁云)寄着五文,你可问他姓什么?左邻是谁?右邻是谁?

(小末云)父亲,你要问他邻舍怎的?

(贾仁云)他假使搬的走了,我这五个钱问谁讨?

(小末云)直是这等。父亲,你孩儿趁父亲在日,画一轴喜神,着子孙后代供养着。

(贾仁云)我儿也,画喜神特不要画前面,则画背身儿。

(小末云)父亲,你说的差了,画前面才是,可怎么画背身的？

(贾仁云)你那里知道，画匠开光明，又要喜钱。

(小末云)父亲，你也忒算计了。

(贾仁云)我儿，我这病觑天远，入地近，多分是死的人了。我儿，你可怎么发送我？

(小末云)若父亲有些好歹呵，你孩儿买一个好杉木棺材与父亲。

(贾仁云)我的儿，不要买，杉木价高，我左右是死的人，晓的甚么杉木、柳木！我后门头不有那一个喂马槽？尽好发送了！

(小末云)那喂马槽短，你偌大一个身子，装不下。

(贾仁云)哦，槽可短，要我这身子短，可也容易。拿斧子来把我这身子拦腰剁做两段，折叠着，可不装下也！我儿也，我嘱咐你，那时节不要咱家的斧子，借别人家的斧子剁。

(小末云)父亲，俺家里有斧子，可怎么问人家借？

(贾仁云)你那里知道，我的骨头硬，若使我家斧子剁卷了刃，又得几文钱钢！①

郑廷玉在这里用带有漫画式的夸张，直率淋漓地展现了贾仁爱财如命的心态。抛去其中的喜剧因素，我们完全可以将之视为一生极其节俭、甚至吝啬的商人对子孙后代的苦心忠告和淳淳叮咛，其目的无非是使家业能够传下去。

到了元代后期，商人阶层对自己价值观念的不确信有所改变。元至顺时期的杂剧作家秦简夫的《东堂老劝破家子弟》中的东堂老

① 元·郑廷玉《看钱奴买冤家债主》，载徐征等主编《全元曲》第2卷，河北教育出版社1998年版，第1293～1294页。

李实就是典型代表。

该剧主人公东堂老李实，字茂卿，“今年五十八岁，本贯东平府人氏，因做买卖，流落在扬州东门里牌楼巷居住”，“幼年也曾看几行经书，自号东堂居士”①，可见他是个弃儒经商之人。

东堂老的籍贯东平在元代是汉人世侯严实父子的东平行台的治所。东平地区经过严氏父子多年悉心经营，社会安定，经济得到恢复和发展，是当时山东地区重要的商业城市之一，“风俗甚好，商旅辐凑”②。严氏父子注意礼贤下士，招揽文人，“以文绥鲁”③，最终使东平成为人文荟萃的学术中心，像宋子贞、张特立、刘肃、李昶、元好问、王磐、徐世隆等当时的知名文人都曾汇聚于此，“一时名公多归焉，故东平人物之盛为诸道最”④。东平府学与所属各州县儒学也得以复兴，对培养擢用人才和弘扬文化发挥了重要作用。严氏集团以这些儒学为中心，源源不断地为元朝廷输送人才。这些东平府儒学出身的人物形成了元代一个影响很大的学术派别——东平学派。该学派的思想特点主要有三个方面：第一，认为为政的关键在于教化。他们认为学校教育是国家政治的根基，也是州县为政的首务。像王磐认为设立学校的目的在于明人伦、美教化、育人才、厚风俗。张孔孙也强调教化的重要性，“盖王政非教化不立，教化非学校不兴”，兴学养士能“使天下之人四心向道”⑤。第二，明三纲五常之道，践修齐治平之履。东平学派认为人的情感

① 元·秦简夫《东堂老劝破家子弟》，载徐征等主编《全元曲》第7卷，河北教育出版社1998年版，第4535页。

② 元·刘一清《钱塘遗事》卷九。

③ 元·陈绎曾《增修集仙宫记》，载陈垣编纂《道家金石略》，文物出版社1988年版，第783页。

④ 元·苏天爵辑撰《元朝名臣事略》卷一二《太常徐公》。

⑤ 元·张孔孙《修庙学记》，载李修生主编《全元文》卷二八四。

如爱与亲和力,人与人之间的伦理关系都来自于自然,是与生俱来的。人为学就是学天之道和圣人立身之本,以仁义礼智和纲常伦理成己之心,立己之命,最终修成一个圣贤之躯。他们对义与利的关系也有论述,阎复认为"利欲之兵,或隳吾城;躁厉之机,或发吾瓶"[①],认为利欲可以使人堕落、腐败,与圣贤是针锋相对的两途。王构认为义利之分别就是善恶之分别,义是正路、善途,利是斜路、恶途,物欲会闭塞人的心灵,使人陷入荆棘之途。杨桓则要求人要节制天生的欲望,以明天理,从而做到"天理明则人道安,人道安则五品逊,五品逊则百姓亲,百姓亲则天下平,是道也,所以家谕而户晓者也"[②]。第三,以诚为本,不诚无物。这一思想主要是元好问在论述学诗文的经验时提出来的。他主张作诗行文者不能有怨恨的情绪,要保持中和之气;不能心存狡诈,不能恶意中伤,不能媚俗,不能低下,不能狂妄自夸,不能作正人君子不屑作的诗文。这些要求也是元好问所主张的做人的基本原则。[③]

由于东平学派注重发展教育,化民成俗,并深受严氏父子的信任和重用,在他们的支持下,东平一带的教育和社会教化都得到了很好的发展,从而才会出现在商品经济发达的情况下仍能保持"风俗甚好"的传统。东堂老李实就是在这种环境中成长起来的,加上他早年"也曾看几行经书",其受这种文化环境的影响之深可以想见。他受友人之托,替友人教育不肖之子的行为也可证明这一点。首先需要说明的是,李实虽然因经商已定居扬州,学界也有人将其视为扬州商人,但其籍贯却是山东东平,通过他的行为也可看出其

① 元·阎复《瓶城斋铭》,载李修生主编《全元文》卷二九五。

② 元·杨桓《重修庙学碑记》,载李修生主编《全元文》卷二八九。

③ 以上关于东平学派思想特点的论述,参见仝晰纲等《齐鲁文化通史·宋元卷》,中华书局2004年版,第193~219页。

深受齐鲁文化尤其是元代东平社会文化环境的影响。学界也有人认为《东堂老》这部杂剧从剧本反映的社会生活看,可能是真人真事,整个作品有着鲜明的时代色彩。[①] 由此,我们完全可以将其视为元后期齐鲁商贾的典型代表。

东堂老也是一个十分敬业并取得了很大成功的商人,他曾谈及自己年轻时从商的含辛茹苦:

想着我幼年时血气猛,为蝇头努力去争。哎哟!使的我到今来一身残病,我去那虎狼窝不顾残生。我可也问甚的是夜,甚的是明,甚的是雨,甚的是晴?我只去利名场往来奔竞,那里也有一日的安宁?投至得十年五载我这般松宽的有,也是我万苦千辛积儹成。[②]

作买卖,恣虚嚣;开田地,广锄刨;断河泊,截渔樵;凿山洞,取煤烧。则他那经营处,恨不的占尽了利名场,全不想到头时,刚落得个邯郸道。[③]

这是东堂老自身的真实写照,充分反映了他对自己生活信念的顽强追求,也能反映出商人阶层主体意识前所未有的高扬。

东堂老与儿子还有一段对话也可反映商人的人生哲学:

(小末云)父亲,您孩儿这几时做买卖,不遂其意,也是生来命拙哩。

(正末云)孩儿,你说差了。那做买卖的,有一等人肯向前,敢当赌,汤风冒雪,忍寒受冷;有一等人怕风怯雨,门也不

① 参见徐征等主编《全元曲》第7卷,河北教育出版社1998年版,第4533页。

② 元·秦简夫《东堂老劝破家子弟》,载徐征等主编《全元曲》第7卷,河北教育出版社1998年版,第4552页。

③ 元·秦简夫《东堂老劝破家子弟》,载徐征等主编《全元曲》第7卷,河北教育出版社1998年版,第4543页。

出，所以孔子门下三千弟子，只子贡善能货殖，遂成大富。怎做得由命不由人也？[1]

东堂老坚信人只要能吃苦，敢于冒险，就能在商场上取得成功，并教育儿子以这类人为榜样。这表明了他对自己的生活道路和生活信念的肯定和自信。东堂老否定“由命不由人”的观念，较之刘从善相信天命报应的观念也前进了一大步。在孔门弟子中，东堂老单单挑出“善能货殖，遂成大富”的子贡加以赞扬，其中的深意值得思考，或许可说明当时社会上已出现了弥合儒家道德规范和经商谋利两者之间矛盾的意识。

东堂老还用堂堂正正的口气发布了商人价值观念的宣言：

我则理会有钱的是咱能，那无钱的非关命！[2]

这里明确宣称，赚钱与否和赚钱多少是评价商人成功与否的主要标志，能赚钱和赚钱多的商人就是成功的商人，反之就是不成功的商人。成功的商人也就是成功的人，失败的商人也就是失败的人，商人的价值观念在这里不仅对于商人阶层是正当的，而且对所有人都是正当的。[3] 这无疑是中国古代商业观念的一大突破。

东堂老作为一个商人，对货币和财富也有着很强的崇拜心理，他说：

你有钱呵三千剑客由他们请，一会儿无钱呵，哎，早闪的你在十二瑶台独自行。扬州奴，你有一日出落得家业精，把解

① 元·秦简夫《东堂老劝破家子弟》，载徐征等主编《全元曲》第7卷，河北教育出版社1998年版，第4551页。

② 元·秦简夫《东堂老劝破家子弟》，载徐征等主编《全元曲》第7卷，河北教育出版社1998年版，第4551页。

③ 参见邵毅平《中国文学中的商人世界》，复旦大学出版社2005年版，第204页。

典处本利停,房舍又无,米粮又罄;谁支持,怎接应?……痛亲眷敲门都没个应,好相识街头也抹不着他影。[①]

由上可见,东堂老相信金钱具有强大的能量,并将之视为人际关系的主宰。就是这样一位重利的商人,却能处理好义和利之间的关系,受朋友所托,使浪子回头。他的朋友叫赵国器,祖籍也是东平府,"因做商贾,到此扬州东门里牌楼巷居住……幼年间做商贾,早起晚眠,积儹成这个家业"[②],"负郭有田千顷,城中有油磨坊、解典库,有儿有妇,是扬州点一点二的财主"。他本来指望儿子扬州奴能"久远营运",继承他的事业,"不想他成人已来,与他娶妻之后,只伴着那一伙狂朋怪友,饮酒非为,吃穿衣饭,不着家业"[③]。为此,赵国器忧愤成疾,在临终前将儿子托付给了"有古君子之风"的同乡好友东堂老。赵国器死后,扬州奴仅仅十年光景就"把那家缘过活金银珠翠,古董玩器,田产物业,孳畜牛羊,油磨房,解典库,丫鬟奴仆,典尽卖绝,都使得无了也"[④],最终"把那房廊屋舍、家缘过活,都弄得无了,如今可在城南破瓦窑中居住。吃了早起的,无晚夕的"[⑤],往日的狐朋狗友也不再和他往来,见了他都躲着走。扬州奴走投无路,只好去求东堂老,最终东堂老的妻子给了他一贯钱作本钱,让他做买卖谋生。经受了各种困难和煎熬的扬州奴用这一

① 元·秦简夫《东堂老劝破家子弟》,载徐征等主编《全元曲》第7卷,河北教育出版社1998年版,第4556页。

② 元·秦简夫《东堂老劝破家子弟》,载徐征等主编《全元曲》第7卷,河北教育出版社1998年版,第4534页。

③ 元·秦简夫《东堂老劝破家子弟》,载徐征等主编《全元曲》第7卷,河北教育出版社1998年版,第4534页。

④ 元·秦简夫《东堂老劝破家子弟》,载徐征等主编《全元曲》第7卷,河北教育出版社1998年版,第4541页。

⑤ 元·秦简夫《东堂老劝破家子弟》,载徐征等主编《全元曲》第7卷,河北教育出版社1998年版,第4558页。

贯钱去卖炭，赚了一贯，又去卖菜，东堂老特意考察他，以下是他们的对白：

(正末云)你这菜担儿，是人担，自担？

(扬州奴云)叔叔，你怎么说这等话？有偌大本钱，敢托别人担？倘或他担别处去了，我那里寻他去？

(正末云)你往前街去也，往那后巷去？

(扬州奴云)我前街后巷都走。

(正末云)你担着担，口里可叫么？

(扬州奴云)若不叫呵，人家怎么知道有卖菜的？

(正末云)下次小的们，都来听扬州奴哥哥怎么叫哩。

(扬州奴云)叔叔，你要听呵，我前面走，叔叔后面听，我便叫。叔叔，你把下次小的每赶了去，这小厮每，都是我手里卖了的。

(正末云)你若不叫，我就打死了你个无徒！

(扬州奴云)他那里是着我叫，明白是羞我。我不叫，他又打我。不免将就的叫一声：青菜、白菜、赤根菜、胡萝卜、芫荽、葱儿阿！

(做打悲科，云)天那！羞杀我也！

(正末云)好可怜人也呵！

(唱)【红绣鞋】你往常时在那鸳鸯帐底那般儿携云握雨，哎！儿也，你往常时在那玳瑁筵前可便噀玉喷珠，你直吃得满身花影倩人扶。今日呵，便担着孛篮，拽着衣服，不害羞，当街里叫将过去。

(扬州奴云)叔叔，您孩儿往常不听叔叔的教训，今日受穷，才知道这钱中使，我省的了也。

(正末云)这话是谁说来？

(扬州奴云)您孩儿说来。

(正末云)哎哟!儿也,兀的不痛杀我也!

(唱)【满庭芳】你醒也波高阳哎酒徒,担着这两篮儿白菜,你可觅了他这几贯的青蚨?

(带云)扬州奴,你今日觅了多少钱?

(扬州奴云)是一贯本钱,卖了一日,又觅了一贯。

(正末唱)你就着这五百钱买些杂面你便还窑去,那油盐酱旋买也可是零沽?

(扬州奴云)什么肚肠,又敢吃油盐酱哩?

(正末唱)哎!儿也,就着这卖不了残剩的菜蔬。

(扬州奴云)吃了就伤本钱,着些凉水儿洒洒,还要卖哩。

(正末唱)则你那五脏神也不到今日开屠。

(云)扬州奴,你只买些烧羊吃波!

(扬州奴云)我不敢吃。

(正末云)你买些鱼吃!

(扬州奴云)叔叔,有多少本钱,又敢买鱼吃?

(正末云)你买些肉吃!

(扬州奴云)也都不敢买吃。

(正末云)你都不敢买吃,你可吃些什么?

(扬州奴云)叔叔,我买将那仓小米儿来,又不敢舂,恐怕折耗了。只拣那卖不去的菜叶儿,将来煨熟了,又不要蘸盐搠酱,只吃一碗淡粥。

(正末云)婆婆,我向扬州奴买些鱼吃,他道我不敢吃。我道你买些肉吃,他道我不敢吃。我道你都不敢吃,你吃些什么?他道我吃淡粥。我道你吃得淡粥么?他道我吃得。

(唱)婆婆呵,这厮便早识的些前路,想着他那破瓦窑中受苦。

(带云)正是:不受苦中苦,难为人上人。(唱)哎! 儿也,这的是你须下死工夫。[1]

东堂老受友人之托挽救和改造扬州奴,其方法就是让其穷困到极点,受尽各种痛苦和磨难,然后让他从最小的生意做起,从头体验经商的苦处和艰辛,以培养扬州奴作为商人的价值观念和敬业精神。上面这段对白就是他对扬州奴进行商人价值和精神教育的考试。通过扬州奴的回答,说明扬州奴已完全领会了商人阶层的价值观念和敬业精神,具备了成为优秀商人必备的条件。到了这时,东堂老才放心地将其父亲留下的原属于扬州奴的财产还给他,让他自己去经营。以东堂老和赵国器为代表的商人阶层心目中的"传家"已不仅仅限于传宗接代,也不限于财产的保持,而是更加注重商人阶层价值观念和精神的传递。这也说明东堂老等对商人阶层的价值观念已不再像刘从善那样不自信,而是变得十分坚定,并且要千方百计地将其传给后代,使自己的事业得以延续。通过这部杂剧也可看出秦简夫在表现商人阶层的价值观念时完全站在商人一边,对他们充满了理解和肯定之情,这在以前是很少见的,恰恰反映出了元代后期对商人阶层价值观念的肯定。

综上所述,宋元时期齐鲁商人对传家的认识经历了一个由浅入深的过程:宗立本的传家观念仅仅体现在传宗接代上;刘从善的认识深入了一步,不仅仅要让儿子传宗接代,还要继承财产,以免被女婿张郎这个外姓人独占家私;东堂老和赵国器的认识更加深入,在传宗接代和继承财产的基础上,更要求子孙要承袭商人阶层

① 元·秦简夫《东堂老劝破家子弟》,载徐征等主编《全元曲》第2卷,河北教育出版社1998年版,第4564~4566页。

的价值和信念，将自己的事业发扬光大，“恨不得儿共女辈辈峥嵘，只要那家道兴，钱物增，一年年越昌越盛”[①]，围绕着对传家的不同认识，商人对自身的价值观念也经历了一个从忽视、否定到肯定的过程，反映了宋元时期山东地区商业观念的进步。

东堂老对义与利关系的处理也颇能体现齐鲁商贾的特色。作为一个对金钱有着较强追求和崇拜的商人，在接受友人之托后，最终还是将财产还给了已经回头的浪子扬州奴，没有昧着良心，据为己有，这其中体现出来的精神本身就是难能可贵的。其中最根本的原因就在于他是一位“有古君子之风”[②]、“肃德雅望”，平日有“许多慷慨气节”[③]的儒商，能够正确处理义和利的关系。他认为“诗书是觉世之师，忠孝是立身之本；这钱财是倘来之物”，认为商人也应该“寻个大老名儒，去学习些儿圣贤章句”[④]。他曾劝喻扬州奴与其将财富“与虔婆子弟三十锭，更和那帮懒钻闲二百瓶”，倒不如“赍发呵与那个陷本的商贾”、“那个受困的官员”和“那个薄落的书生”[⑤]。元代后期，随着商品经济的更趋繁荣与市民意识的迅猛崛起，商人地位有所提高，社会对其不得不刮目相看。东堂老这样一位重义的儒商形象的出现就是这种时代背景的反映。正是在这种背景下，商人形象才出现了由刘从善向东堂老的巨大转变。

① 元·秦简夫《东堂老劝破家子弟》，载徐征等主编《全元曲》第7卷，河北教育出版社1998年版，第4553页。

② 元·秦简夫《东堂老劝破家子弟》，载徐征等主编《全元曲》第7卷，河北教育出版社1998年版，第4534页。

③ 元·秦简夫《东堂老劝破家子弟》，载徐征等主编《全元曲》第7卷，河北教育出版社1998年版，第4537页。

④ 元·秦简夫《东堂老劝破家子弟》，载徐征等主编《全元曲》第7卷，河北教育出版社1998年版，第4562页。

⑤ 元·秦简夫《东堂老劝破家子弟》，载徐征等主编《全元曲》第7卷，河北教育出版社1998年版，第4555页。

总之，东堂老是齐鲁商人的卓越代表，其身上体现出来的试图填平义与利的鸿沟的精神也是齐鲁商人的重要传统之一。

第五节　宋元时期山东的商业思想

宋元时期山东的商业思想可分为两大类：一是山东政治家的商业思想。他们大多从国家财政和社会稳定的角度出发，更多的是讨论国家在商业经营中的角色及国家与商人的关系，大致超不出传统轻重论的范畴。当然，也有政治家表现出卓越的商业意识，值得关注。二是山东农学家或平民的商业意识。他们都有着极为深厚的重农思想，但不仅不排斥商业，反而将商业视为实现其富民主张的途径，在中国古代的农商关系思想史上写下了独特的一笔。

一、宋元时期山东政治家的商业思想

（一）张逊的商业思想

张逊（940～995），北宋博州高唐（今山东禹城西南）人。太平兴国初，补左班殿直，后迁至香药库使。雍熙二年（985）迁领妫州刺史，次年为度支使。端拱初迁盐铁使，端拱二年（989）兼枢密副使、知院事。淳化末任右骁骑卫大将军、知江陵府。至道元年（995）卒，终年56岁。

香药是宋代十分重要的奢侈品，在人们日常生活中有广泛应用。香药在宋朝境内只有广南等地有少量出产，大量香药主要通过市舶贸易和外国朝贡获得。北宋平定岭南后，交趾、阇婆、三佛齐、渤尼、占城等国纷纷前来朝贡，商人也大量贩运香药入宋。宋朝对香药实行禁榷制度，规定“诸蕃国香药宝货至广州、交趾、泉

州、两浙,非出于官库者不得私相市易”①,由是香料大都被集中到香药库和内藏库,一时间,“犀象、香药、珍异充溢府库”②,数量巨大的香药单靠宫廷消费是用不完的。为此,张逊于太平兴国二年(977)建议宋太宗在京城设置榷易署(又称“榷易务”),“大出官库香药、宝货”③,“稍增其价,听商人入金帛市之,恣其贩鬻,岁可获钱五十万缗,以济经费”④。宋代国家采纳了张逊的意见,“一岁中果得三十万贯,自是岁有增羡,卒至五十万贯”⑤。张逊在香药贸易上主张变禁榷为通商,由官府加价转售给商人,允许商人参与贩卖,国家赚取其中差价,补充国家财政不足。后来,他出任福建市舶使,在给皇帝的谢表中也称:

> 盖今日通商而置官,实成周司市之遗意,无者有,利者阜,要权取予之宜;绥斯来,动斯和,贵有招怀之道。⑥

他认为在市舶贸易上,国家变禁榷为通商,设官进行管理,是继承了古代对商业贸易进行管理的传统,通商可以互通有无,并可使国家获得丰厚利润。张逊的商业思想虽然是从国家财政目的出发,但其变禁榷为通商,允许商人参与其中的意见还是有利于商品经济发展的。

(二)“拔茶而植桑”:张咏的商业意识

张咏(946~1015),字复之,号乖崖,谥忠定。北宋濮州鄄城(今山东鄄城)人。他自少学剑,精通其术,行侠仗义于两河间,但同时饱览经史,“览群经,书必味于义根,学乃知于言选。家贫无以

---

① 《宋会要辑稿·职官》四四之一。
② 《宋史》卷二六八《张逊传》。
③ 《续资治通鉴长编》卷一八,太平兴国二年三月壬申条。
④ 《宋史》卷二六八《张逊传》。
⑤ 《续资治通鉴长编》卷一八,太平兴国二年三月壬申条。
⑥ 宋·张逊《福建市舶到任谢表》,载宋·魏齐贤等编《五百家播芳大全文粹》卷五下。

本业,往往手疏坟史。每有属缀,辄据庭树槁枝而瞑,苟不终篇,未尝就舍"[1]。正是由于这样的刻苦用功,到太平兴国五年(980),他到开封参加科举考试,中进士乙科,被任命为崇阳知县,从此开始了仕宦生涯。雍熙二年(985),通判麟州,后监濮州税,迁湖北转运使。宋太宗闻其强干,召其入朝,擢枢密直学士、同知银台通进封驳司,兼掌三班院。淳化五年(994),知益州,参与平定李顺起义,对蜀中百姓实行怀柔之策,鼓励蜀地读书人参加科举考试,以稳定统治。真宗时,历任御史中丞、同知贡举,出知杭州、永兴军等。咸平六年(1003)四月,以枢密直学士再次出知益州。景德三年(1006)还朝,复掌三班院,兼判登闻检院,次年六月因病求外任,出知升州,后兼江南东路安抚使。大中祥符六年(1013)还京,极论丁谓、王钦若大兴土木致国库空竭之罪,因而遭排挤,出知陈州。大中祥符八年(1015),卒于陈州理所,享年70岁。他工诗善赋,作品今存《乖崖集》12卷。

图3-9　张咏像(采自华人德主编《中国历代人物图像集》,上海古籍出版社2004年版)

纵观张咏一生30多年的仕宦生涯,在中央任职的时间不足4年,而在地方政府任职的时间长达30年之上。张其凡就曾明确指出,张咏一生的主要政绩在于治理地方,其治郡之术很重要的一个方面就是注意民生,顺应民情。[2] 张咏出身贫寒,长在民间,较为熟

① 宋·宋祁《景文集》卷六二《张尚书行状》。

② 参见张其凡《张咏事文考述》,载其整理《张乖崖集·前言》,中华书局2000年版,第7~16页。

悉百姓疾苦,由此他在担任地方官时非常注意采取措施,使民众有谋生手段,从经济上稳定地方政局。通过张咏的一些措施,我们可以清楚地看到他对商业贸易有着比较深刻的认识,并能积极付诸实践,为国家及百姓谋利。具体而言,张咏的商业意识主要表现在以下几个方面:

首先,注重商品前景的预测,以培养本地区的商源,增强参与商业竞争的实力。

茶在宋代社会经济中具有特殊地位,正如李埏所分析的:

> 茶是经济作物,适于小农生产。地主茶园可以种它,一家一户的农民也可以种它。这和种桑养蚕是相似的。但制为成品投入市场时,绢帛不可以尺寸裂,茶叶则可以斤两计,多少都可以售出。这就不大一样了。尤其不同的是进入消费过程以后,茶,无贵无贱都得而饮用,绢帛则非富贵之家是不能服御的。在塞外游牧社会里,这种情况更为显著……至若茶叶,那就很不相同。贵族们牧民们都是"膻肉酪浆,以冲饥渴",非茶不可,因而茶成了不可或缺的生活必需品。显然,茶的市场较绢更为广阔……茶在内外市场上已执商品界的牛耳。到宋代,茶业更兴旺了。不仅江淮一带的生产大为发展,连远在西陲的四川也很可观。江淮川峡的茶叶依然大量出口塞外。《宋史·食货志》说:"茶之为利甚博,商贾转致于西北,利尝至数倍。"无怪乎它是国计的一大要务。①

张咏对此有清楚的认识。太平兴国五年(980),他初入仕途,被任命为崇阳知县。崇阳民众原来一直以种茶为业,张咏到任后,却

① 李埏《〈唐宋茶叶经济〉序》,载孙洪升《唐宋茶业经济》,社会科学文献出版社2001年版,第2页。

"命拔茶而植桑",百姓无不叫苦连天。原来张咏对茶叶作为商品的前景作了预测,认识到"茶利厚,官将取之,不若早自异也"[1],即茶叶的社会需求量大,利润极其丰厚,长此以往,国家一定要对茶实行禁榷政策,以垄断茶利,那样一来,茶农不仅收入会大大减少,甚至还有失业的危险,于是才有了他的砍茶种桑之举。后来国家果然对茶实行禁榷,"他县皆失业,而崇阳之桑皆已成,其为绢而北者岁百万匹,其富至今"[2]。当其他州县的茶农面临失业时,崇阳的桑蚕业已经发展起来,并占领了市场,一年就能输出丝织品近百万匹,使农民获得很大利润。

通过以上事例可以看出,张咏已充分认识到要想使本地产业有雄厚的商战实力,立足于商战之林,必须具有高超的战略眼光,不能拘泥于一时的利益,要及时调整产业结构,培植新的商源。崇阳以桑代茶就是这样,虽然原来茶的利润要超过绢,但面临着国家对茶利的分割或垄断,就不得不忍痛舍弃。这正是张咏商业眼光的独到之处,事情后来的发展完全证明了其先见之明。张咏在崇阳下达砍茶的命令后,"惟通乐一乡不变,其后别自为县,民亦贫至今也"[3]。

还有一个事例也能说明张咏注重培植商源。一天,他坐在崇阳城门下,看到有乡民从城里带着菜回家,就问他们菜从何而来。乡民回答说:"从市场上买的。"张咏大怒:"居住在城邑的人,没有地种菜,并且有其它职业,买菜吃尚可。你居住在乡村,不自己种植,反而花钱买菜吃,为何如此懒惰呢?"最后"笞而遣之",将这个乡民教训了一顿才放了。从此以后,崇阳周围每家每户都设置菜

① 宋·陈师道《后山谈丛》卷五。
② 宋·陈师道《后山谈丛》卷五。
③ 宋·陈师道《后山谈丛》卷五。

圃，蔬菜业得到了很大发展，以致于当地老百姓将芦菔称为“张知县菜”。[①] 蔬菜产量增加后，必然会被投入市场，由此就会培植出新的商源，成为当地百姓的重要收入来源。

其次，张咏主政地方时，注意通过商业贸易来解决棘手的问题。

淳化四年（993）二月，永康军青城人王小波以“均贫富”为号召发动起义。次年正月，李顺率义军攻克成都。后来官军收复成都，但郭门十里外仍被义军控制，两川招安使王继恩等率三万宋军龟缩城内，不敢出击，城门白天都要紧闭，军粮严重欠缺，“城中所屯兵尚三万人，而无半月之食”[②]。淳化五年（994）九月，张咏知益州。他到任后，得知了这一情况，又访知盐价历来都居高不下，百姓无钱买盐，但民间尚存有不少余粮，于是降低盐价，让百姓用粮食换盐，于是“民争趋之”，不到一月，得军粮数十万斛，从而有效地解决了军粮问题，同时解决了百姓缺盐食淡问题。[③]

张咏认为四川地区土地狭窄，游手者众多，一旦社会形势稳定下来，人口数必然急剧增加，如果遇到水旱灾害，百姓就会缺乏粮食。当时米每斗 36 文，于是将各州田税按照这个价格折成米，每年可得米六万斛。每到春天，就登记城中的贫民，按照口数给券作为凭证，允许其按原价购买，并将这一做法定为制度。由此，在以后的 70 多年里，四川地区虽然也出现过灾荒，但当地贫民却借此免受饥馑之苦。

张咏于咸平六年（1003）四月再次出知益州。有人建议差人夫

---

① 参见宋·陈师道《后山谈丛》卷六；宋·沈括《梦溪笔谈·补笔谈》卷二《官政》。

② 宋·韩琦《安阳集》卷五〇《故枢密直学士礼部尚书赠左仆射张公神道碑铭》。

③ 参见宋·韩琦《安阳集》卷五〇《故枢密直学士礼部尚书赠左仆射张公神道碑铭》。

往支郡搬运马草，当时王均兵变刚刚被平定，张咏称："百姓刚刚遭受了战乱，疮口尚未愈合，怎么能再役使他们呢？再说彭州、汉州等地，距成都往还有四天的路程，一名人夫又能担几束草，能喂几匹马？"于是张咏命人在益州城西门和北门各创置一座草场，向百姓收购生草喂马，很快就满足了马匹所需。当时百姓正面临饥饿，由此可以得钱买粮，被救活的人很多。张咏通过向百姓收购马草很好地稳定了四川的社会秩序。

再次，主张解盐实行通商法，有利于民间商人的发展。

北宋前期，关于解盐的经营体制一直存在着"榷禁制"和"通商制"的争论。所谓榷禁制，就是国家对解盐实行官运官销。所谓通商制，就是允许商人运送粮草到边境地区卖给军队，官府给其"文券"（后称交引、交钞），让其到京城领取缗钱，如其不愿领钱，也可以到某些茶、盐榷卖地区领取茶、盐到指定地区出卖，进行有限的分销代销。

咸平五年（1002），宋朝第四次开放解盐局部通商两年多，度支使梁鼎发现关中附近不下十万驻军的军粮出现了困难：除原来十座州军供给的公钱七十万五千余贯全部用完之外，陕西方面还向朝廷申请加拨了30万钱以补充边境军费。之所以如此，是由于商人在边境向军队出售粮草时，总是抬高价钱，官府不得不为此大量增加军费开支。解盐十八斤十一两"止易米一斗"，折算起来，"米一斗，计虚实钱七百十四"①。梁鼎认为"茶盐愈贱，边食愈亏"，"今年支用，比旧已增一倍"，因此，他主张"禁止解池盐货，请勿更通商，官自出卖"②。至于驻军粮草的解决办法，梁鼎主张利用春初

① 《续资治通鉴长编》卷五四，咸平六年正月壬寅条。

② 《宋会要辑稿·食货》三九之二。

农闲时节,让百姓运送。

梁鼎恢复榷卖的主张,由于抓住了解盐通商中的一个重要问题——入中价格偏差,而这一问题又影响到军需供应,所以很受真宗的重视。但是,判三司盐铁勾院李士衡却不以为然,他认为梁鼎的主张有三大危害:让百姓利用春闲运送军粮,则夺农时;恢复榷卖,会分割或剥夺商人的利润;盐不通商,则边城盐贵,必资盐于外夷。从总体上看,李士衡的见解是比较合理的。但梁鼎的主张得到了宰相的支持。真宗也站在梁鼎一边,解盐通商面临着被取缔的危险。

军粮问题一直是困扰宋代的一大难题,通过部分出让解盐榷卖权来补偿沿边入中商人以解决军粮运输的办法,虽然在入中价格上极不完善,却毕竟是多年来解决军需的最佳方案。梁鼎恢复解盐榷卖的主张一旦实行,势必要官运军粮,但这并不容易。他又试图"假贷于民,俟秋成赐纳新粟"①,但这种措施太冒险,很可能会引起民间骚动,最终因"朝命不许"而作罢。梁鼎只好建议暂缓榷卖。

在这种情况下,朝廷不得不派判户部勾院林特乘传车驰赴关右,与当时担任知永兴军的张咏共同商议解决办法,最终张咏和林特都请求依旧实行通商法。这年五月,"解盐复许商贩如旧"②,梁鼎被撤职。③

张咏还放宽旧的条禁,允许西域商人至四川地区做生意,结果大获通商之利。

---

① 《续资治通鉴长编》卷五四,咸平六年三月辛亥条。

② 《续资治通鉴长编》卷五四,咸平六年五月甲寅条。

③ 上文关于盐法的论述,参见郭正忠《宋代盐业经济史》,人民出版社 1990 年版,第 907 ~ 909 页。

最后，整顿市场货币秩序，确保市场平稳远转。

宋代四川地区是一个独立的货币区，其最大特点是长期使用铁钱。宋政府虽然数次采取措施试图禁止铜钱在四川流通，但均未奏效，所以宋代四川地区实际上是铁钱和铜钱并行。在这种情况下，铜钱和铁钱之间就需要保持合理的比价，否则由于当时征收赋税多用铜钱，很容易导致铁钱大幅度贬值，造成物价上涨，市场波动。淳化四年(993)，因"两川以铜、铁钱兼行，铜钱一当铁钱十，民颇便之"①，故而宋政府规定了铜钱和铁钱之间的比价为1:10，这种相对稳定的比价虽然可以防止铁钱进一步贬值，但却不能很好地适应市场变化的要求。到至道二年(996)，由于这期间发生了王小波、李顺起义，四川停铸铁钱，铁钱的购买力有一定程度的回升，1:10的比价便高于市场实际价格。当时"诏川陕诸州参用铜、铁钱，每铜钱一当铁钱十"，张咏却上书称自己"昨经利州，以铜钱一换铁钱五，绵州铜钱一换铁钱六，益州铜钱一换铁钱八。若一其法，公私非便。望依旬估折纳铜钱"②。张咏依据市场实际情况提出了建立铜钱与铁钱间比价动态机制的建议，即以旬(十天)为单位，根据市场变动的实际情况灵活确定铜钱与铁钱间的比价。这反映了张咏已经意识到了市场调节在经济生活中的作用。

据南宋史学家李焘的记载，四川地区原来是"益、邛、嘉、眉等州岁铸钱五十余万贯"，但从王小波、李顺起义后，停止铸造铁钱，"民间钱益少，私以交子为市，奸弊百出，狱讼滋多"③。李焘在这里指出了世界上最早的纸币——交子产生的原因是铁钱太少，不

① 明·曹学佺《蜀中广记》卷六七《方物》引《钱币谱》。

② 《宋史》卷二九三《张咏传》。

③ 《续资治通鉴长编》卷五九，景德二年二月庚辰条。

能满足市场流通的需要，其实这种观点并不可靠[①]，交子产生的直接原因应当是铁钱太重，不便于贸易。但由于交子最初是私营，由成都16家富户主办，其中“亦有诈伪者，兴行词讼不少。或人户众，来要钱，聚头取索印，关闭门户不出，以至聚众争闹。官为差官拦约，每一贯多只得七八百，侵欺贫民”[②]，这样势必影响商业贸易的正常进行。就是在这种情况下，第二次出知益州的张咏与转运使黄观等商议，决定在嘉、邛二州铸景德大铁钱。景德大铁钱贯重二十五斤八两，规定当铜钱一，当小铁钱十。张咏的这次铸钱，在宋人为当时巡抚益州路和利州路的谢涛所作的墓志铭、行状一类文字中得到了很高的评价。范仲淹认为这次铸钱“穷其利害，使盗铸息而物估平，蜀人于今便之”[③]。尹洙称：“铁价与旧钱更相均准，故下不得盗用而物价长平，蜀人至今便之”[④]。吕陶则称张咏与谢涛“议鼓铸厉害，乃考铁价，制钱币，重轻适均，物估用平，众甚便之”[⑤]。张咏等人铸造的大铁钱考虑到了铁价和旧小钱的购买力，在低价位上缓和了钱币缺乏的矛盾[⑥]，使市场物价暂时得到了平抑。之所以是暂时的，是因为宋朝于大中祥符七年（1014）又在四川铸另一种大铁钱，此钱重十二斤七两，但面值与景德大钱相同，所以祥符大钱产生后，景德大钱的命运只能是被熔销。

通过以上论述可以看出，张咏对货币在商业贸易中的重要作用有着清醒的认识。他为整顿货币秩序，确保商业贸易的顺利进

---

① 参见汪圣铎《两宋货币史》，社会科学文献出版社2003年版，第617页。

② 宋·李攸《宋朝事实》卷一五《财用》。

③ 宋·范仲淹《范文正公集》卷一一《宋故太子宾客分司西京谢公神道碑铭》。

④ 宋·尹洙《河南先生文集》卷一二《中大夫守太子宾客分司西京上柱国陈留县开国侯食邑九百户赐紫金鱼袋谢公行状》。

⑤ 宋·吕陶《净德集》卷一四《巡抚谢公画像记》。

⑥ 参见汪圣铎《两宋货币史》，社会科学文献出版社2003年版，第497页。

行做出了自己的努力。

（三）荣諲的商业思想

荣諲（1007～1071），字仲思，济州任城（今山东济宁）人。举进士。历任盐铁判官、广东转运使、开封府判官、知澶州、京东转运使等职。又使成都府路，召为户部副使，以集贤殿修撰出知洪州。神宗熙宁四年（1071），徙知舒州，未至而卒，享年65岁。

荣諲的商业思想主要体现在他与张日用等围绕晋州矾产销体制问题的争论上。

矾在宋代得到了空前广泛的应用。它走进了人们的日常生活，在饮食、化妆与洗涤、医药保健等方面都有广泛应用；它还被用到造纸、制墨、染色、炼铜、金银冶炼等手工业生产中，由此导致了宋代社会对矾的需求急剧增加，被宋代政府将其与盐、茶、酒等一同列为禁榷物品。晋州是宋代重要的矾产地之一，官府在此设有场务煎炼生矾，"元定年额钱一十六万余贯，自来许客人入中绸绢、丝、绵、见钱、茶货，算请生矾，上京重别煎炼后，取便卖与通商路分客人"[①]，商人从官府取得生矾后，还要组织人将其煎炼成熟矾，然后再将熟矾转卖给其他商人运送到各地货卖。景祐四年（1037），三司因为客商不向官府交纳银、绢和见钱，只是入纳茶货，于是由商人杜昇、李庆等六户承包，每年于晋州折博务入纳茶10万斤，于在京榷货务入纳见钱五万贯，然后算请生矾到京城重煎货卖。到了庆历元年（1041），河东都转运司又开始在晋州由官府设置锅镬，自行煎炼熟矾，"一面勒杜昇等六户，依旧管认年额钱、茶，博算生矾，一面将新煎熟矾，别招客旅出卖"，由此导致了杜昇等六户矾货大量积压，于是连年拖欠课利，"有烦官司催督，及引惹

① 《欧阳修全集》卷一一五《论矾务利害状》。

六户词诉不绝”①。

对于这种情况,官方有两种意见。② 一种意见以当时任晋州通判的荣諲为代表。他认为由官府自煎自卖为好。他将庆历元年官煎前后的情况作了比较,参见表3－5:

表3－5　北宋庆历元年官煎前后矾产量及国家收入表

年　代	矾产量	国家收入
景祐四年(1037)	生矾557000余斤	茶10万斤、见钱50000贯
宝元元年(1038)	生矾722000余斤	茶10万斤、见钱50000贯
宝元二年(1039)	生矾351000余斤	茶10万斤、见钱50000贯
康定元年(1040)	生矾365000余斤	茶10万斤、见钱50000贯
庆历元年(1041)	生熟矾849000余斤	174600余贯
庆历二年(1042)	生熟矾855000余斤	190500余贯
庆历三年(1043)	生熟矾1046000余斤	205000余贯

荣諲认为“自晋州置炼矾务,后来比祖额各有增剩”,由此矾应该完全由官府生产,要求“逐户将煎矾锅镬家事纳官,今后更不衷私重煎。只令晋州炼矾务一面重煎,收办课利”,“召诸色客旅,投状在京,入纳见钱,及取便于晋、潞等州入纳茶货、金银、钱帛、丝布、斛斗,更不限定人数、姓名、斤两多少,取便依则例入折博,算请晋州重炼熟矾”③。

另一种意见由并州通判张日用提出。他将晋州煎矾务的矾利收入和杜昇等六户在京缴纳的课税进行了比较,参见表3－6:

① 《欧阳修全集》卷一一五《论矾务利害状》。

② 以下叙述参见漆侠《宋代经济史》下册,上海人民出版社1988年版,第913～915页。

③ 《欧阳修全集》卷一一五《论矾务利害状》。

表3-6 晋州煎矾务收入和杜昇等六户缴纳课税比较表

年代	晋州煎矾务收入	六户缴纳课税
庆历元年(1041)	57823 贯 830 文	116838 贯 850 文
庆历二年(1042)	42018 贯 110 文	148486 贯 50 文
庆历三年(1043)	47233 贯 755 文	158345 贯 350 文

根据这一比较,张日用认为"炼矾务出卖得钱常少,六户入纳数目常多",如果"止令官卖,必恐大亏年计",因而应当"废罢晋州炼矾务,一就令在京六户管认年额钱、茶"①。总之,张日用主张继续采用在京六户承包矾税的方式经营。

面对这两种对立的意见,朝廷派欧阳修前往河东考察,结果欧阳修支持张日用的意见,认为"河东都转运司改法,官自炼矾出卖,见一时之小利,致经久之难行"。他主张"官罢自煎熟矾出卖。只令杜昇等六户,依旧管认年额,入纳钱、茶十五万数",如果官府停罢自煎自卖,则"官中虽岁失三五万贯自卖之利,而于钱、茶十五万旧额却有准的,不至亏陷"②。

对上述争论,漆侠认为荣諲的意见虽然考察了生熟矾的增长,但没有将生矾和熟矾各自增长的情况区分开来,从而掩蔽了官产和六户生产的具体情况。张日用的意见区分了晋州矾务收入和六户在京缴纳的课利,一个"常少",一个"常多",这反映了这两者生产的差别。课利税收的增减一般取决于生产情况的好坏,只有采用张日用的意见,即扩大六户承包制或者说买扑制,才有利于矾的生产进一步发展。然而令人奇怪的是,宋政府最终所采纳的不是

① 《欧阳修全集》卷一一五《论矾务利害状》。
② 《欧阳修全集》卷一一五《论矾务利害状》。

张日用的建议,而是荣諲的建议。之所以如此,是因为这样官府可以控制矾的价格,从而获得更大利润。对于产矾户,“晋、汾、慈州矾,以一百四十斤为一驮,给钱六千”,收购每斤不到 43 文,而出卖的矾价是“晋州每驮二十一贯五百”,批发每斤 153 文①,由此在采纳了荣諲的建议后,国家财政收入“数入四倍”②。李晓也认为宋政府最终采纳了荣諲的建议,是用全面取缔私营的方式实现了官营垄断,国家的课利收入或许没有损失,但却封杀了从商业资本转化来的私营生产资本的继续发展。③ 我们姑且不讨论荣諲和张日用的建议是否有利于矾的生产,而是着重看一下其主张与商业发展的关系。首先需要指出的是,所谓“全面取缔私营”只是取消了在京六户通过承包参与部分生产环节,并没有完全禁止商人参与矾的运销。荣諲并不主张完全的官产官卖,仍然主张实行“通商”,“召诸色客旅,投状在京,入纳见钱,及取便于晋、潞等州入纳茶货、金银、钱帛、丝布、斛斗,更不限定人数、姓名、斤两多少,取便依则例入折博,算请晋州重炼熟矾”,另外由于“晋、慈州生矾,染粗色亦可以生使,并许依则例算射兴贩”④。

与主张完全的官产官销相比,荣諲的这种对于禁榷物品实行“通商”的主张对于商业和商人发展的积极作用是明显的,但有很大的局限性,这只是在以国家财政为主导的禁榷制度下对于商人的一种让步。

(四)“朝廷用之自轻”:辛弃疾的纸币思想

辛弃疾(1140 ~ 1207),字幼安,号稼轩,历城(今山东济南)

① 参见《宋史》卷一八五《食货志下七》。
② 《宋史》卷三三三《荣諲传》。
③ 参见李晓《论宋代民间资本的流向》,载《文史哲》2000 年第 5 期。
④ 《欧阳修全集》卷一一五《论矾务利害状》。

人。著名的爱国志士，杰出的爱国词人。他出生时，山东已为金兵所占。辛弃疾的少年时代是在济南历城度过的，由于目击了战乱的劫难，亲身体味到了民族压迫之苦，受祖父爱国思想的熏陶，逐渐萌生了澄清中原的壮志。22岁时，金主完颜亮南下攻宋，中原人民纷纷起义，他遂即举起义旗，聚众抗金，加入了耿京领导的义军，任掌书记。随后决策南向，投归南宋。

辛弃疾南归后的前20年，即24岁到42岁期间，辗转于江淮两湖一带任地方官。这期间他凭借职守，积极为恢复中原呼吁筹措。"隆兴和议"后不久，虞允文为相，筹划备战，辛弃疾改任建康通判。他考察战局，分析敌我，写成《美芹十论》进奏朝廷，"以光复旧物而自期"。稍后，又进献了著名的北伐计划书《九议》，致力于推进恢复大业。后历任滁州知州、江西提点刑狱、京西转运判官、知江陵府兼荆湖北路安抚使、知隆兴府兼江西安抚使。39岁时在江西被召为大理少卿，又出为湖北转运副使。翌年转为湖南转运副使，继而知潭州兼湖南安抚使等职。他20年中一直为筹措恢复、改革邑政而努力，但由于孝宗由支持抗金滑向动摇妥协，上层主战派力量有所削弱，辛弃疾在官场中的处境日益孤立，走向复国前线的愿望终难实现。他的政绩引起了某些朝臣的疾忌，遭人弹劾，于淳熙八年(1181)被免职，后到上饶闲居达十年之久。光宗即位第二年，被起用为福建提点刑狱、知福州兼福建路安抚使，但不到三年即被革职。宁宗即位后，外戚韩侂胄掌权，有意兴兵北伐，擢用主战人士，年已64岁的辛弃疾被起用为绍兴知府兼浙东安抚使，旋被差往前线任镇江知府。他以急流勇进的姿态筹划边事，组织劲旅，可惜到镇江刚满一年，即遭弹劾而罢职，又回铅山故宅闲居。回乡不久，开禧三年(1207)，朝廷正式下诏伐金，又应召出山，可惜已经病体难支，最终含恨长辞。他擅为长短句，风格悲壮激烈，为豪放词派的杰出代表。他一生写作了大量的文章和诗词，现存诗文数量较少，词则尚有630余首。后人进行辑佚补存，以邓广铭的《稼轩词编年笺注》和《辛稼轩诗文笺注》最为完备。

辛弃疾的纸币思想主要体现在他的《论行用会子疏》一文中。这篇文章是宋孝宗淳熙二年(1175)他任仓部郎官时进奏给朝廷的。会子是南宋于绍兴年间开始发行的纸币。到淳熙年间，会子的流通已经出现了一些弊端，主要表现在会子的法偿能力出现了问题，各级官府部分拒收或变相拒收会子，以至于"朝廷行用会子以来，民间争言物货不通，军伍亦谓请给损减"①。辛弃疾就是针对这些弊端提出了自己的建议，明确指出了其症结在于"朝廷用之自轻"。

辛弃疾认为国家发行会子的目的是"本以便民"，所以首先论述了会子在商业贸易中具有轻便、易于携带的特点。他说：

> 世俗徒见铜可贵而楮可贱，不知其寒不可衣，饥不可食，铜楮其实一也。今有人持见钱百千以市物货，见钱有般载之劳，物货有低昂之弊；至会子，卷藏提携，不劳而运百千之数，亦无亏折，以是较之，岂不便于民哉！

辛弃疾仅从纸币在流通手段上的职能与金属货币完全相同出发，指出二者没有贵贱之分，而纸币却更加方便，没有"般载之劳"，可以"不劳而运百千之数"，能够更好地适应和促进商品交换的发展。会子也能克服因不同种类的钱有不同的购买力，从而造成"物货有低昂之弊"的缺陷。但纸币亦有它的缺点，容易因滥发而造成通货膨胀，并非不会出现"亦无亏折"的局面。一旦发生通货膨胀，纸币

① 本小节以下引文均出自辛弃疾《论行用会子疏》，载明·黄淮等编《历代名臣奏议》卷二七二《理财》。

不仅不能便民,反而会害民,也会极大地影响商业贸易的发展。辛弃疾此处将“物货有低昂之弊”视为铜钱专有的弊端,称会子“无亏折”,避而不谈纸币贬值及由此出现的通货膨胀,有为当时的纸币政策辩护的意味。

从国家财政需要出发考虑,辛弃疾认为纸币还有易于满足缓急之需的优点。他说:

> 缓急之际,不过多印造会子以助支散。百万财赋可一朝而办也……无事之时,军民无会子之弊;缓急之际,朝廷无乏兴之忧,其利甚大。

通过印造会子满足财政需要,的确比铸造钱币方便得多,但必须慎重对待,否则后果不堪设想。应该特别指出的是,辛弃疾在强调纸币的便利时,并没有忘记发挥纸币优点的前提,即保持会子币值的稳定。他对会子贬值的原因和如何提高会子的购买力作了深入分析。

辛弃疾分析了会子贬值的原因,“其弊之所以至此者,盖由朝廷用之自轻故耳”。他认为这是其中最重要的原因,“往时应民间输纳,则令见钱多而会子少;官司支散,则见钱少而会子多,以故民间会子一贯换六百一二十足,军民嗷嗷,道路嗟怨。此无他,轻之故也”。由于百姓交纳赋税时,官府往往要求多交纳见钱,而不愿甚至拒绝接受纸币;官府在支出时,往往多支纸币,却很少支散见钱,正是由于官府对纸币的轻视,致使会子作为纸币,法偿能力出现了问题,最终使会子不断贬值。“近年以来,民间输纳用会子见钱中半,比之向来则会子自贵,盖换钱七百有奇矣。此无他,稍重之故也”,官府近年来征收赋税允许钱会中半,就是会子与见钱各一半,由于受到官府重视,会子的购买力有所提高,由原来“民间会子一贯换六百一二十足”上涨到了“七百有奇”。

辛弃疾进一步分析了会子不被官府重视的原因,就是“印造之数多而行使之地不广”，当时会子的流通范围“不过大军之所屯驻与畿甸之内数郡尔，至于村镇乡落、稍远城郭之处已不行使，其它僻远州郡又可知也”。针对这一问题，辛弃疾提出了如下建议：

臣愚欲乞姑住印造，止以见在数泄之诸路，先明降指挥，自淳熙二年以后，应福建、江、湖等路，民间上三等户租赋并用七分会子、三分见钱输纳。民间买卖田产价钱，悉以钱会中半，仍明载于契。或有违戾，许两交易并牙人陈诉，官司以准折受理。僧道输纳免丁钱，亦以钱会中半。

辛弃疾主张暂时停止印造会子，使会子的发行量保持在已有的规模上，并让已有的会子进入流通领域，各种交易至少采用钱会中半的方式，由此通过以赋税方式输纳给官府和商贾“以会子兴贩往来于路”等方式，就会使“会子之数有限，而求会子者无穷，其势必求买于屯驻大军去处，如此则会子之价势必踊贵”，使会子摆脱继续贬值的局面。

纸币在商品交换中代行流通手段的职能，在宋代社会长期面临“钱荒”的情况下，纸币对物价及商品流通的影响极大，处理好纸币的问题是稳定物价和保证市场稳定的重要措施。辛弃疾关于稳定纸币购买力的主张就反映了他确保市场稳定和商品交换平稳运转的思想。

（五）王文统的商业思想

王文统（1190？ ～1262），字以道，益都（今山东青州）人。早年曾中经义进士，中举后未曾任官，故称“布衣”。他“少时读权谋书，好以言撼人”[①]，又“聚历代奇谋诡计为一书”[②]，可见其为学并

① 《元史》卷二〇六《王文统传》。

② 元·程文海《雪楼集》卷九《薛庸斋先生墓碑》。

不限于儒家，对法家和纵横家也很感兴趣，由此具有较高的谋略和经济之才。

王文统以游说"遍干诸侯"，均未得到赏识，后往见益都行省李璮，"璮与语，大喜，即留置幕府，命其子彦简师事之，文统亦以女妻璮。由是军旅之事，咸与谘决"[①]，成为李璮的亲信谋主。李璮"岁上边功，虚张敌势，以固其位，用官物树私恩，取宋涟、海二郡，皆文统谋也"[②]。王文统辅佐李璮在山东治理军民方面应极有成效，所以能声名远播。蒙古宪宗九年(1259)，刘秉忠、张易等向忽必烈进言："山东一王文统，才智士也。"[③]次年三月，忽必烈即帝位，旋即设立中书省"以总内外百司之政"[④]，即起用王文统为中书平章政事。

王文统当政的两年间，殚精竭虑为朝廷效力，充分发挥了他的政治才干，但主要精力还是放在理财方面。忽必烈即位伊始就爆发了与阿里不哥的争位战争，军需开支浩大，再加上诸王朝会赏赐、设立新的军政机构、营造宫室都城等都需要巨额经费，而当时库藏几无积储，因此保证足够的财政收入是忽必烈新政权面临的紧迫大事。忽必烈将"凡民间差发、宣课盐铁等事，一委文统等裁处"。王文统的理财方针是"欲差发办而民不扰"[⑤]。当时主要的弊病是财赋制度混乱，地方各自为政，诸侯、投下征敛无度，官吏贪赃作弊，差发不均，多征少纳，以致百姓逃亡者多，国赋严重亏损。针对这些弊病，中书省主要采取了以下措施：改革投下五户丝制和

① 《元史》卷二〇六《王文统传》。
② 《元史》卷二〇六《王文统传》。
③ 元·苏天爵辑撰《元朝名臣事略》卷七《平章廉文正王》。
④ 《元史》卷二〇六《王文统传》。
⑤ 《元史》卷二〇六《王文统传》。

统一钞法，将财权集中到中央；核实户口，使民户负担合理均平，不致隐漏或偏重；对各级官吏加强督责检查，不称职或贪赃欺弊、侵损国赋者予以罢黜或治罪；定盐酒等税法，申严私盐酒之禁，并置互市于颍州、涟水、光化等处与宋人贸易，禁军民越境私商，使课税不致流失。王文统的理财政策获得了显著成效，真正做到了"民不加赋而国用饶"。

王文统的商业思想就体现在围绕理财而采取的一系列措施中，主要表现在以下几个方面：

首先是钞法改革。

蒙古太宗窝阔台灭金以后，没有统一的货币，各路都发行在本境内使用的钞币，造成了某些混乱和不便。中统元年（1260），在王文统主持下，中书省统一发行"中统元宝交钞"。面值有壹拾文、贰拾文、叁拾文、伍拾文、壹百文、贰百文、叁百文、伍百文、壹贯文省、贰贯文省十种。中统钞不限年月，通行流转，以所储白银为本，钞壹贯相当于白银一两，发行数量大体依银本多寡而定，官府的酒醋盐铁等课程和各种差发均以中统宝钞为主。各路原来所行钞币同时废除，允许百姓持钞倒换白银，也可倒换昏坏纸钞，还允许各路以旧钞如数兑换中统钞，使百姓免受损害。

王文统对钞法改革极为谨慎，唯恐钞法壅滞，公私不便，每天都与主管部门交钞提举司及诸省官商议，讲究利病，制定了一套周密的制度，如纸钞与白银子母相权，银本常不亏欠，京师总钞库不得动支借贷等，从而使中统钞之行有如下便利："艰得，一也；经费省，二也；银本常足不动，三也；伪造者少，四也；视钞重于金银，五也；日实不虚，六也；百货价平，七也。"[①]王文统还要求各路

① 元·王恽《秋涧先生大全文集》卷八〇《中堂事记》。

宣抚司要及时将辖区“钞法有无底滞，及物价低昂，与钞相碍，于民有损”①的现象采取措施加以解决，因此中统钞法初行时信用很高，流通甚畅，既增加了国家财政收入，又方便了民间贸易及百姓生活，“公私贵贱，爱之如重宝，行之如流水”②。

其次是改革盐的榷卖政策。

元代盐的流通主要有两种方式：一种是由商人经手销售，即通常所说的“商运商销”；另一种是由国家直接销售，即“官运官销”。商运商销的基本程序是商人向各盐司（或户部）纳钱换取盐引，或向国家指定的地点纳粮，由国家按照所纳粮数折合成盐引，凭引到盐场或盐仓支盐，然后将盐运到各地销售。中统二年（1261），王文统在元世祖颁诏“申严私盐”的同时，又将榷卖食盐的价格由每引白银十两减至七两，从而便于官府向盐商批发和推销盐引，也有利于盐商的经营，最终使榷盐收入增加，为国家提供了一项稳定而可观的财赋来源。

再次是设立互市。

忽必烈即位以前，宋蒙之间就设有互市，后来随着蒙哥汗大举攻宋而废罢。到中统元年（1260）七月，“立互市于颍州、涟水、光化军”③。宋蒙双方设立榷场，允许南北商人互市，有利于南北商品的流通和社会经济的发展。对于互市的意义，元人胡祗遹曾围绕互市的停废问题有明确论述：

> 窃见开场之利，不为无补。夫天地之生物，南北异宜，懋迁有无，尧舜之所必行。当时偶有以停罢闻奏者，辞胜于理，无有面折廷争之人，圣旨权依停罢。今日大臣诚能款曲陈说，

---

① 元·王恽《秋涧先生大全文集》卷八〇《中堂事记》。

② 元·胡祗遹《紫山大全集》卷二二《宝钞法》。

③ 《元史》卷四《世祖纪一》；《元史》卷二〇六《王文统传》。

以为当行之事，公私两便，解前日之惑，理到言尽，圣意未必不从。但数年以来无人再言，所以停止，不复举行。即今南货销熔尽绝，价增数倍，我家中原所出之货，每岁虚随土壤弃掷腐朽而不为用。谓土产之药物人参、防风、甘草等物，辇之而南则为宝货，积之于本土则为弃物。农人无地耕获不能为他艺者，旬月之劳，劚草药三百斤，可卖钱十余贯，终岁差发可办。商贾之有财本者，以千贯之物往返，半岁之间化为数千贯，何惮乎生理之不厚，科差之不供？货既流通，转相贸易，舟车流行，店铺和煦，居者、行者、有智有力者，皆得养生之利。自罢场已来，坐贾无所获，行商无所往，舟车留停，道路萧条，以我所有易得致富之货，废弃而为无用；我之所无必用之物，涌贵无所致。得计失计，于斯灼然。①

忽必烈对王文统的见识、才能和政绩极为赞赏，大有相见恨晚之意，对他屡屡召见，多所顾问，这引起了窦默、姚枢、许衡等一帮儒学派谋臣的嫉妒。另外，王文统主功利之说，和窦、姚、许等人"以义为本"的治国主张相对立，为此受到了他们的猛烈指斥和抨击。中统三年（1262）二月三日，李璮发动叛乱，王文统被忽必烈以"同谋"罪诛杀。王文统虽因受李璮叛乱牵连而被处死，但当时人多承认，"元之立国，其规模法度，世谓出于文统之功为多云"②。

二、宋元时期山东农本思想下的商业意识

山东地区有浓厚的农学传统，从汉代的汜胜之到北朝时期的贾思勰，再到北宋的邓御夫和元代的王祯等人，都是中国农学史上

① 元·胡祗遹《紫山大全集》卷二二《论聚敛》。
② 《元史》卷二〇六《王文统传》。

极为杰出的代表人物。作为农学家,他们都有深厚的农本思想,但却没有落入传统"本末"思想的窠臼。他们虽然也将农业与商业的关系视为"本"与"末"的关系,但大多不仅不排斥商业,反而将商业视为实现自己富民主张的途径,表现出强烈的商业意识,在中国古代的农商关系思想史上写上了独特的一笔。这一时期,不仅农学家,就是一般的布衣农民也表现出同样的思想倾向,元代东平布衣赵天麟就是其典型代表,此处一并叙述之。

（一）农学家王祯的商业意识

王祯,字伯善,东平人[①],元代杰出的农学家。生卒年月不详,大约生于南宋后期,卒于元朝中后期。他虽然一生"南北游宦,涉历有年"[②],足迹遍及燕赵、齐鲁、秦晋、江淮等处[③],但今天我们只能够确知他担任过泰安州学教授及两任地方小官。元贞元年(1295),王祯以承事郎任宣州旌德(今安徽旌德)县尹,任职六载。他在旌德惠爱有为,兴办学校,修葺县治坛庙,修桥补路,施舍医药救助贫民,"每暇日躬率家童,辟廨西废圃,构茅屋三间,引鹿饮泉水,注为清池,以种莲芡,四面树以花草竹木,仍别为谷垄稻区,环植桑、枣、木棉,示民种艺之法,扁其居曰'山庄',命其圃曰'偕乐',又尝教民种桑、麻、苎、禾、黍、牟、麦之类,并图画所为钱、镈、耰、耧、耙、耖诸器,使民为之"[④]。王祯在旌德县采用了先示范、后推广的方法,亲自开辟作为示范区的"山庄"和"偕乐圃",教给农民作物栽培技术,同时还画出图样,教农民制造使用各种农具,取

① 一说为泰安人,参见周郢《农学家王祯生平事迹的重要发现》,载《周郢文史论文集:泰山历史研究》,山东文艺出版社 1997 年版,第 172 ~ 178 页。

② 《元帝刻行〈王祯农书〉诏书抄白》,载王毓瑚校《王祯农书》附录,农业出版社 1981 年版,第 446 页。

③ 参见郭文韬等《贾思勰王祯评传》,南京大学出版社 2001 年版,第 169 页。

④ 乾隆《旌德县志》卷一〇《杂记》。

得了很好的效果，“如是三年……旌德之民利赖而诵歌之”[1]。大德四年（1300），调任信州永丰（今江西广丰）县尹，“以课农兴学为务，常买桑苗及木棉子导民分艺，遇旱干或淫雨，必斋戒虔祷”[2]。

王祯在多年南北游宦、劝课农桑的过程中，不断钻研农学，深入农业生产实地调查研究，积累了丰富的农业知识，于是从旌德县尹任上开始撰写《农书》，直到永丰任上方才完成，并请戴表元为《农书》作序。大德八年（1304）九月，朝廷颁布了刻行王祯《农书》的诏书，将其著作推广开来。《农书》全书约13.6万字，插图280多幅，分为三个部分：一是《农桑通诀》，实际上是关于农业的通论，论述了广义农业的内容和范围；二是《百谷谱》，分论各种作物的栽培，以粮食作物为主，兼及蔬菜、林果等的栽培；三是《农器图谱》，图文并茂地叙述了各种农业器具的构造、来源、演变和用法。

通观《农书》全书，可以发现王祯作为一位农学家，其思想的核心就是重农，但在重农的同时，他并不排斥和抑制商业发展，反而主张通过商业实现其富民的主张。

首先，王祯思想的核心是重农。与其他农学家一样，王祯怀有浓厚的重农思想。这里的“农”既包括农业，也包括农民。他在《农书》自序中明确指出：

> 农，天下之大本也。“一夫不耕，或授之饥，一女不织，或授之寒。”古先圣哲敬民事也，首重农，其教民耕、织、种植、畜养，至纤至悉。

他认为农业是整个国家的“大本”，即国家的根本大计，其原因在于它是人类的衣食之源，一个农民不种地，就会有人挨饿，一个农妇

① 元·戴表元《剡源文集》卷七《王伯善农书序》。
② 同治《广丰县志》卷六《名宦》。

不织布，就会有人挨冻。古往今来的先圣先贤们都将“重农”视为民事的首要工作。《农桑通诀》的开篇就是“民事起本”，王祯追述了神农和后稷的事迹以后，又特别强调了周“以农事开国”的历史，在《孝弟力田篇》还叙述了汉唐时期崇本抑末的历史。

王祯不仅认识到了农业是整个国家的根本大计，而且认识到了农业在士、农、工、商四业中的根本地位，“农以赡其衣食”，“天下之人，莫不衣其衣而食其食”，“养之者莫重于农，士之本在学，农之本在耕；是故士为上，农次之，工商为下，本末轻重，昭然可见”①。王祯对于“仓廪实，知礼节，衣食足，知荣辱”的道理也有清楚的认识。他对这一道理的阐发是通过论述“孝弟”和“力田”的关系，即礼法与衣食的关系实现的。他说：“若一夫耕，众人坐而食之，欲民之无饥，不可得也；一女蚕，众人坐而衣之，欲民之无寒，不可得也。饥寒切于民之身体，其所以仰事俯畜、养生送死者，皆无所资，欲其孝弟，不可得也”，如果不能使百姓摆脱饿冻之苦，要使其遵守礼法是不可能的，故“孝弟为立身之本，力田为养身之本，二者可以相资而不可以相离也”。

其次，王祯不仅不排斥商业，反而对商业在国民经济中的地位有清楚的认识。

王祯认为人的“气禀有清浊之异，其清者为士，而浊者为农、为工、为商；士以明其仁义，农以赡其衣食，工以制其器用，商以通其货贿；此四民者，皆天之所设以相资焉者”②。王祯在这里指出了士、农、工、商的必要性及各自的功能，在农、工、商各经济部门中，农是工、商二业的基础，但“工逞技巧，商操赢余，转徙无常”，“商以

① 本段引文均出自《王祯农书·农桑通诀·孝弟力田篇》。
② 《王祯农书·农桑通诀·孝弟力田篇》。

通其货贿”，也是“世所不可缺”和“有益于世用”[1]的，商业是货物流通的基本条件，是社会正常运转不可缺的。商业对社会是有益的。王祯在《农书》中也有实例说明了他对商业作用的认识。如他在论述木棉时说：“中国自桑土既蚕之后，唯以茧纩为务，殊不知木棉之为用。夫木棉产自海南，诸种蓺制作之法駸駸北来，江、淮、川、蜀既获其利；至南北混一之后，商贩于北，服被渐广，名曰‘吉布’，又曰‘棉布’”[2]。王祯在这里就明确指出了商业在棉花推广和应用等方面的巨大作用，正是由于“商贩于此”，人们对棉布的使用才逐渐广泛的。

需要特别说明的是，王祯虽不排斥商业，对商业的地位也有相当的认识，但他受时代历史条件的限制，仍然认为“士为上，农次之，工商为下，本末轻重，昭然可见”，把工商业当成“末”来看待。对于抑“末”的原因，王祯也有客观的分析，他认为那时“以有限之物，供无益之人”，也就是在生产力还不发达，不能生产出足够的奢侈品的条件下，只能适当抑末，否则“一夫不耕，民有饥者，一女不蚕，民有寒者；乃若一夫耕，众人坐而食之，欲民之无饥，不可得也；一女蚕，众人坐而衣之，欲民之无寒，不可得也。饥寒切于民之身体，其所以仰事俯育、养生送死者，皆无所资，欲其孝弟，不可得也”[3]。

再次，王祯在他重农思想的基础上，进一步提出了“富民”的主张，并论述了富民的措施。

王祯在《农书》中多次提出“富民”的主张，如他在论述围田的好处时说：“虽有水旱，皆可救御。凡一熟之余，不惟本境足食，又

① 《王祯农书·农桑通诀·孝弟力田篇》。
② 《王祯农书·农器图谱·纩絮门》。
③ 本段引文均出自《王祯农书·农桑通诀·孝弟力田篇》。

可赡及邻郡。实近古之上法，将来之永利，富国富民，无越于此”[1]。再如论述囷的作用时称“富国何如富在民”[2]。他也没有停留在仅仅提出“富民”的口号上，而是进一步阐述了富民的具体措施，就是从广义农业出发，发展农、林、牧、副、渔的综合经营。

王祯《农书·农桑通诀》部分在重点叙述了狭义农业——种植业技术的同时，也用相当的篇幅论述了林业、畜牧养殖业和养蚕缫丝等副业的技术内容。《种植篇》论述了植树造林的意义及相关技术；《畜养篇》则分别论述了养马、养牛、养羊、养猪、养鸡、养鹅鸭、养鱼、养蜜蜂等的相关技术；《蚕缫篇》则论述了养蚕缫丝技术。

通过发展林业、畜牧养殖等使民致富，其最终实现的方式还是参与商业交换，只有通过商业，才能“博易”其利，正如他在论述养羊时所说的：

> 羊每岁得羔，可居大群，多则贩鬻，及所剪毫毛作毡，并得酥乳，皆可供用博易，其利甚多。谚云，“养羊不觉富”，正此谓也。[3]

养鸡“得雏与卵”，既可“足供食用，又可博换诸物”[4]。再如王祯在论述榆的种植时引用了贾思勰《齐民要术》的观点，强调“地须近市”，以便“卖柴、荚、叶，省功也”[5]，就是为了出售时的便利。对于榆树，“三年春，可将荚叶卖之。五年之后，便堪作椽；不梜者即可斫卖，梜者镟作盏”[6]。

由上可见，王祯主张的通过发展农、林、牧、副、渔的综合经营

① 《王祯农书·农器图谱·田制门》。
② 《王祯农书·农器图谱·食廪门》。
③ 《王祯农书·农桑通诀·畜养篇》。
④ 《王祯农书·农桑通诀·畜养篇》。
⑤ 《王祯农书·百谷谱·竹木》。
⑥ 《王祯农书·百谷谱·竹木》。

来富民的措施,最终实现的途径仍然是商业贸易。

最后,王祯非常注重利用市场机制,引导百姓致富。

王祯《农书》虽然设有专篇强调重本抑末,并批评司马迁“农不如工,工不如商,刺绣纹不如倚市门”的以商求富的思想。但他在具体论述中,许多地方又反映了他重视对市场机制的利用,以此引导百姓致富。

在市场机制中,供求关系居于相当重要的地位。王祯十分重视市场供求关系的运用,注意引导农民生产市场上供不应求的物品,像荔枝,“生于海滨岩险之远,而能名彻上京,外被四夷,重于当世,是亦有足贵者”,“西夏、新罗、日本、琉求、大食之属,莫不爱好,重利以酬之”,由此在当时,“闽中荔枝初著花时,商人计林断之以立券;一岁之出,不知几千万亿,水浮陆转,贩鬻南北”[①]。世人对荔枝“莫不爱好,重利以酬之”,使之成了市场上供不应求的紧俏商品。商人在荔枝刚开花时,就预先“立券”,以预订之。农民就应当多生产这样的产品,“一岁之出,不知几千万亿”,这样才能迅速致富。

王祯除了重视市场供求关系外,还非常注重价格机制,主张交易要依据市场价格公平进行。他在论述围田时,称“总沾新税籍,素表屡丰年,黍稌及亿秭,仓箱累万千,折偿依市直,输纳带逋悬,岁计仍余羡,牙商许懋迁”[②],主张缴纳税租和买卖交易粮食都要按当时的市场价格进行。在重视价格机制的基础上,王祯还注意引导农民选择利润丰厚或投入少、利润稳定的商品进行生产,他在《农书》中列举了一些可使农民迅速致富的产业:

① 《王祯农书·百谷谱·果属》。
② 《王祯农书·农器图谱·田制门》。

养牲畜。“欲速富，当畜五牸。五牸之中，惟马为贵”①。

养猪“特为省力，易得肥腯。前后分别，岁岁可鬻，足供家费”②。

养鱼。“凡所居近数亩之湖，如依上法畜之，可致速富，此必然之效也”③。

养蜜蜂。“春夏合蜂及蜡，每窠可得大绢一疋。有收养分息数百窠者，不必他求而可富也”④。

养鹅鸭。如果“常令肥饱，一鸭可生百卵。夫鹅鸭之利，又倍于鸡，居家养生之道不可阙也”⑤。

养蚕。“业蚕者取其要诀，岁岁必得。庶上以广府库之货资，下以备生民之纩帛，开利之源，莫此为大”⑥。

种树。王祯引用司马迁的《史记·货殖列传》说明了“种植之利博矣”，“近闻诸般材木，比之往年，价值贵重，盖因不种不栽，一年少于一年，可为深惜……自生自长，不费衣食，不忧水旱，其果木材植等物，可以自用，有余又可以易换诸物；若能多广栽种，不惟无凶年之患，抑亦有久远之利”⑦。

栽种甜瓜，“一枚可以济人之饥渴，五亩可以足家之衣食”⑧，栽培五亩甜瓜，可满足一家衣食之费，必然也是要将甜瓜在市场上出售方能实现这一目标。

---

① 《王祯农书·农桑通诀·畜养篇》。
② 《王祯农书·农桑通诀·畜养篇》。
③ 《王祯农书·农桑通诀·畜养篇》。
④ 《王祯农书·农桑通诀·畜养篇》。
⑤ 《王祯农书·农桑通诀·畜养篇》。
⑥ 《王祯农书·农桑通诀·蚕缫篇》。
⑦ 《王祯农书·农桑通诀·种植篇》。
⑧ 《王祯农书·百谷谱·蓏属》。

种植蔬菜。王祯认为"蔬茹之中,惟蔓菁与萝蔔可广种,成功速而为利倍"[①]。如葵,"上之人教之以种艺之法,勿夺其时,使之家种百畦,其利自倍"[②];韭菜则是"剪而复生,久而不乏","实蔬菜中易而多利"[③];

种植枣树。"太史公称安邑千树枣,其人与千户侯等,则枣之为利,顾不溥哉"[④]。

种植橘、柑。橘是"南方之珍果,味则可口,皮核愈疾,近升盘俎,远备方物,而种植之获利又倍焉,其利世益人,故非可与他果同日而语也";柑"可以市易谷帛","利亦殊博"[⑤]。

种植穀楮,"指地卖者,省功而利少;煮剥卖皮者,虽劳而利大。自能造纸,其利又多。种三十亩者,岁斫十亩,三年一遍,岁收绢百匹。南方乡人以穀皮作衾,甚坚好,鬻之实为贫家之利焉";漆树,"积以岁月,皆得其用;向之笑者,皆求假焉,赀至钜万。盖漆易成而利博故也"[⑥]。

种植苧麻,"有三刈之可收,实一劳而永利。按之《本草》,根叶亦足疗人,绩为布衣,寒暑俱可被体,其利溥哉!"[⑦]茶,"灵草也,种之则利博","诚生民日用之所资,国家课利之一助也"[⑧]。种红花,经过加工后,"以染真红及作胭脂,其利殊博也"[⑨]。

---

① 《王祯农书·百谷谱·蓏属》。
② 《王祯农书·百谷谱·蔬属》。
③ 《王祯农书·百谷谱·蔬属》。
④ 《王祯农书·百谷谱·果属》。
⑤ 《王祯农书·百谷谱·果属》。
⑥ 《王祯农书·百谷谱·竹木》。
⑦ 《王祯农书·百谷谱·杂类》。
⑧ 《王祯农书·百谷谱·杂类》。
⑨ 《王祯农书·百谷谱·杂类》。

由上可以看出，王祯讨论某种作物的时候非常注意其“利”之厚薄，注重选择利润丰厚者教民栽种，以实现其富民主张，反映了他具有强烈的商业意识。

（二）其他山东农学家的商业意识

宋元时期山东的农学家除王祯外，还有以下几位：

邓御夫（1032～1107），字从义，北宋济州巨野（今山东巨野）人。早年辛苦读书，尝试太学异等，但因“性薄荣利”，后隐居不仕，“犯晨夜身自力作”①，著有《农历》120卷，“言耕织、刍牧、种莳、耘获、养生、备荒之事，较之《齐民要术》，尤为详备”②。从内容上看，邓御夫的《农历》一书内容十分广泛，同样主张农、林、牧、副等各业的综合经营，发展牧业和副业等势必要与市场发生联系。可惜该书在南宋以后就失传了，对邓御夫的商业意识我们已无从详考。

张福，字显祖，元代山东禹城人。他的父亲张迪，“金人南迁，寓迹农业”，后归入张荣帐下，以战功升任济南兵马钤辖、权济南府事，“建府治，画闾里，招流亡”，后拜怀远大将军、元帅右监军、济南府推官，仍提领历城县事，这里“兵后民稀，城内外多间（闲）田，召民占射，垦为永业，己独无取”③。张福“好学，读《春秋左氏传》、《贞观政要》，能背诵”，曾参与伐金之谋和攻灭金朝和南宋的战役，历任济南军民镇抚都弹压、兵马钤辖、权济南府事，主张“休兵息民，以养其力”④，曾经谏阻征调齐人为军和额外加征。他著有《种艺必用补遗》一书，是对南宋人所著《种艺必用》一书的补充。《种

① 宋·晁补之《鸡肋集》卷六三《邓先生墓表》。

② 宋·张邦基《墨庄漫录》卷一〇。

③ 元·欧阳玄《圭斋文集》卷九《元封秘书少监累赠中奉大夫河南江北等处行省参知政事护军追封齐郡公张公先世碑》。

④ 元·欧阳玄《圭斋文集》卷九《元封秘书少监累赠中奉大夫河南江北等处行省参知政事护军追封齐郡公张公先世碑》。

艺必用》成书后，因切于实用，迅速传到北方，张福虽系武将，但通文事，其父子两代皆守济南，协助张荣祖孙三代“为国养民，不竭其力”①，因而他非常重视发展农业生产，对《种艺必用》加以补充②，其内容不仅涉及豆、麦等五谷的种植技术，也讲述了桑、麻、瓜果、蔬菜、竹及众多园艺植物的栽培技术。该书不仅重视农、林、副的综合经营，更是把园艺欣赏植物的栽培技术引入了农业之中，这是宋代以来社会上对花卉等园艺欣赏植物商品性消费扩大的结果③，充分反映了农学家张福的商业意识和经营理念。

苗好谦是元代中期山东又一位杰出的农学家。他是山东成武人，大德年间由大宗正府都事累擢至佥江北淮南道廉访司事，弹劾不法，很有名声。至大二年（1309），佥淮西道廉访司事。他在《齐民要术》等农学著作的基础上，提出了自己的种桑之法：分农民为三等，上户地十亩，中户五亩，下户二亩或一亩，周围筑以垣墙，以时收采桑椹，依法种植。元武宗认为其法甚善，将其做法推广到各路。延祐三年（1316），以其所到之处都鼓励蚕桑生产很有成就，升为司农丞。延祐五年（1318）九月，完成《栽桑图说》一书，由大司农买住等进献给朝廷，元仁宗认为“农桑衣食之本，此图甚善”，命刊印千帙散发至各地。

在这期间，苗好谦还受命参与了元代官修农书《农桑辑要》的修订。《农桑辑要》一书与山东有密切关系，除苗好谦参与修订外，其最初的主要编纂人孟祺当时正任山东东西道劝农副使。据缪启愉研究，苗好谦修订定稿的主要是他最擅长的部分，即《农桑辑要》

---

① 屠寄《蒙兀儿史记》卷五二《张荣传》。

② 参见胡道静《〈种艺必用〉引言》，农业出版社 1963 年版，第 11 页。

③ 关于宋代花卉消费的情况，参见魏华仙《宋代四类物品的生产和消费研究》，四川科学技术出版社 2006 年版，第 211 ~ 240 页。

卷三栽桑、卷四养蚕两部分[①]。这一部分应当就是苗好谦根据自己的《栽桑图说》修订的。虽然《栽桑图说》一书已经佚失,但通过《农桑辑要》的有关栽桑养蚕部分,应能在一定程度上窥见苗好谦的思想。

有学者指出:《农桑辑要》大量辑入桑蚕技术,将桑蚕业提高到与农耕并重的地位,体现着发展桑蚕业改变农业结构的思想。该书有关栽桑、养蚕的等技术内容较之前代农书更加丰富,记述详细,技术的科学性与进步性显然有所提高,是一部指导农桑生产的实用手册。从桑蚕业的商品性考察,以前的《农书》着重于微观经营,告诫农户重视桑蚕生产的常法,不要侥幸取利,指导农户安排好家庭桑蚕生产技术方法,计算投入、产出与盈利,发展桑蚕生产,搞好家庭生计。而《农桑辑要》的相关部分则从宏观上通过技术指导大力发展桑蚕生产,由于桑蚕业本身有较高的商品性,可以从增加桑蚕生产总量提高其在农业中的比重和商品化程度。这也是《农桑辑要》的商品经济思想不同于以往农书商品经济思想的重要特点。[②]

(三)东平布衣赵天麟的商业意识

赵天麟,元代东平(今山东东平)人。他博学能文,元世祖至元末年和元成宗时,以一介布衣上书言事,累计达数万言,后将所上策论64篇辑为《太平金镜策》8卷,内容涉及元代社会生活的许多方面,包括田制、农桑、赋税徭役、户计、义仓、冗官、服章祭祀、军事等方面,具体为:一曰建八极以固天下之大业,二曰修八政以振天下之宏纲,三曰运八枢以公天下之爵禄,四曰树八事以丰天下之食

① 参见缪启愉《〈农桑辑要〉的作者、版本和它的资文》,载缪启愉校释《元刻农桑辑要校释》附录,农业出版社1988年版,第539页。

② 参见路兆丰《中国古代农书的经济思想》,新华出版社1991年版,第88～90页。

货，五曰畅八脉以鼓天下之正风，六曰宣八令以达天下之恩威，七曰示八法以清天下之刑赏，八曰举八要以壮天下之财力①，总计达数万字。

赵天麟的商业思想也是以农本思想为基础的，主要包括对商业地位、商人阶层、义利关系和消费问题的认识等几个方面。下面分述之。

第一，民本与重农思想。

作为一介平民，赵天麟经济思想的基础和核心是农本思想。他的农本思想与其民本思想紧密相关，他认为"业之所本者，民也；民之所恃者，政也"②，"国保于民"③，因此"民可近，不可下，非民无以立统，非众罔与守邦"，统治者要"虑其啼饥也，薄取其斛粟；念其号寒也，减征其织帛；冀其知礼也，申之以孝弟；欲其知禁也，示之以好恶"④。

在民本思想的基础上，赵天麟充分认识到了农业和农民对于社会生活的重要作用，他说：

> 稻粱黍稷，丝枲布帛，极今古以咸资，贯人神而并用。口非匏瓜，终日不可不再食；身无毛羽，卒岁不可不制衣。一夫不耕，天下有受其饥者；一妇不织，天下有受其寒者。若使男不逋亩以尽地利，女不下机以尽人力，则岂有饥寒不足之人哉！⑤

> 衣食者，人之常理。上自天子，下至庶人，据此之务不可

---

① 参见元·赵天麟《进〈太平金镜策〉表》，载雍正《山东通志》卷三五之三。
② 明·黄淮等编《历代名臣奏议》卷五《君德》。
③ 明·黄淮等编《历代名臣奏议》卷一五二《用人》。
④ 明·黄淮等编《历代名臣奏议》卷五《君德》。
⑤ 元·赵天麟《太平金镜策》卷四《务农桑》。

阙也。①

欲天下之食足，皆在于农，农有预防而业可永安。②

由上可见赵氏已清楚地认识到了男耕女织对社会的重要作用。他还进一步指出："上至天子，下至庶人，不可一日无农家，故曰：四民之劳苦，天下之大本，莫过于农家而已"③。

正是由于对农业和农民在国家和社会中的基础地位的认识，赵天麟提出统治者要重视农业，鼓励发展农业，爱护农民，对"农家之孝弟力田者，乡三老具实举之，免其人当年所耕田租税之半。凡民恃富，无他故而有田不耕、有桑不蚕者，乡三老具实举之，就于当年倍科其闲田之租税。凡民老幼，有田不能耕、有桑不能蚕者，令下之后，限一年须要雇停客户完置牛具，违限者，如无故不耕蚕之例。凡劝农官管内，有田桑无故不耕蚕者，委廉访司察劝农官而罚之"④。统治者不仅仅要鼓励农民亲于本业，还要不妨害农时，要减轻租税，体恤百姓，"凡天下农民，自屯田随处并兴之后，例除租税之半"⑤，对于鳏寡孤独者，要"给降赡济口粮，有疾病命官医调治，其药物惠民局支给"⑥。

第二，对商业及商品经济流通的认识。

赵天麟对于商业的作用和其在国计民生中的地位也有相当程度的认识。他说：

商人通财鬻货，末而不本者也。⑦

① 明·黄淮等编《历代名臣奏议》卷一一一《务农》。
② 明·黄淮等编《历代名臣奏议》卷二四八《荒政》。
③ 元·赵天麟《太平金镜策》卷四《务农桑》。
④ 元·赵天麟《太平金镜策》卷四《务农桑》。
⑤ 元·赵天麟《太平金镜策》卷四《薄差税》。
⑥ 明·黄淮等编《历代名臣奏议》卷一〇九《仁民》。
⑦ 明·黄淮等编《历代名臣奏议》卷一一一《务农》。

今赋税三十而取一外，有关市之征，及酒醋盐茶、金漆竹树、银铜锡锴、山场湖泺、海舶江乡，竭万物而榷之，穷利源而课之，国家亦已富矣。[①]

可见赵天麟虽然未摆脱农本商末的传统观念，但清楚地认识到了商业推动物资流通的作用以及商业对于富国的作用。为此，他提出在考核地方官的政绩时，要把"关津之美"作为标准之一，具体就是要做到"奸诈不漏，行旅不壅"[②]。国家重视征商官员的选任，务必使"利官得人，利源通畅"，这样就可以"上有裨于国用，下不损于民资矣"。选任利官的标准是其对义利关系的处理，"见利而思义者上也，舍躯而就利者下也"[③]。

赵天麟对于纸币在市场流通中的作用也有清醒的认识。他说："欲通有无之交易，便商旅之资给，则有中统、至元交钞在耳，安用金珠璧贝哉！"[④]他也认识到了供求关系对物价变动的影响，"审市价之高低，则知民之所趋尚"[⑤]，反之亦然，如果百姓爱好某种商品，就会引起供求关系变化，从而影响市场物价。货币的投放量和购买力等因素也会影响物价，"夫财货重，则谷帛轻；财货轻，则谷帛重。是以有子母相权，铜楮递用之法焉，此盖财之形也"[⑥]。

赵天麟对于度量衡统一的重要性也有清楚的认识。他称：

臣居山东，但见山东数郡，或隔一镇，或间一河，其度之长短，量之多寡，衡之轻重，已皆不相同矣，则何以示四海一家之

① 元·赵天麟《太平金镜策》卷四《薄差税》。
② 明·黄淮等编《历代名臣奏议》卷一五八《知人》。
③ 明·黄淮等编《历代名臣奏议》卷一五二《用人》。
④ 明·黄淮等编《历代名臣奏议》卷一九五《戒佚欲》。
⑤ 元·赵天麟《太平金镜策》卷五《察风谣》。
⑥ 明·黄淮等编《历代名臣奏议》卷二七三《理财》。

平制哉！①

为此，他建议朝廷颁行统一的度量衡，“颁付行省，散于随路，以为各路之的可也”，对于违令者要定其罪，确保“自南自北”，“于外于中”都能“等资财之出纳”②，以便于商品经济流通。

第三，论商人阶层。

赵天麟也认识到商业对商人阶层社会地位和生活的影响。他说：

臣谓山节藻棁，复室重檐，黻绣偏诸，肩绘日月，皆古天子宫室衣服之制也。今市井富民，臧获贱类，皆敢居之服之，此臣所以惜之也。③

臣又按：车马者，古之命物也。今六合为一，冀、代马多，天下之人皆得乘之，亦无伤也。然大夫不敢徒行，是以有车。今市井之家往往以骖服驾车而乘之，与士大夫无异，此臣所以惜之也。④

臣又按：古之五十者方得衣帛，七十者方得食肉。今之富人，墙屋被文绣，鞍辔饰金玉，婢妾曳丝履，犬马食菽粟，每召宾客，一筵之费，其直不赀，竞相推尚，比古者亦以奢矣。⑤

夫东岳者，太平天子告成之地，东方藩侯当祀之山。今乃有倡优戏谑之流，货殖屠沽之子，每年春季，四方云聚，有不远千里而来者，有提挈全家而至者，干越邦典，渫渎神明，停废产业，糜损食货，亦已甚矣。⑥

① 元·赵天麟《太平金镜策》卷五《同制度》。
② 元·赵天麟《太平金镜策》卷五《同制度》。
③ 明·黄淮等编《历代名臣奏议》卷一二〇《礼乐》。
④ 明·黄淮等编《历代名臣奏议》卷一二〇《礼乐》。
⑤ 明·黄淮等编《历代名臣奏议》卷一二〇《礼乐》。
⑥ 元·赵天麟《太平金镜策》卷四《停淫祀》。

赵天麟从传统礼法观念出发，对商人的种种僭越行为十分不满，要求国家予以禁止，但他毕竟看到了商品经济发展给商人阶层生活带来的变化。他也意识到了商人阶层对"利"的追求欲，"贪夫之喻利，真知利可喻而喻之，虽得利既多而不厌也"[①]。

第四，义利之辩。

在义利关系上，赵天麟继承了儒家重义轻利的传统义利观，主张要"审乎义利之正"[②]。他首先对"义"的含义作了解释：

> 臣闻仁义而已者，亚圣之法言；允执厥中者，圣人之极致。仁义合而为道，道者，利之利也。执中变而为过，过者，利之害也。何以言之？夫爱人利物谓之仁，见得思宜谓之义，以致民心悦顺，基绪坚长。[③]

赵天麟认为"爱人利物"和"见得思宜"就是仁义，合起来就是道，是"利之利"，即认为人的行为只有符合义的要求，才能获得更大的利。

统治者处理义利关系的具体做法就是"杜利门"，即杜绝国家和官员剥夺百姓的门径，"明示群方，凡财货委系未贡而无拘检者，许令陈言；凡献商计羡余之议者，并行禁绝，不须拟议，而利门自杜于上矣。凡中外掌政临民官吏，厚增其俸，有受一毫之赂，停锢其身，不假笞杖，而利门自杜于下矣"，因为"谓天下之财货可商计"的"凶悖之徒，倾巧之子"已经有害于百姓，并不能真正给国家带来"利"，"侵剥刻除以自济"者也是如此，这都是"珠藏腹毙身"的自杀式行为，人们应该遵从圣人的教诲，不要"昧未形之祸，贪望外之

① 明·黄淮等编《历代名臣奏议》卷一五二《用人》。
② 明·黄淮等编《历代名臣奏议》卷二七三《理财》。
③ 明·黄淮等编《历代名臣奏议》卷二七三《理财》。

利”①。

第五,消费观。

在消费观念上,赵天麟主张黜奢崇俭。他针对当时社会上“权利滥官,豪富子弟,知其如是,大放厥心,以骄淫相夸,以奢靡相尚,以节约为耻,以贞廉为愚”的风气,“延及士庶,转相仿效,习以成风”的现象,提出了禁奢侈的主张。他认为“俭,德之共也;侈,恶之大也”,因此达官贵人应当“去奢从约,以增美其名”,请求朝廷下令“禁京师内王公大人之奢侈,则天下之官民不令自从矣”②,“源清而流清,上行而下效,不及十年,风俗移易矣”③。

赵天麟作为一介布衣屡屡上书的目的就是劝谏统治者要爱护百姓,以稳固统治,由此其对商业及相关问题的认识也都是建立在这一目的之上的。他虽然对商业的地位及商品流通的规律有一定认识,但始终未能摆脱传统的本末论和重义轻利的思想,从总体上看,是不利于元代商品经济发展的。

① 明·黄淮等编《历代名臣奏议》卷二七三《理财》。

② 元·赵天麟《太平金镜策》卷四《禁奢侈》。

③ 明·黄淮等编《历代名臣奏议》卷一九五《戒佚欲》。

主要参考文献

一、史料与古人著述

汉·司马迁《史记》,中华书局 1959 年版
汉·班固《汉书》,中华书局 1962 年版
南朝宋·范晔《后汉书》,中华书局 1965 年版
晋·陈寿《三国志》,中华书局 1959 年版
卢弼《三国志集解》,中华书局 1982 年版
唐·房玄龄等《晋书》,中华书局 1974 年版
南朝梁·沈约《宋书》,中华书局 1974 年版
南朝梁·萧子显《南齐书》,中华书局 1972 年版
唐·姚思廉《梁书》,中华书局 1973 年版
北齐·魏收《魏书》,中华书局 1974 年版
唐·李百药《北齐书》,中华书局 1972 年版
唐·令狐德棻等《周书》,中华书局 1971 年版
唐·李延寿《南史》,中华书局 1975 年版
唐·李延寿《北史》,中华书局 1974 年版
唐·魏征等《隋书》,中华书局 1973 年版
后晋·刘昫等《旧唐书》,中华书局 1975 年版

宋·欧阳修、宋祁《新唐书》,中华书局1975年版

宋·薛居正等《旧五代史》,中华书局1976年版

陈尚君辑纂《旧五代史新辑会证》,复旦大学出版社2005年版

宋·欧阳修《新五代史》,中华书局1974年版

元·脱脱等《宋史》,中华书局1985年版

元·脱脱等《金史》,中华书局1975年版

明·宋濂等《元史》,中华书局1976年版

清·吴任臣撰,徐敏霞、周莹点校《十国春秋》,中华书局1983年版

杨伯峻编著《春秋左传注(修订本)》,中华书局2009年版

唐·温大雅撰,李季平等点校《大唐创业起居注》,上海古籍出版社1983年版

宋·司马光编著,元·胡三省音注《资治通鉴》,中华书局1956年版

宋·李焘撰,上海师范大学古籍整理研究所等点校《续资治通鉴长编》,中华书局2004年版

宋·徐梦莘《三朝北盟会编》,上海古籍出版社2008年版

宋·钱若水等《太宗皇帝实录》,四部丛刊本

宋·宋敏求编《唐大诏令集》,中华书局2008年版

《宋大诏令集》,中华书局1962年版

唐·吴兢《贞观政要》,上海古籍出版社1978年版

唐·杜佑撰,王文锦等点校《通典》,中华书局1988年版

唐·李吉甫等撰,陈仲夫点校《唐六典》,中华书局1992年版

清·钱仪吉《三国会要》,上海古籍出版社1991年版

宋·王溥《唐会要》,中华书局1955年版

清·徐松辑《宋会要辑稿》,中华书局1957年版

元·马端临著，上海师范大学古籍研究所等点校《文献通考》，中华书局2011年版

陈高华等点校《元典章》，中华书局等2011年版

方龄贵校注《通制条格校注》，中华书局2001年版

清乾隆官修《续文献通考》，浙江古籍出版社2000年版

明·黄淮等编《历代名臣奏议》，上海古籍出版社1989年版

宋·王称《东都事略》，影印文渊阁四库全书本

屠寄《蒙兀儿史记》，中国书店1984年版

金毓黻《渤海国志长编》，民国二十三年(1934)辽阳金氏千华山馆铅印本

王叔岷《列仙传校笺》，中华书局2007年版

唐·释道宣《续高僧传》，《续修四库全书》第1281册，上海古籍出版社2002年版

宋·赞宁撰，范祥雍点校《宋高僧传》，中华书局1987年版

元·秦志安编《金莲正宗记》，《道藏》第3册，文物出版社等1988年版

元·苏天爵辑撰，姚景安点校《元朝名臣事略》，中华书局1996年版

晋·常璩撰，刘琳校注《华阳国志校注》，巴蜀书社1984年版

北魏·郦道元著，陈桥驿校证《水经注校证》，中华书局2007年版

北魏·杨衒之撰，范祥雍校注《洛阳伽蓝记校注》，上海古籍出版社1978年版

唐·李吉甫撰，贺次君点校《元和郡县图志》，中华书局1983年版

宋·乐史撰，王文楚等点校《太平寰宇记》，中华书局2007年

版

宋·徐兢《宣和奉使高丽图经》,丛书集成初编本

宋·孟元老撰,伊永文笺注《东京梦华录笺注》,中华书局2006年版

明·曹学佺《蜀中广记》,影印文渊阁四库全书本

明·谢肇淛《北河纪》,影印文渊四库全书本

宋·胡榘修,方万里等纂《宝庆四明志》,《宋元方志丛刊》第5册,中华书局1990年版

元·于钦《齐乘》,《宋元方志丛刊》第1册,中华书局1990年版

嘉靖《山东通志》,《天一阁藏明代方志选刊续编》第51~52册,上海书店1990年版

雍正《山东通志》,影印文渊阁四库全书本

宣统《山东通志》,民国四年(1915)铅印本

嘉靖《青州府志》,天一阁藏明代方志选刊本

光绪《增修登州府志》,清光绪七年(1881)刻本

嘉靖《宁海州志》,《天一阁藏明代方志选刊续编》第57册,上海书店1990年版

康熙《临淄县志》,清康熙十一年(1672)刻本

乾隆《威海卫志》,清乾隆二十四年(1759)刻本

乾隆《济宁直隶州志》,清乾隆五十年(1785)刻本

乾隆《旌德县志》,清乾隆十九年(1754)刊本

嘉庆《平阴县志》,清嘉庆十三年(1808)刊本

道光《长清县志》,清道光十五年(1835)刻本

同治《临邑县志》,清同治十三年(1874)刻本

同治《广丰县志》,清同治、光绪间刻本

光绪《利津县志》,清光绪九年(1883)刻本

光绪《峄县志》,清光绪三十年(1904)刻本

民国《续修历城县志》,民国十五年(1926)铅印本

民国《邹平县志》,民国二十年(1931)铅印本

民国《济阳县志》,民国二十三年(1934)铅印本

民国《昌乐县续志》,民国二十三年(1934)铅印本

民国《临清县志》,民国二十四年(1935)铅印本

民国《莱阳县志》,民国二十四年(1935)铅印本

民国《德县志》,民国二十四年(1935)铅印本

民国《牟平县志》,民国二十五年(1936)铅印本

民国《寿光县志》,民国二十五年(1936)铅印本

民国《续修博山县志》,民国二十六年(1937)铅印本

民国《潍县志稿》,民国三十年(1941)铅印本

清·莽鹄立等《(雍正)山东盐法志》,《四库未收书辑刊》第1辑第24册,北京出版社2000年版

[日]圆仁著,白化文等校注《入唐求法巡礼行记校注》,花山文艺出版社2007年版

[朝鲜]郑麟趾《高丽史》,《四库全书存目丛书·史部》第159册,齐鲁书社1996年版

[日]菅野真道等《续日本纪》,日本嘉永四年(1851)刻本

冯承钧译《马可波罗行纪》,上海书店出版社1999年版

陈开俊等译《马可波罗游记》,福建科学技术出版社1981年版

清·陆增祥《八琼室金石补正》,文物出版社1985年版

清·王昶辑《金石萃编》,中国书店1985年版

清·段松苓辑《益都金石记》,清光绪九年(1883)刻本

清·毕沅、阮元《山左金石志》,《续修四库全书》第909~910

册，上海古籍出版社 2002 年版

陈垣编纂，陈智超、曾庆瑛校补《道家金石略》，文物出版社 1988 年版

毛远明校注《汉魏六朝碑刻校注》，线装书局 2008 年版

周绍良、赵超主编《唐代墓志汇编续集》，上海古籍出版社 2001 年版

韩明祥编著《济南历代墓志铭》，黄河出版社 2002 年版

张永强《蓬莱金石录》，黄河出版社 2007 年版

袁明英主编《泰山石刻》，中华书局 2006 年版

程树德撰，程俊英、蒋见元点校《论语集释》，中华书局 1990 年版

黎翔凤撰、梁运华整理《管子校注》，中华书局 2004 年版

清·王先谦撰，沈啸寰、王星贤点校《荀子集解》，中华书局 1988 年版

王利器校注《盐铁论校注(定本)》，中华书局 1992 年版

王利器撰《颜氏家训集解》，中华书局 1993 年版

南朝宋·刘义庆著，南朝梁·刘孝标注，余嘉锡笺疏，周祖谟等整理《世说新语笺疏》，中华书局 2007 年版

北魏·贾思勰著，缪启愉校释《齐民要术校释》，农业出版社 1982 年版

缪启愉、缪桂龙《齐民要术译注》，上海古籍出版社 2006 年版

宋·吴怿撰，元·张福补遗，胡道静校录《种艺必用》，农业出版社 1963 年版

缪启愉校释《元刻农桑辑要校释》，农业出版社 1988 年版

元·王祯著，王毓瑚校《王祯农书》，农业出版社 1981 年版

宋·寇宗奭撰，颜正华等点校《本草衍义》，人民卫生出版社

1990 年版
宋·唐慎微撰,尚志钧等校点《证类本草》,华夏出版社 1993 年版
宋·苏颂撰,尚志钧辑校《本草图经》,安徽科学技术出版社 1994 年版
明·李时珍《本草纲目》,人民卫生出版社 1977 年版
北魏·张丘建撰,郭书春校点《张丘建算经》,郭书春、刘钝校点《算经十书》,台湾九章出版社 2001 年版
[日]师炼《元亨释书》,载《大藏经补编》第 32 册,台湾华宇出版社 1986 年版
宋·张君房辑《云笈七签》,齐鲁书社 1988 年版
宋·杜绾《云林石谱》,丛书集成初编本
唐·虞世南编《北堂书钞》,天津古籍出版社 1988 年版
唐·欧阳询《艺文类聚》,上海古籍出版社 1982 年版
宋·潘自牧《记纂渊海》,影印文渊阁四库全书本
宋·李昉等《太平御览》,中华书局 1960 年版
宋·王钦若等《册府元龟》,中华书局 1960 年版
明·解缙等《永乐大典》,中华书局 1986 年版
清·陈梦雷编《古今图书集成》,中华书局 1934 年影印本
晋·张华撰,范宁校证《博物志校证》,中华书局 1980 年版
唐·张鷟撰,赵守俨点校《朝野佥载》,中华书局 1979 年版
唐·段成式撰,方南生点校《酉阳杂俎》,中华书局 1981 年版
唐·封演撰,赵贞信校注《封氏闻见记校注》,中华书局 2005 年版
唐·刘悚撰,程毅中点校《隋唐嘉话》,中华书局 1979 年版
唐·范摅《云溪友议》,古典文学出版社 1957 年版

五代·孙光宪撰，贾二强点校《北梦琐言》，中华书局2002年版

五代·刘崇远《金华子杂编》，丛书集成初编本

宋·李昉等编《太平广记》，中华书局1961年版

宋·王谠撰，周勋初校证《唐语林校证》，中华书局1987年版

宋·徐铉撰，白化文点校《稽神录》，中华书局1996年版

宋·刘斧《青琐高议》，上海古籍出版社1983年版

宋·王辟之撰，吕友仁点校《渑水燕谈录》，中华书局1981年版

宋·沈括著，胡道静校注《梦溪笔谈校证》，中华书局1959年版

宋·朱弁撰，孔凡礼点校《曲洧旧闻》，中华书局2002年版

宋·苏辙撰，俞宗宪点校《龙川略志》，中华书局1982年版

宋·张邦基撰，孔凡礼点校《墨庄漫录》，中华书局2002年版

宋·魏泰撰，李裕民点校《东轩笔录》，中华书局1983年版

宋·陈师道撰，李伟国点校《后山谈丛》，中华书局2007年版

宋·吴曾《能改斋漫录》，上海古籍出版社1979年版

宋·庄绰撰，萧鲁阳点校《鸡肋编》，中华书局1983年版

宋·庞元英《文昌杂录》，学津讨原本

宋·江休复《醴泉杂录》，学海类编本

宋·张师正撰，白化文等点校《括异志》，中华书局1996年版

宋·江少虞《宋朝事实类苑》，上海古籍出版社1981年版

宋·李攸《宋朝事实》，丛书集成初编本

宋·曾慥辑《类说》，影印文渊阁四库全书本

宋·洪迈《容斋随笔》，上海古籍出版社1996年版

宋·洪迈撰，何卓点校《夷坚志》，中华书局1981年版

宋·周密撰,吴企明点校《癸辛杂识》,中华书局1988年版

元·刘一清《钱塘遗事》,上海古籍出版社1985年版

元·陶宗仪《南村辍耕录》,中华书局1959年版

三国魏·曹操《曹操集》,中华书局1959年版

三国蜀·诸葛亮《诸葛亮集》,中华书局1960年版

唐·李白著,王琦注《李太白全集》,中华书局1977年版

唐·白居易《白氏长庆集》,四部丛刊本

唐·刘禹锡著,瞿蜕园笺证《刘禹锡集笺证》,上海古籍出版社1989年版

唐·王维撰,陈铁民校注《王维集校注》,中华书局1997年版

[新罗]崔致远撰,党银平校注《桂苑笔耕集校注》,中华书局2007年版

唐·陆贽撰,王素点校《陆贽集》,中华书局2006年版

唐·李商隐著,冯浩详注,钱振伦、钱振常笺注《樊南文集》,上海古籍出版社1988年版

唐·杜牧《樊川文集》,上海古籍出版社1978年版

宋·张咏著,张其凡整理《张乖崖集》,中华书局2000年版

宋·石介著,陈植锷点校《徂徕石先生文集》,中华书局1984年版

宋·王禹偁《小畜集》,影印文渊阁四库全书本

宋·欧阳修撰,李逸安点校《欧阳修全集》,中华书局2001年版

宋·范仲淹《范文正公集》,四部丛刊本

宋·司马光《温国文正司马公文集》,四部丛刊本

宋·尹洙《河南先生文集》,四部丛刊本

宋·韩琦《安阳集》,影印文渊阁四库全书本

宋·苏轼撰,孔凡礼点校《苏轼文集》,中华书局1986年版

宋·苏轼撰,王文诰辑注,孔凡礼点校《苏轼诗集》,中华书局1982年版

宋·苏辙撰,陈宏天、高秀芳点校《苏辙集》,中华书局1990年版

宋·刘挚撰,裴汝诚、陈晓平点校《忠肃集》,中华书局2002年版

宋·孙觌《鸿庆居士集》,影印文渊阁四库全书本

宋·陈师道撰,任渊注,冒广生补笺,冒怀辛整理《后山诗注补笺》,中华书局1995年版

宋·刘攽《彭城集》,影印文渊阁四库全书本

宋·李昭玘《乐静集》,影印文渊阁四库全书本

宋·黄庶《伐檀集》,影印文渊阁四库全书本

宋·秦观《淮海集》,影印文渊阁四库全书本

宋·蔡襄著,吴以宁点校《蔡襄集》,上海古籍出版社1996年版

宋·梅尧臣《宛陵集》,影印文渊阁四库全书本

宋·毕仲游《西台集》,影印文渊阁四库全书本

宋·宋祁《景文集》,影印文渊阁四库全书本

宋·吕陶《净德集》,影印文渊阁四库全书本

宋·晁补之《鸡肋集》,影印文渊阁四库全书本

宋·黄庭坚《山谷集》,影印文渊阁四库全书本

宋·王安石《临川先生文集》,四部丛刊本

宋·李石《方舟集》,影印文渊阁四库全书本

宋·李觏著,王国轩校点《李觏集》,中华书局1981年版

宋·李光《庄简集》,影印文渊阁四库全书本

宋·邵雍《击壤集》,影印文渊阁四库全书本

宋·周紫芝《太仓稊米集》,影印文渊阁四库全书本

宋·葛胜仲《丹阳集》,影印文渊阁四库全书本

宋·范纯仁《范忠宣公文集》,元刻明修本

宋·孔平仲等《清江三孔集》,影印文渊阁四库全书本

金·元好问著,姚奠中主编,李正民增订《元好问全集(增订本)》,山西古籍出版社2004年版

孔繁信《重辑杜善夫集》,济南出版社1994年版

元·张之翰《西岩集》,影印文渊阁四库全书本

元·苏天爵著,陈高华、孟繁清点校《滋溪文稿》,中华书局1997年版

元·欧阳玄《圭斋文集》,影印文渊阁四库全书本

元·程文海《雪楼集》,影印文渊阁四库全书本

元·姚燧《牧庵集》,影印文渊阁四库全书本

元·王奕《玉斗山人集》,影印文渊阁四库全书本

元·胡助《纯白斋类稿》,影印文渊阁四库全书本

元·虞集《道园学古录》,影印文渊阁四库全书本

元·陈基《夷白斋稿》,影印文渊阁四库全书本

元·魏初《青崖集》,影印文渊阁四库全书本

元·戴表元《剡源戴先生文集》,四部丛刊本

元·袁桷《清容居士集》,影印文渊阁四库全书本

元·王恽《秋涧先生大全文集》,四部丛刊本

元·张养浩《归田类稿》,影印文渊阁四库全书本

元·刘敏中《中庵先生刘文简公文集》,《北京图书馆古籍珍本丛刊》第92册,书目文献出版社1991年版

元·吴澄《吴文正集》,影印文渊阁四库全书本

元·许有壬《圭塘小藁》,影印文渊阁四库全书本
元·戴表元《剡源文集》,影印文渊阁四库全书本
元·胡祗遹《紫山大全集》,影印文渊阁四库全书本
元·周权《此山诗集》,影印文渊阁四库全书本
元·陆文圭《墙东类稿》,影印文渊阁四库全书本
元·戴良《九灵山房集》,曩印文渊阁四库全书本
元·赵孟頫著,任道斌辑集点校《赵孟頫文集》,上海书画出版社2010年版
元·王结《文忠集》,影印文渊阁四库全书本
元·许衡《鲁斋遗书》,影印文渊阁四库全书本
元·杨维桢《铁崖古乐府》,影印文渊阁四库全书本
元·杨维桢《东维子集》,影印文渊阁四库全书本
元·袁华《耕学斋诗集》,影印文渊阁四库全书本
清·严可均辑《全晋文》,商务印书馆1999年版
南朝梁·萧统辑《昭明文选》,中华书局1986年版
韩理洲等辑校编年《全北齐北周文补遗》,三秦出版社2008年版
清·董诰等编《全唐文》,中华书局1983年版
宋·李昉等编《文苑英华》,中华书局1966年版
陈尚君辑校《全唐文补编》,中华书局2005年版
吴钢主编《全唐文补遗》第1~9辑,三秦出版社1994~2007年版
吴钢主编《全唐文补遗(千唐志斋新藏专辑)》,三秦出版社2006年版
清·彭定求等编,王全校点《全唐诗》,中华书局1960年版
宋·吕祖谦编,齐治平点校《宋文鉴》,中华书局1992年版

宋·魏齐贤等编《五百家播芳大全文粹》,影印文渊阁四库全书本

宋·郑虎臣辑《吴都文粹》,影印文渊阁四库全书本

阎凤梧主编《全辽金文》,山西古籍出版社 2002 年版

清·张金吾编纂《金文最》,中华书局 1990 年版

清·郭元釪编《增补中州集》,影印文渊阁四库全书本

李修生主编《全元文》,凤凰出版社(江苏古籍出版社)1999～2004 年版

元·苏天爵编《元文类》,商务印书馆 1958 年版

徐征等主编《全元曲》,河北教育出版社 1998 年版

程毅中辑注《宋元小说家话本集》,齐鲁书社 2000 年版

明·施耐庵、罗贯中《水浒传》,人民文学出版社 1997 年版

谭景玉、张晓波编《古代鲁商文化史料汇编》,山东人民出版社 2010 年版

二、今人论著

文物编辑委员会编《中国古代窑址调查发掘报告集》,文物出版社 1984 年版

胡新生《中国古代巫术(修订本)》,山东人民出版社 2005 年版

路兆丰《中国古代农书的经济思想》,新华出版社 1991 年版

周明生主编《中国古代宏观经济管理研究》,江苏科学技术出版社 1989 年版

邵毅平《中国文学中的商人世界》,复旦大学出版社 2005 年版

赵靖《中国经济思想史述要》上册,北京大学出版社 1998 年版

赵靖主编《中国经济思想通史》第 2 卷,北京大学出版社 1995

年版

吴慧主编《中国商业通史》第2卷,中国财政经济出版社2006年版

樊志育《中外广告史》,台湾三民书局1989年版

汪圣铎《轻重与沉浮》,广西人民出版社1989年版

李乔《行业神崇拜:中国民众造神运动研究》,中国文联出版社2000年版

曲彦斌主编《中国招幌辞典》,上海辞书出版社2001年版

曲彦斌《中国招幌与招徕市声》,辽宁人民出版社2000年版

蒋福亚《魏晋南北朝社会经济史》,天津古籍出版社2005年版

蒋福亚《魏晋南北朝经济史探》,甘肃人民出版社2004年版

王利华主编《中国农业通史·魏晋南北朝卷》,中国农业出版社2009年版

魏明孔《中国手工业经济通史·魏晋南北朝隋唐五代卷》,福建人民出版社2004年版

齐涛《汉唐盐政史》,山东大学出版社1994年版

王汝涛等主编《金秋阳都论诸葛:全国第八次诸葛亮研讨会论文选》,军事科学出版社1995年版

陈寅恪《陈寅恪史学论文选集》,上海古籍出版社1992年版

张熙惟《贾思勰与〈齐民要术〉》,山东文艺出版社2004年版

朱大渭等《魏晋南北朝社会生活史》,中国社会科学出版社1998年版

余明侠《诸葛亮评传》,南京大学出版社1996年版

余鹏飞《三国经济史》,河南大学出版社1992年版

郭文韬等《贾思勰王祯评传》,南京大学出版社2001年版

刘德成等主编《贾思勰志》,山东人民出版社2009年版

缪启愉《齐民要术导读》,巴蜀书社1988年版

王赛时《唐代饮食》,齐鲁书社2003年版

王利华《中古华北饮食文化的变迁》,中国社会科学出版社2000年版

唐任伍《唐代经济思想研究》,北京师范大学出版社1996年版

李映辉《唐代佛教地理研究》,湖南大学出版社2004年版

严耕望《唐代交通图考》第6卷,上海古籍出版社2007年版

张泽咸《唐代工商业》,中国社会科学出版社1995年版

汪聚应《唐代侠风与文学》,中国社会科学出版社2007年版

冻国栋《唐代的商品经济与经营管理》,武汉大学出版社1990年版

张国刚《佛学与隋唐社会》,河北人民出版社2002年版

陈衍德、杨权《唐代盐政》,三秦出版社1990年版

齐涛、马新《刘晏杨炎评传》,南京大学出版社1998年版

漆侠《宋代经济史》(上、下),上海人民出版社1987、1988年版

张金花《宋诗与宋代商业》,河北教育出版社2006年版

姜锡东《宋代商业信用研究》,河北教育出版社1993年版

郭正忠《宋代盐业经济史》,人民出版社1990年版

汪圣铎《两宋货币史》,社会科学文献出版社2003年版

赵晓耕《宋代官商及其法律调整》,中国人民大学出版社2001年版

李华瑞《宋代酒的生产与征榷》,河北大学出版社2001年版

傅宗文《宋代草市镇研究》,福建人民出版社1989年版

李景寿《宋代商税问题研究》,云南大学出版社2005年版

叶坦《富国富民论》,北京出版社1991年版

漆侠、乔幼梅《辽夏金经济史》,河北大学出版社1994年版

李幹《元代社会经济史稿》,湖北人民出版社 1985 年版

鲁奇《中国古代农业经济思想:元代农书研究》,中国科学技术出版社 1992 年版

张艳《宋元时期的商业广告》,陕西师范大学硕士学位论文,2005 年

孙祚民主编《山东通史》上卷,山东人民出版社 1992 年版

赵凯球、马新《山东通史·魏晋南北朝卷》,山东人民出版社 1994 年版

高凤林《山东通史·隋唐五代卷》,山东人民出版社 1994 年版

赵继颜主编《山东通史·宋元卷》,山东人民出版社 1994 年版

李伯齐等《齐鲁文化通史·魏晋南北朝卷》,中华书局 2004 年版

杨荫楼、王洪军《齐鲁文化通史·隋唐五代卷》,中华书局 2004 年版

仝晰纲等《齐鲁文化通史·宋元卷》,中华书局 2004 年版

张照东《宋元山东区域经济研究》,齐鲁书社 2006 年版

陈冬生、王赛时主编《山东经济史·古代卷》,济南出版社 1998 年版

王赛时《山东沿海开发史》,齐鲁书社 2005 年版

王赛时《山东海疆文化研究》,齐鲁书社 2006 年版

山东省文物考古研究所编著《山东 20 世纪的考古发现和研究》,科学出版社 2005 年版

刘德增《山东人》,山东人民出版社 1997 年版

黄松《齐鲁文化》,辽宁教育出版社 1991 年版

王修智主编《诚信山东·优良传统卷》,当代中国出版社 2005 年版

辛向阳主编《“说道”山东人》，中国社会出版社 1995 年版
张西庭、张炯《山东人还缺什么》，黄河出版社 2006 年版
管子学刊编辑部编《齐文化纵论》，华龄出版社 1993 年版
郑杰文《齐宗教研究》，《齐文化丛书》第 17 册，齐鲁书社 1997 年版
郑修平编《李白在山东论丛》，山东友谊书社 1991 年版
江卫等主编《枣庄煤史》，青岛出版社 2006 年版
陈尚胜主编《登州港与中韩交流国际学术讨论会论文集》，山东大学出版社 2005 年版
陈昆麟主编《鲁西文博论丛》，齐鲁书社 2000 年版
任相宏等主编《淄川考古》，齐鲁书社 2006 年版
夏名采《青州龙兴寺佛教造像窖藏》，三联书店 2004 年版
李开岭、马长军主编《德州考古文集》，百花洲文艺出版社 2000 年版
莱芜市政协文史资料委员会编《莱芜文物》，齐鲁书社 1998 年版
张同祯主编《莱芜矿冶·文物》，齐鲁书社 2006 年版
白宗伶主编《莱芜文化名人·传说》，齐鲁书社 2006 年版
黄棣侯主编《山东公路史》第 1 册，人民交通出版社 1989 年版
《山东航运史》编委会编《山东航运史》，人民交通出版社 1993 年版
《登州古港史》编委会编《登州古港史》，人民交通出版社 1994 年版

后　记

山东是个很独特的地方。历史上，齐、鲁是古代中国最重要的经济和思想中心之一。汉代纬书《诗含神雾》曰："齐地处孟春之位、海岱之间，土地污泥，流之所归，利之所聚。"《史记·货殖列传》说："齐带山海，膏壤千里，宜桑麻，人民多文彩布帛鱼盐。"《史记·苏秦列传》："临菑之涂，车毂击，人肩摩，连衽成帷，举袂成幕，挥汗成雨，家殷人足，志高气扬。"齐人善经营，长技艺而好巫鬼，崇武尚勇，故称强国而为"利之所聚"。

鲁朴、鲁笨、鲁钝、鲁莽，这些描述人之天性的词汇，何得象之以鲁，是否与鲁人身材高大[①]有关？《史记·孔子世家》说："孔子长九尺有六寸，人皆谓之'长人'而异之。"《释名·释州国》曰："鲁，鲁钝也，国多山水，民性朴鲁也。"然而高大岂必笨拙？鲁地生产的一种白色生绢，便以薄细著称。《淮南子·说山训》曰："矢之于十步贯兕甲，于三百步不能入鲁缟。"若没有精细的手和恬静的心，焉得精湛至此？

质鲁、淳鲁、粗鲁，这些描述人之气质的词汇，何以譬之以鲁？

① 山东人身高体强，至今如此。参见吴金鼎《山东人体质之研究》，中央研究院历史语言研究所1931年版。

是否可稽之于鲁人的天性？孔门弟子子路，确以性伉直、粗鲁莽撞著称，以至孔子斥其“野哉！”但鲁是道德圣地，人性淳朴，故能出现孔、孟这样的思想家，总结表达鲁之传统，蔚为华夏道德之基。至今仍可直观感受，山东人厚性朴，社会治安、经济发展都是全国最好的地区之一。

这里面一定有地方文化气质的根源。本研究项目即产生于对这种文化气质的探察。今呈之读者，恳请批评指正。

《齐鲁商贾传统》的研究工作，是在基地负责人朱正昌同志领导下，由首席专家姜生教授具体指导，历时近十年而成。本项成果的问世，凝聚着课题组全体成员谭景玉、李金山、宋志东和胡广洲长期不懈的辛勤努力。值此付梓之际，特记之。

山东省东方文化研究基地

2012年2月9日

图书在版编目(CIP)数据

齐鲁商贾传统·魏晋隋唐宋元卷/朱正昌主编;谭景玉著.—济南:齐鲁书社,2014.3
ISBN 978-7-5333-2823-8

Ⅰ.①齐… Ⅱ.①朱… ②谭… Ⅲ.①商业史—山东省—魏晋南北朝时代②商业史—山东省—隋唐时代③商业史—山东省—宋元时期 Ⅳ.①F729

中国版本图书馆 CIP 数据核字(2013)第 302736 号

齐鲁商贾传统·魏晋隋唐宋元卷
朱正昌 主编
谭景玉 著

主管单位 山东出版传媒股份有限公司
出版发行 齊魯書社
社　　址 济南市英雄山路 189 号
邮　　编 250002
网　　址 www.qlss.com.cn
电子邮箱 qilupress@126.com
营销中心 (0531)82098521　82098519
印　　刷 山东新华印务有限责任公司
开　　本 720mm×1020mm　1/16
印　　张 29.5
插　　页 3
字　　数 370 千
版　　次 2014 年 3 月第 1 版
印　　次 2014 年 3 月第 1 次印刷
标准书号 ISBN 978-7-5333-2823-8
定　　价 **116.00 元**